D1513423

COLLECTION

Géographie contemporaine offre une tribune aux géographes et aux spécialistes d'autres disciplines intéressés, en tant que chercheurs, acteurs ou étudiants, aux différentes problématiques territoriales.

Toutes les questions relatives au territoire sont au cœur des débats sociaux contemporains. Le phénomène de la mondialisation a provoqué de nombreuses remises en cause des structures territoriales du monde; l'environnement est devenu un argument de poids dans les options de développement; de nouveaux besoins en termes d'aménagement des territoires se sont manifestés et les outils de traitement de l'information géographique pour y faire face sont devenus incontournables; les groupes et les collectivités se redéfinissent par rapport à l'espace global et à leur environnement immédiat. Voilà autant de sujets qui seront traités dans cette collection.

Juan-Luis Klein
Directeur de la collection

Démocraties métropolitaines

PRESSES DE L'UNIVERSITÉ DU QUÉBEC
Le Delta I, 2875, boulevard Laurier, bureau 450
Sainte-Foy (Québec) G1V 2M2
Téléphone : (418) 657-4399 • Télécopieur : (418) 657-2096
Courriel : puq@puq.ca • Internet : www.puq.ca

Distribution :

CANADA et autres pays

DISTRIBUTION DE LIVRES UNIVERS S.E.N.C.
845, rue Marie-Victorin, Saint-Nicolas (Québec) G7A 3S8
Téléphone : (418) 831-7474 / 1-800-859-7474 • Télécopieur : (418) 831-4021

FRANCE

DISTRIBUTION DU NOUVEAU MONDE
30, rue Gay-Lussac, 75005 Paris, France
Téléphone : 33 1 43 54 49 02
Télécopieur : 33 1 43 54 39 15

SUISSE

SERVIDIS SA
5, rue des Chaudronniers, CH-1211 Genève 3, Suisse
Téléphone : 022 960 95 25
Télécopieur : 022 776 35 27

TABLE DES MATIÈRES

Catalogage avant publication de la Bibliothèque nationale du Canada

Vedette principale au titre :

 Démocraties métropolitaines

 (Géographie contemporaine)
 Comprend des réf. bibliogr.

 ISBN 2-7605-1236-3

 1. Démocratie locale. 2. Administration municipale – Participation des citoyens.
3. Relations gouvernement central-collectivités locales. 4. Démocratie locale – France.
5. Démocratie locale – Grande-Bretagne. 6. Démocratie locale – Canada.
I. Jouve, Bernard, 1965-   . II. Booth, Philip, 1946-   . III. Collection.

 JS78.D45 2004   320.8'5   C2003-942175-9

Nous reconnaissons l'aide financière du gouvernement du Canada
par l'entremise du Programme d'aide au développement
de l'industrie de l'édition (PADIÉ) pour nos activités d'édition.

**Finances, Économie
et Recherche**

Québec ◼◼◼◼

La publication de cet ouvrage a été rendue possible
avec l'aide financière de la Société de développement
des entreprises culturelles (SODEC).

Mise en pages : CARACTÉRA PRODUCTION GRAPHIQUE INC

Couverture – Conception : RICHARD HODGSON
           Illustration : ISTHME, *Liens féminins*, #10, 2003,
                     aquarelle, encre, pastel sec et graphite
                     sur papier Arches, 72 × 92 cm.

1 2 3 4 5 6 7 8 9 PUQ 2004 9 8 7 6 5 4 3 2 **1**

Dépôt légal – 1ᵉʳ trimestre 2004
Bibliothèque nationale du Québec / Bibliothèque nationale du Canada
Imprimé au Canada

Démocraties métropolitaines

TRANSFORMATIONS DE L'ÉTAT ET POLITIQUES URBAINES AU CANADA, EN FRANCE ET EN GRANDE-BRETAGNE

Sous la direction de
Bernard Jouve *et* **Philip Booth**

2004

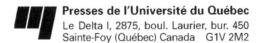

Presses de l'Université du Québec
Le Delta I, 2875, boul. Laurier, bur. 450
Sainte-Foy (Québec) Canada   G1V 2M2

LISTE DES CARTES, FIGURES ET TABLEAUX

REMERCIEMENTS

Philip Booth
Bernard Jouve

Ce livre est le résultat d'un travail entrepris entrepris à l'automne 2002 à la suite d'un séminaire du Groupe franco-britannique sur l'urbanisme. Le séminaire de septembre 2002 et l'activité de coordination éditoriale nécessaire à la réalisation de cet ouvrage ont bénéficié du soutien financier de l'ambassade de France à Londres, du Department of Town and Regional Planning de l'Université de Sheffield, de l'Université du Québec à Montréal et du programme des Chaires de recherche du Canada. Nous tenons ici à les remercier.

Nos remerciements s'adressent également à André Parent, technicien en cartographie au département de géographie de l'Université du Québec à Montréal, pour l'aide fournie dans la réalisation des supports cartographiques et des illustrations contenus dans cet ouvrage.

Enfin, une mention particulière à l'artiste peintre montréalaise ISTHME qui a accepté qu'une de ses œuvres intitulée « Liens féminins, #10 » (aquarelle, encre, pastel sec et graphite sur papier Arches, 72 × 92 cm, juin 2003) soit reproduite sur la couverture.

INTRODUCTION

LES MÉTROPOLES AU CROISEMENT DE LA GLOBALISATION ET DE LA TRANSFORMATION DU POLITIQUE

Bernard Jouve

Cet ouvrage a comme origine un séminaire du Groupe franco-britannique sur l'urbanisme qui s'est tenu à l'Université de Sheffield en septembre 2002 et qui a été organisé par P. Booth. Ce séminaire avait comme thème la participation et la concertation dans les politiques urbaines en France et en Grande-Bretagne. Il est rapidement apparu que cette thématique dépasse la seule question de l'urbanisme et qu'elle renvoie à des problématiques plus générales touchant à l'organisation du politique dans les démocraties modernes, à l'exercice renouvelé de la participation politique et au fondement de la citoyenneté. Aussi, avons-nous décidé d'élargir à la fois la thématique générale, le nombre de contributeurs et le cadre de la comparaison en incluant le Canada. Ce choix s'explique par l'acuité de la démocratie participative dans des villes comme Montréal et Toronto mais aussi parce que le Canada, en bâtissant une politique d'intégration fondée sur le multiculturalisme, constitue un « modèle » qui a cessé d'être considéré comme « exotique » pour, au contraire, être de plus en plus discuté. On ne saurait pour autant considérer qu'au Canada le multi-culturalisme est chose acquise et ne suscite aucune controverse (Gagnon et Rocher, 1997 ; Breton, 2000). Les débats sur le « mariage gai » et la controverse qu'ils suscitent au sein de la classe politique et de la société canadiennes ne sont que la dernière conséquence de ce choix politique opéré par P. E. Trudeau au moment de « rapatrier » la Consti-tution canadienne et d'y enchâsser la Charte des droits et libertés.

Cependant, du fait de l'importance des flux migratoires entre les pays en développement et les pays développés, de l'émergence de mou-vements identitaires de type nationaliste infra-nationaux, et de la montée en puissance de rapports sociaux s'exprimant sur une base communau-tarienne, la « voie canadienne » est de plus en plus discutée, apparaissant pour certains comme la meilleure solution – à la fois en matière d'effica-cité et de justice – à la question de la dialectique intégration/différencia-tion au sein des sociétés pluralistes (Kymlicka, 2003). Les métropoles et les politiques qui s'y développent constituent un terrain d'observation du « modèle canadien ». Cette question du communautarisme constitue un des premiers éléments de justification de la comparaison. Dans le présent ouvrage, on tentera de répondre aux questions suivantes : quelles sont les dynamiques communes aux trois États qui modifient actuelle-ment l'exercice de la démocratie et la définition de la citoyenneté dans les métropoles ? Au-delà des différences tenant à l'histoire de la construc-tion de l'État-nation, aux valeurs qui la structurent, aux cultures poli-tiques et administratives très variées, observe-t-on actuellement un processus de convergence vers le « modèle canadien » ? Le choix des trois États se justifie par le fait qu'ils représentent un continuum entre deux grands registres d'expression de la citoyenneté : le registre universaliste incarné par la République française, « une et indivisible », et le registre catégoriel canadien qui admet et facilite l'expression des différences cultu-relles, linguistiques, ethniques, religieuses. La Grande-Bretagne occupe à l'heure actuelle une position intermédiaire.

UNE SÉRIE DE QUESTIONS

Cet ouvrage répond également à une autre série de questions touchant à l'évolution des relations intergouvernementales et à la gouvernance des métropoles. Au Canada, le poids de l'État fédéral dans les politiques urbaines est des plus limités, en raison de la répartition des compétences entre les différents paliers de gouvernement qui fait des « affaires municipales » une prérogative du niveau provincial. Cette division du travail sera peut être amenée à changer prochainement : P. Martin, actuel premier ministre du Canada, ne cache pas son objectif de développer un partenariat direct et institutionnalisé entre le niveau fédéral et les municipalités, surtout les métropoles. Nul doute que cette proposition ne manquera pas de soulever l'ire des provinces, toujours enclines à considérer les municipalités comme leurs « créatures ». En France et en Grande-Bretagne, les politiques urbaines ont été depuis une vingtaine d'années un vecteur de recomposition des relations intergouvernementales, selon des logiques et des rationalités certes opposées. Les principales réformes lancées sous les gouvernements de M. Thatcher, et prolongées sous T. Blair, ont eu pour effet de centraliser les relations intergouvernementales au profit de l'État. Patrie du *Local Government*, la Grande-Bretagne a vu le poids politique des collectivités locales diminuer, de même que celui des institutions urbaines démocratiquement élues. Cette évolution s'est effectuée au profit des acteurs économiques qui ont été largement impliqués dans l'élaboration des politiques urbaines à travers de nouvelles formes de partenariat public–privé institutionnalisées dans de nouvelles structures : les *Quasi-Autonomous Non-Governmental Organisations*. Cette politique a été progressivement infléchie, d'abord par le gouvernement de J. Major puis par celui de T. Blair qui ont élargi le nombre des « partenaires ». Les politiques urbaines sont ainsi progressivement devenues un espace de recomposition du lien entre la société civile et le politique.

La France a opté, durant les mêmes années, pour une configuration institutionnelle différente à travers la décentralisation. À partir de 1982, une série de textes de loi se sont succédé pour accorder plus de compétences et de responsabilités aux pouvoirs locaux. Cette transformation de la structure de l'État a abouti en 2003 à une modification substantielle de la loi fondamentale qui stipule désormais que la France est un État décentralisé.

Reprenant à notre compte une interrogation classique de la science politique qui vise à connaître l'impact des institutions, des différents cadres législatifs sur le contenu des politiques publiques, il nous a donc semblé pertinent de comparer ces trois États pour répondre en partie à la question non moins traditionnelle : qui gouverne les villes ? Dans un contexte général caractérisé par l'acuité du programme néolibéral, par la recomposition des États, par la montée en puissance des métropoles en tant qu'espaces essentiels de nouvelles formes de régulation en réseau qui accompagnent la globalisation (Castells et Hall, 1994 ; Castells, 2001), comment s'opère la « nouvelle » division du travail entre les États et les villes ? Quel est leur degré d'autonomie ? Comment la globalisation, la recomposition des rapports sociaux dans les métropoles, la transition vers la « seconde modernité » (Beck, 1992) affectent-elles l'exercice de la démocratie et redéfinissent-elles la citoyenneté ?

Enfin, ce livre voudrait alimenter l'ensemble des réflexions particulièrement foisonnantes ces derniers temps sur la transformation du politique dans les États occidentaux. En effet, si entre le Canada, la France et la Grande-Bretagne, les cadres institutionnels sont différents, la question de la refondation du rapport démocratique et de la citoyenneté en actes occupe pour autant une place identique dans le programme politique dans les villes britanniques, canadiennes et françaises. Cette redéfinition de la relation entre la société civile et la sphère du politique n'est certes pas nouvelle. Depuis une trentaine d'années, les rapports, colloques, ouvrages et autres articles se sont multipliés sur le thème de la « crise du politique », sur le fossé grandissant entre les élus politiques et leurs mandants, sur l'incapacité du « monde politique » à répondre aux attentes de la société civile. Ce diagnostic est porté à la fois par des essayistes politiques (Lamoureux, 1999 ; Comor et Beyeler, 2002 ; Courtemanche, 2003) et des scientifiques (Norris, 1999 ; Skocpol et Fiorina, 1999 ; Pharr et Putnam, 2000 ; Balme *et al.*, 2003) qui pointent tous la défiance de plus en plus manifeste qu'exprime la « société civile » vis-à-vis de la politique. C'est précisément dans ce contexte que les politiques urbaines revêtent actuellement dans les trois États analysés – mais on pourrait aisément étendre le panel – une importance particulière.

La défiance vis-à-vis de la sphère du politique s'exprime essentiellement par rapport à un mode d'organisation centré sur le principe de la représentation, donc sur la centralité des élus dans les processus décisionnels d'attribution des ressources, d'arbitrage des conflits, etc. À l'inverse, les attentes en faveur d'une démocratie renouvelée, prenant appui sur la concertation, la délibération, le partenariat, dit autrement sur la pluralisation du système politique, sont de plus en plus fortes. Les années 1990 ont ainsi été caractérisées par un phénomène majeur : le territoire infra-national, le local sont devenus pour de nombreux observateurs, spécialistes et décideurs l'alpha et l'oméga de toute refondation du rapport à la politique. Toute transformation de l'ordre politique étant jugée impossible en agissant au niveau des États, c'est au niveau des pouvoirs locaux qu'il faudrait intervenir. La proximité entre les décideurs – politiques et administratifs – et les « citoyens-électeurs-usagers » y faciliterait, par nature, l'innovation, le changement, l'ouverture des systèmes décisionnels (Loughlin, 2001). La thématique n'est pas nouvelle. On la trouve dès les années 1960-1970 dans bon nombre de pays occidentaux. Elle a servi à alimenter, dans certains cas, une critique radicale de la figure de l'État moderne, inféodé aux intérêts du capitalisme et avant tout source d'endoctrinement et d'aliénation. Le local se confondait alors avec le *small is beautifull*, la contre-culture et les projets alternatifs d'auto-gestion. La radicalité du propos a actuellement disparu. Il reste que le procès de l'État en tant qu'instance à partir de laquelle il est possible de construire un ordre politique renouvelé, faisant plus de place à la « démarche citoyenne », pour paraphraser la vulgate « altermondialiste » particulièrement en vogue ces derniers temps, est actuellement clos. Ni les conservateurs, par idéologie, ni les libéraux (au sens nord-américain), ni les sociaux-démocrates, par expérience et par dépit, ne soutiennent ce programme. Aussi, se tourne-t-on (de nouveau) vers les espaces politiques infra-nationaux, et notamment les métropoles. L'exemple de Porto Alegre et de son budget participatif est ainsi largement utilisé pour montrer que l'on peut faire de la politique autrement, y compris, et surtout même, avec des groupes sociaux dominés (Gret et Sintomer, 2002).

Enfin, d'autres analystes voient dans les métropoles les espaces à partir desquels il est possible de mettre en place des mécanismes d'adaptation à la globalisation, au capitalisme avancé, de contrôle de ses effets les plus néfastes en matière d'exclusion, de précarisation. Renouant avec les écrits de K. Polanyi sur l'importance des espaces locaux dans la « grande transformation » liée au développement du capitalisme industriel en Grande-Bretagne (Polanyi, 1983), c'est dans les métropoles, et non plus au niveau des États-nations, que pour de nombreux observateurs il est possible de générer des modèles de développement réussissant à combiner à la fois la croissance économique et la justice sociale.

Ce livre propose, en termes analytiques et empiriques, une dispute scientifique sur ce qui ressemble fort à un « mirage néo-tocquevillien ». Quelle est la portée réelle du renouveau de la démocratie participative et délibérative dans les métropoles britanniques, canadiennes et françaises ? La concertation, le partenariat entre les élus et la société civile (groupes communautaires, ethniques, acteurs économiques), transforment-ils effectivement les bases de l'ordre politique ? C'est à cette seconde série de questions que ce livre entend également apporter des éléments de réponse.

À partir de ce questionnement, nous avons sollicité le concours de spécialistes universitaires britanniques, canadiens et français. Avant de les présenter rapidement, une mise en garde s'impose. Cet ouvrage ne propose pas une comparaison terme à terme entre le Canada, la France et la Grande-Bretagne. Pour ce faire, il aurait fallu élaborer un programme de recherche inclusif, reposant sur un protocole méthodologique précis, décliné par l'ensemble des participants. Nous n'en avions ni les moyens matériels ni le temps. Si nous souhaitons que les textes et les réflexions présentées puissent permettre d'engager un tel programme international, en intégrant d'autres États, notre objectif avec cet ouvrage est davantage de dégager les grandes lignes d'un tel dispositif et de formaliser une problématique commune sur les relations complexes et ambiguës qui se tissent actuellement entre la globalisation, la recomposition des États-nations, l'exercice de la démocratie locale et la transformation de la citoyenneté dans les métropoles occidentales.

CONTENU DES CHAPITRES

C'est précisément cette question de la globalisation et de ses effets sur la transformation de la citoyenneté qui est au cœur des deux premiers chapitres de cet ouvrage. Dans le chapitre 1, J. Duchastel et R. Canet montrent que les évolutions accompagnant la globalisation des échanges de tous ordres sont porteuses d'une remise en question frontale de ce qui apparaît de plus en plus comme une forme historiquement datée d'exercice de la citoyenneté. Envisagée dans son acception moderne, la citoyenneté n'a longtemps été pensée qu'en fonction de l'État en tant que construit socio-politique majeur dans la régulation des sociétés. En considérant que la globalisation s'accompagne de mutations de la territorialité, de la régulation politique et de la citoyenneté, J. Duchastel et R. Canet s'intéressent à l'émergence de nouvelles formes de citoyenneté et élaborent une typologie des différentes formes de démocratie : représentative centralisée, représentative décentralisée, supra-nationale, corporative, de contestation et radicale. Le caractère heuristique de cette typologie réside en grande partie dans le fait qu'elle formalise une transformation de l'ordre politique dans laquelle la territorialité joue un rôle majeur. La globalisation induit que la territorialité de référence dans les sociétés modernes n'est plus uniquement centrée sur l'État et ses instances politiques, administratives, législatives. L'État n'a certes pas disparu et ses institutions continuent de peser fortement sur l'économie des échanges entre acteurs infra-étatiques. Pour autant, des formes alternatives d'exercice de la démocratie, qui ne passent plus par la représentation orchestrée par l'élection, se font jour sur de nouvelles échelles territoriales. Le niveau propre-ment supra-national constitue une de ses nouvelles échelles de référence du politique (notamment à travers des processus d'intégration comme l'Union européenne mais aussi au sein des forums internationaux comme l'Organisation mondiale du commerce ou le Forum social mondial et ses déclinaisons « régionales » en Afrique, en Europe, en Asie, etc.). Le niveau local est également le siège de cette recomposition avec une démocratie qui s'exprime de plus en plus sous une forme contestataire, voire radicale et qui remet en question le principe d'autorité associé au modèle stato-centré d'exercice du politique.

Dans le chapitre 2, P. Hamel centre davantage sa réflexion sur la transformation de la démocratie au niveau métropolitain en se focalisant sur les transformations sociales, économiques et politiques qui accompagnent la métropolisation. Revenant rapidement sur l'évolution de la morphologie urbaine qui se concrétise par une généralisation de l'urbain, P. Hamel insiste également sur l'essoufflement d'un mode d'intégration politique centré sur l'État et ses institutions. La métropolisation se caractérise par des sociétés davantage pluralistes dans lesquelles la question de la reconnaissance des particularités des individus et des groupes sociaux structure le programme politique. Ainsi, ce qui est en jeu, c'est la transformation d'un ordre politique centré sur l'État et sur l'affirmation progressive des métropoles en tant que nouveaux territoires politiques au sein desquels s'opère le double processus de différenciation et d'intégration sociale. P. Hamel voit dans ce processus en cours les conditions historiques de l'affirmation progressive d'une citoyenneté de type métropolitain dans laquelle à la fois les institutions « classiques » disposant de la légitimité issue de l'élection mais aussi les mouvements sociaux urbains joueront un rôle essentiel. Loin d'opter pour une lecture mécanique des liens de causalité entre la globalisation et l'affirmation d'une citoyenneté métropolitaine, P. Hamel insiste au contraire sur les limites du dépassement de l'ordre politique existant. Les institutions en place, la structuration des systèmes décisionnels, la place des élites « notabiliaires » urbaines sont en jeu. On comprendra donc qu'il reste prudent sur la portée réelle, à court et moyen terme, des dynamiques actuellement à l'œuvre. Pour autant, il identifie plusieurs thématiques qui, selon lui, constituent les vecteurs de la recomposition politique : la pauvreté, les inégalités sociales, l'intégration des immigrants et des communautés culturelles, la protection de l'environnement. Comme J. Duchastel et R. Canet, P. Hamel considère en effet que la globalisation induit un changement d'échelle dans la régulation des sociétés modernes ; régulation qui se traduit, d'une part, par des mécanismes d'allocation de ressources à des individus et des groupes sociaux, d'autre part, par la résolution des conflits entre ces acteurs et, enfin, par la cristallisation de nouveaux rapports identitaires. À ce titre, les métropoles constituent une nouvelle échelle d'action collective qui s'intercale progressivement entre le global, le national et le local, en se surajoutant. La nouvelle division du travail ne procède en effet pas tant d'un jeu à somme nulle où ce qui « gagné » par un niveau territorial l'est au détriment d'un autre. Y compris en Europe occidentale où le processus d'intégration supra-nationale est le plus avancé, on ne trouve plus guère d'auteurs pour soutenir la dissolution de l'État, de « l'État-creux ». La « fin des territoires » doit être considérée comme la remise en question d'un mode d'exercice uniquement stato-centré du politique (Badie, 1995). À l'heure actuelle, on observe une reconfiguration des systèmes de régulation, que nos collègues anglophones qualifient de « *multi-level governance* » (Hooghe et Marks, 2001), et dans laquelle les États continuent de jouer un rôle important. Ils ne dominent plus autant que par le passé, leur « verrou s'est desserré » (Le Galès, 1999), ils ne sont cependant pas pour autant absents. La « mort de l'État » apparaît bien souvent largement « exagérée » (Anderson, 1995).

Cette dimension est particulièrement présente dans les textes de G. Dabinett, de P. Booth, de P. Newman et A. Thornley et de J.-A. Boudreau. Dans le chapitre 3, G. Dabinett revient dans le détail sur l'évolution des politiques urbaines en Grande-Bretagne depuis une vingtaine d'années. Il montre que les politiques urbaines ont constitué à partir de l'arrivée au pouvoir de M. Thatcher en 1979 un des vecteurs essentiels de transformation de la puissance publique en Grande-Bretagne. Confrontés au marasme économique, à la récession, les conservateurs de l'époque ont fait le procès d'un mode de régulation corporatiste centré sur l'État. Hostile par idéologie à tout l'héritage keynésien et à l'État-providence, le « thatchérisme » a décliné de 1979 à 1990 une politique clairement libérale en supprimant le contrôle des changes, en libérant les prix et les salaires puis en déréglementant le marché des capitaux à partir de 1986, en opérant des coupes draconiennes dans les dépenses sociales, en privatisant des pans entiers de l'économie et des services publics et en affrontant directement les syndicats de salariés (on se souvient de la grève brisée des mineurs britanniques en 1985). La recette libérale en elle-même n'était pas nouvelle ni innovante : on la trouvait à la même époque déclinée dans des termes très proches aux États-Unis sous l'administration Reagan ou encore en Nouvelle-Zélande qui est devenue à partir de 1984 le « laboratoire du libéralisme ». L'une des particularités de la Grande-Bretagne a résidé dans le « traitement » que l'État central a réservé aux villes. Le « thatchérisme » ne s'est pas limité à une série de mesures macro-économiques guidée par la pensée de F. von Hayek. Il a eu un fondement territorial, urbain pour être précis. En effet, à partir du milieu des années 1980, les institutions métropolitaines des villes britanniques sont dissoutes par le gouvernement conservateur, au motif d'une absence d'efficacité et d'une bureaucratisation honnie. De nouveaux programmes nationaux destinés à « aider » les villes dans leur reconversion sont élaborés et mis en œuvre. Le référent utilisé par le gouvernement conservateur change : la crise économique n'est pas uniquement sectorielle, il s'agit également d'une crise urbaine. À l'heure actuelle, rares sont les pays à avoir autant ancrer la résolution de la crise économique dans les politiques urbaines. En Grande-Bretagne, ces programmes d'action, les institutions métropolitaines, les nouveaux modes de régulation politique sont autant de vecteurs de résolution du problème. Aussi, dans ce pays la transition du *Welfare State* vers le *Workfare State* (Jessop, 1994) s'opère essentiellement en prenant pour enjeu les villes, et les politiques urbaines deviennent les lieux d'affrontement politiques et idéologiques entre le parti conservateur et le parti travailliste. Cette dynamique est clairement analysée dans le chapitre 5, que P. Booth consacre à Sheffield, archétype de la ville britannique mono-industrielle et qui connaît les affres de la reconversion économique à partir des années 1980 : en l'espace de dix ans, Sheffield perd 44 000 emplois dans le secteur de la sidérurgie. La politique municipale, historiquement dominée par le parti travailliste, ne pouvait que se transformer. P. Booth montre les différentes phases d'adaptation du conseil municipal à la nouvelle donne économique mais également aux politiques urbaines lancées par le gouvernement conservateur. Après une phase de crispation durant laquelle les élites travaillistes engagent un véritable bras de fer avec le gouvernement central, elles finissent par plier face aux impératifs fixés par celui-ci, notamment en matière de création de nouvelles structures de gouvernance incluant des acteurs privés, puis par adopter ces recettes d'action qui se traduisent par une très nette tendance à l'*adhocratisme* – qui génère un fonctionnement politique élitiste et notabiliaire – et à la multiplication des instances de décision.

Cette conversion des élites locales travaillistes est également parfaitement décrite dans le chapitre 4, de P. Newman et A. Thornley, sur le partenariat que développe depuis son élection le nouveau maire de Londres, K. Livingstone, avec les acteurs économiques londoniens. Dirigeant dans les années 1980 le *Greater London Council* et surnommé « Ken le Rouge » en raison de son opposition frontale avec le gouvernement conservateur de M. Thatcher, K. Livingstone représente, presque jusqu'à la caricature, le recentrage idéologique du Parti travailliste et sa transformation en *New Labour* sous la houlette de T. Blair. Bien qu'entretenant des relations personnelles très conflictuelles avec T. Blair, K. Livingstone partage cependant avec l'actuel premier ministre britannique une représentation de la modernité politique qui rime avec partenariat, concertation avec la société civile et en premier lieu avec les acteurs économiques. Dans le cas de K. Livingstone, P. Newman et A. Thornley insistent sur le fait que ce registre d'action s'explique en partie par la forte dépendance, en matière de ressources budgétaires, de la nouvelle institution métropolitaine londonienne – la *Greater London Authority* que dirige K. Livingstone – par rapport à l'État central. Disposant d'une légitimité incontournable du fait de son élection au suffrage universel direct, le nouveau maire de Londres n'a cependant pratiquement aucune ressource propre. Il a choisi de diminuer sa dépendance envers l'État central et de « gouverner » en mobilisant les acteurs privés, quitte pour cela à entonner la vulgate néolibérale et à dire, comme le citent P. Newman et A. Thornley, que « le cœur de l'activité du maire de Londres est de s'assurer que le succès économique de Londres se poursuive. Ceci requiert davantage que la seule prise en compte des besoins des acteurs économiques dans l'élaboration des politiques publiques. Il s'agit de forger un réel partenariat efficace avec le monde des affaires. » On mesure l'importance de l'évolution idéologique de la part de cet ancien leader du parti travailliste, membre de l'aile orthodoxe.

Dans le chapitre 6, sur Toronto, J.-A. Boudreau met également de l'avant le lien organique qui continue d'exister entre les métropoles et leur autorité de tutelle, en l'occurrence le gouvernement provincial de l'Ontario. Le choix des structures de gouvernement métropolitain est la conséquence directe d'une décision unilatérale prise par le gouvernement conservateur de M. Harris qui a opté pour une fusion municipale à laquelle un grand nombre d'habitants de l'ancienne ville-centre se sont opposés. Le cas de Montréal décrit par Anne Latendresse dans le chapitre 7 illustre cette même dépendance des métropoles canadiennes en général par rapport à l'échelon provincial ; dépendance que C. Andrew n'a pas hésité à qualifier de « honteuse » (Andrew, 2000, p. 100). En l'occurrence, il ne s'agit d'ailleurs pas d'une particularité canadienne : si, depuis une dizaine d'années, nombreux sont les spécialistes et certains hommes politiques à demander un renforcement du poids juridique des métropoles dans l'ordre politique des États modernes, force est de constater par contre la formidable inertie des régimes (Jouve et Lefèvre, 2002a ; Jouve et Lefèvre, 2002b).

La transformation des institutions métropolitaines à Toronto et à Montréal s'est effectuée en utilisant pleinement la rhétorique de la « ville entrepreneuriale ». À ce titre, l'idéologie de parti des gouvernements qui ont opté pour ces fusions importe peu, contrairement aux années 1970 (Keil, 2000) : en Ontario, ce sont des conservateurs qui ont choisi de fusionner les municipalités, au Québec les sociaux-démocrates du Parti québécois. C'est plus dans la portée de la réforme que les différences continuent d'exister. À propos de Montréal, A. Latendresse insiste sur l'importance des résistances internes au champ politique contre le processus de la fusion municipale et sur les différentes configurations institutionnelles que cette réforme a engendrées sur la médiation entre les élus et la société civile. De son côté, J.A. Boudreau montre comment, sans doute parce qu'elle est plus ancienne à Toronto, mais aussi et surtout parce qu'elle s'intègre dans un processus de transformation de l'État ontarien lancé au milieu des années 1990, la réforme métropolitaine à Toronto a été rendue possible en instrumentalisant une culture politique territoriale, portée par des municipalités de centre-gauche, faisant de la concertation et de la mobilisation de la société civile des éléments essentiels de leurs programmes d'action. À Toronto, la transformation du cadre institutionnel métropolitain s'intègre à la fois dans les oppositions partisanes classiques entre niveaux de gouvernement, mais surtout constitue un vecteur utilisé par le parti conservateur à la tête de l'Ontario depuis 1995 pour imposer la « révolution du bon sens » chère à M. Harris, premier ministre de l'Ontario de 1995 à 2002, c'est-à-dire la déclinaison du programme néolibéral. Ainsi, J.-A. Boudreau montre toute l'ambiguïté d'une politique qui, d'une part, se veut plus ouverte à la concertation notamment dans la planification et, par le biais d'un budget participatif, à la promotion de la diversité, mais qui, d'autre part, se traduit dans les faits par la centralisation du système politique métropolitain qui, en dehors de toute forme de consultation, n'hésite pas à lancer des opérations urbaines de grande envergure visant à renforcer la compétitivité de la capitale économique du Canada, sans se soucier des conséquences en matière de polarisation sociale.

Cette adaptation des métropoles à la nouvelle donne engendrée par les transformations les plus récentes du capitalisme – mode de production réticulaire, financiarisation du système productif, etc. – se retrouve également dans le chapitre 8, rédigé par J.-M. Fontan, J.-L. Klein et B. Lévesque, sur l'expérience montréalaise en matière de reconversion économique. Comme d'autres métropoles nord-américaines et européennes, l'ancienne capitale économique du Canada a été très fortement ébranlée – et continue de l'être – par la vague de désindustrialisation qui a accompagné la crise économique, et ce dès les années 1960. Disposant d'un portefeuille d'activités actuellement assez large, la métropole québécoise a par contre vu sa base productive traditionnelle durement frappée par la récession qui, ici comme ailleurs, s'est traduite à la fois par une montée en flèche du taux de chômage (surtout pour ce qui concerne les emplois industriels) et une dévalorisation de certains espaces industriels péricentraux qui sont à juste titre qualifiés ici de « quartiers orphelins ». Cette spirale du déclin a néanmoins été enrayée par une forte mobilisation des acteurs de la société civile, plus particulièrement des acteurs communautaires organisés au sein des Corporations de développement économique communautaire et des syndicats qui ont créé des outils de financement permettant le maintien et la relance de l'activité d'entreprises en difficulté.

Non seulement le modèle de développement économique est alternatif, car il ne repose pas sur les deux grands acteurs classiques que sont l'État et les entreprises privées, mais le référentiel d'action de cette économie sociale ou solidaire est différent : la priorité est donnée à la lutte pour l'emploi, non à la croissance en tant que telle. En prenant les exemples de la reconversion dans les quartiers sud-ouest de Montréal et de la relance de l'activité de l'entreprise Dominion, grâce notamment à l'intervention de la Fédération des travailleurs du Québec par le biais de son fonds de solidarité, J.-M. Fontan, J.-L. Klein et B. Lévesque voient dans le partenariat qui s'est développé à Montréal sur la question de la reconversion industrielle un modèle de développement alternatif dans lequel les acteurs organisés de la société civile et représentant les intérêts des salariés arrivent à structurer les termes de l'échange, à mobiliser des ressources et posent les bases d'une « économie plurielle » faisant coexister au sein d'une même métropole plusieurs « modèles » de développement économique.

Les chapitres 9 à 12, consacrés à la France, abordent des thématiques qui sont en grande partie marquées par le sceau de la décentralisation. Promue « grande affaire » du premier septennat de F. Mitterrand, la décentralisation continue d'occuper le cœur du programme politique des élites politiques et administratives centrales et périphériques. Elle connaît actuellement une phase de relance avec la modification substantielle de la Constitution et le renforcement de l'autorité des régions dans les relations intergouvernementales. Lancée en 1982 par le ministre de l'Intérieur G. Defferre dans le triple objectif de rationaliser l'activité gouvernementale, de rendre plus imputables les élus et de rapprocher la décision politique des citoyens, la décentralisation « à la française » a été marquée par une série de modifications très importantes dans l'équilibre des pouvoirs et dans l'organisation du pouvoir métropolitain. D'un point de vue managérial, la décentralisation a largement eu recours à la formule du contrat, formule juridique qui avait été lancée dans les années 1970. La contractualisation des politiques publiques de tous ordres (urbanisme, environnement, développement économique, politique de la ville, sécurité, culture, etc.) a eu pour effet de responsabiliser des niveaux de décision politique et administratif intermédiaires et repose sur le principe que la proximité, véritable sésame de l'actuel gouvernement dirigé par J.-P. Raffarin, permet de dépasser les clivages institutionnels, de générer des compromis, des ajustements, de mieux répondre aux spécificités des espaces locaux. Dans le chapitre 9, P. Warin revient sur ces dimensions de l'action publique moderne en traitant des dynamiques à l'œuvre dans la gestion de proximité par voie de contractualisation dans les politiques publiques. Il identifie ainsi plusieurs contraintes qui remettent en question l'efficacité de la démarche contractuelle : en premier lieu, la difficulté d'harmoniser des programmes d'action hétérogènes à la fois dans leurs objectifs, leur financement et leurs modalités de gestion ; en second lieu, le « dialogue » délicat qui se noue entre les services publics, garants en France de l'intérêt général, et les associations ; et enfin l'individualisation de l'offre publique qui se traduit par une augmentation sans précédent des demandes des usagers en nouveaux droits-créances auprès des services publics et a pour conséquence une différenciation de l'offre de politique publique, avec ce que cela engendre en ce qui a trait à l'équité et à l'égalité de traitement des citoyens devant la loi.

Cette question de la participation directe des habitants-citoyens aux politiques publiques est également présente dans le chapitre 11 de D. Chabanet sur la mise en œuvre de la politique de la ville à Vaulx-en-Velin, commune « sensible » de la banlieue de Lyon, et dans celui de J.-Y. Toussaint, S. Vareilles, M. Zepf et M. Zimmermann qui traitent du réaménagement d'un espace public à Villeurbanne, municipalité également située dans la banlieue de la Capitale des Gaules. Les enjeux de la concertation sont radicalement différents dans ces deux exemples. À Vaulx-en-Velin, qui symbolise la crise que connaissent les anciennes banlieues ouvrières des grandes villes françaises, c'est la question de l'intégration dans le système politique des jeunes issus de l'immigration qui est au centre des controverses et des dynamiques politiques, qui peuvent parfois s'exprimer sous une forme radicale voire violente. La politique de la ville initiée dans les années 1970-1980 a pris de plus en plus d'ampleur au sein de la vie politique et administrative française, jusqu'à nécessiter la création d'un ministère à part entière dont la mission semble impossible : résoudre les problèmes à la fois d'exclusion sociale et économique, de nouvelles formes de pauvreté qui se traduisent par des processus de désaffiliation, d'intégration des communautés immigrées à une « République une et indivisible » qui ne reconnaît pas l'existence de particularismes remettant en question son homogénéité même si la société française s'accommode de la diversité culturelle (Wieviorka, 2003). Cette politique voit se confronter, sur un mode radical, les représentants de la société civile habitant ces « quartiers d'exil » (Dubet et Lapeyronnie, 1992), donc des groupes sociaux dominés, et un système politico-administratif dans lequel les élus locaux occupent une position centrale en raison de la mise en œuvre des lois de décentralisation et du transfert d'un grand nombre de compétences de la part de l'État. Prenant l'exemple d'une association d'habitants d'un quartier de Vaulx-en-Velin, D. Chabanet analyse dans le détail la rencontre et le choc entre des formes de légitimité et des territoires de référence qui s'opposent. Après avoir présenté la problématique de l'immigration en France, il décrit notamment comment se sont structurées ces relations durant plus d'une dizaine d'années. La concertation autour d'un projet d'aménagement urbain à Villeurbanne s'exprime sur un registre nettement plus policé. Les enjeux associés à ce projet sont certes moins importants que ceux de la politique de la ville à Vaulx-en-Velin. Ici, point de crise urbaine, d'exclusion, mais néanmoins la tentative de moderniser la vie politique municipale en recourant plus largement que dans le passé à la consultation des habitants dans les choix d'aménagement urbain, notamment dans le traitement des espaces publics. Dans le chapitre 10, à travers une analyse « clinique » de la procédure de consultation des habitants, J.-Y. Toussaint, S. Vareilles, M. Zepf et M. Zimmermann donnent également à voir les rapports de pouvoir et de domination qui sont au cœur des relations entre les élus locaux, leur technostructure, d'une part, et les « habitants-citoyens », d'autre part. Les procédures institutionnalisées de concertation publique qui structurent les échanges politiques entre la sphère du politique et la société civile à la fois dans le cadre de la politique de la ville et dans une opération aussi banale que le réaménagement d'un espace public peuvent-elles permettre de changer l'ordre politique local et remettre en question la centralité des élus dans le processus décisionnel ? Telle est la question qui traverse ces deux chapitres.

Enfin, dans le chapitre 12, M. Houk aborde une autre dimension essentielle de la mise en œuvre des lois de décentralisation en France : la recomposition du leadership métropolitain par la transformation des échanges entre les élus locaux. Pour ce faire, elle analyse l'élaboration et l'application de la loi « Paris-Marseille-Lyon » de décembre 1982 qui a transformé l'organisation politique interne de ces trois métropoles en instituant un niveau de gestion politique infra-municipal : les conseils d'arrondissement. D'abord envisagé par le gouvernement socialiste de l'époque comme un outil visant à affaiblir le leadership de J. Chirac, alors maire de Paris, ce dispositif a conduit à des transformations très nettes dans l'équilibre des relations entre élites politiques locales. Progressivement, les mécanismes de régulation entre les mairies centrales et les mairies d'arrondissement se sont modifiés – essentiellement à Paris et Lyon : la détention d'une mairie d'arrondissement, pourtant dotée de très peu de moyens et de ressources budgétaires, techniques et administratives propres, est devenue un enjeu politique majeur structurant les luttes partisanes et individuelles au sein des classes politiques métropolitaines. Comment cette évolution a-t-elle été rendue possible ? Quelle est la place de la concertation et de la gestion de proximité dans ce processus d'affirmation d'un échelon de gouvernement infra-municipal ? M. Houk traite dans le détail ces différentes questions.

On le voit, les différents chapitres de cet ouvrage n'ont pas tous la même portée. Les angles d'attaque retenus par les auteurs diffèrent également et reflètent en grande partie les contextes politiques, économiques et sociaux de ces problématiques. L'intégration de ces perspectives dans un questionnement cohérent constitue une des difficultés essentielles de toute entreprise comparative, surtout lorsque la comparaison s'opère dans un travail collectif. C'est aussi ce qui en fait l'intérêt, sur le plan scientifique et humain, car cela implique de s'ouvrir à des questionnements nouveaux, à des territoires méconnus. Pour reprendre l'heureuse formule d'E. Négrier, la comparaison en sciences sociales repose sur une « éthique du déplacement » qui se traduit par le fait « d'assumer la transformation de l'objet saisi par la dynamique de comparaison » (Négrier, 2003, p. 10). La conclusion de cet ouvrage assume cette position, tente à la fois de reformuler une problématique générale et de tirer des enseignements généraux des chapitres qui composent le présent ouvrage.

BIBLIOGRAPHIE

ANDERSON, J. (1995). « The Exaggerated Death of the Nation-state », dans J. Anderson, C. Brook et A. Cochrane (dir.), *A Global World?*, Oxford, The Open University, p. 65-112.

ANDREW, C. (2000). « The Shame of (Ignoring) the Cities », *Revue d'études canadiennes*, vol. 35, n° 4, p. 100-114.

BADIE, B. (1995). *La fin des territoires*, Paris, Fayard.

BALME, R., J.-L. MARIE et O. ROZENBERG (2003). « Les raisons de la confiance (et de la défiance) politique : intérêt, connaissance et conviction dans les formes du raisonnement politique », *Fondation Jean-Jaurès*, Consultée le 2 septembre 2003, http://www.jean-jaures.org/NL/112/RICP290503.pdf.

BECK, U. (1992). *Risk Society: Towards a New Modernity*, London, Sage Publications.

BRETON, E. (2000). « Canadian Federalism, Multiculturalism and the Twenty-First Century », *International Journal of Canadian Studies*, n° 21, p. 155-176.

CASTELLS, M. (2001). *La société en réseaux*, Paris, Fayard.

CASTELLS, M. et P. HALL (1994). *Technopoles of the World*, London, Routledge.

COMOR, J.-C. et O. BEYELER (2002). *Zéro politique*, Paris, Mille et une nuits.

COURTEMANCHE, G. (2003). *La Seconde Révolution tranquille*, Montréal, Boréal.

DUBET, F. et D. LAPEYRONNIE (1992). *Les quartiers d'exil*, Paris, Seuil.

GAGNON, A.-G. et F. ROCHER (1997). « Nationalisme libéral et construction multinationale : la représentation de la "nation" dans la dynamique Québec-Canada », *International Journal of Canadian Studies*, n° 16, p. 51-68.

GRET, M. et Y. SINTOMER (2002). *Porto Alegre. L'espoir d'une autre démocratie*, Paris, La Découverte.

HOOGHE, L. et G. MARKS (2001). *Multi-level Governance and European Integration*, Lanham, Rowman & Littlefield Publishers.

JESSOP, B. (1994). « The Transition to Post-fordism and the Schumpeterian Workfare State », dans B. Loader et R. Burrows (dir.), *Towards a Post-Fordist Welfare State ?*, London, Routledge, p. 13-38.

JOUVE, B. et C. LEFÈVRE (dir.) (2002a). *Local Power, Territory and Institutions in European Metropolitan Regions*, London, Frank Cass.

JOUVE, B. et C. LEFÈVRE (dir.) (2002b). *Métropoles ingouvernables*, Paris, Elsevier.

KEIL, R. (2000). « Governance Restructuring in Los Angeles and Toronto : Amalgamation or Secession ? » *International Journal of Urban and Regional Research*, vol. 24, n° 4, p. 758-781.

KYMLICKA, W. (2003). *La voie canadienne*, Montréal, Boréal.

LAMOUREUX, H. (1999). *Les dérives de la démocratie*, Montréal, VLB.

LE GALÈS, P. (1999). « Le desserrement du verrou de l'État ? » *Revue internationale de politique comparée*, vol. 6, n° 3, p. 627-653.

LOUGHLIN, J. (dir.) (2001). *Subnational Democracy in the European Union. Challenges and Opportunities*, Oxford, Oxford University Press.

NÉGRIER, E. (2003). *Changer d'échelle territoriale. Une analyse politique comparée*, Rapport d'habilitation à diriger les recherches, Montpellier, Université de Montpellier I, Centre d'études politiques de l'Europe latine.

NORRIS, P. (dir.) (1999). *Critical Citizens. Global Support for Democratic Governance*, Oxford, Oxford University Press.

PHARR, S.J. et R.D. PUTNAM (dir.) (2000). *Disaffected Democracies : What's Troubling the Trilateral Countries ?*, Princeton, Princeton University Press.

POLANYI, K. (1983). *La grande transformation. Aux origines politiques et économiques de notre temps*, Paris, Gallimard.

SKOCPOL, T. et M.P. FIORINA (1999). *Civic Engagement in American Democracy*, Washington, D.C., Brookings Institution Press.

WIEVIORKA, M. (2003). « L'idée de nation et le débat public », dans R. Canet et J. Duchastel (dir.), *La nation en débat. Entre modernité et postmodernité*, Montréal, Athéna, p. 65-76.

CHAPITRE

DU LOCAL AU GLOBAL
CITOYENNETÉ
ET TRANSFORMATION
DES FORMES
DE LA DÉMOCRATIE

Jules Duchastel
Raphaël Canet

Sur le plan des principes, les sociétés modernes sont des sociétés démocratiques fondées sur la citoyenneté. Une telle affirmation suppose quelques prémisses qu'il convient de rappeler. La démocratie est un régime politique qui repose sur le principe du *demos cratos*, pouvoir du peuple qui se manifeste dans des institutions politiques dont la nature résulte d'un compromis toujours particulier entre des groupes sociaux aux intérêts souvent divergents et qui visent la gestion pacifique des conflits afin de permettre la vie en société. C'est ainsi que la démocratie, en tant que principe, peut prendre des formes particulières relatives aux configurations institutionnelles spécifiques sous lesquelles elle s'actualise.

La forme de démocratie privilégiée par la modernité fut celle du modèle *stato-centré* selon lequel le pouvoir public légitime se trouve monopolisé par l'État, « siège d'un pouvoir désincarné, mais en même temps pourvoyeur de la puissance des hommes qui gouvernent en son nom » (Burdeau, 1970, p. 53). Selon cette perspective, le caractère indivisible et inaliénable de la souveraineté de l'État, incarnation de la volonté générale dans sa conception rousseauiste, apparaît comme la condition sine qua non de la réalisation de l'idéal qui se situe au fondement du projet politique moderne : l'égalité politique de tous les citoyens formant nation sur un territoire défini.

À la fois principe de légitimité du pouvoir étatique et source politique du lien social, la citoyenneté s'est ainsi imposée, avec l'avènement de la modernité et du projet démocratique, comme la forme de médiation privilégiée entre la société et l'État (Canet et Duchastel, 2003 ; Schnapper, 1994). En effet, dans un régime démocratique, si l'État peut légitimement monopoliser l'usage de la violence publique, c'est qu'il est mandaté pour le faire par une communauté politique, une nation. L'État apparaît donc comme l'incarnation juridique de la nation souveraine. Le pouvoir régulateur qu'il exerce sur la société qui se trouve soumise à son autorité territorialement définie trouve sa source ultime dans la communauté des citoyens.

Cette habile construction théorique de l'organisation politique des sociétés modernes résiste cependant mal à l'épreuve de la réalité. Comme le souligne P. Rosanvallon, persiste « une contradiction qui s'installe entre le *principe politique* de la démocratie et son *principe sociologique* : le principe politique consacre la puissance d'un sujet collectif dont le principe sociologique tend à dissoudre la consistance et à réduire la visibilité » (Rosanvallon, 2003, p. 25). Les critiques adressées à ce qu'il est convenu d'appeler l'universalisme abstrait des Lumières et la démocratie formelle sont suffisamment connues pour qu'il nous soit permis de ne pas y revenir davantage ici (Thuot, 1998 ; Rosanvallon, 1998). Si nous les envisageons de manière constructive, celles-ci nous rappellent que l'égalité citoyenne sous-jacente au projet démocratique moderne demeure un idéal et que subsiste un hiatus permanent entre le projet philosophico-politique moderne et la réalité sociologique observable. Cette contradiction alimente la thèse récurrente de la crise (de la citoyenneté, de la démocratie, des institutions, du modèle d'intégration, etc.) qui conduit à son tour à la question du renouvellement de la démocratie sous diverses formes et à de multiples niveaux.

Nous partons de l'hypothèse selon laquelle les transformations des formes de la démocratie sont liées aux mutations de la territorialité, de la régulation politique et de la citoyenneté. Nous verrons tout d'abord que la mondialisation induit un mouvement de déterritorialisation, en multipliant les lieux et les formes des pratiques démocratiques. Ce processus engendre une érosion relative du principe de souveraineté et une tendance au dépassement du stato-centrisme. Nous montrerons ensuite que l'oscillation entre deux modèles de régulation politique, celui du gouvernement et celui de la gouvernance, conduit à une redéfinition de la pratique même de la démocratie. Nous nous intéresserons enfin au double mouvement d'extension et d'intension[1] de la citoyenneté qui aboutit, dans le passage de l'universel au particulier, à son incorporation[2]. De nouveau, cette mutation déterminera la nature des formes de participation démocratique. Cela nous conduira, en terminant, à esquisser quelques pistes de réflexion quant aux possibles formes de la démocratie qui tendent à émerger de ces multiples transformations.

1.1. LES MOUVANCES TERRITORIALES

On n'insistera jamais assez sur la variété des trajectoires et des formes particulières d'institutionnalisation politique des sociétés modernes eu égard au modèle idéal de l'État-nation territorialisé. Il n'en demeure pas moins nécessaire de dessiner les contours de ce modèle idéal avant d'en montrer les déclinaisons. Le territoire constitue en quelque sorte le troisième pôle de la triade définissant l'État moderne. Il est l'espace d'existence de la nation et il précise les limites physiques de l'exercice des pouvoirs et des juridictions propres à l'ensemble des institutions nationales. Instrument de clôture sociale, le territoire circonscrit la totalité de la société nationale dans ses dimensions politique et symbolique.

Le territoire définit l'État-nation aussi bien dans son unité face aux autres États-nations, dans le sens où il constitue l'unité politique élémentaire du système des relations internationales dans la conception classique du modèle westphalien, que dans sa diversité interne du fait du découpage en sous-unités politiques ou administratives qui le composent (Aron, 1962). Cette politisation du territoire se manifeste à l'extérieur dans des conflits de frontières et à l'intérieur dans la lutte pour le partage des juridictions. Le territoire définit les limites de l'appartenance citoyenne et de l'exercice de la démocratie. Il délimite l'espace où se manifestent la puissance légitime de l'État et l'application bureaucratique des normes édictées.

---

1. L'*extension* caractérise l'application de plus en plus large de la citoyenneté aux diverses catégories sociales. L'*intension* représente l'approfondissement des dimensions de la citoyenneté. Ainsi peut-on parler d'une citoyenneté de plus en plus *généralisée* et de plus en plus *compréhensive*.

2. Nous avons introduit l'idée de l'incorporation de la citoyenneté pour désigner le processus par lequel des individus, en tant que membres de groupes d'ayants droit, ou des acteurs collectifs en viennent à détenir des droits citoyens (Duchastel, 2002 ; Bourque, Duchastel et Pineault, 1999).

Le territoire national a également une dimension symbolique fondamentale. Il fait partie intégrante de tout discours politique. Par exemple, ce dernier peut se réclamer du mythe des frontières ancestrales, voire naturelles, ou de celui des nouvelles frontières ; il cultive une représentation idéalisée de sa géographie ; il élabore la défense ou la contestation des ses découpages intérieurs, il en défend la souveraineté vis-à-vis de l'étranger. En un mot, le territoire national est indissociable de tout principe de légitimité au fondement des institutions politiques de la société moderne et cela se traduit en premier lieu par l'emphase discursive mise sur sa définition. Le caractère idéologique des discours portant sur la définition du territoire national est d'autant plus évident lorsque celui-ci se trouve concurrencé, dans l'approche symbolique tout au moins, par d'autres territoires ou « pays » plus locaux à l'échelle desquels s'organise effectivement la vie collective. L'invocation de l'attachement à « nos Rocheuses », symbole de l'unité canadienne « d'un océan à l'autre », afin de contrecarrer les velléités séparatistes des souverainistes québécois, constitue sur ce point un exemple éloquent. Ces lieux d'identification alternatifs peuvent se multiplier à l'échelle infra-nationale (provinces, régions ou villes) comme supra-nationale (régions supra-étatiques, continents, planète).

Il y a pourtant plusieurs façons de gérer le territoire et chaque forme de régime politique reflète une conception particulière de celui-ci. Nous avons trop souvent tendance à prendre le cas de la France jacobine comme type idéal de l'État-nation. C'est en cela que nous avons utilisé le terme de stato-centrisme pour désigner la forme de régime conférant à l'État une large autonomie par rapport à la société et un pouvoir centralisé fortement hiérarchique projetant une vision homogène du territoire national du fait du caractère indivisible de la République qui garantit, théoriquement, l'égalité de tous les citoyens devant la loi. Or, la réalité territoriale française, depuis les lois de décentralisation de 1982 et 1983 jusqu'à la toute récente modification constitutionnelle relative à l'organisation décentralisée de la République (mars 2003), se révèle beaucoup moins monolithique que ne le suggère sa conception idéalisée. Quant à lui, le modèle fédéral, tel qu'on peut l'observer aux États-Unis ou au Canada, laisse une plus grande place aux communautés locales et au partage de la souveraineté entre les divers ordres de gouvernement (Théret, 2003).

La démocratie se déploie donc dans un espace territorial dont l'institutionnalisation est toujours particulière, mais, dans tous les cas, une dialectique du local et du global se traduit par un équilibre donné entre divers niveaux de pouvoir (Duchastel, 2003a). Ainsi, pour ce qui est de la représentation du territoire et de son mode de gestion, les modèles de démocratie oscillent entre centralisation et décentralisation, se situant quelque part entre les principes de l'universalisme abstrait et du relativisme concret. Pour ce qui est de la forme du régime, l'autonomie relative des communautés locales variera de manière substantielle en accordant un poids plus ou moins décisif à l'exercice de la démocratie locale.

Par ailleurs, le contexte de la mondialisation redéfinit en profondeur les principes de la territorialité moderne. Même si la conjoncture actuelle semble montrer un essoufflement de ce mouvement qui se manifeste dans un repli des principales puissances économiques, au premier rang desquelles les États-Unis, vers une nouvelle forme de souverainisme (Laïdi, 2003), nous devons reconnaître que la souveraineté territoriale des États-nations a connu une érosion continue dans les trente dernières années. À la base de cette érosion, on observe un accroissement des flux globaux à l'échelle du monde – finance, populations, médias, technologie et idéologies, c'est-à-dire les cinq dimensions des *flux culturels globaux* identifiés par A. Appadurai (Appadurai, 2001). Cette tendance induit nécessairement la fin de la prétention à l'imperméabilité plus ou moins efficace des frontières, mais aussi de leur intangibilité. Cette plus grande perméabilité des territoires renforce l'emprise grandissante qu'exercent les nouveaux acteurs évoluant dans le système monde recomposé (associations issues de la société civile et organisations du secteur privé), au premier rang desquels figurent les puissances économiques déterritorialisées (les firmes transnationales) et les grandes organisations internationales dont l'expertise a eu tendance à subsumer les politiques étatiques. En somme, le territoire ne peut plus être tenu pour unique principe de délimitation de la souveraineté nationale. Les États appartiennent désormais à des ensembles territoriaux englobants au sein desquels l'autorité politique est partagée.

Le territoire national se trouve également dépassé lorsque les régions d'un même État souverain entrent en relation de coopération politique et d'échange économique avec les régions d'États voisins. Cela conduit au démembrement des territoires nationaux et à la recomposition d'ensembles interrégionaux se développant latéralement au gré des ententes commerciales ou des affinités culturelles. Pensons à la coopération décentralisée ou de proximité qui se pratique entre régions francophones au sein de l'Organisation internationale de la francophonie[3] ou

---

3. Cette problématique fit l'objet des Premières rencontres internationales des régions francophones organisées par la région Rhône-Alpes du 2 au 5 octobre 2002 à Charbonnières-les-Bains (France).

encore entre régions européennes et du reste du monde[4]. Au Canada, la nature des liens territoriaux a été bouleversée par la rotation des flux commerciaux de l'axe est-ouest (inter-provincial) vers l'axe nord-sud (Canada, États-Unis, Mexique) à la suite des accords de libre-échange négociés depuis les années 1980 (Boismenu et Graefe, 2003). Ainsi, l'établissement de relations extérieures, qui échappent partiellement à la tutelle étatique, entre les sous-unités territoriales d'un même État renforce le processus d'effritement de la souveraineté territoriale des États-nations.

Finalement, un double mouvement de judiciarisation et de décentralisation s'opère au sein même des États contemporains. Ceux-ci sont en effet aux prises avec le phénomène général de déséquilibre institutionnel dû à la concentration du pouvoir décisionnel dans les exécutifs et leur technostructure, qui nourrit la critique sociale du déficit démocratique de l'appareil étatique et de la disjonction entre les élites politiques et leur électorat. Cet état de fait débouche sur une alternative, source de fragmentation.

D'un côté, la marginalisation des assemblées délibératives dans le processus de prise de décision politique est comblée par un contrôle judiciaire qui s'exerce a posteriori sur les décisions qui émanent du pouvoir exécutif. Ce contrôle vise à garantir la conformité des politiques publiques avec les grands principes consignés dans les textes suprêmes qui régissent la vie collective et qui se situent au sommet de l'ordonnancement juridique national, la constitution et éventuellement les chartes de droits qui s'y trouvent enchâssées. Dans cette perspective, les tribunaux se substituent aux assemblées comme lieux de résolution des conflits sociaux. Ce processus de judiciarisation des rapports sociaux, tel qu'il se manifeste par exemple au Canada (Mandel, 1996), entraîne cependant une dynamique de fragmentation de la communauté politique dans le sens où la logique induite par ce type de fonctionnement institutionnel suppose moins la recherche d'un éventuel intérêt général, qui émergerait de la discussion collective entre des représentants élus par une population rassemblée sur un territoire conçu comme national, que la préservation

---

4. Dans son étude de juin 2002 dressant le portrait des multiples programmes de coopération mis en place par les régions françaises, le Centre régional d'études et de sondages (CRES) a recensé près d'une centaine d'accords de coopération mis en œuvre uniquement avec le monde francophone. À titre d'illustration, la région Rhône-Alpes, qui est la plus dynamique sur ce point, entretient douze projets de partenariat avec d'autres régions francophones, notamment le Québec, la province de Khammouane (Laos), la province d'Hô Chi Minh Ville (Vietnam), la Ville de Beyrouth (Liban), la région de Tombouctou (Mali), la région de Rabat Salé (Maroc), le gouvernorat de Monastir (Tunisie) ou encore la Voïvodie de Malopolska (Pologne) (CRES, 2002).

de droits particularistes, car relatifs à des groupes d'ayants droit reconnus par les textes constitutionnels et les chartes de droits, et dont le critère de l'appartenance territoriale ne pèse que d'un poids très relatif dans la définition identitaire (Bourque et Duchastel, 1996).

D'un autre côté, le déficit démocratique est comblé par une politique de décentralisation des lieux de prise de décision politique, phénomène guidé par le principe de subsidiarité, qui permet d'éviter l'écueil de la judiciarisation des rapports sociaux en favorisant la mise en place d'assemblées délibératives au niveau local. Ce processus de décentralisation politique, qui s'accompagne inévitablement dans le cas des États unitaires comme la France d'une déconcentration[5] administrative et d'un contrôle de tutelle afin que soit préservée l'apparente continuité de l'État, a une incidence sur le poids relatif des divers espaces territoriaux qui devient fonction de la nature des pouvoirs qui leur sont dévolus. Cette multiplication des lieux où s'exercent des parcelles de pouvoir, que ce soit dans les États composés ou les États unitaires, révèle finalement diverses modalités de partage de la souveraineté. Que ce soit dans les États décentralisés, les fédérations ou les confédérations, cette répartition territoriale des pouvoirs sur un mode contractuel se fait toujours avec pour toile de fond la tendance à la fragmentation.

1.2. DU GOUVERNEMENT À LA GOUVERNANCE

Les transformations de la territorialité ont des implications immédiates sur l'exercice de la souveraineté et sur les formes de la régulation politique (Badie, 1995 ; McGrew, 1997 ; Badie, 1999). Il existe trois mouvements de redéfinition du territoire que l'on peut résumer de la façon suivante : supra-nationalisation par le haut, inter-régionalisation latérale et fragmentation locale par le bas. Ce réaménagement territorial à l'interne ou

---

5. Les distinctions entre *concentration/déconcentration* et *centralisation/décentralisation* permettent de caractériser les différents aménagements institutionnels que nous pouvons retrouver au sein d'un État unitaire. Le cas de la France est particulièrement éclairant sur ce point. Le couple *concentration/déconcentration* permet de rendre compte de la plus ou moins grande propension de l'État central à répartir sur l'ensemble de son territoire des agents qui lui sont directement soumis par voie hiérarchique mais qui sont dotés du pouvoir décisionnel par délégation et de compétences limitées. Cette déconcentration du pouvoir central vise simplement à améliorer l'efficacité de l'appareil gouvernemental et administratif et ne vise en aucun cas à reconnaître de quelconques particularismes locaux. Le couple *centralisation/décentralisation* vise quant à lui à caractériser la propension de l'État unitaire à reconnaître l'existence d'intérêts locaux devant être directement pris en charge par les populations concernées, notamment par des assemblées élues au niveau local (Debbasch *et al.*, 1983).

à l'externe pose la question du partage de la souveraineté et des formes de la gouverne politique qui ont tendance à se démultiplier. Autant dans le discours social que dans le discours savant, on voit apparaître la notion de gouvernance qui semble vouloir se substituer à celle de gouvernement pour rendre compte des formes de la gouverne politique qui s'inscrivent dans ces nouveaux espaces territoriaux. Nous présenterons successivement le type-idéal du gouvernement démocratique qui continue d'inspirer le fonctionnement effectif des institutions politiques des États-nations constitués, puis celui de la gouvernance techno-juridique qui semble vouloir s'imposer aussi bien sur le plan supra-national que sur le plan local. Cependant, nous ne pouvons ni affirmer qu'il y a substitution complète du premier modèle par le second, ni conclure à l'épuisement total de la souveraineté nationale. Nous faisons, au contraire, l'hypothèse que la souveraineté est désormais partagée et que les deux modèles de gouverne politique coexistent dans la phase actuelle de transition que connaissent les sociétés.

L'enjeu des transformations de la territorialité étatique réside dans la plus ou moins grande latitude laissée à l'exercice partagé de la souveraineté. Du point de vue de la philosophie politique, la souveraineté moderne ne peut être qu'absolue (Duplessis, 2003) et, en dernière analyse, elle l'est si l'on se place du point de vue de l'État-nation et du système des relations internationales. Cependant, nous savons qu'il est possible de distinguer les États unitaires, dont la France est le modèle idéal (ou du moins l'était jusqu'à la loi de 2003 qui stipule que la France est désormais formellement un État décentralisé), des États composés, notamment fédéraux, dont les États-Unis nous ont servi d'exemple et qui sont au contraire fondés sur un partage des pouvoirs accordant à chaque niveau de gouvernement la pleine souveraineté dans l'ordre de leurs juridictions respectives. Si le partage de souveraineté peut servir à penser les formes nouvelles de la régulation dans le contexte « glocalisé » actuel, le modèle fédéral se distingue du fait que la souveraineté partagée est en quelque sorte subsumée dans une constitution nationale qui transcende les unités constituantes et s'applique à un cadre délimité par le territoire d'un État-nation particulier, en l'occurrence l'État fédéral (Canet et Pech, 2003).

Le principe de souveraineté nous permet d'entrer au cœur du mode de régulation politique des sociétés modernes. La souveraineté proprement moderne se caractérise par le principe de légitimité démocratique et la capacité d'auto-institutionnalisation. La forme du gouvernement démocratique correspond aux modalités d'institutionnalisation de la société caractérisées par un double processus de séparation et de différenciation des sphères institutionnelles, politique, économique et culturelle. On peut affirmer que le caractère proprement politique des sociétés modernes se réalise dans la centralité et la préséance de la sphère politique sur les autres. La capacité d'auto-institutionnalisation fondée sur le principe de souveraineté, même si elle se réalise dans l'ensemble des sphères, trouve son expression privilégiée dans la forme du gouvernement représentatif du peuple, pour le peuple et par le peuple.

Le gouvernement démocratique s'appuie donc sur un triangle institutionnel dont les pôles entrent en relation réciproque tissant autant de liens sociaux entre les citoyens. Ainsi, l'État définit les conditions juridiques assurant le libre déploiement du rapport capital/travail dans la sphère économique. L'émergence, dans la sphère socioculturelle, de la distinction entre l'homme public et l'homme privé crée les conditions du lien civique assurant le principe de représentativité démocratique. Enfin, la question sociale se développe comme compromis entre les forces du marché et celles de la société. On peut voir ainsi se dessiner un triangle institutionnel dont les pôles sont le politique, l'économique et le socioculturel et dont les arrêtes sont le lien civil (entre le politique et l'économique), le lien civique (entre le politique et le socioculturel) et le lien social (entre l'économique et le socioculturel). Même si la dynamique du gouvernement moderne vient du politique à travers la production des lois et du droit, elle ne peut ignorer la production des liens sociaux dans le jeu complexe des relations qui s'établissent entre les trois sphères.

La complexité même de cette architecture institutionnelle moderne autorise une grande variété dans les formes organisationnelles concrètes. Ainsi, le partage intérieur de la souveraineté et les modalités de la représentation démocratique peuvent varier selon les trajectoires nationales. Ce qui reste constant, c'est le principe de souveraineté nationale qui se fonde en légitimité sur l'existence d'une communauté de citoyens qui possèdent des droits et des libertés assortis de l'obligation de participer, quel qu'en soit le titre, à la formation d'un gouvernement démocratique.

Il serait abusif de prétendre que le modèle de la gouvernance est une simple inversion du modèle du gouvernement démocratique. Comme nous le verrons dans la quatrième section, la gouvernance est associée de près à l'idée de démocratie participative et elle est souvent justifiée par une critique des institutions démocratiques représentatives plus ou moins centralisées que nous connaissons dans les sociétés démocratiques modernes. Mais la gouvernance est avant tout une nouvelle modalité de régulation développée dans le contexte de la démocratisation du fonctionnement des entreprises et reprise par les grandes organisations internationales dans la gestion des programmes économiques destinés aux pays émergents ou en voie de développement (Gaudin, 2002). La philosophie à la base du modèle de gouvernance repose sur l'établissement de règles et de normes claires (dans le cas des pays, sur l'existence de l'État de droit), sur la bonne administration et sur les principes de responsabilité, d'imputabilité et de transparence. Ce n'est que tardivement que l'idée de démocratie participative s'est ajoutée à ces caractéristiques.

Nous traiterons des différences entre les modèles du gouvernement et de la gouvernance en deux temps. Nous identifierons d'abord ce qui distingue l'architecture respective des deux modèles en ce qui a trait à la logique des institutions et des acteurs. Puis, nous aborderons de manière sommaire les transformations de la logique démocratique sous-jacente. Nous tenterons de distinguer au passage l'application du modèle de la gouvernance aux deux niveaux, global et local.

Nous avons indiqué que le modèle du gouvernement moderne s'articule autour d'un triangle institutionnel mettant en rapport les trois sphères (économique, socioculturelle et politique) sous la prédominance du procès politique. L'idée de la centralité du politique, à la fois comme principe de légitimité et comme modalité d'exercice du pouvoir, ne préjuge nullement du modèle plus ou moins centralisé des institutions et des appareils politiques. Dire que l'État est le principe transcendantal qui prévaut à l'institutionnalisation de la société n'implique pas que la forme d'exercice de ses pouvoirs soit nécessairement centralisée. L'État peut, comme nous l'avons vu, se décliner dans une multitude d'arrangements institutionnels dont le caractère est plus ou moins centralisé. Ce n'est donc pas là que réside la différence avec le modèle de la gouvernance. Ce qui distingue ce dernier modèle de celui du gouvernement, c'est que le triangle institutionnel à dominante politique voit sa logique perturbée.

Le nouveau triangle de la gouvernance réaménage les relations entre les sphères institutionnelles. Par exemple, l'État n'est plus un principe transcendant mais devient un acteur parmi d'autres. Le rapport salarial qui structurait la sphère économique est plus ou moins laissé pour compte, remplacé par l'acteur corporatif devenu partenaire privilégié de l'État. Au niveau transnational, cette relation se construit entre les États et leurs organisations internationales et les associations regroupant les intérêts économiques (chambres de commerce, associations patronales). Au niveau local, les pouvoirs publics locaux s'associent avant tout avec les représentants des intérêts économiques afin de définir des plans de développement économique locaux. Le triangle de la gouvernance est complété tardivement et modestement par l'association d'un troisième partenaire, la société civile, qui réunit l'ensemble des intérêts subsidiaires en provenance de la sphère socioculturelle (Jouve, 2003)[6]. Au niveau global, nous voyons de plus en plus les organisations internationales répondre aux pressions du mouvement social en accueillant dans des structures de consultation (forums ou sommets) des représentants de la société civile[7]. Sur le plan local, les gouvernements aménagent de plus en plus dans les divers secteurs d'intervention des espaces de consultation associant des groupes d'usagers ou d'intérêt[8].

Alors que le gouvernement démocratique tire sa légitimité de l'existence d'une société civile déployée dans les sphères de l'économie et de la culture et qu'il table sur l'établissement de liens sociaux entre citoyens responsables, la gouvernance redéfinit la société civile et les rapports entre sphères non plus dans la perspective du développement de liens sociaux, mais dans celle de la confrontation des intérêts des différents acteurs. Dans la logique du gouvernement moderne, la société civile est en quelque sorte la contrepartie de l'État. Elle représente les intérêts économiques et socioculturels des citoyens en vue de les faire arbitrer dans la sphère politique. Dans le cas de la gouvernance, la société civile est ce tiers plus ou moins exclu que l'on veut réintégrer dans un espace de

---

6. Traditionnellement, la société civile inclut la sphère économique. Le triangle de la gouvernance faisant une place très importante aux intérêts économiques, il est plus utile ici de considérer que la société civile regroupe les éléments exclus des sphères proprement politique ou économique.

7. Comme le stipule l'article 71 de la charte des Nations unies, c'est depuis sa création que l'ONU, par le biais du Conseil économique et social (ECOSOC), prévoit d'établir une relation avec *l'univers du non-gouvernemental* (que nous pourrions aussi appeler l'univers des ONG, la société civile, le secteur privé, le non officiel, etc.). Il incombe donc, dès sa création, à l'ECOSOC d'octroyer le statut consultatif aux organisations non gouvernementales (ONG) qui le revendiquent. Les premières ONG se voient reconnaître ce statut à partir de 1946. L'ECOSOC a ensuite adopté une définition plus extensive de cette notion d'ONG, notamment dans ses résolutions 1296 du 23 mai 1968 et surtout 1996/31du 25 juillet 1996, afin d'en faciliter la reconnaissance et surtout l'intégration au sein du système onusien, que ce soit les différentes organisations ou les grands sommets. C'est à partir de la Session spéciale de l'Assemblée générale sur la Conférence internationale sur la population et le développement (Le Caire + 5), qui s'est tenue à New York du 30 juin au 2 juillet 1999, que l'appellation de *Société civile* s'est progressivement imposée pour caractériser cet univers du non-gouvernemental. Ce terme semble alors englober principalement la multitude des ONG, jusqu'à ce que le terme de *Secteur privé* tende à s'imposer à côté du précédent, à partir de la Session spéciale de l'Assemblée générale sur le Sommet mondial sur le développement social et au-delà (Copenhague + 5) qui a eu lieu à New York en juin 2000, pour former le second pôle de cet univers du non-gouvernemental.

8. Au Québec, le gouvernement du Parti québécois a développé dans les années 1990 une stratégie néocorporatiste en implantant une structure organisationnelle parallèle aux assemblées délibérantes, provinciales ou municipales, par la création d'événements ou de structure de participation (sommets économiques, centre régional de développement, centre local de développement, centre local d'emploi, etc.).

consultation où les intérêts divergents entre acteurs économiques, étatiques et civils seront confrontés dans une logique de pouvoir asymé-
trique. Ce n'est pas un hasard si le vocabulaire de la gouvernance tend
à substituer le concept de partie prenante (*stakeholders*) à celui de citoyen.

Nous reviendrons dans la quatrième section sur la question des
formes de démocratie. Il nous suffira ici d'aborder le problème du caractère démocratique du modèle de la gouvernance. Nous croyons que le
modèle de la gouvernance vise à répondre à une certaine incapacité des
institutions politiques à répondre au défi de la régulation dans un contexte
de mondialisation et de fragmentation des sociétés. Au niveau supra-
national, en l'absence d'institutions proprement politiques, le besoin
d'établir des normes et des règles s'impose de manière pressante. Au
niveau local, l'adaptation aux contingences du marché et du développement économique exige de même que l'on puisse établir les politiques les
plus appropriées. Le mouvement généralisé de judiciarisation et de tech-
nocratisation s'est largement exprimé dans les instances de la gouvernance, du moins au niveau supra-national. L'idée d'imposer des normes
et des règles de procédure à un ensemble d'acteurs économiques et politiques fait partie intégrante de la gouvernance. Nous n'avons qu'à prendre
le cas de l'Union Européenne pour montrer cette propension à gouverner
par la norme (Pech, 2003). Sur le plan local, l'édiction de normes contin-
gentes mieux adaptées au contexte immédiat caractérise le travail de la
gouvernance. Dans les deux cas cependant, la question de la légitimité de
ce travail s'est posée bien tardivement et avec une efficacité relative. La
participation démocratique qui devrait caractériser ce modèle ne saurait
l'emporter sur la mise en œuvre des pouvoirs économiques et politiques.

1.3. LES TRANSFORMATIONS DE LA CITOYENNETÉ

Nous nous arrêterons maintenant au troisième ordre de mutations dont
nous avons dit qu'elles favorisaient l'émergence de nouvelles formes de
démocratie. Nous venons de voir que l'espace d'inscription de la citoyenneté a beaucoup évolué, entre de nouveaux lieux supra-nationaux ou
infra-nationaux. Nous avons vu également que la définition même du
citoyen était affectée par l'introduction d'un nouveau mode de gouvernance. Nous présenterons maintenant un aperçu des dimensions juridiques
et politiques de la citoyenneté. Nous tenterons d'indiquer en quoi la
citoyenneté a connu un double mouvement d'extension et de compréhension qui a conduit à une mutation de son sens premier. Nous tenterons
de montrer comment ces mutations accompagnent le processus de ré-
institutionnalisation politique de la société à travers le développement
de la judiciarisation et de la gouvernance.

La citoyenneté est à la fois une catégorie juridique et un concept de philosophie politique. La citoyenneté est d'abord un statut juridique et elle est source des droits et devoirs qui définissent la nature de la relation qui va s'instaurer entre l'État et les individus (les *droits-libertés* visent plutôt à contenir l'État dans ses fonctions régaliennes et les *droits-créances* justifient un plus grand interventionnisme de sa part). La citoyenneté est aussi à la base du processus de légitimation politique du gouvernement moderne et repose sur l'établissement de liens sociaux. Ces deux dimensions de la citoyenneté moderne sont indissociables et doivent être considérées de concert afin de prendre la mesure des profondes transformations qui l'affectent. En effet, la nature des droits et devoirs recouverts par le principe de citoyenneté ne peut véritablement être comprise qu'en relation avec une certaine conception de la société et de l'organisation politique dont elle devrait légitimement se doter (Duchastel, 2003b).

Remarquons tout d'abord que la citoyenneté s'est incarnée de manière différente dans divers contextes historiques (modèle français, allemand et anglo-saxon) (Schnapper, 2000). Tiraillés entre les conceptions organiciste ou contractualiste de la nation, ces différents modèles reposent sur une tendance plus ou moins prononcée à l'abstraction. Il est d'ailleurs possible de dessiner un continuum d'une citoyenneté abstraite comme principe de légitimité politique à une citoyenneté concrète comme réalisation d'une appartenance communautaire et d'une participation civique. Alors que la première construction idéelle repose sur une vision universaliste de la citoyenneté, la seconde tend à promouvoir un certain particularisme visant à reconnaître les effets structurant des cultures et des identités. Chacun des modèles n'est pas sans écueils puisqu'à l'anomie induite par l'individualisme de l'un correspond l'enfermement du communautarisme de l'autre.

Ces diverses conceptions de la citoyenneté ne sont pas sans conséquence sur la nature des droits reconnus. Il est possible de concevoir la citoyenneté comme le produit d'une évolution des droits et des devoirs associés aux acteurs sociaux en tant qu'ils participent aux trois procès d'institutionnalisation de la société moderne. Ces droits et ces devoirs suivent un double processus d'extension et de compréhension dont T.H. Marshall a schématiquement décrit l'évolution historique (Marshall, 1964). L'extension des droits et des devoirs renvoie au fait que ces derniers sont progressivement appliqués à l'ensemble des catégories sociales de sexe, d'âge et de condition. C'est dire que la citoyenneté, bien que définie comme valeur universelle, n'a été que progressivement octroyée à l'ensemble des individus concrets formant société. Le processus de compréhension renvoie par ailleurs à l'évolution du contenu des droits citoyens. T.H. Marshall s'appuie sur l'exemple de la citoyenneté en

Angleterre pour montrer le mouvement d'élargissement progressif de sa portée par l'intégration successive de divers types de droits, les droits civils aux XVIIIᵉ siècle, les droits politiques au XIXᵉ siècle et enfin les droits socioéconomiques au XXᵉ siècle. Ce processus évolutif, bien que difficilement transposable à d'autres contextes socio-historiques (Rosanvallon, 1992 ; Schnapper, 2000), illustre cependant la transformation inexorable de la citoyenneté, inscrite dans le projet moderne dont elle est le support. En effet, l'universalité au fondement de la citoyenneté moderne agit comme une force émancipatoire, entraînant à la fois son application extensive à l'ensemble des catégories de citoyens et l'approfondissement de sa couverture à l'ensemble des situations concrètes affectant les droits et libertés des personnes.

Les transformations de la citoyenneté qui ont eu lieu au cours des deux derniers siècles ont accompagné les procès d'institutionnalisation des trois sphères politique, économique et socioculturelle. Les droits civils et les libertés ont servi de matrice au développement d'une économie capitaliste, les droits politiques ont établi les conditions du développement de l'État démocratique et les droits sociaux ont permis l'épanouissement de l'État-providence. Cependant, nous pouvons affirmer que les droits sociaux ont représenté un tournant dans la logique universaliste des droits du citoyen prévalant jusque-là dans les déclarations de droits associés à la révolution économique anglaise et aux révolutions politiques française et américaine. Les droits sociaux, même s'ils ont donné lieu à des mesures sociales de nature universelle, sont des droits particularistes, c'est-à-dire qu'ils s'appliquent à des conditions particulières vécues par des groupes d'individus. T.H. Marshall parle ainsi d'incorporation pour désigner le processus par lequel des groupes sont habilités à agir légalement comme s'ils étaient des personnes, et donne l'exemple de la négociation collective entre syndicats et entreprises (Marshall, 1964, p. 103). L'idée de droits incorporés signifie que les revendicateurs ou les titulaires de droits ne sont plus nécessairement des personnes physiques, mais peuvent appartenir à des ensembles collectifs. L'élargissement des droits des citoyens induit donc deux déplacements : le premier de l'universel au particulier, le second de l'individuel au collectif. Encore une fois, c'est la portée universelle des droits qui mène paradoxalement à leur particularisation et à leur collectivisation par un mouvement progressif de reconnaissance de l'ensemble des situations d'inégalité ou de domination.

C'est ce mouvement d'incorporation que nous devons approfondir afin de comprendre la dynamique actuelle de la gouvernance et de la démocratie participative. L'incorporation de la citoyenneté n'évacue pas la portée universelle des droits de la personne et les personnes physiques demeurent dépositaires de droits juridiques et politiques et de libertés civiles. Par contre, l'incorporation des droits du citoyen complexifie la nature des droits et des caractéristiques de leurs détenteurs. De plus, la complexification des droits du citoyen s'est poursuivie au-delà de ce dont T.H. Marshall a pu témoigner en son temps. Des droits sociaux nous sommes passés aux droits culturels et à partir d'une citoyenneté civique nous avons évolué vers une citoyenneté identitaire (Kymlicka, 2001). La multiplication des nouveaux mouvements sociaux fondés sur la reconnaissance de rapports d'inégalité a favorisé le développement de revendications de droits à la différence ou à la non-discrimination (Taylor, 1997). Les chartes des droits et libertés ont eu tendance à inclure un ensemble de droits définis à partir d'un principe identitaire, reconnaissant les différences culturelles, linguistiques, biologiques ou issues de diverses caractéristiques liées à des états ou à des choix de vie. Les porteurs de droits se sont également transformés, appartenant de plus en plus à des catégories d'ayants droit, les mêmes individus pouvant détenir plusieurs identités donnant accès à une diversité de droits particuliers. Tout cela ne revient pas à dire que cette fragmentation est nécessairement néfaste. On peut même affirmer qu'elle est le produit de la force émancipatoire contenue dans les droits universels de la personne, les droits particuliers faisant appel à autant de volets de la justice sociale. On doit cependant constater que l'incorporation conduit à une nécessaire complexification des rapports sociaux.

Avant d'en venir aux conséquences politiques de l'incorporation, il faut ajouter que le phénomène ne touche pas seulement les personnes physiques susceptibles d'appartenir à divers groupes identitaires, mais également les personnes morales, c'est-à-dire en droit civil les entreprises incorporées qui deviennent de plein titre des porteurs de droits. Si les personnes morales peuvent dès le départ négocier des contrats, elles acquièrent progressivement l'ensemble des droits qui appartiennent aux personnes physiques, à l'exception de quelques-uns comme l'*habeas corpus* ou le droit de vote. La charte canadienne illustre bien la capacité juridique des entreprises à revendiquer ces droits, par exemple le droit de libre expression dans le cas de la publicité ou encore de la liberté religieuse appliquée aux pratiques commerciales. L'exemple du chapitre 11 de l'ALENA, qui autorise les corporations à poursuivre les États afin de défendre leurs droits à la libre entreprise et au libre commerce, illustre également cette capacité citoyenne des entreprises. Il n'est d'ailleurs pas surprenant de voir les entreprises revendiquer leur citoyenneté, non seulement du point de vue des droits, mais aussi des devoirs qui y sont rattachés.

Comme nous l'avons déjà évoqué à propos des transformations de la territorialité, l'incorporation de la citoyenneté participe au double mouvement de judiciarisation des rapports sociaux et de développement de la gouvernance[9]. La judiciarisation des rapports sociaux renvoie à l'idée d'un déplacement significatif de l'espace de la délibération démocratique vers l'espace de la décision judiciaire. Le Canada illustre à merveille ce mouvement depuis le rapatriement de la Constitution en 1982 et l'enchâssement de la Charte des droits et libertés dans le texte fondamental du pays. Cette charte est un exemple éloquent de la diversification des droits reconnus pouvant motiver les poursuites devant les tribunaux. À côté des droits et libertés universels, sont énumérés un ensemble de droits linguistiques, culturels, de non-discrimination liée, entre autres, aux catégories de genre, de handicap ou d'orientation sexuelle, ainsi qu'un ensemble de droits des peuples autochtones. L'élément essentiel de cette nouvelle architecture constitutionnelle est la capacité des diverses catégories de justiciables de défier des lois adoptées par les parlements sur la base de leurs droits respectifs. La balance des pouvoirs s'en est trouvée profondément modifiée, les juges détenant désormais un poids politique qu'ils n'avaient pas jusque-là. Cet accroissement du pouvoir des juges est proportionnel à l'affaiblissement de celui des législateurs. Cependant, ce nouvel équilibre varie selon les périodes en fonction de deux facteurs déterminants : le degré d'activisme judiciaire des tribunaux et la détermination plus ou moins grande des élus à assumer leurs responsabilités législatives. Malgré cette relative indétermination, il est indéniable que la logique de revendication sur la base des droits particuliers s'est immiscée dans le fonctionnement des institutions politiques.

Si la reconnaissance des droits peut être conçue comme le résultat des revendications d'un ensemble de catégories sociales sujettes à des injustices, il est aisé de comprendre que ces groupes particuliers se retrouvent dans la sphère publique et réclament une plus grande participation au processus politique. C'est en ce sens que la gouvernance peut apparaître comme une forme de gouverne politique permettant l'expression des divers intérêts par ces groupes. On peut ainsi affirmer que les mécanismes délibératifs qui peuvent être associés à la gouvernance offrent une alternative au processus de judiciarisation. Cependant, la logique corporatiste à la base de cette participation demeure, puisque les participants à la délibération conservent tous les traits de la citoyenneté incorporée que nous avons définis plus haut. Les groupes défendent des intérêts particuliers. Ils le font au nom de collectivités

---

9. Selon certains auteurs (Cardinal et Andrew, 2001), le second mouvement représenterait une solution face aux dangers que représente le premier.

définies et s'appuient sur une logique de défense de leurs droits. Le citoyen, d'abord défini comme sujet politique dans la modernité, se transforme en sujet moral.

1.4. LES NOUVELLES FORMES DE LA DÉMOCRATIE

La question de la démocratie se pose donc dans un contexte de profondes mutations institutionnelles qui remettent en cause à la fois le principe de souveraineté et celui de légitimité. On peut résumer ces transformations de la manière suivante. Le territoire national est sujet à des réaménagements venant de tous les côtés et posant le problème du partage de la souveraineté. La gouverne politique cherche à répondre à ce problème par des alternatives s'inscrivant aussi bien dans le modèle du gouvernement (par exemple, la décentralisation ou la formation d'unions politiques supra-nationales) que dans le modèle de la gouvernance (par exemple, les organisations gouvernementales internationales ou les mécanismes de concertation régionale ou locale). Enfin, la citoyenneté, dont la définition n'a cessé de s'étendre jusqu'à devenir incorporée, s'engage dans de nouvelles formes de participation politique, transformant ainsi le principe de légitimité au fondement des institutions politiques modernes. Le tableau qui suit tente de rendre compte de six formes de démocratie telles qu'elles se déploient dans les divers espaces de régulation politique.

Afin de clarifier la présentation de ces six formes de démocratie (la démocratie représentative centralisée, la démocratie représentative décentralisée, la démocratie supra-nationale, la démocratie corporative, la démocratie de contestation et la démocratie radicale), nous les avons disposées en regard des deux types de gouverne politique qui rendent compte des différents modèles d'organisation politique des sociétés, lesquels supposent chacun un agencement institutionnel spécifique ainsi que différents modes de légitimation.

Ce qui distingue intrinsèquement ces deux modèles, c'est le fondement de la légitimité de l'agir politique. Dans le modèle du gouvernement, la légitimité politique repose sur le critère de la *représentation* qui confère leur caractère démocratique aux décisions prises par les représentants élus de la communauté politique, source de la souveraineté, et qui justifie le bien-fondé de l'autorité étatique, quelle que soit sa forme (nationale ou supra-nationale). Dans le cas de la gouvernance, la légitimité politique repose sur le critère de la *participation* qui confère leur caractère démocratique aux décisions prises par les représentants désignés ou

TABLEAU 1.1
Les formes de la démocratie et les types de régulation

Types de régulation		Formes de la démocratie	
Modèles du gouvernement	Cadre national	Démocratie représentative centralisée	Démocratie représentative décentralisée
		Universalisme abstrait	Relativisme concret
		République jacobine	*Modèle fédéral et confédéral*
	Cadre supra-national	Démocratie supra-nationale	
		Subsidiarité	
		Modèle européen	
Modèles de la gouvernance	Régulation techno-juridique	Démocratie corporative	
		Participation	
		Sommets et instances de consultation locales	
	Gouvernementalité	Démocratie de contestation	
		Résistance	
		Forums et contre-sommets	
		Démocratie radicale	
		Indétermination	
		Actions spontanées	

auto-proclamés des différentes parties prenantes, expertes et intéressées, et qui conduit au rejet de la préséance de l'État au profit soit d'une régulation de type techno-juridique, soit de nouvelles formes d'action visant à contrer la mainmise de l'État sur la société.

Nous présenterons successivement chacune des formes de démocratie envisagées en tentant chaque fois de penser de quelles manières peuvent se déployer, dans ces différents contextes, des éléments de démocratie locale.

1.4.1. LA DÉMOCRATIE REPRÉSENTATIVE CENTRALISÉE

Cette forme de démocratie est liée au type classique de régulation associé à l'État moderne, celui du gouvernement. Articulé à une conception homogène et continue du territoire soumis au pouvoir souverain et absolu de l'État, le mode de désignation des représentants, amenés à délibérer des choses communes, repose sur le principe de l'égalité formelle de tous les citoyens-électeurs. Ainsi, les décisions prises dans les différentes enceintes parlementaires centrales sont censées refléter l'intérêt général, donc s'appliquer uniformément sur tout le territoire national de manière transcendante puisqu'elles sont le fruit de discussions entre des représentants élus par l'ensemble du corps électoral. Dans ce modèle, fondé sur le principe de l'universalisme abstrait, on accorde peu de place à la manifestation d'une quelconque forme de démocratie locale puisque toutes les décisions sont prises par le pouvoir central, qui siège généralement dans la capitale politique et administrative du pays considéré. Une telle centralisation politique s'accompagne généralement d'une déconcentration administrative afin de veiller à la pleine application, sur l'ensemble du territoire national, des décisions prises dans la capitale. Dans le cas de la république jacobine française, qui constitue l'exemple le plus éloquent de cette forme de la démocratie représentative centralisée, les préfets, ces « empereurs aux petits pieds » institués sous la Révolution par la loi du 28 pluviôse an VIII (1800), se sont vu confier cette fonction de relais local de l'autorité centrale de l'État. Comme le démontrent les réformes relatives à la décentralisation qui ont actuellement cours en France, ce modèle de la démocratie représentative centralisée tend de plus en plus à être dépassé.

1.4.2. LA DÉMOCRATIE REPRÉSENTATIVE DÉCENTRALISÉE

Cette seconde forme de la démocratie est liée, comme la forme précédente, au type de régulation du gouvernement, mais elle laisse une plus grande place à l'immanence de l'initiative politique. En effet, selon ce modèle, la souveraineté ne se trouve plus concentrée de manière exclusive dans un État central qui occuperait une position de surplomb, comme dans la démocratie représentative centralisée, mais plutôt partagée entre plusieurs entités territorialement définies et dotées de la personnalité juridique. Cette forme de la démocratie représentative décentralisée se fonde ainsi sur le principe du relativisme concret qui ouvre la voie à la reconnaissance d'affaires spécifiquement locales dont la gestion doit être légitimement confiée à des pouvoirs régionaux ou locaux dont l'institution devient impérative. Ces pouvoirs s'incarnent dans des assemblées constituées de représentants élus qui sont ainsi amenés à délibérer sur les affaires qui leurs sont propres et selon leurs compétences reconnues. Ce sont la répartition des compétences et l'ordonnancement hiérarchique des diverses collectivités territorialement définies qui permettent de mesurer l'étendue du partage de la souveraineté entre les diverses entités considérées et de rendre compte ainsi de l'équilibre qui va s'établir entre elles. Les États unitaires décentralisés (par exemple le Royaume-Uni avec le pays de Galles et l'Écosse, l'Italie ou encore l'Espagne), les fédérations et les confédérations (comme le Canada, les États-Unis, la Suisse, l'Allemagne, etc.) sont autant de modèles de partage de souveraineté offrant aux entités territoriales considérées des pouvoirs plus ou moins étendus.

1.4.3. LA DÉMOCRATIE SUPRA-NATIONALE

Alors que les deux formes de démocratie précédemment abordées s'inscrivaient dans le cadre national de l'État moderne, la démocratie supra-nationale que nous envisageons maintenant se situe au-delà. Ce mode d'organisation vise à concilier l'impératif d'intégration politique d'États-nations déjà constitués en un même ensemble régional supra-étatique, tout en préservant la souveraineté de chacun des États membres. Pour ce faire, est mis en place un agencement institutionnel complexe combinant diverses instances de prises de décision réparties à de multiples niveaux. Dans chacune de ces instances décisionnelles se trouvent rassemblés des représentants élus selon un suffrage pouvant être direct ou indirect. Une telle forme de démocratie supra-nationale se fonde sur le principe de subsidiarité qui permet l'établissement d'une coopération non hiérarchisée entre les diverses entités (nationales, supra-nationales et infra-nationales) qui se trouvent contractuellement réunies. Ce principe, qui suppose que les décisions soient prises par les instances décisionnelles situées au niveau le plus concerné par les politiques mises en œuvre, rend possible le développement d'une démocratie locale. Nous pouvons d'ailleurs qualifier cette forme de démocratie locale de dynamique et évolutive puisque, à la différence du mode de fonctionnement de la démocratie représentative décentralisée qui fixait a priori les compétences de chacune des entités territoriales reconnues, ici les différents « ordres de souveraineté » sont précisés de manière ad hoc et au cas par cas. Le cas de l'Union européenne peut être vu comme une tentative d'instaurer l'ordre politique au sein d'un gouvernement régional élargi. Il constitue ainsi un bon exemple de la démocratie supra-nationale que nous venons d'esquisser. Certes, la constitution européenne est en voie d'élaboration et nous ne pouvons parier sur les formes institutionnelles qu'elle adoptera. Remarquons cependant que la démocratie locale y est encore pensée dans les termes de la modernité politique, bien que dans un nouvel espace de complexité où le rapport au territoire national et régional interne est entièrement modifié.

1.4.4. LA DÉMOCRATIE CORPORATIVE

Cette quatrième forme de la démocratie est attachée au modèle de la gouvernance. Ce type de régulation suppose le dépassement des autorités légitimement constituées et structurées sur une base territoriale au profit de la reconnaissance de parties prenantes (*stakeholders*) non hiérarchisées dont le seul critère motivant leur participation aux négociations collectives est leur intérêt manifeste et reconnu pour l'objet de ces négociations. Ainsi, c'est sur le principe de participation de tous les acteurs concernés par le thème de la négociation que se construit cette forme de démocratie faisant fi des impératifs de légitimité démocratique et de représentation qui fondent théoriquement les institutions politiques modernes. Le principe universel de la représentation citoyenne est alors abandonné et la gouvernance apparaît comme un mode de gestion techno-juridique qui associe des acteurs ayant des intérêts particuliers et se regroupant en corps. Il n'est qu'à prendre l'exemple des sommets thématiques et des instances de consultation se multipliant à tous les niveaux (local, national, régional et mondial) qui convient à la table des négociations, structurée selon un schéma de participation tripartite (États et organisations internationales, secteur privé et société civile), un ensemble très disparate d'organisations plus ou moins structurées, pour rendre compte des manifestations actuelles de ce mode de régulation.

Deux lectures de cette forme de démocratie corporative semblent possibles. D'une part, la démocratie corporative peut être vue comme le fait d'un mouvement d'émancipation progressive (mouvement de compréhension des droits citoyens) qui permet à des ensembles incorporés de citoyens fortement mobilisés de faire valoir leurs droits en participant effectivement aux processus de négociation débouchant sur des énoncés de politique qui les concernent. Dans cette perspective, la démocratie corporative apparaît comme un remède à la sédimentation de la démocratie représentative dans des institutions politiques sclérosées. D'autre part, la démocratie corporative peut être vue comme un exercice formel associant des acteurs de poids inégal jouissant d'une puissance effective incommensurable. Dès lors, la tentation devient grande de ne voir dans cette forme de démocratie qu'une idéologie de légitimation qui, sous couvert de convier toutes les parties intéressées à la discussion, ne fait que dissimuler un rapport de force qui demeure favorable aux organisations les mieux structurées, généralement issues du secteur privé et des pays les plus développés.

1.4.5. LA DÉMOCRATIE DE CONTESTATION

Les deux formes de démocratie suivantes s'inspirent de la stratégie de résistance préconisée par M. Foucault sur la base de son analyse des dispositifs de savoirs et de pouvoirs qu'il a synthétisée dans le concept de gouvernementalité[10]. Ce point de vue est propice au développement de la démocratie locale en ce qu'il favorise l'action concrète dans tous les interstices où se déploient les dispositifs du savoir-pouvoir. La gouvernementalité s'oppose ainsi en tout point à la souveraineté qui s'exerce non pas sur des choses mais sur un territoire et les sujets qui le peuplent et qui a pour finalité le bien commun qui n'est rien d'autre, selon M. Foucault, que la soumission à la loi.

La forme de démocratie de contestation est elle aussi associée au modèle de la gouvernance du simple fait qu'elle alimente une critique similaire à l'égard de la toute-puissante souveraineté étatique fondée sur le principe de représentation et entachée de formalisme abstrait. La démocratie de contestation dénonce la propension de l'État à envahir le monde vécu et l'ensemble des institutions et à y imposer son pouvoir appuyé sur un ensemble de savoirs. Elle se distingue cependant de la démocratie corporative en ce qu'elle conteste aussi cette forme institutionnalisée de participation tripartite, débouchant sur une régulation techno-juridique, qui caractérise les grands sommets internationaux et qu'affectionnent de plus en plus les organisations internationales. Ainsi, c'est plutôt le principe de résistance qui fonde la démocratie de contestation. Celle-ci se manifeste dans l'organisation d'événements alternatifs tels que les forums ou les contre-sommets qui visent à explorer de nouvelles voies pour l'agir politique et la gestion du pouvoir dans les sociétés contemporaines.

1.4.6. LA DÉMOCRATIE RADICALE

Cette dernière forme de démocratie est qualifiée de radicale en ce qu'elle pousse à son ultime limite la critique des notions de souveraineté, d'autorité et de pouvoir. Cette forme de la démocratie radicale nous permet de

---

10. Michel Foucault conçoit la gouvernementalité comme « l'ensemble constitué par les instructions, procédures, analyses et réflexions, calculs et tactiques, qui permettent d'exercer cette forme très spécifique bien que très complexe de pouvoir, qui a pour cible la population et comme forme principale de savoir l'économie politique, comme instrument technique essentiel, les dispositifs de sécurité », qui s'est imposé progressivement en assurant la prééminence du pouvoir du gouvernement sur ceux de la souveraineté et de la discipline marquant ainsi le passage de l'État de justice, à l'État de gouvernement en passant par l'État administratif (Foucault, 1986).

rassembler toutes les options présentées ordinairement par les courants théoriques se réclamant du post-nationalisme, du post-colonialisme et de la diversité culturelle. Ces diverses positions conduisent au rejet de toute forme de détermination ou de contrainte institutionnelle. Cela revient à contester le mode stato-centré d'organisation politique des sociétés modernes et à évacuer par le fait même l'idée d'un sujet politique transcendant légitimant l'autorité souveraine de l'État. La démocratie serait dès lors localisée spatialement et culturellement et s'incarnerait dans des actions spontanées. Ainsi, la démocratie radicale s'appuie sur le principe d'indétermination et de décentration du pouvoir. Cela suppose un dépassement de toute forme de hiérarchisation d'inspiration colonialiste, y compris son versant le plus positif qui serait le modèle de prise en compte de la diversité mis en place, par exemple, au Canada avec la politique du multiculturalisme et la charte des droits. Le revers de la médaille de cette forme ouverte de démocratie où chacun aurait le droit de participer est la propension à l'anomie que porte en germe la tentation illusoire de nier le pouvoir ou du moins de croire en son dépassement.

BIBLIOGRAPHIE

APPADURAI, A. (2001). *Après le colonialisme. Les conséquences culturelles de la globalisation*, Paris, Payot.

ARON, R. (1962). *Paix et guerre entre les nations*, Paris, Calmann-Lévy.

BADIE, B. (1995). *La fin des territoires. Essai sur le désordre international et sur l'utilité sociale du respect*, Paris, Fayard.

BADIE, B. (1999). *Un monde sans souveraineté. Les États entre ruse et responsabilité*, Paris, Fayard.

BOISMENU, G. et P. GRAEFE (2003). « Le régime fédératif et la fragmentation des espaces, dans le contexte de la mondialisation », dans J. Duchastel (dir.), *Fédéralismes et mondialisation. L'avenir de la démocratie et de la citoyenneté*, Montréal, Athéna éditions, p. 215-238.

BOURQUE, G. et J. DUCHASTEL (1996). *L'identité fragmentée. Nation et citoyenneté dans les débats constitutionnels canadiens, 1941-1992*, Montréal, Fides.

BOURQUE, G., J. DUCHASTEL et É. PINEAULT (1999). « L'incorporation de la citoyenneté », *Sociologie et sociétés*, vol. 31, n° 2, p. 41-64.

BURDEAU, G. (1970). *L'État*, Paris, Seuil.

CANET, R. et J. DUCHASTEL (dir.) (2003). *La nation en débat. Entre modernité et postmodernité*, Montréal, Athéna éditions.

CANET, R. et L. PECH (2003). « Fédération ou confédération ? Les cas canadien et européen », dans J. Duchastel (dir.), *Fédéralismes et mondialisation. L'avenir de la démocratie et de la citoyenneté*, Montréal, Athéna éditions, p. 95-114.

CARDINAL, L. et C. ANDREW (dir.) (2001). *La démocratie à l'épreuve de la gouvernance*, Ottawa, Presses de l'Université d'Ottawa.

CENTRE RÉGIONAL D'ÉTUDES ET DE SONDAGE (2002). *Régions et francophonie. Les coopérations des Régions françaises*, Grenoble, CRES, juin.

DEBBASCH, C. *et al.* (1983). *Droit constitutionnel et institutions politiques*, Paris, Économica.

DUCHASTEL, J. (2002). « Citoyenneté incorporée et nouvel espace des nations », *Revue d'études constitutionnelles*, vol. 7, n° 1-2, p. 18-34.

DUCHASTEL, J. (dir.) (2003a). *Fédéralismes et mondialisation. L'avenir de la démocratie et de la citoyenneté*, Montréal, Athéna éditions.

DUCHASTEL, J. (2003b). « La citoyenneté dans les sociétés contemporaines », dans J.-M. Larouche (dir.), *Reconnaissance et citoyenneté*, Sainte-Foy, Presses de l'Université du Québec, p. 57-78.

DUPLESSIS, I. (2003). « La souveraineté politique », dans J. Boulad-Ayoub et L. Bonneville (dir.), *Souverainetés en crise*, Paris et Sainte-Foy, L'Harmattan et Les Presses de l'Université Laval, p. 17-27.

FOUCAULT, M. (1986). « La gouvernementalité », *Actes. Cahiers d'action juridique*, n° 54, p. 6-15.

GAUDIN, J.-P. (2002). *Pourquoi la gouvernance ?*, Paris, Presses de Science Po.

JOUVE, B. (2003). *La gouvernance urbaine en questions*, Paris, Elsevier.

KYMLICKA, W. (2001). *La Citoyenneté multiculturelle : une théorie libérale du droit des minorités*, Paris et Montréal, La Découverte et Boréal.

LAÏDI, Z. (2003). « La crise de la gouvernance mondiale », *Le Devoir*, lundi 2 juin, p. A.7.

MANDEL, M. (1996). *La Charte des droits et libertés et la judiciarisation du politique au Canada*, Montréal, Boréal.

MARSHALL, T.H. (1964). *Citizenship and Social Class and Other Essays*, Cambridge, Cambridge University Press.

MCGREW, A. (1997). *The Transformation of Democracy ? Globalization and Territorial Democracy*, Cambridge, Polity Press.

PECH, L. (2003). « La solution au déficit démocratique : une nouvelle gouvernance pour l'union européenne ? », *Journal of European Integration*, vol. 25, p. 131-150.

ROSANVALLON, P. (1992). *Le sacre du citoyen*, Paris, Gallimard.

ROSANVALLON, P. (1998). *Le peuple introuvable*, Paris, Gallimard.

ROSANVALLON, P. (2003). *Pour une histoire conceptuelle du politique*, Paris, Seuil, 2003.

SCHNAPPER, D. (1994). *La communauté des citoyens. Sur l'idée moderne de nation*, Paris, Gallimard.

SCHNAPPER, D. (2000). *Qu'est-ce que la citoyenneté ?*, Paris, Gallimard.

TAYLOR, C. (1997). *Multiculturalisme. Différence et démocratie*, Paris, Flammarion.

THÉRET, B. (2003). « Le fédéralisme, moteur ou régulateur de la mondialisation ? », dans J. Duchastel (dir.), *Fédéralismes et mondialisation. L'avenir de la démocratie et de la citoyenneté*, Montréal, Athéna éditions, p. 29-63.

THUOT, J.-F. (1998). *La fin de la représentation et les formes contemporaines de la démocratie*, Québec, Nota bene.

CHAPITRE 2

LES VILLES CONTEMPORAINES ET LE RENOUVELLEMENT DE LA DÉMOCRATIE LOCALE

Pierre Hamel

Le thème de la ville connaît un renouveau d'intérêt (Perry et Harding, 2002 ; Andrew *et al.*, 2002). Cela tient sans doute au fait que nous vivons de plus en plus à l'intérieur de grandes agglomérations urbaines. En 2001 selon Statistique Canada, 55 % de la population canadienne vivait dans l'une des vingt-quatre régions métropolitaines de recensement[1], tandis que la croissance démographique dans les quatre grandes régions urbaines du pays avait été de 7,6 % entre 1996 et 2001, comparativement 0,5 % pour le Canada dans son ensemble. En outre, à cause de leur fragilité nous commençons à nous préoccuper davantage des institutions locales.

Les villes contemporaines à l'intérieur desquelles nous nous déplaçons au quotidien conservent plusieurs caractéristiques des villes modernes que les premiers sociologues associaient aux enjeux fondamentaux de la modernité, à ses tensions et à ses ambivalences. En même

---

1. Il s'agit des centres urbains de plus de 100 000 habitants.

temps, à plusieurs égards, elles s'en éloignent indubitablement. En effet, alors que la ville moderne permettait d'engager d'une manière définitive les individus dans une expérience de rupture avec le passé – « La ville moderne symbolise notre arrachement au passé, aux traditions et aux misères de nos villages » (Lapeyronnie, 1999, p. 19) –, la ville contemporaine apparaît à chacun comme un fait irrémédiable ou un donné. Nous vivons résolument à l'intérieur d'une civilisation urbaine, pour reprendre l'idée d'H. Lefebvre (1970), même lorsque nous habitons des espaces périurbains, voire ruraux.

Dans les villes contemporaines, le défi est moins de conquérir une capacité d'affirmation personnelle ou d'expérimenter une identité nouvelle tiraillée entre engagement et détachement que d'approfondir une volonté d'expression sur une multitude de terrains – sociaux, culturels, professionnels et politiques – où l'enjeu se définit avant tout en termes de reconnaissance. Ce type de démarche peut être associé à un processus d'individualisation accrue. C'est ce que U. Beck (1994) décrit en parlant du dépassement des modes d'intégration propres à la société industrielle. Selon lui, en raison notamment de la montée en puissance d'une modernisation réflexive, les mécanismes de régulation propres à la société industrielle sont devenus désuets. Cela conduit à la formulation de nouvelles formes de sociabilité où les individus sont tenus d'assumer d'une manière différente et accrue la responsabilité de leur propre biographie.

La réalité décrite par U. Beck (1994) mériterait d'être nuancée. L'individualisation dont il parle n'est sans doute pas aussi universelle qu'il ne le laisse entendre, même dans le cas des sociétés occidentales où la tentation du communautarisme est partout présente et se traduit par des applications concrètes et diversifiées. On peut penser à la présence d'enclaves ethniques ou à la diffusion de valeurs communautaires à l'échelle des agglomérations si ce n'est de territoires plus vastes qui ont pour effet de diluer dans une large mesure l'individualisation des rapports sociaux.

En outre, cette transformation des rapports sociaux associée à l'individualisation n'épuise pas les exigences que nous associons ici à l'enjeu de la reconnaissance. Celle-ci va au-delà d'un changement dans les modes de sociabilité. Elle nous engage tant sur le terrain institutionnel que sur celui des modèles politiques. C'est la capacité des acteurs sociaux d'infléchir les processus décisionnels à l'intérieur des institutions aussi bien que la définition de l'espace public politique qui se trouvent en cause. Comment garantir les libertés individuelles et défendre les minorités tout en garantissant l'intérêt général ?

Objet de débats en sociologie politique depuis quelques années, cette question a été posée d'une manière concrète à l'intérieur de la société civile par diverses catégories de mouvements sociaux (Laclau et Mouffe, 1985). Nous voulons pour l'instant l'examiner à partir du double point de vue de l'action collective et de la ville définie comme milieu de vie et espace d'intégration. Parce que c'est avant tout dans les villes et métropoles contemporaines que se joue la redéfinition de la citoyenneté à la faveur de la globalisation (Sassen, 1999).

Le texte qui suit est divisé en trois parties. D'abord, nous dégageons quelques caractéristiques des villes contemporaines afin de mieux saisir les défis que celles-ci posent à la redéfinition de la citoyenneté. Ensuite, nous nous attardons au contexte social et politique à l'intérieur duquel évoluent les villes contemporaines pour rendre compte des exigences propres à l'émergence d'une citoyenneté urbaine. Enfin, nous nous intéressons à l'enjeu de la citoyenneté urbaine tel que certains mouvements sociaux l'ont expérimenté. Que représente cette citoyenneté urbaine du point de vue de la légitimité des mouvements sociaux ? Que signifie-t-elle pour l'avenir de l'action collective ?

2.1. LES VILLES CONTEMPORAINES, LA GLOBALISATION ET L'ACTION COLLECTIVE

En nous référant à la réalité nord-américaine, il apparaît que nous vivons de moins en moins dans des villes au sens traditionnel du terme. La vie quotidienne se déroule pour une majorité de la population à l'intérieur de vastes ensembles métropolitains. Au Canada, le dernier recensement, celui du printemps 2001, a révélé que 79,4 % de la population vivait dans des régions urbaines. L'une des caractéristiques de ces régions demeure la présence de métropoles dont la configuration repose sur une nouvelle définition de la centralité – à la fois diffuse et éclatée – qui va de pair avec une mobilité accrue et une fragmentation du territoire plus grande que par le passé (Biarez, 2000).

Ces métropoles contemporaines succèdent aux métropoles modernes et s'en distinguent à plusieurs égards. Même si ces dernières se sont formées à la fin du XIXᵉ siècle et remontent dans plusieurs cas à la décennie 1880, certains de leurs principes organisationnels ont prédominé jusque dans les années 1970. C'est la date que quelques chercheurs retiennent pour souligner l'épuisement du modèle fordiste dans ses répercussions sur l'organisation de l'espace (Filion, 1995). Dès lors, ce sont d'autres principes organisationnels ou une autre rationalité qui prévalent dans la planification urbaine, compte tenu des changements observés dans les systèmes de production et dans les modes de vie.

Alors que les métropoles modernes correspondaient à une forme urbaine hiérarchisée et centralisée, définie à partir d'un pôle dominant, les métropoles contemporaines obéissent à un nouveau modèle d'organisation et de production de la ville. Désormais, les espaces métropolitains se révèlent discontinus, hétérogènes et multipolaires (Ascher, 1998). Bien que le principe d'une organisation réticulée de l'espace propre à la métropole moderne continue de prévaloir et d'influencer tant la localisation des activités dans l'espace que leur signification sociale et culturelle, celui-ci s'articule désormais à un système urbain polynucléaire. Pensons notamment aux villes émergentes (Chalas, 2000), aux franges urbaines et à leurs noyaux commerciaux (Liebs, 1985) ou aux conurbations en expansion continue avec de multiples points de service.

Toutefois, ces diverses formes que revêtent les espaces métropolitains donnent lieu à de nouveaux processus de ségrégation socio-spatiale. L'étalement urbain et la concentration de la pauvreté dans les villes-centres sont considérés par certains chercheurs aux États-Unis comme les deux faces d'un processus métropolitain unique (Dreier *et al.*, 2001). En Europe, les processus d'exclusion sociale sont aussi associés à des clivages et à une ségrégation qui se reflètent aussi bien dans l'aménagement urbain que dans la remise en question par les classes moyennes des politiques sociales mises en place par l'État-providence pour réduire les inégalités sociales et spatiales (Donzelot, 1999).

L'éclatement des systèmes territoriaux qui caractérise les métropoles contemporaines dépend de plusieurs facteurs, à commencer par la restructuration du mode de production en fonction d'une économie de services. Ces changements peuvent être reliés à la globalisation du monde et à la plus grande diffusion de l'information touchant l'économie (Castells, 1996). Mais d'autres éléments explicatifs, sur le plan social, culturel et politique méritent aussi notre attention (Ascher, 1998). Pensons, notamment, aux politiques urbaines qui favorisent la croissance des banlieues au détriment des villes-centres et qui, même si elles remontent aux années 1950, n'en continuent pas moins de favoriser l'étalement urbain (Dreier *et al.*, 2001).

De plus, les changements dans le cadre bâti qui accompagnent les métropoles contemporaines, et que nous évoquons ici pour illustrer la restructuration en profondeur de la trame urbaine, ont eu un impact sur le renouvellement des mécanismes de gestion et les modes de gouvernance. Certains (Lefèvre, 1998) ont même parlé de la renaissance des gouvernements métropolitains en Europe et en Amérique du Nord à partir des années 1990. Cette restructuration repose sur des structures de coordination plus souples entre les unités territoriales en présence, des choix institutionnels qui favorisent la négociation et le partenariat dans un processus d'élaboration dynamique de mécanismes de coordination et d'intervention se voulant ouverts à tous les acteurs concernés. C'est en ce sens qu'on parle de nouvelle « gouvernance métropolitaine » (OECD, 2000). On retrouve là l'esprit du nouveau régionalisme, y inclus dans sa version canadienne qui est distincte des expériences menées aux États-Unis en ce qu'elle conserve certains traits de l'ancien régionalisme à caractère plus directif (Sancton, 2001).

Sur un plan économique et géographique, les changements qui sont survenus dans les métropoles contemporaines ont été associés par plusieurs chercheurs (Knox, 1997 ; Machimura, 1998 ; Sassen, 2000) à la globalisation et à son impact sur la production de l'espace et l'aménagement du territoire. Si l'impact de la globalisation est très différent d'une ville à l'autre suivant les cultures locales, les ressources du milieu et la capacité des communautés à tirer parti des tendances lourdes de l'économie, il n'en reste pas moins que nous assistons partout à un rapprochement du local et du global (Perry et Harding, 2002). Il en résulte une restructuration de la hiérarchie urbaine qui était associée auparavant à l'industrialisation (Krätke, 1992) et un nouveau rôle pour les administrations municipales dans la gestion des villes et le développement économique dans un contexte caractérisé avant tout par une division internationale du travail.

Les conséquences de ces transformations et l'interprétation qu'il est possible d'en faire vont dans deux directions. D'un côté, on peut lire des analyses qui mettent l'accent sur les conséquences négatives de la globalisation, en partie pour les populations les plus démunies que les bouleversements occasionnés par la mobilité accrue du capital rendent plus vulnérables (Bauman, 1998). De l'autre, les chercheurs préfèrent pointer des aspects positifs – les nouvelles opportunités –, notamment pour les acteurs locaux qui réussissent par-delà les changements structurels et leurs effets négatifs à tirer leur épingle du jeu. Comme le souligne M. Harloe (2001), notre perception des milieux urbains a grandement changé depuis les années 1970 et 1980. Alors que plusieurs considéraient les villes, en particulier les grandes agglomérations urbaines, comme un problème plutôt qu'une solution – en ce sens qu'elles constituaient des lieux de faible mobilité en plus d'être associées au déclin dans un monde en changement –, l'attitude récente est complètement différente. Désormais, on les représente volontiers comme des centres économiques dynamiques et des milieux de créativité et d'innovation.

Cette lecture rejoint celle de B. Jessop (1997 ; 2000) pour qui le nouveau contexte économique a favorisé une compétition accrue entre les villes, ce qui les a conduites à opter pour un virage entrepreneurial. De ce fait, elles doivent prendre des initiatives en matière de stratégies économiques et améliorer la gestion locale en conséquence. En cela, elles sont amenées à revoir leurs anciens modèles de gestion, y compris les relations qu'elles entretenaient tant avec le marché qu'avec l'État pour devenir de véritables champions d'une compétition devenue internationale.

À la lumière de ces changements, pouvons-nous continuer d'affirmer que « la production de l'espace urbain est le résultat d'une action collective » (Fijalkow, 2002, p. 21) ? Que signifie la notion de ville – à titre d'entité socio-historique mais aussi en tant qu'institution politique – par rapport à un système urbain extensif comme une agglomération métropolitaine ou une ville-région ? Dans quelle mesure fournit-elle encore la possibilité aux acteurs politiques locaux de penser des espaces de recomposition sociale appropriés pour les habitants ? Les tensions entre le centre et la périphérie ou les nouvelles inégalités socio-spatiales qu'entraînent les restructurations urbaines associées à la globalisation économique nous éloignent-elles du projet d'une plus grande justice sociale urbaine ?

Ces questions ne sont pas nouvelles. Elles nous conduisent néanmoins à considérer sous un nouvel angle les enjeux de la démocratie locale dans le contexte métropolitain actuel en tenant compte de la portée de cette démocratie à l'égard du développement économique. De ce point de vue, l'exemple de Montréal, à l'instar de plusieurs autres agglomération du nord-est du continent nord-américain – ayant subi de nombreuses transformations ces dernières années qu'il est possible d'associer à la globalisation –, peut nous aider à mieux saisir comment se pose à l'heure actuelle la question des alliances et des compromis des acteurs locaux sur un territoire métropolitain.

Comme plusieurs autres villes de la *Rustbelt*, Montréal est une ancienne ville industrielle. Plusieurs secteurs de l'ancienne économie ont dû céder la place à des activités qu'il est convenu de rattacher à la nouvelle économie. Toutefois, même si l'étalement urbain y demeure une préoccupation pour les gestionnaires publics, ses effets n'ont pas été aussi dévastateurs que ceux observés dans nombre de métropoles des États-Unis où ils se sont conjugués à une forte détérioration des villes-centres (Dreier *et al.*, 2001) et, partant, au déclin de la ville tout court (Beauregard, 1993). Il n'en reste pas moins que la faiblesse du dynamisme de certains secteurs économiques traditionnels de même que la forte concentration de la pauvreté dans quelques-uns des anciens quartiers industriels, dans quelques zones urbaines à forte population immigrante et dans quelques zones suburbaines témoignent des difficultés d'intégration de plusieurs groupes sociaux sur le plan économique et social.

Montréal est une ville cosmopolite, plus que d'autres métropoles nord-américaines de sa taille. Même si elle a depuis quelques années de la difficulté à retenir ses immigrants, à différentes périodes de son histoire, ceux-ci ont joué un rôle crucial dans le dynamisme de l'agglomération et ont contribué à en redéfinir le portrait culturel et la géographie sociale. Au-delà des héritages francophone et anglophone qui ont alimenté les premières phases du développement de la ville – mais il faudrait dire également en relation avec eux –, les différentes vagues d'immigration ont contribué à définir ce que certains ont appelé une « identité cosmopolite hybride » (Germain et Rose, 2000, p. 247). Ainsi, depuis les années 1980, des immigrants provenant de diverses parties du monde (Afrique, Asie, Amérique latine, Europe de l'Est) ont modifié le paysage social et culturel de plusieurs parties de l'agglomération :

> La diversité ethnique qui caractérise la nouvelle immigration ne se traduit pas uniquement par l'ajout de nouveaux quartiers ethniques à la mosaïque existante. De fait, les quartiers multiethniques se sont multipliés dans diverses parties de la région de Montréal, certains créant de nouveaux secteurs d'accueil alors que d'autres sont plutôt le résultat d'une reconfiguration majeure du profil ethnique-culturel local (Germain et Rose, 2000, p. 236).

Il en résulte un climat culturel différent à l'échelle de l'agglomération de celui qui prévalait dans les années 1960 et 1970, porté par une plus grande diversité ethnique et culturelle.

Si cette diversité renforce les tendances au dispersement qui caractérisent les métropoles contemporaines et fait appel à de nouveaux mécanismes d'insertion et de reconnaissance sociale, elle laisse ouverte la question du changement social et politique. En d'autres termes, elle nous invite à considérer comment se construisent les choix publics en matière d'aménagement et de développement et quel rôle les acteurs sociaux et communautaires, au sens que nous donnons à ce terme au Québec, peuvent assumer à cet égard.

2.2. L'ÉMERGENCE D'UNE CITOYENNETÉ URBAINE

Les agglomérations urbaines sont influencées à divers titres par les processus économiques, sociaux et culturels associés par plusieurs à la globalisation (Sassen, 2000 ; Ascher, 1998 ; Bassand, 2001). Alors que, dans le passé, les fonctions économiques traditionnelles des villes s'affirmaient avant tout en référence à des espaces locaux, régionaux et nationaux, aujourd'hui leur rôle s'inscrit de plus en plus dans un circuit de consommation globale dont elles deviennent une porte d'entrée privilégiée (Knox, 1997). De plus, les villes sont des lieux stratégiques de recomposition sociale, non seulement parce qu'elles constituent des relais pour les processus de globalisation, mais au sens aussi où elles offrent des espaces centraux pour gérer la globalisation compte tenu de la concentration d'activités ou de fonctions requises pour la gestion de la globalisation (Sassen, 1999).

Il est certain que la globalisation affecte les milieux locaux d'une manière différente qui n'est en rien mécanique (Clarke et Gaile, 1998). En d'autres termes, les impacts locaux de la globalisation se révèlent des plus divers. En même temps, ils donnent lieu à des conflits et à des choix politiques qui varient beaucoup selon les contextes locaux, comme le montrent H. Savitch et P. Kantor (2002) à partir d'une étude comparative de plusieurs villes en Europe et en Amérique du Nord. Ce qui n'empêche pas que les tendances associées à la globalisation remettent aussi en question les politiques des gouvernements centraux en ce qui concerne leur capacité à définir les conditions locales de production exigées par les capitaux transnationaux, comme le montrent d'ailleurs ces chercheurs. En ce sens, on pourrait dire que c'est l'État local qui est interpellé par ces changements. Cela conduit les acteurs locaux à demander de revoir à la fois le partage des pouvoirs entre les paliers gouvernementaux et le fonctionnement – si ce n'est les fondements – des mécanismes de régulation, ce qui accorde une marge de manœuvre et des pouvoirs accrus aux instances locales.

C'est ce que S. Clarke et G. Gaile (1998) associent à une nouvelle capacité d'action locale (*new localism*) qui convie les milieux locaux à revoir leur place dans la hiérarchie urbaine inédite provoquée par les tendances à la globalisation, les invitant du même coup à redéfinir leur rôle économique et politique. L'enjeu est ici l'amélioration du contexte économique et social des villes dont les gouvernements locaux tentent de faire la promotion. À ce titre, ils n'hésitent pas à s'engager dans des négociations avec une multitudes d'acteurs et à faire appel tant à l'innovation qu'à la coopération. De ce point de vue ils acceptent d'assumer des fonctions entrepreneuriales, et deviennent de véritables catalyseurs du développement. Sous-jacent à cette perspective, nous retrouvons l'a priori voulant qu'en intervenant d'une manière stratégique, les villes soient en mesure d'améliorer leur position dans la hiérarchie urbaine globale.

Pour autant, nous ne pouvons ignorer complètement le côté sombre de la globalisation qui, comme le soulignent par ailleurs S. Clarke et G. Gaile (1998), va de pair avec une nouvelle division internationale du travail, accroît la compétition entre les villes et se combine souvent à de nouveaux arrangements institutionnels comme celui auquel nous avons assisté avec l'adoption de l'Accord de libre-échange en Amérique du Nord. De telles ententes réduisent les mécanismes de protection nationaux et locaux pour les entreprises et les producteurs dont les activités ont déjà cours au profit des investissements et du commerce plus mobiles. Il en résulte de nouvelles formes d'inégalités ou de polarisations sociales et spatiales (Bauman, 1998 ; Clarke et Gaile, 1998).

Il ne s'agit pas pour l'instant de décrire une situation complexe marquée par l'incertitude dans toutes ses ramifications et d'en cerner toutes les conséquences possibles pour les acteurs locaux. Notre intention est plus limitée. Nous voulons avant tout en dégager la portée générale à partir d'un point de vue normatif et politique.

Première chose à souligner, l'État-nation qui a servi à définir les bases de la communauté politique et que l'on peut associer à la première modernité au sens que U. Beck (2000) accorde à ce terme – celle-ci se mettant en place à l'époque où la société et l'État étaient coextensifs, l'État exerçant le pouvoir et le contrôle sur la société suivant un territoire délimité – se révélait être un véritable et puissant « conteneur » des processus sociaux (Sassen, 1999, p. 134). C'est cette première modernité, de même que les valeurs et les compromis à partir desquels elle était définie, que la montée en puissance des processus de globalisation a remise en question. Dès lors les règles politiques ont changé, à commencer par les mécanismes de contrôle et de régulation que les États nationaux pouvaient élaborer.

Ce n'est pas que la globalisation constitue un phénomène entièrement inédit ou encore qu'elle soit sans ambiguïté. Il n'en reste pas moins que, dans ses manifestations récentes, elle bouleverse en profondeur les valeurs et les conceptions de l'ordre social qui accompagnaient la première modernité. C'est du moins ce que nous percevons dans les échanges économiques, sociaux et culturels qui se déploient sur le territoire des grandes agglomérations urbaines. De surcroît, la prémisse fondamentale selon laquelle les États et les sociétés avaient été créés sur des territoires distincts autonomes devient tout à coup obsolète, du moins dans certaines de ses applications. Les frontières apparaissent moins étanches qu'auparavant ou moins pertinentes pour comprendre les pratiques quotidiennes qui deviennent plus ouvertes et plus sensibles aux mouvements transnationaux des marchandises, des cultures, des capitaux et des personnes :

> Le global nous rappelle que l'unité de l'État national et de la société nationale était au départ séparée ; de nouveaux rapports de pouvoir et de compétition, de conflit et d'interaction prennent forme entre, d'un côté, les États nationaux et leurs acteurs et, de l'autre, des acteurs transnationaux, des identités, des espaces sociaux, des situations et des processus (Beck, 2000, p. 21).

Les flux globaux qui traversent d'une manière plus fréquente les frontières nationales rendent plus difficile qu'auparavant la maîtrise qu'exerçaient les États nationaux de leur territoire (Urry, 1998). Ce sont les fondements même de la démocratie tels qu'ils ont été associés historiquement à la nation qui sont remis en cause. Comme le mentionne D. Schnapper :

> La nation démocratique est affaiblie parce que sa souveraineté dans le monde des nations-unités politiques est de fait toujours plus limitée ; elle est affaiblie parce que le projet politique par lequel elle intégrait les populations s'épuise et que la réalité nationale se transforme progressivement en communauté de travail, de culture et de redistribution de richesses (1994, p. 185).

Ce qui nous conduit à considérer de plus près les transformations de la communauté politique, à commencer par l'un de ses fondements qui demeure la citoyenneté.

Cet affaiblissement de la nation démocratique dont parle D. Schnapper – et que nous pouvons associer à divers mécanismes de transformation de la toute-puissance de l'État-nation – n'est toutefois pas un processus exclusif et définitif. Il est trop tôt pour annoncer la mort de l'État-nation. Il n'en reste pas moins qu'à ses côtés prévalent plus que jamais diverses expériences qui reposent sur l'engagement social et formulent de nouveaux rapports aux institutions pour l'élaboration et la gestion de politiques publiques (Berry, 1999). Pensons notamment à la mobilisation des mouvements sociaux qui prend place sur le terrain de la société civile et fait appel à des modes de participation aux affaires publiques plus directs que ne le préconisent les modèles de gestion technocratiques.

Ces acteurs contribuent à l'élaboration d'une communauté politique dont les exigences sur le plan moral et politique prennent une distance avec celles proposées traditionnellement par l'élite libérale (Offe, 1997). Sous ce rapport, ils entrevoient une intégration différenciée du pluralisme culturel des citoyens et de la multiplicité des identités caractéristiques des sociétés modernes avancées. Si la globalisation ébranle les fondements politiques de l'État, elle favorise en contrepartie l'expression d'un pluralisme qui conduit à revoir la définition traditionnelle d'une solidarité essentiellement prise en charge par les pouvoirs publics.

Il est certain qu'en se portant à la défense d'une politique de l'identité, déjà les nouveaux mouvements sociaux des années 1970 ont attiré notre attention sur les limites des modèles d'intégration par le haut, que nous pouvons rapprocher d'une définition abstraite de la citoyenneté. Ils ont également insisté, à la suite du mouvement des femmes, sur le fait que la démocratisation de la sphère publique avait comme préalable la démocratisation de la sphère privée. Une condition à l'égalité démocratique était « la démocratisation des décisions et des prises de décision à la maison » (Phillips, 2000, p. 445). Par conséquent, la participation à la vie démocratique exigeait de revoir les rapports de pouvoir prévalant dans la sphère privée. À travers les conduites ou l'action collective, les préoccupations personnelles et les préoccupations publiques se renforçaient mutuellement, problématisant l'espace de rencontre, de solidarité et de compromis propre à l'engagement et à l'action collective sur le terrain de la société civile.

Voir l'actualisation de soi comme une reconnaissance des différences culturelles ou sexuelles transforme en profondeur les rapports au politique, et nous invite du même coup à revoir la conception évolutionniste de la citoyenneté, formalisée par T.H. Marshall, qui demeure étanche à toute forme de subjectivité (Procacci, 2001). De plus, en situant l'enjeu de la citoyenneté sur le terrain de la société civile, plutôt que sur celui de l'État, nous nous éloignons des définitions trop abstraites de la citoyenneté qui empêchent de saisir les transformations en cours dans les rapports sociaux tels qu'ils s'expriment dans l'espace public politique (Ku, 2002). À la faveur d'une remise en question des processus de régulation associés à l'État que la globalisation tend à accélérer, nous assistons à l'affirmation des identités dans le champ politique à partir de leur forme d'expression diverse. Du même coup, ce sont les enjeux de démocratisation qui changent de nature ou du moins qui se définissent dans des termes différents.

Les représentations hiérarchisées et centralisées du politique cèdent peu à peu le pas à un pluralisme qui favorise l'expression des libertés individuelles et de la subjectivité dans un cadre pragmatique où l'intérêt général découle d'un compromis négocié des intérêts en présence. Les droits de citoyenneté, qui étaient passifs et conçus en fonction des prérogatives de l'État, sont remplacés par une citoyenneté active qui se décline sur plusieurs registres (environnemental, culturel, cosmopolite ou en référence à la mobilité) (Urry, 1998). C'est dans cette foulée que nous observons l'émergence d'une citoyenneté urbaine (Roth, 1998) qui nous invite à revoir les modes d'engagement et à considérer sous un nouveau jour la fragmentation des acteurs sociaux sur le terrain de la société civile (Roth, 2000).

La notion de citoyenneté urbaine peut nous aider à comprendre les enjeux de la recomposition sociale et politique qui alimentent la redéfinition de la ville dans le contexte actuel de la globalisation. C'est du moins l'hypothèse que nous formulons.

Dans le sens que nous lui prêtons, la citoyenneté urbaine fait le pari de la capacité des milieux locaux et de leurs acteurs à changer les rapports sociaux à l'espace et à la ville. Elle favorise un recours à l'action individuelle et collective afin d'introduire dans l'espace public politique des préoccupations sociales et culturelles, comme une plus grande justice sociale, une mise en valeur du patrimoine ou encore une défense de la démocratie locale (Clarke et Gaile, 1998). De ce point de vue, la citoyenneté urbaine est fortement redevable des milieux où elle s'inscrit. Comment est-il possible de faire face aux défis de la globalisation qui exigent des milieux plus compétitifs tout en combattant les nouvelles formes d'inégalités qui lui sont associées ? Comment la diversité et le pluralisme qui caractérisent le paysage social et culturel des métropoles contemporaines peuvent-ils alimenter une définition du « droit à la ville » qui soit en même temps un droit à la différence (Sandercock, 1998) ? Que nous apprennent les expériences de mobilisation ou les diverses formes d'engagement et d'action collective sur les enjeux urbains qui caractérisent les métropoles contemporaines ? Enfin, que devient la responsabilité des pouvoirs publics par rapport à l'avenir de ces métropoles ?

2.3. LA DÉMOCRATIE LOCALE ET LA QUESTION DES INÉGALITÉS

En Amérique du Nord – et dans une moindre mesure en Europe –, le modèle prévalent de développement urbain emprunté par les métropoles contemporaines a été celui de la croissance (Logan et Molotch, 1987). Même si le consensus sur ce modèle a été très fort pendant plusieurs années, certains chercheurs soulignent qu'il commence à s'éroder, et ce même dans des villes comme Los Angeles où la coalition pour la croissance a longtemps dominé la politique d'utilisation du sol (Purcell, 2000). Ce constat nous invite à réexaminer la nature des conflits qui ont alimenté les villes et métropoles contemporaines ces dernières années et comment ceux-ci se reflètent dans les défis que doit relever la démocratie locale.

Depuis les années 1960, dans tous les pays occidentaux, la planification et la gestion urbaines ont donné lieu à de multiples controverses. Des mobilisations sociales contre des projets d'aménagement élaborés par les promoteurs ou par les pouvoirs publics ont conduit les mouvements urbains à formuler une vision sociale de la ville qui s'opposait à la vision marchande dont les élites locales faisaient le plus souvent la promotion. Il s'en est suivi des processus de modernisation de la gestion publique des villes, les administrations municipales acceptant, à divers degrés, de faire une place à la participation active des citoyens aux affaires urbaines. L'impact des mouvements urbains sur les changements dans les politiques urbaines demeure cependant difficile à évaluer. Cela s'explique, entre autres choses, par le poids des facteurs contextuels avec lesquels l'action collective tend parfois à se confondre (Pickvance, 1985).

Par ailleurs, nous savons que la participation des citoyens n'est en rien une panacée. Par exemple, elle ne garantit pas que les services urbains soient fournis avec plus d'efficacité et plus d'équité (Wolman, 1995). Même si elle n'est pas la catastrophe que certains prédisent, en occasionnant un ralentissement des processus décisionnels, elle ne conduit pas nécessairement à des changements durables dans les structures ou les mécanismes de pouvoir.

Il est pourtant indéniable que les mouvements urbains ont contribué d'une manière significative à la modernisation de la planification et de la gestion urbaines et plus généralement de l'ensemble de l'administration municipale, tant dans ses finalités que dans son fonctionnement démocratique. C'est du moins ce que nous avons observé dans le cas de Montréal (Hamel, 2003) et ce qui a été noté par plusieurs chercheurs dans d'autres pays (Castells, 1983 ; Fisher et Kling, 1993 ; Mayer, 2000).

En faisant la promotion du logement social, de la mise en valeur du patrimoine, du développement local et de services de proximité pour qu'ils répondent aux besoins des populations des quartiers populaires et de diverses catégories d'usagers dans plusieurs villes du monde, les mouvements urbains ont défendu une conception dynamique de la citoyenneté urbaine, c'est-à-dire une conception ouverte sur les différences sociales et culturelles (Hamel *et al.*, 2000).

En même temps, il nous faut reconnaître que ces mouvements ne sont en rien homogènes. Non seulement ils se rattachent à divers courants idéologiques, mais leurs modèles d'organisation et d'action sont des plus contrastés. Les mouvements urbains montréalais sont exemplaires à ce sujet. Alors qu'à certaines occasions leurs mobilisations s'inscrivaient dans de larges coalitions incluant des représentants du mouvement syndical – pensons aux luttes pour la défense des droits des locataires par exemple dans les années 1960 –, à d'autres moments ils ont emprunté la forme organisationnelle des nouveaux mouvements sociaux, comme cela a été le cas dans certaines luttes contre les démolitions d'immeubles locatifs au début des années 1970 et plus récemment, à l'été 2001, avec l'occupation par les sans-abri d'immeubles abandonnés. Parfois, des enjeux habituels comme l'aide sociale aux démunis sont rattachés aux nouvelles formes de pauvreté ainsi qu'aux facteurs grandissant d'exclusion sociale, que d'aucuns associent à la mondialisation. À d'autres moments, leurs stratégies ont fait appel avant tout à la confrontation directe avec les détenteurs symboliques du pouvoir, comme cela a été le cas avec les affrontements au sujet de l'AMI et du cycle du millénaire – nous pensons en particulier à la désobéissance civile préconisée par les promoteurs de l'Opération SalAMI (Lemire, 2000) –, tandis que d'autres acteurs sociaux ont choisi une voie plus pragmatique. En ce sens, ils n'ont pas hésité à intervenir à l'intérieur même des institutions. C'est la perspective qu'ont élaborée notamment les organismes communautaires qui se sont engagés sur le terrain du développement économique local, comme cela a été observé aussi dans d'autres villes du Canada et des États-Unis.

Le souci des mouvements urbains était de remettre en question les rapports de domination et de pouvoir tels que nous avons pu les observer – ainsi que leur reproduction – dans l'aménagement urbain et la planification. De ce point de vue, ils se sont attaqués d'abord à la « marchandisation » de la ville. En outre, c'est le cadre même de la gestion locale qu'ils ont tenté de transformer en misant moins sur de nouveaux modèles de gouvernance – encore que cette voie ait aussi été explorée par diverses expériences de gestion participative de services de proximité et d'action communautaire en matière de développement local – qu'en faisant appel au débat public et à la délibération. Cela s'est traduit par l'introduction de nouveaux thèmes et de nouvelles préoccupations dans l'espace public. Le thème des droits des locataires, celui du patrimoine ou celui de la sécurité pour les femmes la nuit en sont des exemples bien connus. Mais cela a signifié aussi la création de divers mécanismes formels de participation, de consultation publique ou de concertation qui visent avant tout à élargir les processus décisionnels en matière de politiques urbaines.

Dans quelle mesure de tels mécanismes – qui sont relativement récents dans le cas de Montréal puisqu'ils n'ont pas été formalisés avant la fin des années 1980 – ouvrent-ils la porte à une démocratisation en profondeur de la gestion et de la planification urbaines ? Ne servent-ils pas plutôt que de paravent sophistiqué aux élus et aux élites au pouvoir pour reconduire le statu quo ou reproduire « les rapports politiques et sociaux de domination », comme le demandent L. Blondiaux et Y. Sintomer (2002, p. 33) ? Entre les analyses fonctionnalistes qui en font une lecture instrumentale en relation à la décision et les points de vue normatifs élaborés en référence au débat sur la transformation du cadre démocratique dans les sociétés complexes, il y a place pour des interprétations nuancées qui tiennent compte des transformations sociopolitiques que l'implantation de ces mécanismes entraîne selon les contextes.

Nous ne devons pas oublier cependant que les enjeux urbains continuent d'être alimentés par des inégalités sociales, voire par des rapports de classe qui contribuent à infléchir les politiques publiques, en dépit des discours convenus sur l'exclusion et la cohésion sociale, dans le sens des intérêts dominants (Harloe, 2001). De ce point de vue, la question de la démocratie et de ses nouvelles formes d'expression dans l'espace urbain ne peut évacuer les préoccupations relatives à la justice sociale. Il n'en reste pas moins que les changements nombreux survenus sur la scène urbaine ces dernières années, que d'aucuns associent à la globalisation et à la métropolisation, nous obligent à considérer les problèmes de la ville sous un angle nouveau.

Dans beaucoup de pays, comme le souligne M. Bassand (2001), les processus que nous associons à la métropolisation – étalement urbain, accroissement de la vitesse des déplacements des personnes, intégration des activités économiques et sociales à une plus grande échelle que par le passé, émergence d'une centralité urbaine diffuse ou dispersée, problèmes de représentation politique – provoquent diverses crises. C'est vrai concernant le transport, l'environnement, la localisation des équipements collectifs régionaux. Mais cela se répercute également sur le terrain politique où se manifeste un « déficit démocratique ».

Pour autant, peu de pays, en dépit d'une véritable « renaissance (dans les années 1990) des réformes institutionnelles dans les grandes villes » (Jouve et Lefèvre, 1999, p. 9), se sont dotés de gouvernements métropolitains au sens fort du terme. Ils préfèrent recourir à des formes hybrides de gestion et de planification qui tiennent davantage du bricolage institutionnel que de la mise en place d'un nouveau système intégré de représentation et de décision. Ainsi, le principe du réseau et de la coordination d'activités à partir d'organisations qui possèdent une certaine légitimité dans le système politique a préséance sur celui d'une direction centralisée. C'est ce que suggèrent les défenseurs du nouveau régionalisme aux États-Unis en faisant appel à l'idée de gouvernance.

La question métropolitaine peut être considérée sous divers angles. D'un point de vue sociopolitique, deux perspectives convergent : d'un côté, la problématique de la gouvernance et, de l'autre, celle de la citoyenneté. D'une manière schématique, disons que la métropolisation a eu pour effet de limiter le rôle traditionnel des administrations locales qui ont dû accepter de coordonner plus qu'avant leur action avec des municipalités limitrophes ou de partager leurs pouvoirs avec des agences sectorielles de gestion œuvrant à une échelle régionale. On peut parler à cet égard d'un nouveau modèle de gouvernance qui échappe en partie au contrôle démocratique direct (Burns, 2000). La question qui se pose dès lors est de savoir si l'inclusion des citoyens par des mécanismes de consultation et des débat publics est suffisante pour surmonter le déficit de légitimité qui résulte de la gouvernance métropolitaine. Ne devrions-nous pas reprendre à notre compte les critiques qui ont été formulées dans le passé à l'endroit du néocorporatisme à partir d'un point de vue démocratique ?

Cette question débouche sur une autre qui est celle de la citoyenneté urbaine et se son contenu dans le contexte métropolitain. La citoyenneté urbaine va de pair, comme nous l'avons vu plus haut, avec une ouverture sur une multitude d'identités et sur de nouvelles formes de solidarité qu'il apparaît nécessaire de définir face à la complexité des rapports sociaux et politiques à l'ère du cosmopolitisme. Il reste qu'en dépit de sa flexibilité et de sa sensibilité aux différences sociales et culturelles, la citoyenneté urbaine telle qu'elle a été définie et redéfinie par les mouvements urbains à partir des années 1960 se trouve confrontée depuis quelques années, à cause de la métropolisation, à de nouvelles exigences sociales et politiques. Comment est-il possible d'organiser des alliances et des solidarités entre des populations qui non seulement ne partagent pas la même origine sociale, mais habitent, au quotidien, des espaces – des quartiers urbains ou des villes – souvent éloignés ? En d'autres termes, la citoyenneté urbaine peut-elle aussi revêtir l'habit d'une citoyenneté métropolitaine ?

Cette question a été soulevée par une équipe de chercheurs en Suisse qui ont fait une enquête auprès des populations de quatre agglomérations de leur pays (Kübler *et al.*, 2002). Dans le rapport préliminaire qu'ils ont diffusé, leurs conclusions sont des plus nuancées. Ainsi, pour les habitants de ces agglomérations, – il s'agit de Lausanne, Lucerne, Zurich et Lugano –, l'espace métropolitain n'est pas uniquement un espace fonctionnel d'un point de vue économique. Il revêt aussi une pertinence pour les pratiques sociales. On note même un « attachement psychologique » fort aux métropoles bien que leurs contours demeurent flous pour ces habitants. En d'autres termes, les métropoles donnent prise à l'établissement de certains liens communautaires. Ceux-ci participent à la construction d'une nouvelle identité collective qui prend place à une échelle territoriale qui se situe entre le local et le national. Par contre, ces liens sont rarement définis en termes politiques, c'est-à-dire en référence à un projet élaboré sur la base d'intérêts communs. À cet égard, le repli sur les préoccupations locales demeure très fréquent.

Par ailleurs, les relations entre l'enjeu de la citoyenneté, la légitimité et la production de services demeurent faibles. Le niveau et la qualité des services offerts à la population de même que les modèles auxquels les pouvoirs publics ont recours pour ce faire n'ont pas d'influence significative sur la légitimité des institutions locales. Par contre, contrairement à une hypothèse fréquemment avancée par les chercheurs en études urbaines, le recours à la gouvernance ne semble pas constituer une menace ni pour la citoyenneté démocratique ni pour la légitimité politique. Ce qui n'empêche pas qu'il y ait des différences à ce chapitre suivant les contextes locaux. Il faudrait aussi tenir compte de l'effet de taille. Les quatre agglomérations dont il est question dans cette étude sont beaucoup plus petites que les métropoles nord-américaines dont nous avons parlé dans les pages précédentes.

CONCLUSION

À la lumière des constats qui précèdent, la citoyenneté urbaine n'apparaît pas, du moins en principe, incompatible avec la citoyenneté métropolitaine. Le fait que la ville emprunte une forme plus éclatée que dans le passé – qui était de toute manière déjà présente dans la ville réticulée de la fin du XIXe siècle – n'empêche pas que puisse émerger un « sentiment d'appartenance territorial » (Fijalkow, 2002, p. 110). Pour autant, l'attachement aux métropoles demeure souvent quelque chose de vague qui n'interdit pas les replis sur des espaces locaux qui sont infra-régionaux ou municipaux, lorsque ce n'est pas à l'échelle du quartier ou de l'unité de voisinage. De plus, dans de nombreuses métropoles nord-américaines, les responsables politiques de la gestion métropolitaine misent tout autant sur le marché que sur la solidarité sociale pour faire la promotion de leur territoire (Fontan *et al.*, 2003).

C'est ce qui a nourri ces dernières années le partenariat public–privé en matière de gestion urbaine et de développement local. C'est aussi ce qui explique l'essor des expériences de gouvernance où les pouvoirs publics acceptent volontiers de jouer un rôle de coopérant ou de participant plutôt que celui de leader ou de responsable. Par conséquent, la tension entre intérêts publics et intérêts privés de même que les médiations susceptibles de la gérer empruntent de nouvelles avenues. Les acteurs sociaux et politiques doivent revoir tant leurs alliances passées que leurs stratégies d'action.

Les mouvements urbains, qui ont participé de diverses façons à la démocratisation de la gestion et de la planification urbaines à partir des années 1960, en contribuant à transformer les modèles de gouvernance que nous connaissons aujourd'hui dans les villes et métropoles contemporaines, se trouvent confrontés à de nouveaux défis. Ceux-ci passent en partie par la construction d'une citoyenneté métropolitaine qui serait en mesure d'articuler les enjeux de la citoyenneté urbaine à une nouvelle réalité sociale, culturelle et territoriale.

Même si dans le passé les mouvements urbains ont contribué à élargir les mécanismes et les processus démocratiques sur la scène politique locale, ces gains se révèlent fragiles devant la globalisation et les transformations qu'elle induit. En outre, ce qui a été gagné sur le plan de l'amélioration des conditions de vie mérite aujourd'hui d'être situé dans un nouveau contexte. La ville a changé et de nouveaux problèmes ont surgi qui se définissent de plus en plus souvent à une autre échelle, soit celle des grandes agglomérations. On peut penser notamment aux nouvelles formes de pauvreté urbaine et aux inégalités que vivent certains groupes sociaux, à l'intégration des immigrants et des communautés culturelles, à la protection de l'environnement, au dynamisme social, économique et politique des métropoles. À ce titre, la contribution des acteurs de la société civile, à commencer par les mouvements sociaux, est requise tout autant que celle des élus et des gestionnaires publics. C'est en bonne partie sur ce terrain que se jouent l'avenir de l'action collective de même que celui des métropoles contemporaines.

BIBLIOGRAPHIE

ANDREW, C., K.A. GRAHAM et S.D. PHILLIP (dir.) (2002). *Urban Affairs Back on the Policy Agenda*, Montréal et Kingston, McGill-Queen's University Press.

ASCHER, F. (1998). *La République contre la ville. Essai sur l'avenir de la France urbaine*, La Tour d'Aigues, Éditions de l'Aube.

ASCHER, F. (2001). *Les nouveaux principes de l'urbanisme*, La Tour d'Aigues, Éditions de l'Aube.

BASSAND, M. (2001). « Métropoles et métropolisation », dans M. Bassand, V. Kaufmann et D. Joye (dir.), *Enjeux de la sociologie urbaine*, Lausanne, Presses polytechniques et universitaires romandes, p. 3-16.

BAUMAN, Z. (1998). *Globalization. The Human Consequences*, London, Polity Press.

BEAUREGARD, R.A. (1993). *Voices of Decline. The Postwar Fate of US Cities*, Oxford and Cambridge, Blackwell.

BECK, U. (1994). « The Debate of the "Individualization Theory" in Today's Sociology in Germany », *Soziologie*, n° 3, p. 191-200.

BECK, U. (2000). *What Is Globalization*, Cambridge, Polity Press.

BERRY, J.M. (1999). *The New Liberalism. The Rising Power of Citizen Groups*, Washington, Brookings Institution Press.

BIAREZ, S. (2000). *Territoires et espaces politiques*, Grenoble, Presses universitaires de Grenoble.

BLONDIAUX, L. et Y. SINTOMER (2002). « L'impératif délibératif », *Politix*, vol. 15, n° 57, p. 17-35.

BURNS, D. (2000). « Can Local Democracy Survive Governance ? », *Urban Studies*, vol. 37, n°s 5-6, p. 963-973.

CASTELLS, M. (1983). *The City and the Grassroots*, Berkeley, University of California Press.

CASTELLS, M. (1996). *The Rise of the Network Society*, Oxford, Blackwell.

CHALAS, Y. (2000). *L'invention de la ville*, Paris, Anthropos.

CLARKE, S.E. et G.L. GAILE (1998). *The Work of Cities*, Minneapolis, University of Minnesota Press.

DONZELOT, J. (1999). « Liens sociaux et formes urbaines. La nouvelle question urbaine », dans T. Spector et J. Theys (dir.), *Villes du XXIe siècle. Entre villes et métropoles : rupture ou continuité ?*, Paris, Ministère de l'Équipement, du Transport et du Logement, p. 46-60.

DREIER, P., J.H. MOLLENKOPF et T. SWANSTROM (2001). *Place Matters. Metropolitics for the Twenty-First Century,* Lawrence, Kansas, University Press of Kansas.

EADE, J. et C. MELE. (2002). « Understanding the City », dans C. Mele et J. Eade (dir.), *Understanding the City. Contemporary and Future Perspective,* Oxford, Blackwell, p. 3-23.

FIJALKOW, Y. (2002). *Sociologie de la ville,* Paris, La Découverte.

FILION, P. (1995). « Fordism, Post-Fordism and Urban Policy-Making : Urban Renewal in a Medium-Size Canadian City », *Canadian Journal of Urban Research,* vol. 4, n° 1, p. 43-72.

FISHER, R. et J. KLING (dir.) (1993). *Mobilizing the Community. Local Politics in the Era of the Global City,* Newbury Park, Sage.

FONTAN, J.-M., P. HAMEL, R. MORIN et E. SHRAGGE (2003). « Développement économique communautaire dans quatre métropoles », *Organisations et territoires,* vol. 12, n° 2, p. 71-77.

GERMAIN, A. et G. ROSE (2000). *Montréal. The Quest for a Metropolis,* London, John Wiley & Sons.

HAMEL, P. (2003). « Participation, consultation publique et enjeux urbains. Le cadre du débat public à Montréal et son évolution », dans J.-M. Fourniau, L. Lepage et L. Simard (dir.), *Débat public et apprentissage,* Paris, L'Harmattan (à paraître).

HAMEL, P., H. LUSTIGER-THALER et M. MAYER (dir.) (2000), *Urban Movements in a Globalising World,* London, Routledge.

HARLOE, M. (2001). « Social Justice and the City : The New "Liberal Formulation" », Communication à la conference RC 21, Amsterdam, juin.

JESSOP, B. (1997). « The Entrepreneurial City », dans N. Jewson et S. MacGregor (dir.), *Transforming Cities. Contested Governance and New Spatial Divisions,* London, Routledge, p. 28-41.

JESSOP, B. (2000). « Globalisation, Entrepreneurial Cities and the Social Economy », dans P. Hamel, H. Lustiger-Thaler et M. Mayer (dir.), *Urban Movements in a Globalising World,* London, Routledge, p. 81-100.

JOUVE, B. et C. LEFÈVRE (1999). « Introduction », dans B. Jouve et C. Lefèvre (dir.), *Villes, Métropoles. Les nouveaux territoires du politique,* Paris, Anthropos, p. 9-44.

KNOX, P.L. (1997). « Globalization and Urban Economic Change », *The Annals of the American Academy of Political and Social Science,* n° 551, p. 17-43.

KRÄTKE, S. (1992). « Villes en mutation. Hiérarchies urbaines et structures spatiales dans le processus de restructuration sociale : le cas de l'Allemagne de l'Ouest », *Espaces et Sociétés*, nos 66-67, p. 69-98.

KU, A.S. (2002). « Beyond the Paradoxical Conception of "Civil Society without Citizenship" », *International Sociology*, vol. 17, no 4, p. 529-548.

KÜBLER, D., B. SCHWAB, D. JOYE et M. BASSAND (2002). *La métropole et le politique. Identité, services urbains et citoyenneté dans quatre agglomérations en Suisse*, Rapport de recherche, Lausanne, LaSUR, École polytechnique fédérale de Lausanne.

LACLAU, E. et C. MOUFFE (1985). *Hegemony and Socialist Strategy. Towards a Radical Democratic Politics*, London, Polity Press.

LAPEYRONNIE, D. (1999). « La ville en miettes », *La Revue du MAUSS*, no 14, p. 19-33.

LEFEBVRE, H. (1970). *La révolution urbaine*, Paris, Gallimard.

LEFÈVRE, C. (1998). « Metropolitan Government and Governance in Western Countries : A Critical Review », *International Journal of Urban and Regional Research*, vol. 22, no 1, p. 9-25.

LEMIRE, (2000). « Mouvement social et mondialisation économique : de l'AMI au cycle du millénaire de l'OMC », *Politique et Sociétés*, vol. 19, no 1, p. 49-78.

LIEBS, C.H. (1985). *Main Street to Miracle Mile*, Boston, Little, Brown and Company.

LOGAN, J. et H. MOLOTCH (1987). *Urban Fortunes : the Political Economy of Place*, Berkeley, University of California Press.

MACHIMURA, T. (1998). « Symbolic Use of Globalization in Urban Politics in Tokyo », *International Journal of Urban and Regional Research*, vol. 22, no 2, p. 167-193.

MAYER, M. (2000). « Urban Social Movements in an Era of Globalisation », dans P. Hamel, H. Lustiger-Thaler et M. Mayer (dir.), *Urban Movements in a Globalising World*, London, Routledge, p. 141-157.

OECD (2000). « The Reform of Metropolitan Governance », *The OECD Policy Briefs*, www.oecd.org/publications/Pol brief/ : 7 p.

OFFE, C. (1997). « Les liens et les freins : Habermas et les aspects moraux et institutionnels d'une "autolimitation intelligente" », dans C. Offe, *Les démocraties modernes à l'épreuve* (textes réunis et présentés par Y. Sintomer et D. Le Saout) Paris, L'Harmattan, p. 168-1998.

PERRY, B. et A. HARDING (2002). « The Future of Urban Sociology : Report of Joint Sessions of the British and American Sociological Associations », *International Journal of Urban and Regional Research*, vol. 26, n° 4, p. 844-853.

PHILLIPS, A. (2000). « Espaces publics, vies privées », dans V. Mottier, L. Sgier, T. Carver et T.-H. Ballmer-Cao (dir.), *Genre et politique. Débats et Perspectives*, Paris, Gallimard, p. 397-454.

PICKVANCE, C. (1985). « The Rise and Fall of Urban Movements and the Role of Comparative Analysis », *Environment and Planning D : Society and Space*, vol. 3, n° 1, p. 31-53.

PROCACCI, G. (2001). « Governmentality and Citizenship », dans K. Nash et A. Scott (dir.), *The Blackwell Companion to Political Sociology*, Oxford, Blackwell, p. 342-351.

PURCELL, M. (2000). « The Decline of the Political Consensus for Urban Growth : Evidence from Los Angeles », *Journal of Urban Affairs*, vol. 22, n° 1, p. 85-100.

ROTH, R. (1998). « Urban Citizenship – A Contested Terrain », Communication au XIVe Congrès mondial de sociologie, Association internationale de sociologie, Université de Montréal, Montréal, 26 juillet – 1er août.

ROTH, R. (2000). « New Social Movements, Poor People's Movements and the Struggle for Social Citizenship », dans P. Hamel, H. Lustiger-Thaler et M. Mayer (dir.), *Urban Movements in a Globalising World*, London, Routledge, p. 25-44.

SANCTON, A. (2001). « Canadian Cities and the New Regionalism », *Journal of Urban Affairs*, vol. 23, n° 5, p. 543-555.

SANDERCOCK, L. (1998). *Towards Cosmopolis*, Chichester, John Wiley & Sons.

SASSEN, S. (1999). « Cracked Casings : Notes toward an Analytics for Studying Transnational Processes », dans J.L. Abu-Lughod (dir.), *Sociology for the Twenty-first Century. Continuities and Cutting Edges*, Chicago, University of Chicago Press, p. 134-145.

SASSEN, S. (2000). « New Frontiers Facing Urban Sociology at the Millennium », *British Journal of Sociology*, vol. 51, n° 1, p. 143-159.

SAVITCH, H.V. et P. KANTOR (2002). *Cities in the International Marketplace. The Political Economy of Urban Development in North America and Western Europe*, Princeton, Princeton University Press.

SCHNAPPER, D. (1994). *La communauté des citoyens. Sur l'idée moderne de nation*, Paris, Gallimard.

URRY, J. (1998). «Globalisation and Citizenship», Communication au XIVᵉ Congrès mondial de sociologie, Montréal, Association internationale de sociologie, Université de Montréal, Montréal, 26 juillet – 1ᵉʳ août, Department of Sociology, Lancaster University, ‹http:// www.comp.lancaster.ac.uk/sociology/sco009ju.html›.

WOLMAN, H. (1995). «Local Government Institutions and Democratic Governance», dans D. Judge, G. Stoker et H. Wolman (dir.), *Theories of Urban Politics*, London, Sage, p. 134-159.

CHAPITRE

LES PARTENARIATS ET LA TRANSFORMATION DE L'ÉTAT EN GRANDE-BRETAGNE[1]

Gordon Dabinett

L'objectif de ce chapitre est d'analyser le développement du partenariat dans les politiques urbaines en Grande-Bretagne au cours des vingt-cinq dernières années. Cette période a été marquée par des transformations politiques importantes : l'élection de M. Thatcher en 1979, ses dix-huit années de gouvernement puis l'arrivée au pouvoir du *New Labour*. Emmené par T. Blair, ce parti politique a gagné les élections de 1997 en prônant l'existence d'une « troisième voie » (Giddens, 1998). En Grande-Bretagne, le partenariat, comme cadre opératoire des politiques urbaines, a été et reste un puissant vecteur de recomposition du politique, de la place de l'État, de ses relations avec la société civile et les élus locaux. Par l'analyse de l'application de ce principe, nous aborderons les questions liées à la décentralisation, à la démocratie locale, à la citoyenneté et à la transformation de la légitimité politique. L'accent sera mis sur la césure apparente que représentent les élections de 1997. On tentera ainsi de

---

1. Traduit de l'anglais par Bernard Jouve.

savoir si le partenariat représente dans la vie politique britannique un but en soi ou plutôt un moyen utilisé par l'État pour encourager de nouveaux comportements politiques comme l'individualisme et pour favoriser le libre marché.

3.1. LES PARTENARIATS DANS LA POLITIQUE URBAINE

La majorité de la population de la Grande-Bretagne habitant dans des villes de plus de 20 000 habitants, les politiques urbaines ont occupé une place importante dans le programme politique national depuis une cinquantaine d'années (tableau 3.1). Même si son contenu a évolué au cours de cette période, la politique urbaine a reposé sur un certain nombre de thèmes communs, comme le développement économique et social, l'environnement, le cadre bâti. (HMG, 1977 ; HMG, 2000 ; Atkinson et Moon, 1994).

TABLEAU 3.1
Distribution de la population anglaise selon le rang démographique en 1991

Rang	Population totale (millions)	Pourcentage cumulé de population	Superficie (en ha)
Plus de 250 000 habitants	21,8	46,3	509 000
100 000 – 250 000 habitants	5,4	57,7	139 000
50 000 – 100 000 habitants	4,1	66,5	109 000
20 000 – 50 000 habitants	3,8	74,5	105 000
10 000 – 20 000 habitants	2,7	80,3	78 000
5 000 – 10 000 habitants	2,1	84,8	61 000
3 000 – 5 000 habitants	1,2	87,3	39 000
Moins de 3 000 habitants et espaces ruraux	5,9	100	12 002 000
Total	47,1	100	13 042 000

Le ciblage spatial des politiques urbaines a également évolué, avec des efforts massifs concentrés dans un premier temps sur les centres-villes, puis sur les communes de première ceinture présentant des problèmes sociaux et enfin vers les zones d'habitat social, les anciennes villes minières et les ports de pêche. Le discours et les politiques publiques en matière d'exclusion sociale ont également fortement évolué depuis les années 1960, suivant en cela la transformation des mécanismes de polarisation et l'apparition de nouvelles formes de pauvreté. Au cours de cette période, les gouvernements nationaux qui se sont succédé ont successivement tenté de s'attaquer aux différences de développement régional, à la déqualification de certains espaces urbains, à la dégradation du cadre bâti et à la ségrégation socio-spatiale. Les politiques urbaines ont longtemps présenté les caractéristiques suivantes :

- elles étaient essentiellement réactives, limitées dans le temps et prenaient plus la forme d'initiatives restreintes que d'une véritable politique ambitieuse ;
- elles concernaient de petites zones géographiques faisant l'objet d'un éventail disparate de projets poursuivant des objectifs multiples ;
- elles étaient élaborées essentiellement par l'État central mais leur mise en œuvre nécessitait la mobilisation des collectivités locales, ce qui permettait de limiter le déséquilibre des relations entre le centre et la périphérie.

S'il existe depuis longtemps un « problème urbain » justifiant l'existence de politiques nationales, il est également indéniable que les politiques urbaines représentent un reflet et une conséquence de profondes inégalités au sein de la société britannique. Si l'accent est souvent mis sur la nécessité de doter les villes de politiques et d'outils leur permettant de se développer économiquement, il convient de rappeler que les politiques urbaines participent également d'une logique redistributive et visent à répondre aux déséquilibres socioéconomiques, au racisme, aux émeutes et à générer des mécanismes de contrôle social centrés sur l'État. C'est en effet l'État qui a été et reste l'institution centrale dans ces politiques urbaines, même si les enjeux en matière de relations intergouvernementales sont complexes.

L'une des problématiques centrales à laquelle ont été confrontés les pouvoirs publics dans le « traitement du problème urbain » tient dans la notion d'échec institutionnel. Même si les partis politiques donnent à cette notion un contenu différent, à la fois les conservateurs, les sociaux-démocrates et les formations plus radicales ont intégré cette notion dans leurs arguments et leurs discours. C'est dans ce cadre que les pratiques visant à renforcer l'imputabilité politique et l'*empowerment* (l'habilitation) des individus et des communautés défavorisés se sont développées.

Depuis vingt-cinq ans, nombre d'analystes considèrent que la politique urbaine en Grande-Bretagne a été caractérisée par le passage du gouvernement urbain à la gouvernance urbaine (Stoker 1999). Jusqu'aux années 1980, les villes étaient gérées par des collectivités locales disposant d'un personnel politique élu. Ces autorités locales, aux fonctions multiples, recevaient du gouvernement national leurs compétences, leurs responsabilités, leurs fonctions, leurs ressources et un certain degré d'autonomie. Même si les relations centre–périphérie avaient commencé à évoluer bien avant l'arrivée au pouvoir de M. Thatcher en 1979, cet événement politique a occasionné des changements importants dans les années 1980, changements qui se sont traduits par l'exacerbation des conflits entre les villes contrôlées par le Parti travailliste et celles contrôlées par le gouvernement central aux mains des conservateurs. Au cours de cette décennie, un grand nombre de changements majeurs se sont produits en raison de l'évolution de la politique urbaine de l'État central. Les autorités locales ont perdu une partie de leur rôle, elles ont dû assurer leurs missions traditionnelles à l'intérieur de nouvelles structures décisionnelles. Elles ont dû négocier avec de nouvelles agences comme les *Quasi-Autonomous Non-Governmental Organisations* (quangos) créées par l'État pour mettre en œuvre ses politiques. De plus, la capacité des autorités publiques locales à gouverner a été réduite par des limites imposées par le gouvernement central. C'est dans ce contexte général qu'il convient de resituer le partenariat comme cadre opératoire des politiques de renouvellement urbain.

Le partenariat a toujours été un principe politique à la base de ces politiques en Grande-Bretagne (Bailey, 1995). Cependant, du fait de la polysémie même du terme, les pratiques politiques s'avèrent très différentes d'une époque à une autre, notamment l'importance relative des acteurs privés par rapport aux institutions publiques (Mackintosh, 1992). Dans leurs travaux sur les politiques sociales en général, certains analystes ont à juste titre identifié les problèmes de définition qui entourent la notion de partenariat, par rapport à celle de relations inter-organisationnelles (Clarke et Glendinning, 2002). D'autres ont insisté sur la fait que le partenariat représente un résultat secondaire d'une rhétorique politique vide (Fairclough, 2000).

Du point de vue des sciences administratives, on se focalise en général sur les questions de coordination entre institutions aux statuts juridiques divers et situées à différentes échelles territoriales. Les études urbaines mettent en général l'accent sur la dimension managériale du partenariat, comme moyen permettant de mutualiser des ressources budgétaires, d'augmenter les capacités d'intervention, de créer des synergies inter-institutionnelles, de faciliter le transfert de connaissance et de savoir-faire. Certains auteurs voient dans le partenariat la constitution d'une coalition d'intérêts différents en vue de générer une politique de requalification d'un espace urbain délimité (Bailey, 1995). C'est cette approche qui est retenue dans ce chapitre dans lequel nous mettons l'accent sur le partenariat entre acteurs économiques et publics et plus généralement entre la sphère politique locale et la société civile (associations, communautés, etc.).

La notion de « partenariat transformateur » est centrale dans les politiques urbaines en Grande-Bretagne. Elle sous-entend que par le partenariat des changements s'effectuent dans les cultures organisationnelles et les objectifs des institutions en présence. A. Hastings (1996) a développé ce cadre conçu à l'origine par M. Mackintosh (1992) pour analyser les questions de pouvoir et de valeurs dans deux types de configuration institutionnelle génératrice de changement. La configuration qualifiée d'unidirectionnelle est caractérisée par une lutte frontale entre des institutions qui n'ont pas les mêmes ressources politiques et qui sont opposées sur la nécessité même et le sens du changement. À l'inverse, ce processus peut également se développer dans une configuration dans laquelle le changement et sa direction font consensus entre les parties prenantes ; les relations sont donc moins fondées sur la coercition et l'antagonisme. Chaque « partenaire » peut être prêt à accepter de changer ses référents, sa culture en même temps qu'il cherche à changer les représentations, les logiques des autres institutions et acteurs.

Comme nous l'avons indiqué précédemment, les partenariats dans la politique urbaine en Grande-Bretagne ont un passé relativement ancien. Cependant, les années 1980 constituent une césure assez nette dans la mesure où le partenariat perd de sa logique managériale pour intégrer une logique plus politique : il devient un instrument de transformation de l'État et de ses relations avec les pouvoirs locaux et la société civile. Avant cette décennie, les partenariats stratégiques en zone urbaine reposaient sur des relations intergouvernementales ayant pour finalité de générer une « meilleure coopération entre les deux niveaux de gouvernement et de canaliser des ressources supplémentaires vers les zones ayant les plus grands besoins » (Bailey, 1995, p. 225). Bien que ce type de montage financier ait été, dans un premier temps, conservé par le nouveau gouvernement élu en 1979, il a été par la suite remplacé par un type de partenariat mobilisant plus la culture d'entreprise et l'implication des acteurs privés au détriment des collectivités locales (Barnekov, Boyle et Rich, 1989 ; Deakin et Edwards, 1993).

3.2. LA POLITIQUE URBAINE ENTREPRENEURIALE, COMPÉTITIVE ET CONSENSUELLE

La victoire des conservateurs en mai 1979 a entraîné un changement radical en Grande-Bretagne. Le gouvernement de M. Thatcher s'est engagé à « repousser les frontières de l'État en faveur de l'amélioration du fonctionnement de l'économie de marché » (Lawson, 1992, p. 52). Disposant de majorités confortables à la Chambre des communes, les quatre mandats suivants (1979-1997) ont autorisé le gouvernement national à poursuivre ses politiques pendant dix-huit ans. Cette hégémonie politique a permis de tourner le dos à l'État-providence keynésien et de promouvoir à l'inverse l'économie de marché, la réduction du secteur public par le biais de privatisations, l'abaissement des impôts et le maintien d'un taux d'inflation bas. Ces changements politiques majeurs trouvent leurs origines dans la crise économique majeure qu'a connue le pays à partir des années 1970 (tableau 3.2). Quel que soit le diagnostic sur cette crise, cette période a représenté une restructuration de l'économie qui s'est traduite non seulement dans la structure productive et la qualification de la main-d'œuvre, mais plus largement dans une transformation des structures et des processus d'accumulation du capital (Green, 1989).

TABLEAU 3.2
Évolution de l'emploi total en Grande-Bretagne entre 1959 et 1997 (en millions)

	1959	1981	1991	1997	Évolution de 1959 à 1981 (%)	Évolution de 1981 à 1991 (%)	Évolution de 1991 à 1997 (%)
Agglomérations[1]	10,2	8,5	8,4	8,8	(−16,4)	(−0,6)	(+3,8)
Reste de la Grande-Bretagne	12,5	14,7	16,2	17,0	(+18,1)	(+10,1)	(+5,0)

1. Glasgow/Clydeside, Newcastle/Tyne&Wear, Liverpool/Merseyside, Grand Manchester, Leeds/West Yorkshire, Birmingham/West Midlands, Londres.
Source : Altunbas, Begg et Moore (2002).

Le nouveau gouvernement de 1979 était convaincu que la restructuration de l'économie ne pourrait être effectuée sans conflit. En pratique, cette approche a conduit à des politiques « populistes » qui ont divisé la classe ouvrière (Desai, 1989), ont créé une classe sociale très défavorisée et dépendante de prestations sociales provenant de l'État et ont mené à un démantèlement des relations corporatistes traditionnelles entre l'État, les syndicats et le monde des affaires au niveau national (Basset, 1996). La restructuration économique et la poursuite de l'idéologie néolibérale allaient avoir toutes deux des effets majeurs et d'une grande portée sur les villes en Grande-Bretagne.

Ces dernières, et en particulier les grandes agglomérations, ont été très fortement affectées par les effets de cette restructuration (tableau 3.3). Non seulement elles ont perdu un grand nombre d'emplois dans le secteur des industries de transformation, mais les attaques du gouvernement sur les services publics ont eu comme double effet de réduire à la fois le niveau des aides sociales et les possibilités d'emploi pour un bon nombre de personnes vivant dans les quartiers au cœur des agglomérations. Au cours des années 1980, les villes sont devenues des lieux de

TABLEAU 3.3

Coût social de la restructuration économique en Grande-Bretagne entre 1951 et 1997 : évolution du nombre de chômeurs (en milliers)

	1951	1981	1991	1997	Évolution de 1951 à 1981 (%)	Évolution de 1981 à 1991 (%)	Évolution de 1991 à 1997 (%)
Agglomérations[1]	199,9	950,5	973,8	781,4	(+375,5)	(+2,4)	(−19,8)
Reste de la Grande-Bretagne	275,4	1 972,7	1 508,3	1 138,7	(+616,2)	(−23,5)	(−24,5)

1. Glasgow/Clydeside, Newcastle/Tyne&Wear, Liverpool/Merseyside, Grand Manchester, Leeds/West Yorkshire, Birmingham/West Midlands, Londres.
Source : Altunbas, Begg et Moore (2002).

conflits sociaux, voire même d'émeutes. Certaines collectivités locales contrôlées par le Parti travailliste, parmi lesquels Londres, Liverpool, Manchester et Sheffield, ont suivi des politiques locales alternatives allant à l'encontre du gouvernement conservateur (Mackintosh et Wainwright, 1987). Comme toute période de restructuration, la décennie 1980 a été caractérisée par des luttes de pouvoir intenses entre groupes pour la conquête du pouvoir. Néanmoins, malgré le fait que la restructuration soit devenue un phénomène global face auquel les États ont adopté une variété de réponses, le « thatchérisme » et les politiques qui y ont été associées ont été considérés dans l'espace public comme les seuls moyens pour sortir de la crise, sans qu'il y ait d'alternative possible. Cette philosophie du « libre marché libre et de l'État fort » (Gamble, 1994) s'est concrétisée au milieu des années 1980 quand le gouvernement a imposé des restrictions supplémentaires à toutes les collectivités locales et a aboli les six institutions métropolitaines (les *metropolitan counties*) contrôlées par le Parti travailliste (Tyne and Wear, Merseyside, West Midlands, West Yorkshire, South Yorkshire et le *Greater London Council*).

Cependant, les effets d'une plus grande portée sur la gouvernance urbaine allaient se faire sentir avec l'avènement du *new public management* (Pollitt, 1990). Lorsque les services publics ne pouvaient être privatisés, comme dans le cas de l'approvisionnement de l'électricité, l'État central a mis en place des régimes de quasi-marché. Par exemple, on a exigé que les autorités locales lancent des appels d'offres pour la production de certains services (*Compulsory Competitive Tendering*). Une partie considérable du parc de logements sociaux en milieu urbain a été vendue aux locataires grâce à la mise en œuvre de la loi *Right-to-Buy*. De plus, les budgets de l'éducation ont été retirés du contrôle des collectivités locales et confiés aux conseils administratifs de chaque école. Les crédits gouvernementaux pour la formation des plus de seize ans ont été distribués et gérés par des partenariats intégrant le secteur privé, les *Training and Enterprise Councils* (TEC).

L'une des particularités des années 1980 a résidé dans le fait que « le recours au marché était une question de pouvoir autant que d'efficacité » (Hill, 2000 p. 124). Les collectivités locales ont vu leur autonomie très nettement diminuée en même temps que le nombre de structures décisionnelles non élues dirigées par les acteurs économiques intervenant dans des champs de politiques publiques confiés aux pouvoirs locaux a considérablement augmenté. Une centralisation du pouvoir a également été opérée par le biais de contraintes budgétaires imposées par l'État aux collectivités locales. Si les instances locales démocratiquement élues ont vu leur pouvoir réduit, par contre celui des parents, des propriétaires, des consommateurs et du secteur privé a fortement augmenté. La politique du gouvernement central a « cherché à travers ses structures à privilégier les individus qui, traditionnellement en Grande-Bretagne, n'étaient pas impliqués dans les mécanismes de gouvernance locale » (Ward, 1997, p. 1496). Les cadres normatifs et procéduriers de la politique urbaine ont été des vecteurs importants dans la consécration d'une logique favorisant l'entrepreneuriat au détriment de l'État local (Deakin et Edwards, 1993).

À son arrivée au pouvoir en 1979, le gouvernement conservateur témoignait peu d'intérêt pour les politiques urbaines, mais les émeutes et les tensions raciales du début des années 1980 ont bouleversé le programme politique en mettant à jour les conditions de vie très difficiles de certains groupes sociaux au cœur des grandes agglomérations. Dans l'ensemble, les conservateurs considéraient que les problèmes des villes britanniques étaient causés par la fuite des capitaux privés et des entreprises en raison de la rigidité des bureaucraties locales et d'un marché du travail manquant de flexibilité (Atkinson et Moon, 1994 ; Lawless, 1989). La priorité a donc été d'encourager le retour des investisseurs. De 1979 à 1990, les *Urban Development Corporations* (UDC) et les *Enterprise Zones* (EZ) ont été les initiatives les plus innovantes dans le but d'encourager un renouvellement urbain piloté par le secteur immobilier privé. Entre 1981 et 1985, vingt-trois EZ ont été mises en œuvre, pour la plupart situées dans les zones urbaines défavorisées. Dans la mesure où elles reposaient sur un assouplissement des règles administratives et des avantages fiscaux et financiers pour les entreprises, les EZ ont été considérées comme des laboratoires de la « révolution thatchérienne ». C'est pourtant l'expérience des UDC considérée comme « la mesure la plus vigoureuse jamais réalisée à l'encontre du délabrement urbain » (M. Heseltine, *Secretary of State for the Environment*, cité dans Imrie et Thomas 1999, p. 12) qui a occupé le devant de la scène politique et administrative. Après la création des premières UDC à Londres et dans le Merseyside en 1981, leur nombre allait passer à treize à la fin de 1992 ; cette augmentation se traduisant par un accroissement du budget consacré à ce programme (tableau 3.4).

TABLEAU 3.4
Les *Urban Development Corporations* de 1981 à 1998

	Année de création	Superficie totale (en ha)	Superficie à aménager en 1997 (en ha)	Subventions de l'État (en millions de livres)	Investissements du secteur privé (en millions de livres)
London Docklands	1981	2,150	776	1 860,3	6 505
Merseyside	1981	960	382	385,3	548
Black Country	1987	2,598	363	357,7	987
Cardiff Bay	1987	1,093	310	370,0	774
Teesside	1987	4,858	492	350,5	1 004
Trafford Park	1987	1,267	176	223,7	1 513
Tyne & Wear	1987	2,375	507	339,3	1 115
Bristol	1988/9	420	69	78,9	235
Sheffield	1988/9	900	247	101,0	686
Central Manchester	1988/9	187	35	82,2	373
Leeds	1988/9	540	68	55,7	357
Birmingham Heartlands	1992/3	1,000	115	39,7	217
Plymouth	1992/3	70	10	44,5	41
Total				3 918,8	14 320

Source : Imrie et Thomas, 1999, p. 13-27.

Les UDC avaient eu pour fonction de régénérer l'environnement physique et économique d'espaces ciblés à l'intérieur des villes anglaises et du Pays de Galles. Elles avaient été créées dans « l'intérêt national », justifiant par là même l'absence de contrôle des collectivités locales, en majorité aux mains du Parti travailliste. D'importantes zones étaient ainsi placées sous le contrôle des UDC, c'est-à-dire d'établissements locaux non élus. Les UDC étaient responsables financièrement et administrativement devant le gouvernement central. Elles disposaient d'un large éventail de moyens pour rassembler, remembrer et aménager ces espaces. Elles sont progressivement devenues les autorités responsables de l'urbanisme, et ont ainsi enlevé cette compétence aux collectivités locales élues.

Chaque UDC était dirigée par un conseil d'administration nommé par le gouvernement central. La plupart de ses membres et son président venaient du secteur économique. Les collectivités locales avaient une présence minoritaire. En général, les habitants et leurs organisations représentatives n'étaient pas présents dans ces conseils d'administration. Progressivement, ces dispositifs ont alimenté un processus plus général de renouvellement urbain piloté par le secteur immobilier privé (Healey *et al.*, 1992), basé sur la compétition entre les municipalités et la promotion du local comme espace de mobilisation et d'identités collectives (Ashworth et Voogd, 1990). Selon P. Lawless (1996), ce modèle a été alimenté par différentes logiques idéologiques et politiques. L'influence des États-Unis a été considérable. Ce pays connaît une longue tradition d'implication du secteur privé dans les politiques urbaines : en Grande-Bretagne « les partenariats locaux ont adopté un genre de corporatisme local neutre basé sur le principe qu'un programme favorable au secteur privé était bénéfique pour une ville et ses habitants » (Lawless, 1996, p. 36). Cependant, à la différence des États-Unis, les régimes urbains en Grande-Bretagne ont été une politique de l'État (Ward, 1997) reposant sur des opérations immobilières de prestige, les bienfaits supposés de l'effet *trickle-down* (théorie économique selon laquelle l'argent des plus riches finit par profiter aux plus démunis) et un a priori favorable pour les intérêts du secteur privé par rapport à ceux des habitants.

Une nouvelle phase de renouvellement urbain a été lancée avec le *City Challenge* en 1991 et le *Single Regeneration Budget* (SRB) à partir de 1994. Par ces programmes, les besoins exprimés par la population ont davantage été pris en compte, de même que les politiques sociales et l'habitat. Cette inflexion dans la politique nationale est intervenue à la suite de l'effondrement du marché de l'immobilier de bureau et d'un changement dans la direction du Parti conservateur avec l'arrivée de J. Major au pouvoir (1990-1997). Si la politique du gouvernement a continué à mettre l'accent sur la valorisation de l'entrepreneuriat local, les instances démocratiques ont commencé à être réhabilitées (Haughton et While, 1999). Le cadre procédural changeait également :

– Les collectivités locales devaient élaborer des partenariats avec le secteur privé et associatif et soumettre des dossiers de financement à l'État central qui choisissait parmi les différents projets soumis par les municipalités (tableau 3.5).

– Sous couvert de générer une culture contractuelle, les projets retenus par l'État impliquaient un financement pluriannuel en fonction de normes et d'objectifs fixés par Londres, ce qui consacrait la centralisation du système décisionnel (Oatley, 1998).

TABLEAU 3.5

La procédure *City Challenge* en 1991 et 1992

CITY CHALLENGE 1991

Dossiers soumis par les pouvoirs locaux et retenus par l'État

1. Bradford, West Yorkshire
2. Dearne Valley, South Yorkshire
3. Lewisham, Londres
4. Liverpool, Merseyside
5. Manchester, Grand Manchester
6. Middlesbrough, Teesside
7. Newcastle, Tyne & Wear
8. Nottingham, East Midlands
9. Tower Hamlets, Londres
10. Wirral, Merseyside
11. Wolverhampton, West Midlands

Dossiers soumis par les pouvoirs locaux et rejetés par l'État

1. Birmingham, West Midlands
2. Bristol, Avon
3. Salford, Grand Manchester
4. Sheffield, South Yorkshire

CITY CHALLENGE 1992

Dossiers soumis par les pouvoirs locaux et retenus par l'État

1. Barnsley, South Yorkshire
2. Birmingham, West Midlands
3. Blackburn, Lancashire
4. Bolton, Grand Manchester
5. Brent, Londres
6. Derby, East Midlands
7. Hackney, Londres
8. Hartlepool, Teesside
9. Kensington & Chelsea, Londres
10. Kirklees, West Yorkshire
11. Lambeth, Londres
12. Leicester, East Midlands
13. Newham, Londres
14. North Tyneside, Tyne & Wear
15. Sandwell, West Midlands
16. Sefton, Merseyside
17. Stockton, Teesside
18. Sunderland, Tyne & Wear
19. Walsall, West Midlands
20. Wigan, Grand Manchester

Dossiers soumis par les pouvoirs locaux et rejetés par l'État

1. Bradford, West Yorkshire
2. Bristol, Avon
3. Burnley, Lancashire
4. Coventry, West Midlands
5. Doncaster, South Yorkshire
6. Dudley, West Midlands
7. Gateshead, Tyne&Wear
8. Greenwich, Londres
9. Halton, Merseyside
10. Hammersmith & Fulham, London
11. Haringey, Londres
12. Hull, Humberside
13. Islington, Londres
14. Knowsley, Merseyside
15. Langbaurgh, Teesside
16. Leeds, West Yorkshire
17. Liverpool, Merseyside
18. Middlesbrough, Teesside
19. Newcastle, Tyne & Wear
20. Nottingham, East Midlands
21. Oldham, Grand Manchester
22. Plymouth
23. Preston, Lancashire
24. Rochdale, Greater Manchester
25. Rotherham, South Yorkshire
26. St Helens, Lancashire
27. Salford, Grand Manchester
28. Sheffield, South Yorkshire
29. South Tyneside, Tyne & Wear
30. Southwark, Londres
31. Tower Hamlets, Londres
32. Wandsworth, Londres
33. Wolverhampton, West Midlands
34. The Wrekin, Merseyside

Source : Oatley, 1998, p. 112.

En résumé, certains analystes ont avancé l'hypothèse que cette inflexion des procédures de la politique urbaine a conduit à établir de nouvelles coalitions entre le gouvernement central et les collectivités locales, le secteur privé et le secteur associatif local (par exemple les associations de quartier). Ces coalitions ont néanmoins été soumises aux contraintes imposées par le ministère des Finances et d'autres administrations du gouvernement central (Oatley, 2000). Étant donné qu'il était difficile d'envisager que ces formes de partenariat apparaissent spontanément, le gouvernement central a imposé ce nouveau cadre et, par voie de conséquence, n'a pas réussi à « décentraliser le pouvoir et a plutôt renforcé les politiques morcelées néolibérales du gouvernement britannique » (Ward, 1997, p. 1493).

Le principe du partenariat dans la politique urbaine a donc gagné en importance au cours des deux décennies des gouvernements conservateurs. La ligne de césure traditionnelle entre les secteurs public et privé devenait progressivement obsolète dans la mesure où certains acteurs privés remplissaient des fonctions traditionnellement confiées à des acteurs publics, ce qui créait, selon N. Bailey (1995), un espace politique donnant lieu à une variété d'expériences en matière de gouvernance urbaine.

Ce principe du partenariat a été amplement utilisé dans le programme du *New Labour* qui en a fait un instrument central de gouvernement (Clarke et Glendinning, 2002 ; Fairclough, 2000). Les politiques urbaines constituent en effet un secteur essentiel dans le projet de société que T. Blair développe depuis 1997. L'initiative la plus franche vis-à-vis des zones urbaines déqualifiées est la création de l'*Urban Task Force* par le gouvernement en 1998 (Urban Task Force, 1999). Bon nombre de ses suggestions en faveur d'une « renaissance urbaine » ont, par la suite, été incorporées dans le livre blanc du gouvernement *Our Towns and Cities* (HMG, 2000). Ce document contient plusieurs propositions d'actions innovantes comme l'utilisation de nouvelles mesures fiscales. Un des exemples les plus explicites de cette nouvelle politique a été la création des *Urban Regeneration Companies* (URC). En 2002, onze URC avaient été implantées (tableau 3.6). Selon le gouvernement, ces URC représentent une évolution notable dans la politique de renouvellement urbain : « elles tiennent compte de l'échec de l'économie de marché dans plusieurs zones de nos agglomérations et villes et de l'incapacité des interventions passées du secteur public à résoudre ces échecs et à créer des améliorations durables » (DLTR, 2001, p. 2-3). Même s'il est encore trop tôt pour juger des effets de cette nouvelle politique, il est indéniable que les URC sont différentes des UDC. Bien qu'elles soient elles aussi gérées par des conseils d'administration nommés par le gouvernement

TABLEAU 3.6

Le ciblage spatial de la politique urbaine du *New Labour* en 2002

39 New Deal for Communities Areas

East Manchester	Aston, Birmingham	Devonport, Plymouth
Shoreditch, Londres	South Kilburn, Londres	Old Heywood, Rochdale
Kings Norton, Birmingham	Wood End, Coventry	Charlestown, Salford
Barton Hill, Bristol	Derwent, Derby	Burngreave, Sheffield
Braunstone, Leicester	Doncaster Central	Thornhill, Southampton
Aylesbury Estate, Londres	North Fulham, Londres	Hendon, Sunderland
West Ham, Londres	Seven Sisters, Londres	Bloxwich East, Walsall
East Brighton	West Central Hartlepool	All Saints, Wolverhampton
Preston Road, Hull	Finsbury, Londres	Huyton, Knowsley
Kensington, Liverpool	Clapham Park, Londres	Greets Green, Sandwell
West Gate, Newcastle	New Cross Gate, Londres	West Middlesbrough
North Earlham, Norwich	Marsh Farm, Luton	Radford, Nottingham
Ocean Estate, Londres	Hathershaw, Oldham	Little Horton, Bradford

11 Urban Regeneration Companies

Sheffield	Bradford	Corby
Manchester	Tees Valley	Leicester
Liverpool	Sunderland	Camborne, Pool
Hull	Swindon	& Redruth, Cornwall

central, à la différence des UDC, il s'agit de partenariats associant diverses parties concernées par les enjeux socioéconomiques du renouvellement urbain. Y sont associés les collectivités locales, les acteurs privés, les nouvelles agences de développement régionales et l'*English Partnerships*, l'agence nationale du gouvernement en charge du développement immobilier et du renouvellement urbain. De plus, par opposition avec les UDC, les URC ne possèdent ni pouvoirs spéciaux ni ressources financières : ces instances mutualisent les ressources et compétences des partenaires impliqués.

Un des changements les plus importants dans la politique urbaine est la volonté du *New Labour* de réduire l'exclusion sociale ; devenu priorité du gouvernement, cet objectif a suscité la création de plusieurs instances d'étude et de décision comme la *Social Exclusion Unit* (SEU), équipe interdisciplinaire réunissant plusieurs services gouvernementaux (HMG, 1998). Le *Neighbourhood Renewal Unit* (NRU) a été institué en 2001 afin de mettre en œuvre une stratégie nationale et d'administrer les dépenses du *Neighbourhood Renewal Fund* (NRU, 2002). Celui-ci a été attribué aux quatre-vingt-huit collectivités locales anglaises qui connaissaient les niveaux d'exclusion les plus élevés, beaucoup d'entre elles étant dans les principales métropoles. Le gouvernement a également renforcé le ciblage géographique de trente-neuf quartiers bénéficiant d'un nouveau programme qui se veut radical : le *New Deal for Communities* (NDC) (tableau 3.6).

Chaque zone comprenant environ 4000 foyers se voit confier une somme d'environ cinquante millions de livres pour une période de dix ans, afin de traiter des problèmes de santé, d'éducation et de formation professionnelle, de chômage et de criminalité, de sous-investissement dans l'habitat et l'environnement urbain (NRU, 2001). Le NDC a été lancé en 1998 dans le but de combler le fossé entre les quartiers les plus défavorisés et le reste du pays. Le NDC s'inscrit dans une tradition de longue date d'innovations en matière de politique urbaine souvent appelées les *Area Based Initiatives* (ABI). Dans une certaine mesure, le NDC ressemble aux ABI précédents comme le *City Challenge*. Cependant, le *New Labour* prend soin de rappeler que ce programme est différent, car il accorde une place beaucoup plus importante à la participation et à la mobilisation des habitants.

Malgré les nombreuses tentatives du *New Labour* pour expérimenter la « troisième voie », P. Allmendinger et M. Tewdwr-Jones (2000) considèrent que la politique urbaine suivie après 1997 ne peut être « rangée dans une famille idéologique hermétiquement close » (p. 1385), et que l'approche globale est plus pratique que théorique ; ce qui favorise une politique aux contenus parfois contradictoires. Par exemple, les villes sont conçues à la fois comme la source d'opportunités économiques et un atout clé dans la stratégie économique nationale, en même temps que les espaces de l'exclusion sociale.

3.3. LA TRANSFORMATION DE L'ÉTAT ET LES POLITIQUES URBAINES

La nature de la transformation de l'État qui s'exprime dans les discours et les pratiques entourant les politiques urbaines en Grande-Bretagne peut être évaluée en examinant de façon critique les relations entre les secteurs publics et privés, entre le gouvernement central et les collectivités locales et la portée de l'« habilitation des communautés locales », selon l'expression consacrée. La politique urbaine du Parti conservateur a été caractérisée par la « privatisation » des affaires publiques : le partenariat a représenté un moyen pour imposer un nouveau rôle au secteur privé, principalement dans les UDC (Imrie et Thomas, 1999). De ce point de vue, l'implication directe des acteurs privés dans les politiques urbaines a largement contribué à transformer la gouvernance urbaine en ouvrant les pouvoirs et les agences publiques à la compétition et aux nouvelles pratiques de management du secteur privé. Pour certains analystes, la mise en place de coalitions de croissance, très influencées par le secteur privé, atteste de cette transformation du gouvernement local en Grande-Bretagne (Bassett, 1996 ; North, Valler et Wood, 2001). Cependant, d'autres auteurs sont très prudents dans le jugement qu'ils portent sur les effets des partenariats (Peck, 1995 ; Raco, 1997) et considèrent que les représentants du secteur privé sont souvent restés des acteurs périphériques dans les processus de prise de décision, dominés par le secteur public. J. Davies (2002) avance qu'un « engagement idéologique entre les élites politiques et économiques a existé dans toutes les régions […] mais la participation réelle du secteur privé a été symbolique » (p. 178). Très souvent, les partenariats public–privé n'ont eu pour unique objectif que de réussir à capter les subventions et financements nationaux et européens. Cependant, il est indéniable que c'est dans la diffusion de l'idéologie néolibérale dans le secteur public que la politique urbaine menée par les conservateurs a eu le plus d'impact. Selon N. Oatley (1998), si la politique urbaine des conservateurs a sapé la démocratie locale, elle a fortement contribué à restructurer les relations entre l'État et la société civile.

Le *New Labour* a rejeté cette idéologie ; T. Blair annonçant « l'abandon du laisser-faire acharné de ceux qui pensent que le gouvernement n'a aucun rôle à jouer dans une économie productive » (cité dans Driver et Martell, 1998, p. 61). Les relations entre les secteurs public et privé, notamment dans la politique de la ville après 1997, sont traversées par de sérieuses contradictions et se caractérisent avant tout par le pragmatisme. D'un côté, les agences de développement régional mises en place par le gouvernement travailliste en 1998, dans le but de contrôler les dépenses des SRB et d'autres fonds publics dédiés au renouvellement urbain, sont gérées par des conseils administratifs choisis par le gouvernement central et intégrant des représentants du secteur privé et les chefs d'entreprises régionales. Par leurs structures, elles ressemblent donc beaucoup aux UDC instituées par les conservateurs. De l'autre, les URC reposent sur des partenariats entre des agences publiques ou des quangos locales, régionales et nationales, mais restent des organismes non élus mettant en œuvre une politique urbaine en intervenant sur le marché foncier et immobilier. Des éléments idéologiques du programme conservateur sont donc toujours en place. Le *New Labour* n'a pas entrepris un programme de re-nationalisation, mais a, au contraire, augmenté de façon significative l'utilisation de la *Private Finance Initiative* (PFI) et des *Public Private Partnerships* (PPP) pour construire des écoles, des hôpitaux et des infrastructures de transport (Driver et Martell, 2002 ; Fairclough, 2000).

La politique des conservateurs a conduit à promouvoir les intérêts du secteur privé au détriment des collectivités locales, surtout dans les villes. L'introduction de nouveaux principes de gestion du secteur public (Pollitt, 1990) a généré une fluidité institutionnelle considérable du fait de la création de quangos et de partenariats entre diverses agences dans le but de mettre en œuvre les politiques de renouvellement urbain. Cependant cette prolifération d'arrangements institutionnels ne s'est pas révélée aussi efficace que prévu. Le manque d'intégration dans la machine gouvernementale a justifié la création de groupes interministériels par le gouvernement travailliste (*Regional Co-ordination Unit, Social Exclusion Unit* et *Neighbourhood Renewal Unit*), le renforcement des structures régionales (*Government Offices in the Regions, Regional Development Agencies, Regional Assemblies*) et la mise au point de *Local Strategic Partnerships* (LSP).

Ces LSP sont considérés comme un élément clé des réformes du *New Labour* et ont été établis dans chaque métropole. Leur fonction est d'agréger les initiatives des acteurs publics, privés, communautaires et associatifs et de coordonner les initiatives nationales et locales afin de réduire la redondance et la bureaucratie. Il s'agit de simplifier les partenariats déjà existants (NRU, 2002) tout en faisant en sorte que l'État reste l'instance centrale dans le processus de sélection des parties prenantes et dans leur légitimation. Dans les faits, c'est une politique dont la logique est descendante bien plus qu'ascendante, car c'est encore l'État qui demeure le maître du jeu de la démocratie locale, de la structuration des systèmes d'action locaux et qui contribue à reproduire un régime politique urbain de type élitiste dont les acteurs centraux restent les responsables administratifs des services des collectivités locales et quelques «représentants» de la société civile. La logique de la cooptation au sein de ces réseaux locaux reste dominante (Stewart, 1998). On est donc en droit de s'interroger sur la portée réelle de la transformation que le *New Labour* est supposé avoir opérée au détriment de l'idéologie conservatrice et néolibérale.

Sur deux points pourtant, la césure est nette : la décentralisation et la modernisation. Le renforcement des pouvoirs régionaux et métropolitains en Écosse, au Pays de Galles, en Irlande du Nord et dans le Grand Londres n'a jamais figuré dans le programme politique des conservateurs. Il représente en cela une rupture significative et radicale avec les pratiques politiques antérieures (Tomaney, 2002). La politique vis-à-vis des gouvernements métropolitains est moins claire. Alors que le débat sur la décentralisation a été structuré en grande partie par des considérations politiques, prenant en compte les mouvements séparatistes infranationaux, la modernisation des autorités locales s'est effectuée sur fond de recherche de la performance et de l'efficacité des services publics, thématique somme toute classique depuis la période conservatrice. De même, le premier gouvernement du *New Labour*, entre 1997 et 2001, a semblé également déterminé à limiter les dépenses publiques. Ainsi, sans que la référence au *new public management* soit explicite, on retrouve certains des éléments du programme initialement porté par les conservateurs dans les propositions du *New Labour* : la gestion par objectifs des services publics, le contrôle étroit des services des autorités locales par le biais de procédures d'évaluation, etc. La politique urbaine a non pas constitué l'élément central de la politique de modernisation de la fonction publique dans son ensemble, mais a dépendu de transformations plus générales touchant l'État (HMG, 2000).

Avant de tenter de contrôler les pouvoirs publics urbains au début des années 1980, le gouvernement conservateur avait été confronté au besoin de réintégrer les intérêts locaux dans le développement et la mise en place de la politique urbaine. À cet égard, l'introduction du *City Challenge* en 1991 et le SRB en 1994 ont représenté un changement significatif et déterminant dans la politique urbaine de cette période. Les programmes de renouvellement urbain visant à renforcer les capacités d'action des « communautés locales » ont largement structuré la politique urbaine en Grande-Bretagne. À ce titre, les démarches visant l'habilitation constituent, en théorie, un processus de fond permettant aux habitants de mieux comprendre leur environnement et d'agir sur celui-ci afin d'améliorer leurs conditions de vie notamment par un plus grand contrôle des ressources (Schuftan, 1996). Cependant, l'habilitation ou encore le *capacity building* ont été utilisées selon des logiques très variées dans les politiques urbaines qui ont en grande partie dénaturé la logique initiale.

Dans une perspective néolibérale, la construction des partenariats était fortement valorisée, car l'habilitation des communautés locales légitimait la place essentielle des acteurs privés dans le processus décisionnel. Les conservateurs ont vu dans ces démarches une façon de mobiliser d'autres ressources que celles de l'État, de favoriser un changement de culture au sein des villes en légitimant les démarches d'auto-assistance d'autant plus importantes que l'« État local » était en très net recul dans le domaine de la production des services collectifs et des programmes publics. De plus, la participation active des acteurs associatifs et communautaires accroissait la légitimité des nouvelles instances décisionnelles locales mises en place par l'État. Cependant, M. Mayo (1997) a noté que de telles interventions à court terme dans des zones urbaines confrontées au renouvellement n'étaient pas aptes à produire des partenariats efficaces, encore moins à donner un pouvoir réel aux divers intérêts au sein des communautés locales en question. Pour appuyer ce point de vue,

N. Bailey (1995) soutient que la place des habitants dans ces partenariats était très ambiguë. Compte tenu de leur caractère foncièrement technocratique et élitiste, le rôle des quangos mises en place par l'État ne se limitait-il pas à légitimer des décisions prises sans réel processus de participation démocratique et à conférer un semblant de mobilisation collective aux politiques urbaines?

Par opposition à ce modèle, le *New Labour* a mis l'accent, durant la campagne électorale de 1997, sur la participation des habitants, des communautés et des groupes minoritaires dans la mise en œuvre de la politique urbaine. Dans l'avant-propos du livre blanc, le *Deputy Prime Minister* énonçait : « Notre principe directeur est que les personnes doivent passer en premier. Nos politiques, programmes et structures de gouvernance ont pour fondement la participation des acteurs locaux dans des partenariats ayant pour objectif le changement » (HMG, 2000, p. 5). La participation des « communautés » au sein des nouveaux partenariats a été favorisée de plusieurs façons. Cependant, les résultats de cette politique, parfaitement illustrée par des initiatives comme le NDC, ne sont pas clairs. Cette démarche se heurte en effet à la méfiance des groupes sociaux les plus défavorisés vis-à-vis des autorités publiques en général, à la mauvaise appréciation des problèmes auxquels sont confrontés ces communautés, comme en témoignent les conflits sociaux et les émeutes raciales intervenues au printemps et à l'été 2001[2] (Home Office, 2002). Pour de nombreux observateurs, il est apparu clairement que le partenariat a été instrumentalisé plus pour renforcer et légitimer les rapports politiques existants, foncièrement asymétriques, que pour améliorer la gouvernance urbaine. Le partenariat avec les « communautés locales » est traversé par une série de tensions qui rendent ce principe très difficile à opérationnaliser. Parmi ces tensions, figurent la responsabilisation des acteurs locaux mais sur fond de contraintes budgétaires majeures, le renforcement de la technocratie de l'appareil central de l'État, la nécessité de combiner un contrôle administratif minimal et le besoin de laisser

---

2. L'année 2001 a été marquée par une série d'émeutes dans plusieurs villes britanniques, les plus violentes ayant eu lieu à Oldham, Burnley et Bradford. Elles ont été le fait de groupes ayant des origines culturelles très variées, essentiellement issus de l'immigration et se sont soldées par la destruction de biens privés et des affrontements avec les forces de l'ordre. Elles se sont développées dans des quartiers défavorisés, connaissant des taux de chômage très élevés et une ségrégation socio-spatiale très importante s'exprimant dans la vie quotidienne. Dans ce climat de fortes tensions, le ministère de l'Intérieur a commandé une étude qui a mis de l'avant que les groupes incriminés n'avaient pas élaboré de valeurs collectives très claires quant à leur rapport à la citoyenneté dans un État britannique multiracial.

s'exprimer les attentes des « communautés », de favoriser les solutions innovantes qui bousculent par nature l'ordre administratif. Ces tensions sont à la base des conflits entre les « communautés locales » et l'État, ses administrations.

Dans leur analyse des formes de partenariat développées au cours des dernières années du gouvernement conservateur, M. Mayo et J. Anastacio (1999, p. 19) ont noté que « ces politiques ont pu aussi renforcer des processus de réduction de pouvoir, qui marginalisaient ceux qui l'étaient déjà, en augmentant la polarisation plutôt qu'en diminuant le déficit démocratique. Ces deux processus se sont produits à l'intérieur de politiques sociales orientées vers une économie de marché, que les partenariats de régénération sont venus en fait légitimer. »

Les partenariats mis en place par le *New labour* ont également fait l'objet de nombreuses réserves et critiques invoquant qu'ils rendaient possible, en la légitimant, la transformation des politiques sociales d'une logique redistributive vers un ensemble de mesures visant les conditions d'employabilité des groupes sociaux défavorisés (Peck, 1999). On a également reproché au *New Labour* d'aborder le communautarisme, à la base des nouvelles formes de partenariat, dans une perspective trop enchantée (Etzioni, 1993). Le programme communautarien a ainsi été considéré comme un ordre moral idéal, permettant en théorie l'exercice d'une citoyenneté active et responsable, mais faisant fi des inégalités économiques, sociales, des rapports de classe, de genre, de race.

CONCLUSION : LES PARTENARIATS ET LA NOUVELLE GOUVERNANCE URBAINE

Une définition large et non théorique du partenariat conduit à considérer que cette pratique gouvernementale représente un élément constant des politiques de renouvellement urbain en Grande-Bretagne (Bailey, 1995). Cependant, une analyse critique révèle les transformations des relations de pouvoir rendues possibles par la démarche partenariale. Appliqués aux politiques urbaines, ces partenariats ont été et restent un puissant vecteur de transformation de l'État, de l'organisation des pouvoirs publics et de la légitimité politique. Au départ, les gouvernements conservateurs les ont utilisés comme un moyen de « privatiser » les affaires locales et de réduire les capacités d'action des municipalités. Depuis 1997, le *New Labour* en fait un terrain d'expérimentation de sa « troisième voie » pour apporter la preuve que « la direction non idéologique et non dogmatique de la troisième voie dépasse les engagements idéologiques traditionnels internes au secteur privé ou à l'État. Il s'agit d'une réponse pragmatique à l'existence de problèmes politiques » (Clarke et Glendinning, 2002, p. 33).

Quels que soient les périodes et les gouvernements en place, le partenariat a représenté un moyen d'enrôler les acteurs locaux dans le projet de modernisation de l'État. De ce point de vue, les partenariats mis en place par le *New Labour* représentent une nouvelle matrice cognitive, normative et procédurale pour traiter de logiques politiques, économiques et sociales contradictoires, pour diminuer la pression exercée sur l'État et lui permettre de contrôler un environnement contingent et instable. Il semble donc largement exagéré de considérer que les transformations politiques majeures de ces vingt dernières années en Grande-Bretagne ont engendré un repli de l'État au profit du marché et de la société civile. À l'heure actuelle, malgré le discours ambiant sur la décentralisation et l'habilitation des communautés locales, le gouvernement central continue de peser toujours aussi fortement sur les affaires locales. Il ne s'agit donc pas d'un déclin de l'État, mais bien davantage d'une transformation de son rôle, car si, d'un côté, le *New Labour* met l'accent sur l'importance de la démocratie participative au niveau urbain, d'un autre, on ne peut que noter la faiblesse des ressources dont disposent en propre les acteurs locaux, avant tout dépendants de l'État à la fois dans leur légitimation et dans leur capacité d'action. La démarche partenariale actuelle vise à se servir des communautés, des réseaux et d'autres structures sociales intermédiaires, comme les partenariats, pour favoriser l'expression d'un régime de citoyenneté de type individualiste. Reste donc à savoir si, d'ici une dizaine d'années, cette nouvelle forme de partenariat aura passer l'épreuve des faits et aura permis une plus grande légitimation des politiques nationales en même temps que l'expression et la participation des habitants et des communautés les plus défavorisés pour lesquels le rapport avec la sphère du politique tend de plus en plus à se distendre.

BIBLIOGRAPHIE

ALLMENDINGER, P. et M. TEWDWR-JONES (2000). « New Labour, New Planning ? The Trajectory of Planning in Blair's Britain », *Urban Studies*, vol. 37, n° 8, p. 1379-1402.

ALTUNBUS, Y., I. BEGG et B. MOORE (2002). « Long-run Trends in the Competitiveness of British Cities », dans I. Begg (dir.), *Urban Competitiveness : Policies for Dynamic Cities*, Bristol, The Policy Press, p. 101-134.

ASHWORTH, G. et H. VOOGD (1990). *Selling the City: Approaches in Public Sector Urban Planning*, London, Belhaven Press.

ATKINSON, R. et G. MOON (1994). *Urban Policy in Britain*, Basingstoke, Macmillan.

BAILEY, N. (1995). *Partnership Agencies in British Urban Policy*, London, UCL Press.

BARNEKOV, T., R. BOYLE et D. RICH (1989). *Privatism and Urban Politics in Britain and the United States*, Oxford, Oxford University Press.

BASSETT, K. (1996). « Partnerships, Business Elites and Urban Politics : New Forms of Governance in an English City ? », *Urban Studies*, vol. 33, n⁰ 3, p. 539-555.

CLARKE, J. et C. GLENDINNING (2002). « Partnership and the Remaking of Welfare Governance », dans C. Glendinning, M. Powell et K. Rummery (dir.), *Partnerships, New Labour and the Governance of Welfare*, Cambridge, Polity, p. 33-50

DAVIES, J. (2002). « Regeneration Partnerships under New Labour : A Case of Creeping Centralization », dans C. Glendinning, M. Powell et K. Rummery (dir.), *Partnerships, New Labour and the Governance of Welfare*, Cambridge, Polity, p. 167-182.

DEAKIN, N. et J. EDWARDS (1993). *The Enterprise Culture and the Inner City*, London, Routledge.

DEPARTMENT OF THE ENVIRONMENT (1988). *Action for Cities*, London, HMSO.

DEPARTMENT OF TRANSPORT, LOCAL GOVERNMENT AND THE REGIONS (DLTR) (2001). *Urban Regeneration Companies – Learning the Lessons*, London, DTLR.

DESAI, M. (1989). « Is Thatcherism the Cure for the British Disease ? », dans F. Green (dir.), *The Restructuring of the UK Economy*, London, Harvetser Wheatsheaf, p. 299-312

DRIVER, S. et L. MARTELL (1998). *New Labour*, Cambridge, Polity Press.

DRIVER, S. et L. MARTELL (2002). *Blair's Britain*, Cambridge, Polity Press.

ETZIONI, A. (1993). *The Spirit of Community*, New York, Crown.

FAIRCLOUGH, N. (2000). *New Labour, New Language ?* London, Routledge.

GAMBLE, A. (1994). *The Free Economy and the Strong State*, 2ᵉ édition, London, Macmillan.

GIDDENS, A. (1998). *The Third Way – The Renewal of Social Democracy*, Cambridge, Polity Press.

GREEN, F. (dir.) (1989). *The Restructuring of the UK Economy*, London, Harvetser Wheatsheaf.

HASTINGS, A. (1996). « Unravelling the Process of "Partnership" in Urban Regeneration Policy », *Urban Studies*, vol. 33, n° 2, p. 253-268.

HAUGHTON, G. et A. WHILE (1999). « From Corporate City to Citizens City ? », *Urban Affairs Review*, vol. 35, n° 1, p. 3-23.

HEALEY, P., S. DAVOUDI, M. O'TOOLE, S. TAVSANOGLU et D. USHER (1992). *Rebuilding the City : Property-led Urban Regeneration*, London, E&FN Spon.

HILL, D. (2000). *Urban Policy and Politics in Britain*, Basingstoke, MacMillan Press.

HMG (1977). *Policy for the Inner Cities*, London, HMSO.

HMG (1998). *Bringing Britain Together : A National Strategy for Neighbourhood Renewal*, London, HMSO.

HMG (2000). *Our Towns and Cities : The Future – Delivering an Urban Renaissance*, Cmnd.4911, London, The Stationery Office.

HOME OFFICE (2002). *Community Cohesion*, London, The Home Office.

IMRIE, R. et H. THOMAS (dir.) (1999). *British Urban Policy*, 2ᵉ édition, London, Sage.

LAWLESS, P. (1989). *Britain's Inner Cities*, 2ᵉ édition, London, Paul Chapman Publishing.

LAWLESS, P. (1996). « The Inner Cities : Towards a New Agenda », *Town Planning Review*, vol. 67, n° 1, p. 21-43.

LAWSON, N. (1992). *The View from No.11 : Memoirs of a Tory Radical*, London, Bantam.

MACKINTOSH, M. (1992). « Partnership : Issues of Policy and Negotiation », *Local Economy*, vol. 7, n° 3, p. 210-224.

MACKINTOSH, M. et H. WAINWRIGHT (dir.) (1987). *A Taste of Power : The Politics of Local Economics*, London, Verso.

MAYO, M. (1997). « Partnerships for Regeneration and Community Development », *Critical Social Policy* 52, p. 3-24.

MAYO, M. et J. ANASTACIO (1999). « Welfare Models and Approaches to Empowerment : Competing Perspectives from Area Regeneration Programmes », *Policy Studies*, vol. 20, n° 1, p. 5-21.

NEIGHBOURHOOD RENEWAL UNIT (NRU) (2001). *New Deal for Communities*, London, DTLR.

NEIGHBOURHOOD RENEWAL UNIT (NRU) (2002). *Changing Neighbourhoods, Changing Lives*, London, DTLR.

NORTH, P., D. VALLER et A. WOOD (2001). « Talking Business : An Actor-centred Analysis of Business Agendas for Local Economic Development », *International Journal of Urban and Regional Research*, vol. 25, n° 4, p. 830-846.

OATLEY, N. (1995). « Urban Regeneration », *Planning Practice and Research*, vol. 10, n°s 3-4, p. 261-210

OATLEY, N. (dir.) (1998). *Cities, Economic Competition and Urban Policy*, London, Paul Chapman Publishing.

OATLEY, N. (2000). « New Labour's Approach to Age-old Problem : Renewing and Revitalising Poor Neighbourhoods – The National Strategy for Neighbourhood Renewal », *Local Economy*, vol. 15, n° 2, p. 86-97.

PECK, J. (1995). « Moving and Shaking : Business Elites, State Localism and Urban Privatism », *Progress in Human Geography*, vol. 19, p. 16-46.

PECK, J. (1999). « New Labourers ? Making a New Deal for the "Workless Class" », *Environment and Planning C : Government and Policy*, vol. 17, p. 345-372.

POLLITT, C. (1990). *Managerialism in the Public Service*, Oxford, Basil Blackwell.

RACO, M. (1997). « Business Associations and the Politics of Urban Renewal : The Case of the Lower Don Valley, Sheffield », *Urban Studies*, vol. 34, n° 3, p. 383-402.

SCHUFTAN, C. (1996). « The Community Development Dilemma : What Is Really Empowering ? », *Community Development Journal*, vol. 31, n° 3, p. 260-264.

STEWART, M. (1998). « Partnership, Leadership and Competition in Urban Policy », dans N. Oatley (dir.), *Cities, Economic Competition and Urban Policy*, London, Paul Chapman Publishing.

STOKER, G. (dir.) (1999). *The New Management of British Local Governance*, Basingstoke, MacMillan.

TOMANEY, J. (2002). « New Labour and the Evolution of Regionalism in England », dans J. Tomaney et J. Mawson (dir.), *England – The State of the Regions*, Bristol, Policy Press, p. 25-44.

URBAN TASK FORCE (1999) *Towards an Urban Renaissance*, London, E&FNSpon.

WARD, K. (1997). « Coalitions in Urban Regeneration : A Regime Approach », *Environment and Planning A*, 29, p. 1493-1506.

CHAPITRE

LONDRES
LE MAIRE ET LE PARTENARIAT
DANS UNE VILLE GLOBALE[1]

Peter Newman
Andy Thornley

Au cours des vingt dernières années, le gouvernement de Londres a subi une série de changements radicaux. En 1986, la dissolution du *Greater London Council* (GLC) a généré de nombreuses inquiétudes concernant à la fois le pilotage politique de la métropole – comment coordonner le gouvernement local qui avait été fragmenté en trente-trois *boroughs*, en de nombreuses instances non élues, de multiples agences en charge du renouvellement urbain ? – et le déficit démocratique entourant des décisions importantes pour l'avenir de Londres. En mai 2000, le paysage politique et institutionnel a de nouveau changé avec la restauration d'une institution métropolitaine dirigée par une assemblée élue et présidée, pour la première fois à Londres, par un maire élu au suffrage direct. Cependant, le problème de la coordination n'a en rien diminué puisque le nouveau maire et l'assemblée se sont surajoutés à une configuration institutionnelle complexe formée des nombreuses agences publiques et

---

1. Traduit de l'anglais par Bernard Jouve.

partenariales associant sphères publique et privée qui ont en charge la planification et la gestion de la capitale politique et économique du Royaume-Uni. De plus, la prolifération des agences non élues, ou indirectement élues, continue de soulever des craintes quant à la qualité de la démocratie locale. Ces questions de la coordination et de la représentation démocratique constituent les thèmes principaux de ce chapitre.

Dans un État unitaire comme la Grande-Bretagne, c'est le gouvernement central qui crée, supprime et recrée les administrations locales. Dès l'établissement au XIXe siècle des bases du système moderne de gouvernement local, les rapports entre le gouvernement de Londres et l'État central ont suscité la controverse. Les différends politiques ont mené à l'abolition par les conservateurs du *Greater London Council* (GLC) alors contrôlé par le Parti travailliste. Le conflit entre l'actuel maire de Londres et le gouvernement central s'inscrit dans cette longue histoire de rapports tendus. Nous verrons que ce conflit a eu des impacts importants sur l'approche et les politiques que le maire a adoptées.

Nous commencerons par un examen des changements institutionnels consécutifs à l'abolition du GLC, avant de voir en détail le développement des nouvelles institutions du *Greater London Authority* (GLA). Nous analyserons les modalités concrètes de fonctionnement du gouvernement de Londres et nous examinerons plus particulièrement les rapports entre le maire et les intérêts économiques. Vers la fin des années 1980, des responsables de grandes entreprises ont en effet pris part ouvertement aux débats politiques sur l'avenir de la capitale britannique. Parmi ces entreprises, les plus importantes étaient *British Airways, Grand Metropolitan Hotels, National Westminster Bank* et *British Telecom*. Depuis les années 1980, ces acteurs économiques ont fait la promotion de Londres en tant que ville globale. Repris par le nouveau maire, ce mot d'ordre permet, d'une part, de réduire la fragmentation institutionnelle en proposant un référentiel partagé par bon nombre d'acteurs locaux et structure, d'autre part, les relations entre le maire, les acteurs économiques et le gouvernement central. Après l'analyse de la nouvelle institution métropolitaine, nous aborderons la question de la coordination et de la démocratie infra-métropolitaine. Nous accorderons une attention particulière aux relations complexes existant entre les institutions locales démocratiquement élues, les acteurs économiques et les formes institutionnalisées de partenariat public–privé dans le centre de Londres.

4.1. UN CADRE INSTITUTIONNEL CHANGEANT

Le GLC, institution relativement jeune créée en 1965, a été supprimé en 1986 en même temps que l'on a aboli les autres institutions métropolitaines dans les villes importantes du Royaume-Uni. Entre 1986 et 2000, il n'existait qu'un seul niveau de gouvernement à Londres[2]. Les *boroughs* de Londres (c'est-à-dire les trente-deux municipalités et la *City Corporation* qui a en charge la zone financière centrale) géraient la plupart des services publics. Des comités, composés de représentants de plusieurs *boroughs*, ont permis que certaines fonctions touchant la métropole dans son ensemble – comme la planification stratégique – puissent demeurer. À ce mode de gouvernement, déjà très fragmenté, on a ajouté de nombreuses agences et procédures intégrant des intérêts publics et privés comme le *City Challenge*, le *Single Regeneration Budget* et le *New Deal for Communities*. De telles instances se sont vu confier la gestion d'importants programmes de renouvellement urbain comme *The Thames Gateway* qui relie l'Est de Londres aux *counties* limitrophes.

Après 1986, les chefs d'entreprise les plus importants ont commencé à jouer un rôle de plus en plus visible dans le gouvernement de la ville. De nouvelles instances privées ont été créées qui se sont surajoutées à une forme de gouvernement déjà complexe. Le gouvernement conservateur a par exemple encouragé la création en 1992 d'un groupe d'intérêt dénommé *London First* dont l'objectif était de favoriser l'implantation d'investisseurs extérieurs, et donné ainsi l'impression que le secteur privé pouvait en partie coordonner les décisions stratégiques concernant Londres.

Pendant les années 1990, le gouvernement central a également essayé de coordonner ce domaine de décision stratégique en créant un ministère en charge de la capitale et un sous-comité pour s'assurer que le gouvernement pouvait surveiller « le bien le plus important du Royaume-Uni » (Gummer, 1996). Le gouvernement a ensuite réorganisé ses activités sur le plan métropolitain en créant en 1994 le *Government Office for London*. Au cours des années 1990, le gouvernement de Londres a donc été tiraillé entre deux dynamiques contradictoires : d'une part, une plus grande fragmentation institutionnelle et, d'autre part, une centralisation croissante (Newman et Thornley, 1997).

En 1997, quand le gouvernement de T. Blair a été élu, le mode de gouvernance de Londres était pour le moins complexe. Pour faire suite aux demandes du Parti travailliste, soutenues par le journal londonien *London Evening Standard* et d'autres groupes de pression, le gouvernement a proposé d'élire un maire pour la totalité de l'agglomération de Londres. Dans les sondages effectués régulièrement par ce quotidien, les lecteurs

2. Le gouvernement conservateur a établi en 1994 de nouvelles instances de gouvernement dans toutes les régions de l'Angleterre (les *Government Offices*). Ces bureaux réunissaient les fonctionnaires des ministères sectoriels comme le bureau de l'environnement, le bureau du commerce et de l'industrie. On attendait d'eux qu'ils coordonnent les dépenses du gouvernement central et qu'ils l'informent des réalités régionales.

faisaient état de leur inquiétude face à la coordination des actions engagées par les différentes institutions et au déficit de légitimité démocratique
du mode de gouvernance dans son ensemble. Conservateurs et travaillistes s'inquiétaient également de la concurrence qu'exerçaient d'autres
métropoles européennes, comme Barcelone, qui semblaient dotées
d'institutions stratégiques efficaces et notamment de maires puissants.

Le maire et l'assemblée de Londres ont été élus en mai 2000 sur le
même territoire qui avait servi à élire les élus au sein du GLC. Cependant,
entre 1986 et 2000, les circonscriptions électorales à l'intérieur de ce territoire ont été redécoupées. Les responsabilités du maire comprennent la
planification stratégique, le développement économique et les transports.
La création de la nouvelle institution métropolitaine et l'élection du maire
n'ont pas réduit la complexité institutionnelle : le *Government Office for
London* continue d'exister, les *boroughs* ont gardé leurs responsabilités. De
plus, le programme que le Parti travailliste a élaboré en vue de moderniser l'administration locale a donné aux *boroughs* de Londres de nouvelles compétences pour coordonner les structures organisationnelles
situées sur leur territoire, notamment les agences en charge du renouvellement urbain. On est donc dans une situation caractérisée par la fragmentation institutionnelle et la multiplication des scènes de décision,
alors même que la réforme de 2000 visait à répondre aux attentes des
londoniens en matière de transparence, d'imputabilité et de légitimité
démocratique. La réforme du gouvernement de Londres a certes donné
aux habitants la « voix » et le leader politique qu'ils avaient demandés à
72 % dans un référendum, mais en faisant en sorte que les capacités
d'action du nouveau maire soient très encadrées et limitées. La définition
de la fonction de maire a de plus souffert des différends personnels entre
le nouveau maire Ken Livingstone et le premier ministre Tony Blair dès
la campagne à l'investiture au sein du Parti travailliste. En effet, alors
qu'il était membre de ce parti politique, K. Livingstone s'est vu préférer
un autre candidat et a dû se présenter en tant qu'« indépendant » à l'élection de 2000, ce qui ne l'a pas empêché de gagner avec 58 % des scrutins.
Ce statut d'indépendant a d'ailleurs certainement joué en sa faveur : les
électeurs pouvaient faire porter leur choix sur sa candidature tout en
renvoyant dos à dos travaillistes et conservateurs. Cependant, en raison
des divisions internes au sein du Parti travailliste, les conservateurs ont
remporté la plupart des sièges à l'assemblée de la GLA. Dès le départ,
les relations entre le nouveau maire, l'Assemblée et le gouvernement
central ont été marquées par des conflits entre individus.

4.2. LA *GREATER LONDON AUTHORITY*

Nous examinerons tout d'abord la nature des nouvelles institutions, maire et assemblée, puis nous examinerons la logique d'implication des acteurs économiques dans le gouvernement de la capitale britannique.

4.2.1. LES STRATÉGIES NOUVELLES

Au moment de son élection en 1997, le gouvernement travailliste s'était engagé à établir un gouvernement plus transparent, à lutter contre l'augmentation des structures décisionnelles ad hoc et à mettre en œuvre un processus de décentralisation. La lutte contre l'exclusion sociale, la protection de l'environnement, la recherche de la coordination entre les politiques sectorielles figuraient également en bonne place dans son programme. Dans ce cadre général, il était donc logique de concevoir un maire de Londres incarnant un pouvoir exécutif renforcé et « surveillé » par une assemblée élue. Disposant d'une légitimité forte issue de son élection au suffrage direct, on espérait que le maire surmonterait le problème du manque de leadership et que les décisions seraient prises selon un régime plus transparent. L'un des aspects les plus importants du nouveau modèle était de produire une autorité renforcée mais obligée de se coordonner avec d'autres scènes décisionnelles et sans réinstaurer la bureaucratie pesante caractéristique de l'ancienne GLC.

La loi instaurant le GLA a été promulguée en novembre 1999. Le maire est investi de la plupart des pouvoirs exécutifs du GLA. À côté du pôle exécutif incarné par le maire et de l'assemblée élue, se trouvent quatre instances fonctionnelles aux responsabilités précises – police, transport, incendie et crise majeure et, enfin, développement. C'est la création de l'agence en charge des transports (*Transport For London*) qui a suscité le plus de controverses, car le gouvernement central a longuement hésité avant de céder sa compétence sur le réseau de métro.

Le nouveau maire a la charge de formuler des politiques et des stratégies qui touchent la totalité du territoire du GLA. Il doit proposer un budget annuel, coordonner les divers partenaires et nommer les représentants de la GLA dans les différents organismes décisionnels en charge du développement de la capitale. L'assemblée est composée de vingt-cinq membres dont quatorze sont élus pour représenter les différentes circonscriptions et onze pour Londres dans sa totalité. Le rôle de l'assemblée est de contrôler les activités du maire et de nommer les membres représentant l'exécutif au sein des différentes instances métropolitaine et locales.

Si le maire a beaucoup de pouvoirs exécutifs, son autonomie est cependant restreinte en ce qui concerne les ressources budgétaires. Le GLA bénéficie des transferts venant de l'État central pour toutes ses attributions et champs de compétence. Le gouvernement central continue d'exercer une influence considérable sur ces activités financières dans la mesure où il s'agit de subventions affectées. Une partie minime des ressources est fournie par une taxe sur les *boroughs*. Les ressources financières propres à la GLA sont donc très restreintes. Les revenus les plus importants proviennent de la possibilité d'imposer des péages routiers pour entrer dans le centre-ville et des taxes prélevées sur les parcmètres. Le maire ne dirige qu'environ six cents personnes alors qu'à l'époque du *GLC* il y avait à peu près dix mille employés. Ses ressources, ses pouvoirs et son personnel étant très restreints, le maire est obligé de compter sur l'influence, la mobilisation et le soutien de « partenaires ».

Son rôle est de produire un ensemble de stratégies dans un ensemble de champs de compétence très varié (transports, développement économique, qualité de l'air, recyclage des ordures ménagères, vie culturelle, pollution sonore et atmosphérique, diversité biologique, etc.) sans disposer à lui seul de toutes les ressources budgétaires et organisationnelles. Le GLA est donc un type particulier de gouvernement municipal. Les pouvoirs du maire de Londres sont très limités en comparaison avec ceux des maires des autres municipalités importantes. Le maire n'a ni les pouvoirs ni le personnel du maire de Paris (40 000 employés). Il n'a pas non plus à sa disposition le budget considérable du maire de New York (37 milliards de dollars). En revanche, les nouvelles institutions, qui offrent a priori plus de transparence, répondent aux aspirations des habitants en matière de représentation et de démocratie. Pourtant, on va voir que les *forums* publics sont peut-être moins importants que d'autres cénacles plus opaques qui influencent fortement l'activité du GLA.

4.2.2. L'IMPORTANCE DU SECTEUR PRIVÉ

Pendant les années qui ont suivi l'abolition du GLC, l'influence des intérêts économiques sur les politiques publiques a été évidente. La *City Corporation* – représentant le secteur financier, qui s'autogouvernait et dont les institutions n'avaient pas été affectées par les réformes de l'administration locale au cours du XXᵉ siècle – a joué un rôle très actif dans la promotion de la ville. Elle a par exemple soutenu des projets touchant l'ensemble de la capitale, comme le projet millénaire à Greenwich. *London First*, créée en 1992, a largement influencé le gouvernement central et a pu mettre au centre des débats politiques la question de la position de Londres dans la compétition internationale. *London*

First a aussi publié une série de bulletins stratégiques, notamment dans le domaine des transports. En 1995, à l'initiative du gouvernement, *London First* a collaboré avec les *boroughs* pour élaborer un document stratégique (le *London Pride*) qui identifiait les priorités politiques et qui se préoccupait de la position des acteurs économiques dans la compétition internationale.

Le lobby du monde des affaires a approuvé la création de la GLA tout en s'assurant qu'il saurait se faire entendre de la nouvelle institution. Par exemple, *London First* considérait que : « La prospérité et la concurrence de Londres dépendent du secteur privé. Pour que Londres soit en mesure de concurrencer, il faut que ce secteur puisse accéder à la prise de décision, qu'il ait une voix cohérente pour articuler ses besoins et la capacité de produire des résultats » (Kleinman, 1999). Cependant, comme l'ont suggéré A. Harding *et al.* (2000), les acteurs économiques ne se sont pas focalisés sur tous les secteurs de politique publique mais essentiellement sur le développement et la planification urbaine. Les intérêts économiques ont ainsi identifié, dans les démarches qui précédaient l'établissement du GLA, les stratégies permettant de faciliter le développement économique. Après la publication en 1998 du livre blanc traitant du gouvernement de Londres, plusieurs organisations qui s'intéressaient à l'économie de Londres se sont tournées vers les ministres du gouvernement central pour « offrir » leurs expertises et leurs ressources afin de préparer la mise en œuvre de la *London Development Agency*. Cette agence serait placée sous l'égide du maire et s'occuperait de la préparation de la stratégie pour le développement économique. Cette idée a été acceptée par le gouvernement et le *London Development Partnership* (LDP) a été créé, avec pour mission d'« établir un conseil d'administration dirigé par les acteurs économiques » qui s'efforcerait de remplir « le trou stratégique » dans les réflexions concernant le développement économique de Londres (LDP, 1998a, p. 2). Son premier bulletin (LDP, 1998b) a été produit à la fin de 1998 et une stratégie pour le développement économique a été publiée en janvier 2000 juste à temps pour qu'elle soit transmise au nouveau maire. Ce travail a fourni l'essentiel du rapport stratégique définitif pour le développement économique produit par le LDA à la fin de l'an 2000.

Le conseil d'administration du LDP comprenait des représentants de diverses instances publiques aussi bien que de l'agence londonienne du principal syndicat patronal (la *Confederation of British Industry*), *London First*, *London Chamber of Commerce* et la municipalité de Londres. Beaucoup parmi les représentants du monde des affaires allaient continuer à siéger dans le conseil du LDA. Le conseil du LDP comprenait, pour la plupart, les mêmes représentants qui avaient siégé dans le conseil qui le précédait, c'est-à-dire l'association *London Pride*. Leurs priorités étaient identiques, notamment les domaines de la compétition internationale et des transports. À la même époque, la *London Chamber of Commerce and Industry* (LCCI) entamait des démarches vis-à-vis de la nouvelle administration de Londres. Alors que le gouvernement central publiait un bulletin d'orientation à propos du GLA en 1997, la LCCI chargeait la firme de consultants *Ernst and Young* de préparer un rapport qui expliquerait comment les acteurs privés et le gouvernement pouvaient engager un partenariat efficace. Dans ce rapport, il était fait état de la nécessité de choisir un maire venant du monde des affaires. Si ce vœu n'a pas été réalisé, deux autres suggestions importantes ont été traduites dans les faits :

1. La structuration de la représentation politique du patronat. Pour que les acteurs économiques puissent se faire « entendre », il était nécessaire de réorganiser leur représentation politique auprès du nouveau maire. La LCCI a saisi cette idée et a promulgué le concept d'un *London Business Board* qui représenterait les intérêts économiques. L'antenne londonienne de la CBI et *London First* ont consenti à participer à ce conseil et ont convoqué de nombreuses assemblées réunissant des chefs d'entreprise avant l'élection municipale en 2000. Un document intitulé *Manifeste des acteurs économiques pour le Maire et la GLA* a été produit qui a servi à faire connaître leur priorité : la compétition internationale. « La santé économique et la concurrence globale devraient s'installer au cœur de la GLA puisque ces questions devraient être traitées avant de réaliser tous les autres buts politiques. Toutes les politiques de la GLA devraient être soumises à la question : dans quelle mesure contribuent-elles à la création d'une économie forte, stable, diverse, capable de concurrencer, d'être soutenue et d'être flexible ? » (*London Business Board*, p. 2)

2. La question du transport a été considérée comme un problème également très important auquel serait confronté le maire.

Le LDP a constitué un groupe qui avait pour but d'attirer à Londres les investissements et les touristes. Ce groupe comprenait les organisations essentielles dans la promotion de Londres, notamment le *London First Centre* et le *London Tourist Board*. Ce groupe a produit, en mai 2000, un rapport intitulé *La promotion de la ville globale : mémorandum pour le maire et la GLA*. Ce rapport voulait assurer que la nouvelle autorité londonienne ferait du partenariat avec le monde des affaires une priorité : « En 1992, à l'époque de la création de *London First*, on croyait dans les milieux économiques que Londres était en train de perdre son rang de ville globale. Au contraire, pendant les huit dernières années, Londres n'a pas simplement regagné son rang mais elle a renforcé sa position en tant que capitale européenne des affaires. Elle est actuellement, avec New

York et Tokyo, l'une des trois villes dites globales. Les auteurs croient que l'arrivée du maire et de l'assemblée pourra assurer à Londres, avant 2004, le statut de ville globale par excellence » (LTB, LFC, 2000, p. 9).

Les attentes des membres du LDP étaient très nombreuses puisqu'ils s'attendaient à ce que le maire s'engage résolument dans la modernisation du système de transport, qu'il participe au financement d'un centre international de conférences, qu'il mette en place les mesures pour améliorer la qualité de l'air, le niveau de compétence et de formation de la main-d'œuvre ouvrière ainsi qu'une politique pour lutter contre l'insécurité.

Comme nous l'avons vu, entre 1986 et 2000, les acteurs économiques ont joué un rôle essentiel en formulant et en influençant la forme des nouvelles institutions métropolitaines. Et il est vrai que le maire a en grande partie répondu à leurs attentes, par un manifeste dans lequel il s'est engagé à travailler de concert avec le « monde des affaires » et en particulier avec les plus grandes entreprises de la métropole pour s'assurer que Londres soit toujours la capitale financière de l'Europe. Ainsi, il a clairement pris position en faveur de ce partenariat en déclarant qu'il ne pourrait réussir dans sa fonction « qu'avec la participation active des entrepreneurs». Compte tenu de ses ressources restreintes, ce partenariat s'explique aisément et peut être conçu comme un moyen pour K. Livingstone de renforcer sa position par rapport à l'État central. Son exclusion du Parti travailliste, par suite de sa décision de maintenir sa candidature à la mairie contre le représentant officiel du *New Labour*, avait en effet précipité le conflit avec le premier ministre T. Blair et l'avait coupé de tout soutien au sein de son ancienne formation politique[3]. En se tournant vers le « monde des affaires, K. Livingstone a tenté de trouver de nouveaux partenaires et de nouvelles ressources.

L'une de ses premières décisions a été de structurer ses relations avec le monde des affaires. Suivant les propositions de la firme de consultants KPMG, le maire a fait produire un document de vingt-six pages intitulé *Le maire et ses rapports avec la communauté économique* (GLA, 2000) dans lequel il est précisé que « le cœur de l'activité du maire de Londres est de s'assurer que le succès économique de Londres se poursuive. Ceci requiert plus que la seule prise en compte des besoins des acteurs économiques dans l'élaboration des politiques publiques. Il s'agit de forger un réel partenariat efficace avec le monde des affaires » (GLA, 2000, p. 1). De même, ce document établit que « dans cette association, le maire a l'intention de partager ses idées et ses priorités stratégiques avec la sphère économique afin qu'un rapport de réciprocité s'établisse dès le début du

---

3. K. Livingstone a été réintégré au sein du *New Labour* en 2004.

mandat » (GLA, 2000, p. 5). Le document énumère ainsi sept traits importants qui caractérisent les rapports entre le maire et la sphère économique : la transparence, la franchise, la confidentialité, l'association libre, le dynamisme, la réciprocité et le professionnalisme. Le thème de la confidentialité a fait l'objet d'un traitement tout particulier puisque le rapport de 2000 prévoit « qu'une condition préalable à tout débat franc et transparent réside dans la confidentialité réciproque. Pour tout ce qui touche aux questions stratégiques, le maire gardera la confidentialité des discussions qu'il sera amené à avoir avec les acteurs privés et espère que ces derniers feront de même. Vis-à-vis de son administration, le maire prendra soin de faire respecter cette règle » (GLA, 2000, p. 6).

De fait, dès son entrée en fonction, le maire a considéré ses rapports avec la communauté économique comme une de ses priorités les plus importantes. Le *London Business Board* a vu son poids très nettement renforcé dans la mesure où K. Livingstone a rapidement précisé qu'il souhaitait obtenir l'avis des acteurs économiques sur chaque décision importante. Les structures représentatives des intérêts privés disposent de ressources importantes et ont une grande expérience de la machine gouvernementale, à la fois au niveau national et local. Elles se sont intégrées dans les réseaux gouvernementaux à tous les niveaux et dans tous les secteurs du GLA, et cela avec l'appui du maire qui souhaitait que « les entrepreneurs privés établissent de solides rapports avec son conseilleur direct au sein du Cabinet, avec les responsables des différents services administratifs du GLA et que les fonctionnaires de la nouvelle institution consacrent une partie importante de leur travail à ce partenariat » (GLA, 2000, p. 18). Ainsi, les structures représentatives de la sphère économique entretiennent des relations étroites avec les fonctionnaires du TFL et du *London Development Agency*. Le maire a nommé plusieurs hommes d'affaires au sein de ces deux instances. Judith Mayhew, auparavant représentante de la *Corporation of the City of London*, a été nommée conseillère du maire. Après son élection, le maire a organisé, deux fois par mois, des réunions avec le *London Business Board*, et un des représentants de l'une des instances représentatives du « monde des affaires » reconnaît être en contact avec l'administration du maire « toutes les semaines, sinon tous les jours ».

L'implication des acteurs économiques dans le fonctionnement quotidien de la GLA a eu pour principal objectif de s'assurer que les orientations stratégiques en matière de développement économique qui avaient été établies par la « communauté des affaires » avant l'élection de 2000 seraient effectivement traduites dans les faits. Ayant réussi à structurer le programme politique de la GLA et à s'assurer du traitement de leur demande, les acteurs économiques n'ont pas eu besoin de participer activement aux débats au sein de l'Assemblée. Le contrôle indirect de l'exécutif a suffi.

La renaissance d'un gouvernement métropolitain à Londres et l'élection d'un maire n'ont donc fait que poursuivre la politique de partenariat public–privé retenue par les conservateurs au moment de la dissolution du GLC en 1986. Ce partenariat s'est tout d'abord construit entre les acteurs économiques et le gouvernement central, avant d'inclure un nouvel acteur : le maire. C'est ainsi que l'image de Londres, en tant que ville globale par excellence, s'est construite progressivement depuis le milieu des années 1980. Sous couvert de mettre en place un gouvernement métropolitain transparent et ouvert aux attentes de l'ensemble de la société civile, le choix politique a été au contraire de favoriser un segment bien particulier de cette société civile : les acteurs économiques.

4.2.3. LA « GRANDE TENTE »

Ken Livinsgtone met de l'avant l'image du maire intégrateur, soucieux du consensus, à l'écoute des demandes de ses concitoyens. Dans son programme électoral de 2000, il s'était ainsi engagé à « mettre en place le modèle de gouvernement le plus ouvert, le plus accessible et le plus inclusif en Grande-Bretagne ». En rupture avec le *New Labour*, il a été dans l'obligation d'agréger dans sa plate-forme les revendications portées par des groupes comme *Friends of the Earth*, le *Green Party*. Ces groupes ont été remerciés de leur soutien à sa candidature au moment de la composition des instances du GLA.

K. Livingstone a annoncé en automne 2000 qu'il entreprendrait un processus de « consultation avec les intéressés » afin de l'aider à formuler ses priorités. Dix-huit commissions très variées ont été identifiées. Certaines commissions traitaient de goupes sociaux particuliers (les personnes âgées, les jeunes), d'autres regroupaient des acteurs organisés (syndicats, écoles, etc.). En juillet 2000, le forum civique *London Voluntary Service Council* comptait 325 organisations adhérentes.

Dès les premières semaines après son élection, le maire a annoncé la formation de six instances politiques qui s'occuperaient du logement, de la sécurité publique, des communautés, de l'environnement et de la santé publique, de l'égalité et de la stratégie de développement urbain. Ces commissions devraient se réunir, débattre et proposer des suggestions relatives aux politiques du GLA. Même si elles n'avaient aucune valeur légale, elles étaient censées représenter la gamme la plus large possible d'intérêts au sein de la société civile. Les critères utilisés pour sélectionner les personnes « représentatives » en leur sein étaient cependant peu clairs et changeaient selon la commission, ce qui a affaibli leur légitimité.

Les commissions en charge du développement urbain (CDU) et de l'environnement ont rassemblé une gamme impressionnante d'experts et d'organisations non gouvernementales ainsi que des représentants de la sphère économique. À elle seule, la CDU comprenait plus de quarante membres répartis en huit groupes de travail. Les réunions n'étaient pas publiques.

Si la CDU n'a pas produit de rapport, celui de la Commission environnement (GLA, 2001) a listé cent recommandations. Bien que la plupart de ces dernières n'aient pas suscité la controverse, certaines propositions ont provoqué un débat parfois vif : ce fut le cas des suggestions selon lesquelles l'action du maire devait viser à limiter les déplacements à l'intérieur de la zone métropolitaine et s'opposer à la « croissance implacable de la capacité des aéroports et du trafic aérien ». Ces objectifs entraient bien entendu en totale contradiction avec la logique dominante voulant faire de Londres une ville globale. Aussi, cette proposition a disparu du programme politique du maire.

La mise en place de la nouvelle institution métropolitaine a changé le mode d'articulation et de négociation entre le maire et la société civile. En effet, compte tenu du référentiel néolibéral, il est indéniable que les acteurs économiques ont fait l'objet d'un traitement tout particulier. Ainsi, la participation des acteurs économiques aux affaires publiques est un trait constant de la gouvernance de Londres depuis les années 1980. Cette tendance s'observe au niveau métropolitain, dans les actions du maire, mais également au niveau infra-métropolitain dans l'instauration de partenariats public–privé à l'échelle des quartiers.

4.3. LE PARTENARIAT INFRA-MÉTROPOLITAIN

L'analyse des dynamiques à l'œuvre dans l'hyper-centre de Londres, c'est-à-dire dans la *City of Westminster* – un des *boroughs* de Londres – et les environs de la zone financière qu'on appelle la *City Fringe*, constitue un très bon exemple de ces tendances.

4.3.1. LA ZONE CENTRALE

L'importance réelle des fonctions dites « globales » dans l'économie de Londres est discutable (Buck *et al.*, 2002), mais la pression sur le développement de l'hyper-centre de Londres est bien réelle compte tenu de la densité des services et institutions à fort rayonnement national et international. On y trouve en effet le siège du gouvernement central, les services financiers internationaux, des équipements culturels et touristiques de première importance. La *London City Corporation* a résisté à toutes les réformes institutionnelles et continue de contrôler cet espace particulier. La ville de Londres a traditionnellement concurrencé la ville de Westminster avec son gouvernement et ses espaces cérémonieux. Dans les années 1990 cependant, ces deux entités se sont rapprochées politiquement et ont entrepris un partenariat avec les *boroughs* situés sur l'autre rive de la Tamise afin de traiter en priorité les questions relatives au tourisme et aux transports. Westminster et la *London City Corporation* ont ainsi mis en place le *Central London Partnership* (CLP).

Le CLP rassemble les *boroughs* de Camden, Islington, Lambeth, Southwark, Kensington et Chelsea, Westminster et la *London City Corporation*. Le CLP associe également d'autres institutions importantes, comme le service de police métropolitain, *Transport for London* ainsi que des acteurs économiques de la zone centrale. Il a été créé avant l'élection de 2000 et a produit entre 1998 et 2001 un plan d'action, une stratégie pour l'environnement et les transports. Malgré l'élection du maire en 2000, cette instance continue de considérer que la zone centrale de Londres doit bénéficier d'un traitement particulier du fait de son rôle moteur dans l'économie du Grand Londres et de tout le Sud-Est de la Grande-Bretagne. Un plan d'action révisé a été publié en 2003. Il n'existe actuellement pas de véritable concurrence entre cette instance et le maire. Il s'agit plus d'une coalition à l'encontre de l'État central. Par exemple, le CLP reprend à son compte les positions de K. Livingstone sur le transfert par l'État britannique de ressources du Grand Londres vers d'autres régions britanniques et sur la nécessité de moderniser le système de déplacements urbains à Londres.

Une des priorités du CLP est de permettre le développement des secteurs de la finance et du tourisme, notamment en s'inspirant des méthodes développées dans les villes des États-Unis. Le CLP a ainsi créé le *Circle Initiative*, une association public–privé qui a défendu les projets de *Business Improvement Districts* (BID) dans les secteurs de Waterloo, de Bankside, de Holborn, de Paddington et de Piccadilly (*Circle Initiative*, 2002). Ces BID s'inspirent du succès apparent d'initiatives menées à New York où les impôts fonciers auxquels sont soumis les entreprises ont été augmentés afin de maintenir les rues propres et de rendre les espaces publics sûrs autour des gares et dans les zones touristiques. Le modèle de New York s'est développé par suite de la crise financière de la ville dans les années 1970, avec comme objectif de réduire la pression fiscale. À New York, les BID ont suscité la controverse car la police a déplacé les marchands ambulants et les mendiants hors de leurs secteurs. Cependant, pour le CLP, de telles mesures permettent de garantir des espaces publics propres et sécuritaires. Ainsi, le CLP a incité le gouvernement central à mettre en place une version britannique des BID. Les cinq secteurs expérimentaux sont gérés par les instances partenariales associant des acteurs publics et privés.

4.3.2. LES FORMES DE PARTENARIAT À L'ÉCHELLE DES *BOROUGHS* ET DES QUARTIERS

La réforme du gouvernement de Londres en 2000 a maintenu une structure comprenant deux niveaux. Ce type de structure est peu commun parmi les grandes villes mondiales. À New York et à Paris, par exemple, le niveau inférieur est doté de peu de ressources. Cependant, tout à sa logique de créer rapidement une nouvelle institution métropolitaine dirigée par un maire, le gouvernement central ne pouvait opter pour une éventuelle confrontation avec les *boroughs* sur leurs compétences et leurs prérogatives. Pour éviter toute polémique, il a donc été décidé de conserver l'architecture institutionnelle de ces unités tout en les intégrant dans un plan de modernisation d'ensemble du gouvernement local. Quelques *boroughs* ont donc élu leurs propres maires et tous partagent les objectifs du gouvernement en ce qui concerne la politique de renouvellement urbain basée sur le partenariat public–privé et la gestion politique des communautés locales.

La loi de 2000 sur le gouvernement local a en effet apporté de nouvelles responsabilités dans ce dernier domaine. Pour ce qui est de la zone centrale de Londres, c'est le conseil municipal de Westminster qui contrôle le *Westminster City Partnership* agissant en tant qu'instance de coordination des acteurs publics, privés et associatifs. Le *Westminster City Plan* de 2002 associe la police métropolitaine, les associations locales, les entreprises privées et des associations d'habitants. Le plan se concentre sur un programme qualifié de « local » qui vise à renforcer la participation et l'engagement civique, à lutter contre l'insécurité et à améliorer la qualité de la vie. Le poids des acteurs économiques dans l'élaboration de ce plan local s'avère aussi fort que lors des négociations avec le nouveau maire à propos du LDP. La conclusion du *Westminster City Plan* est que « Westminster doit continuer à être une des villes les plus importantes au monde » (Westminster City Partnership, 2001, p. 9). Pour ce faire, il convient de renouveler les infrastructures urbaines, de lutter contre la congestion automobile, de valoriser le patrimoine architectural et culturel. Des projets de BID ont été formulés à Westminster, à Paddington et autour de Piccadilly dans le West End afin de réduire l'insécurité et les embouteillages. Le plan identifie également des secteurs secondaires rencontrant des problèmes particuliers. Là encore, la stratégie est de faire collaborer tous les acteurs.

Dans les quartiers qui entourent la *City* de Londres, ce modèle d'organisation se reproduit. *The Cityside Regeneration* à Spitalfields a été construit en se servant de toute une série de programmes nationaux de subventions. Le premier a été le *Bethnal Green City Challenge* (7,2 millions de livres) au début des années 1990, qui a continué par la suite de bénéficier de 11,4 millions de livres pour la troisième tranche du *Single Regeneration Budget* en 1997 puis sa cinquième tranche. Par des projets d'envergure, Spitalfields a lié son devenir à celui de la *City*, principalement parce que la société ABN Amro y a implanté son nouveau siège social à la fin des années 1990. Les programmes de renouvellement urbain, financés en partie par l'État, ont permis de requalifier le quartier et de le rendre plus attractif et sûr pour les employés et les clients de cette société (Clarke, 2001).

La troisième tranche du *Single Regeneration Budget* a été appelée *Building Business* et concernait les petites entreprises (Cityside Regeneration Ltd, 2002). Les projets élaborés par la *Cityside Regeneration Company*, une association public–privé dans laquelle on trouve des banques et des compagnies de construction, avaient pour objectif d'exploiter les possibilités touristiques et culturelles des quartiers à caractère ethnique proches de la *City* en organisant des activités festives et en donnant une nouvelle image de marque à «Banglatown» et à sa cuisine. Ce quartier abrite actuellement le plus grand nombre de restaurants indiens et bengalis à Londres. Cependant, les projets immobiliers dans les secteurs bancaire et touristique ont engendré une augmentation de la pression foncière sur ce quartier et le départ forcé de nombre de ses habitants.

Du quartier à l'échelle métropolitaine, le gouvernement de Londres se construit sur ce principe du chevauchement territorial de structures partenariales qui ont toutes le même objectif : internationaliser la métropole, agir sur sa compétitivité.

CONCLUSION : LA GOUVERNANCE D'UNE VILLE GLOBALE

À Londres comme dans les autres villes britanniques, les politiques de l'État en matière de modernisation et de régionalisation ont un impact sur la conduite des politiques urbaines. L'originalité de Londres tient au fait qu'une institution métropolitaine a été recréée et que, pour la première fois, elle est dirigée par un maire élu au suffrage direct. En effet, dans les années 1990, à la suite des réformes faites par les gouvernements conservateurs, les questions liées au déficit démocratique des institutions locales et à la représentation de Londres sur la scène nationale et internationale ont occupé le centre des débats. Les nouvelles institutions créées par le gouvernement de T. Blair incarnent, en réaction à cela, une volonté de rendre la gestion politique plus transparente, plus ouverte aux aspirations de la société civile. De plus, les Londoniens ont obtenu le leader qu'ils souhaitaient. Ce bilan mérite cependant d'être nuancé. En effet, les nouvelles institutions n'ont en rien remplacé les institutions préexistantes. La gouvernance de Londres continue d'être caractérisée par un chevauchement territorial d'instances partenariales associant acteurs publics et privés. De plus, il est indéniable que la nouvelle configuration institutionnelle a « filtré » le type de demandes sociales qui lui ont été transmises en favorisant le traitement des intérêts des acteurs économiques. Depuis la suppression par le gouvernement conservateur du GLC en 1986, il s'agit là d'une constante dans le gouvernement de Londres. La question de la participation de la société civile, au sens large, dans les nouvelles institutions reste donc toujours d'actualité.

Concernant les choix d'aménagement à l'échelle des quartiers, le projet de créer des *Business Improvement Districts* (BID) a suscité l'enthousiasme. Ce type d'initiatives visent les besoins des entreprises qui, en agissant sur les espaces publics pour les rendre plus propres et plus sûrs, veulent conserver leurs salariés et attirer les clients. Les BID expérimentales comprennent la zone commerciale de Holborn, le quartier de Paddington en cours de réalisation, le quartier touristique qui entoure Piccadilly ainsi que les nouveaux quartiers touristiques à Waterloo et Bankside. Cette expérience des BID s'applique également à des quartiers comme Spitalfields, et d'aucuns considèrent que ce type de projets d'urbanisme, qui conduit à taxer davantage les entreprises en leur garantissant un environnement urbain propre et sécuritaire, constituera à l'avenir la principale méthode de renouvellement urbain.

Quant à elle, la *City of London*, cœur politique et financier de la capitale, continue de faire l'objet d'un traitement politique particulier qui échappe en partie au contrôle du nouveau maire de Londres et des institutions métropolitaines. Le *Central London Partnership* qui associe acteurs publics et privés a lancé sa propre stratégie de développement qui s'articule de manière très efficace avec la logique dominante à l'échelle métropolitaine : continuer à œuvrer dans le sens de l'internationalisation de la ville. Il n'y a donc pas de concurrence avec les nouvelles institutions faisant suite à la réforme de 2000 et notamment la LDA. Il est vrai que le programme de la LDA, en tant qu'instance en charge du

CARTE 4.1

Les *Business Improvement Districts* à **Londres**

développement à l'échelle métropolitaine, a été en grande partie formaté par ces mêmes acteurs économiques pour qui Londres ne peut s'identifier qu'à une ville globale. On note donc une remarquable stabilité dans le cadre normatif de la politique urbaine depuis les années 1980 qui fait de la capitale une métropole distincte des autres agglomérations britanniques dans lesquelles cette logique de l'internationalisation n'a pas été poussée à son paroxysme. Relayant auprès du gouvernement central les attentes du « monde des affaires », le maire de Londres considère d'ailleurs que c'est la croissance économique de la capitale, rendue possible par son degré d'internationalisation, qui subventionne le développement des autres villes britanniques par les transferts budgétaires de l'État. La richesse de Londres étant essentiellement le fait des entreprises privées, il convient donc, pour K. Livingstone, que l'État central prenne en compte leurs aspirations, notamment sur des dossiers comme l'interconnexion ferroviaire et la candidature de Londres à l'organisation des Jeux olympiques. Ainsi, le maire et le groupe d'acteurs économiques influents qui l'entoure et le « conseille » forment une coalition afin que les « intérêts » de Londres fassent l'objet d'un traitement particulier de la part de l'État central.

BIBLIOGRAPHIE

BUCK, N., I. GORDON, P. HALL, M. HARLOE et M. KLEINMAN (2002). *Working Capital: Life and Labour in Contemporary London*, London, Routledge

CIRCLE INITIATIVE (2002). *The Circle Initiative*, www.londonbids.info

CITYSIDE REGENERATION LTD (2002). *Cityside SRB3 Final Report*, London, Cityside Regeneration Ltd.

CLARKE, A. (2001). *Regeneration and Competitiveness: The London Finance Industry's Motives in Regeneration*, MA Thesis, University of Westminster.

GLA (2000). *The Mayor and Relations with the Business Community*, London, Greater London Authority Mayor's Office.

GLA (2001). *Environment and Sustainability: A GLA Report from the Mayor's Policy Commission on the Environment*, London, Greater London Authority Mayor's Office.

GUMMER, J. (1996). *Celebrate London's Success – Don't Knock It*. Talk to the Evening Standard/Architectural Foundation debate on the Future of London, January.

HARDING, A., S. WILKS-HEEG et M. HUTCHINS (2000). « Business, Government and the Business of Government », *Urban Studies*, vol. 37, nos 5-6, p. 975-994.

KLEINMAN, M. (1999). « The Business Sector and the Governance of London », Communication au colloque « Villes européennes en transformation », *European Urban Research Association*, Paris, 22-23 octobre.

LDP (1998a). *LDP Bulletin*, London, London Development Partnerhsip.

LDP (1998b). *Preparing for the Mayor and the London Development Agency*, London, London Development Partnerhsip.

LONDON BUSINESS BOARD (undated). *The Business Manifesto for the Mayor and the Greater London Authority*, London, London Business Board.

LONDON TOURIST BOARD, LONDON FIRST CENTRE (2000). *Promoting the World City: A Memorandum for the Mayor and the GLA*, London, London Tourist Board.

NEWMAN, P. et A. THORNLEY (1997). « Fragmentation and Centralisation in the Governance of London: Influencing the Urban Policy and Planning Agenda », *Urban Studies*, vol. 34, no 7, p. 967-988.

WESTMINSTER CITY PARTNERSHIP (2001). *Westminster City Plan*, Westminster City Partnership, London.

CHAPITRE 5

LA CONCERTATION EN TROMPE-L'ŒIL LE CAS DE SHEFFIELD

Philip Booth

Au Royaume-Uni, on s'habitue depuis plus de vingt ans au fait que le renouvellement urbain doive forcément impliquer des acteurs autres que les collectivités locales et le gouvernement central. Ainsi le concept de la concertation s'est banalisé à un point tel qu'il a perdu de sa valeur heuristique. De plus, la diffusion de ce cadre opératoire de la politique urbaine suppose qu'il donne lieu à une déclinaison univoque dans les différentes villes britanniques. Or, et c'est ce qui fait le « charme » et l'intérêt des études comparées, les nombreux travaux sur la question insistent au contraire sur la très forte différence entre les contextes locaux de mise en œuvre de la politique urbaine.

Il convient donc en préalable de préciser quelques remarques liminaires avant de présenter le cas de Sheffield. La première a trait au clivage en matière de systèmes productifs entre, d'une part, Londres et sa région métropolitaine et, d'autre part, les agglomérations industrielles de province. Des différences de même nature existent entre les villes de province, même si elles sont peu éloignées géographiquement les unes des autres.

Pour centrer le propos sur Sheffield, on sait que cette dernière a peu de points communs avec Birmingham (DiGaetano et Lawless, 1999), qu'elle se distingue également, notamment dans son identité collective, de sa voisine Manchester (Taylor *et al.*, 1996) et que sa rivalité avec l'autre grande agglomération du Yorkshire, Leeds, fait partie du folklore local. Il convient donc de revenir sur des éléments historiques et géographiques de Sheffield pour mieux contextualiser la concertation locale comme pratique de gouvernement.

La deuxième remarque concerne le concept même de concertation qui se révèle profondément ambigu. On a largement insisté dans les ouvrages de langue anglaise sur le partenariat public–privé, l'ouverture des scènes décisionnelles urbaines au patronat local essentiellement dans le domaine des politiques économiques. Ce processus a été suivi par les gouvernements conservateurs tout le long des années 1980, car il constituait un élément d'une idéologie souhaitant renforcer le poids des agents économiques non seulement dans la production de richesse, mais également dans l'administration même de l'État. Il est clair que cette vision du « partenariat » du début de l'administration de M. Thatcher a profondément évolué. Si le gouvernement de T. Blair continue d'insister sur la nécessité d'impliquer le secteur privé dans les politiques publiques, notamment les politiques urbaines, les acteurs de la concertation ne sont plus les mêmes. Depuis une douzaine d'années, avant même l'arrivée au pouvoir du *New Labour*, le thème de la concertation a débordé le seul cadre des politiques économiques pour être appliqué aux politiques touchant les quartiers en difficulté et les populations qui y vivent, organisées sous forme d'associations locales.

La troisième remarque touche les rapports entre les acteurs. Si on parle de la concertation entre le secteur privé, les associations locales et les collectivités locales, on ne dit absolument rien des rapports de force entre les acteurs. Comme on le verra, à Sheffield, le secteur privé a opté pour le parti de travailler de concert avec le conseil municipal à partir de 1986. Mais évoquer le secteur privé suppose qu'il s'agit d'un groupe social cohérent, doté de limites organisationnelles claires. Est-ce vraiment le cas ? De quoi s'agit-il exactement ? Quels acteurs privés ont réellement participé et comment ? Avec quels effets ? Si ces questions se posent pour le secteur privé, elles sont tout autant pertinentes pour ce qui a trait à la « sphère publique ». Certes on peut distinguer certaines tendances globales dans l'administration locale en Grande-Bretagne, mais les grandes villes ont des traits caractéristiques qui touchent aux conditions concrètes de leur mode de gouvernance et qui les distinguent nettement les unes des autres. Supposer que le « secteur privé » et le « secteur public » sont des objets sociopolitiques homogènes et que leurs rapports sont stables dans le temps conduit à ignorer tout ce qui fait la richesse et la subtilité des processus de la concertation.

Ces remarques liminaires nous conduisent donc, dans un premier temps, à dépeindre le contexte social, industriel et politique de Sheffield. Ensuite, nous présenterons le mode de gouvernance locale qui a structuré les politiques publiques dans cette ville sur le long terme. Enfin, nous nous attacherons, à travers une perspective historique, à l'analyse de la concertation en mettant l'accent sur l'importance des relations intergouvernementales, entre le centre et la périphérie, en Grande-Bretagne ainsi que sur ce qui fonde la spécificité de Sheffield dans ce contexte national.

5.1. SHEFFIELD ET SON CARACTÈRE

Sheffield compte parmi les sept grandes agglomérations du Nord de l'Angleterre. Toutefois, c'est la ville qui a le moins les attributs d'une métropole, à la fois dans son architecture et dans les rapports sociopolitiques qui s'y développent. Depuis longtemps, on la considère comme « le plus grand village d'Angleterre ».

À l'origine, rien dans le contexte britannique ne prédisposait Sheffield à devenir une ville industrielle de première importance. En effet, sa position géographique n'était guère enviable. Il s'agissait d'un petit bourg situé dans une clairière à proximité des gués des rivières Sheaf et Don que dominait un petit château fort adossé à la chaîne des Pennines. Les liaisons routières et plus tard ferroviaires se sont avérées difficiles. Jusqu'au XIXe siècle, Sheffield ne pesait guère dans l'organisation de l'espace et de l'économie britanniques. Son seul avantage comparatif était sa tradition coutelière, apparue dès la fin du Moyen Âge, et qui allait devenir la base de son économie au cours de la Révolution industrielle. L'existence de minerais dans la région, l'abondance de bois nécessaire à la fonderie et surtout la force hydraulique nécessaire à l'aiguisage des couteaux sur les roues de grès dur local assuraient la qualité des lames de Sheffield.

Dans un premier temps, la coutellerie a été une industrie rurale, liée à l'existence des ruisseaux. Cependant, dès le XVIIIe siècle, les couteliers allaient se regrouper dans la ville de Sheffield, du fait de l'arrivée du charbon et de minerai de fer de qualité supérieure provenant de Suède. C'est ainsi que la première période industrielle à Sheffield a été dominée par la coutellerie, localisée près du centre-ville et juste en amont de l'agglomération existant au bord de la rivière Don (Wray *et al.*, 2001 ; Taylor, 1993).

L'industrialisation liée à la coutellerie a généré une forte activité dans le domaine de la recherche et de l'expérimentation de nouveaux procédés de fabrication de l'acier : la découverte de moyens de produire l'acier de très haute qualité et en grande quantité a ainsi inauguré la deuxième période industrielle. À partir de la moitié du XIXᵉ siècle, la sidérurgie est devenue l'industrie majeure à Sheffield et s'est localisée sur les seuls espaces plats suffisants en superficie, c'est-à-dire vers le Nord-Est du centre-ville, dans la vallée de la Don en aval de la ville. Ainsi s'est développée sur quelque six kilomètres de long une vaste zone industrielle jusqu'aux limites de la ville de Rotherham. Cette expansion industrielle a engendré une croissance rapide de la population : le bourg d'environ 30 000 personnes au début du XIXᵉ siècle est devenu une agglomération d'un demi-million d'habitants à la veille de la Première Guerre mondiale.

Deux points sont à noter dans cette histoire de la ville de Sheffield. En premier lieu, le secteur industriel a largement marqué la sociologie de la ville. La coutellerie était – jusqu'à très récemment encore – dominée par de très petites entreprises, gérées par ce que l'on dénomme dans le patois local les *little mesters* (les petits patrons) qui témoignaient d'un esprit d'indépendance et étaient proches de leurs ouvriers. Les grandes entreprises sidérurgiques, malgré leur taille, ont perpétué cette tradition fortement ancrée qui structurait les relations sociales au sein des entreprises. C'est ce qui explique en grande partie l'absence relative d'affrontements entre ouvriers et patrons et l'enracinement d'un esprit de dépendance mutuelle. À noter également que Sheffield a longtemps été caractérisée par la faiblesse de la bourgeoisie locale, si on la compare à celle de Manchester ou de Birmingham. En second lieu, Sheffield a longtemps été isolée du reste du pays. Cet isolement relève d'une part de sa position géographique, mais aussi de la domination de la coutellerie et de la sidérurgie. Si chacune des grandes agglomérations provinciales anglaises a eu « ses » industries, toutes, à l'exception de Sheffield, ont très tôt diversifié leur base productive. Ainsi Sheffield est depuis longtemps concurrencée par – à l'ouest – la capitale de l'Angleterre du Nord, Manchester, et – au nord – par Leeds qui, dans le Yorkshire, s'est développée comme le siège régional des banques et des compagnies d'assurance.

5.2. LA GOUVERNANCE LOCALE À SHEFFIELD

Cette ville isolée, dotée d'un caractère résolument ouvrier, dépendant en très large mesure de la sidérurgie et de la fabrication des outils en acier, a généré au cours du XXᵉ siècle un système politique local reposant sur la tradition de dépendance mutuelle entre acteurs locaux établie cent ans auparavant. Très tôt, le conseil municipal a été contrôlé par les travaillistes (de 1926 jusqu'à présent) avec seulement deux intermèdes de trois ans au total (Seyd, 1990). Jusqu'à 1975, la municipalité est intervenue selon une logique typiquement paternaliste dans la fourniture à la population d'un nombre croissant de services collectifs dont le logement et l'enseignement comptaient parmi les plus importants. La période entre 1926 et 1939 a vu la création de toute une série de nouveaux quartiers de logements municipaux prenant la forme de maisons jumelées avec jardinet. Après la Seconde Guerre mondiale, dont les bombardements aériens avaient gravement touché le centre-ville, la municipalité s'est lancée dans une phase de reconstruction des friches industrielles et des quartiers insalubres qui n'avaient pas été démolis avant la guerre. Par rapport à la première période, la reconstruction s'est faite sur le modèle de la «Cité radieuse» de Le Corbusier qui a été déclinée dans le quartier de Park Hill, célèbre dès sa construction dans le monde entier.

Cette période d'administration bienveillante car paternaliste, qui a duré jusqu'aux années 1970, a reposé sur deux principes à la base de compromis entre acteurs locaux. D'abord, la légitimité de l'administration résidait à la fois dans l'élection au suffrage universel direct et dans les liens étroits qui existaient entre les conseillers municipaux, dont bon nombre avait un passé professionnel industriel, et les syndicats locaux. Ensuite, les plus grandes fortunes familiales de Sheffield s'étaient construites sur la sidérurgie et l'industrie mécanique. C'est précisément la remise en question de ce second principe qui a conduit à un bouleversement des comportements politiques traditionnels et à la mise en cause des échanges politiques habituels entre les groupes sociaux.

5.2.1. DU SOCIALISME MUNICIPAL AU PARTENARIAT PUBLIC–PRIVÉ

Les premières difficultés économiques liées à la surproduction mondiale d'acier et à la concurrence des pays en voie de développement se sont manifestées dans les années 1960. Dans un premier temps, Sheffield s'est trouvée à l'abri de cette récession globale de la sidérurgie dans les pays développés. En effet, dès ses origines son industrie avait misé sur la qualité de l'acier plutôt que sur la quantité. Mais la surspécialisation de sa base productive n'a finalement pas épargné à Sheffield les effets de la crise. Comme de nombreuses villes monoindustrielles en Amérique du Nord et en Europe de l'Ouest, elle a été durement frappée par la récession. Une réduction des effectifs s'était déjà annoncée dans le courant des années 1970, mais ce n'est qu'en 1980 que le véritable processus de désindustrialisation a pris toute son ampleur à Sheffield. La crise a été d'autant plus brutale qu'elle est intervenue tardivement et que les habitants avaient pu entretenir l'espoir d'y échapper. Alors que les villes de Sheffield et de Rotherham avaient en 1970 60 000 emplois sidérurgiques, ils n'étaient plus qu'environ 16 000 en 1987 et moins de 10 000 en 1993 (Tweedale, 1993). Pour une agglomération qui comptait au total 750 000 habitants, une telle perte d'emplois allait provoquer une crise sociale et économique d'une ampleur inégalée dans l'histoire locale. Les effets sur le système politique de Sheffield allaient être de deux ordres. D'une part, la recherche d'une stratégie efficace pour lutter contre le chômage et restructurer l'économie locale devenait la préoccupation majeure du conseil municipal. D'autre part, la crise allait profondément influencer la manière d'agir du conseil, en changeant à la fois sa composition et son comportement.

On peut ainsi distinguer trois phases différentes. La première a été marquée par un socialisme municipal très interventionniste dans le secteur du développement économique ; la deuxième, par la recherche d'un partenariat avec le secteur privé à travers lequel le conseil municipal a toutefois essayé de conserver le leadership ; et la troisième, la plus actuelle, par une nouvelle vague de concertation, une reconfiguration du leadership dans les politiques de renouvellement urbain impliquant différents acteurs et la montée en importance du secteur associatif. Si chacune des trois phases représente des tentatives pour surmonter les difficultés locales, il est indéniable qu'elles correspondent également à des changements dans la politique nationale édictée par les gouvernements successifs.

5.2.2. L'INTERVENTIONNISME MUNICIPAL (1980-1986)

Jusqu'aux années 1970, l'élite politique de Sheffield était constituée de personnes dont la socialisation politique se confondait avec le secteur industriel. Mais la diminution du nombre des emplois dans les industries traditionnelles allait conduire à une mutation du profil sociologique des leaders avec l'arrivée de conseillers municipaux issus du secteur des services publics et représentant l'aile gauche du Parti travailliste. Cette radicalisation allait de pair avec une tendance nationale qui était marquée par la conquête, par ce courant politique, des conseils municipaux de Liverpool, de Manchester et du Grand Londres. Une différence notable existe cependant entre ces villes. Dans les villes conquises par la gauche radicale, la transition s'est opérée de manière abrupte et a suscité une campagne de presse assez hostile, alors qu'à Sheffield, elle s'est effectuée graduellement, par une lente augmentation des conseillers représentant cette nouvelle tendance radicale, et s'est achevée avec l'arrivée au pouvoir de D. Blunkett en 1980. Ce dernier est actuellement ministre de l'Intérieur dans le gouvernement de T. Blair.

Pour la première fois dans l'histoire de la municipalité, la nouvelle équipe s'est emparée de la question du développement économique comme d'un champ de politique municipale alors qu'il s'agissait d'une activité dévolue traditionnellement aux entreprises. De l'avis de la nouvelle équipe, faire redémarrer l'économie locale exigeait une forte implication de la municipalité dans la création des emplois, notamment par des services administratifs spécialisés. C'est ainsi qu'on créa en 1981 la Direction de l'emploi et du développement économique (DEED) ayant pour objectifs de réduire le taux de chômage, de faciliter la création des emplois, mais aussi de promouvoir l'économie sociale et communautaire. Le premier directeur en était un économiste radical dont les idées correspondaient bien à l'orientation des nouveaux élus (Seyd, 1993).

Il convient de noter que le credo de la DEED était très éloigné d'une implication du secteur privé dans la régénération urbaine de Sheffield. Selon son directeur, le but était de « libérer les ressources de l'État local et les mettre à la disposition du mouvement ouvrier, du mouvement féministe et des mouvements associatifs » (Benington, cité par Lawless, 1990, p. 10). Pour ce faire, la DEED a initié un certain nombre de projets ponctuels qui visaient la production ayant une « utilité sociale ». Ainsi, sous son égide, une salle de concert pour les personnes atteintes de surdité profonde et des sanitaires pour les handicapés ont été inaugurés (Blunkett et Green, 1983). Le conseil municipal a également essayé d'augmenter le nombre d'emplois dans les services municipaux et a cherché des moyens de financement innovateurs pour les entreprises coopératives. Cependant, comme P. Lawless l'a noté, ses ressources étaient loin d'être à la hauteur du problème lié à la restructuration de Sheffield. De plus, dans la première moitié des années 1980, l'image radicale du conseil municipal socialiste de la ville a dissuadé les investisseurs extérieurs de s'implanter (Lawless, 1990).

5.2.3. DE L'INTERVENTIONNISME À LA CONCERTATION (1986-1997)

Le changement de lignes stratégiques du conseil municipal qui caractérise la deuxième moitié des années 1980 s'est fait brutalement, et non sans rancœur de la part des acteurs locaux. Il est le résultat des pressions externes autant que de la situation critique de l'économie locale. Le gouvernement de M. Thatcher, reconnue notamment pour sa méfiance vis-à-vis des collectivités locales, surtout celles comme Sheffield dont la gestion était confiée aux travaillistes, a cherché à limiter radicalement leur pouvoir. Deux contraintes en particulier ont eu un impact fondamental sur les activités des conseils municipaux et leur marge de manœuvre : d'une part, les limites imposées aux élus locaux dans leur augmentation des impôts locaux ; d'autre part, l'imposition des *Urban Development Corporations* (UDC : les commissions du développement urbain) chargées de prendre en main le renouvellement des quartiers industriels les plus dégradés (voir le chapitre 3).

En effet, c'est bien la limitation par l'État central de la liberté pour les collectivités locales de fixer les taux d'imposition locaux qui a provoqué une crise au sein du conseil municipal de Sheffield et qui l'a « incité » à faire les premiers pas en direction du partenariat avec le secteur privé. Le *Rates Act 1984* prévoyait que le gouvernement central calcule le montant global des dépenses de chacune des collectivités locales selon ses besoins, puis impose un plafond sur le taux des impôts locaux. Les capacités des collectivités locales d'augmenter leurs revenus étaient donc très nettement limitées. Dès 1985, le conseil municipal de Sheffield devait faire face à un choix désagréable : soit réduire ses dépenses, soit refuser d'appliquer le taux maximum autorisé et donc risquer un affrontement politique et juridique avec le gouvernement de M. Thatcher. Après de vigoureux débats internes, le conseil municipal préférait finalement éviter cet affrontement et réduisait son budget, se conformant ainsi à la loi. Il était alors clair que toute politique de redémarrage de l'économie ne pouvait être conduite qu'en mobilisant des ressources issues du secteur privé.

En 1986, la municipalité mettait en place son premier organisme de concertation, le *Sheffield Economic Regeneration Committee* (SERC : la commission de régénération économique) qui rassemblait des représentants de l'industrie locale, des syndicats et des associations. Sa mission était d'être un lieu de débat et de produire une vision stratégique de l'avenir de Sheffield en assurant la coopération de tous les secteurs. Si la municipalité était à l'origine de cette nouvelle commission, il était évident que le secteur privé, et surtout la chambre de commerce et d'industrie, avaient déjà pris conscience des risques de se cantonner dans une position de retrait. En effet, dans la première moitié des années 1980, le secteur privé et le conseil municipal s'étaient contentés de rejeter sur l'autre la responsabilité de la crise économique. Se rendant compte que cette situation n'apportait rien, ni à la restructuration de la ville, ni à l'image, les acteurs locaux avaient procédé aux premières tentatives de rapprochement informel un an avant la création de la SERC (Lawless, 1990) avec l'objectif d'adopter une politique et un discours commun, au moins en public.

Pour expliquer cette apparente convergence d'intérêt entre la municipalité et les acteurs privés représentés par la chambre de commerce et d'industrie, les analystes de l'époque ont beaucoup fait référence aux théories nord-américaines sur les régimes urbains et les coalitions de croissance. Toutefois I. Strange (1996, 1997) et P. Lawless (1990) ont montré les limites de ces théories dans le contexte britannique et plus particulièrement dans le cas de Sheffield. Tout d'abord, la SERC a été, dès son origine, la « créature » du conseil municipal et dépendait donc d'une tradition de gouvernance municipale forte qui n'existe pas aux États-Unis. Ensuite, la structure se distinguait d'autres commissions comparables en Angleterre par l'étroitesse du système d'acteurs. On n'y trouvait pas de représentants des médias, du gouvernement central ou encore des sociétés multinationales. Elle restait essentiellement une affaire locale (Lawless, 1990).

L'impact de la SERC a été décevant. Beaucoup d'efforts ont été consacrés à la promotion de l'image de marque de Sheffield, et ces efforts se sont indéniablement inscrits dans une approche coopérative. Mais la perspective d'un secteur privé fort qui aurait fait émerger une stratégie pour le développement stratégique de la ville en concertation avec les élus ne s'est jamais réalisée. La chambre de commerce est restée aussi démunie, en matière d'idées innovantes sur la stratégie de reconversion, que le conseil municipal. Toutefois, une initiative de la SERC a eu des conséquences notables. En 1987, elle a commandé un rapport auprès des consultants Coopers & Lybrand sur l'avenir de Sheffield. Ces derniers ont préconisé la création d'un investissement vedette (*flagship investment*) qui redonnerait à la ville une renommée aussi importante que celle que lui avait value autrefois la sidérurgie.

L'occasion de réaliser cette ambition est venue avec la décision en 1988 d'accueillir les Jeux olympiques étudiants de 1991. Cet engagement nécessitait une participation forte des investissements privés et permettait à la ville de se doter d'une série d'infrastructures sportives qui à leur tour devaient créer l'image d'une ville faisant de l'excellence sportive un de ses avantages comparatifs. L'histoire du déroulement de ce projet a été résumée ailleurs (Seyd, 1993 ; Foley, 1991) et ne nous concerne pas à l'exception de quelques détails. Il faut d'abord noter que si l'initiative a été prise par les élus locaux qui se sont montrés très enthousiastes après la décennie sombre que la ville avait vécue, le secteur privé local n'a pas été en reste et s'est exprimé largement en faveur de cette dynamique. Ensuite, on n'avait pas procédé à une évaluation réelle des effets du projet sur l'économie locale. De plus, il est rapidement apparu que les investissements privés et le parrainage des médias manqueraient. La municipalité a donc dû assumer une proportion beaucoup plus grande que prévu des coûts du projet, ce qui l'a obligée à contracter une série de dettes qui ne sont toujours pas honorées aujourd'hui. Enfin, on a critiqué la municipalité pour avoir investi dans des infrastructures qui ne répondaient pas aux besoins de la population locale.

Le résultat principal de cette première période de concertation a donc été assez désastreux. Néanmoins, le souvenir de la compétition organisée au mois de juin 1991 avec ses événements sportifs et le festival culturel qui les a accompagnés reste très présent dans la mémoire collective de Sheffield. Dans les faits, l'olympiade marque le début d'une série de projets qui ont transformé la structure urbaine. En termes économiques, l'olympiade étudiante a certes été un projet controversé. Son effet sur l'état d'esprit des habitants de Sheffield confrontés à une crise économique, sociale et morale majeure, même s'il est plus difficilement quantifiable, a néanmoins été considérable.

5.2.4. LA SHEFFIELD DEVELOPMENT CORPORATION ET LA RÉGÉNÉRATION DE LA VALLÉE DU DON

Avec la mise en place de la SERC, le conseil municipal a voulu clairement montré qu'il accordait une grande importance à la régénération urbaine de la basse vallée du Don en partenariat avec le secteur privé. Cependant, le gouvernement central voyait les choses différemment et préférait imposer une solution institutionnelle déjà utilisée dans les *Docklands* de Londres et à Liverpool : l'*Urban Development Corporation* (UDC) (voir le chapitre de G. Dabinett) qui assumerait, en lieu et place des collectivités locales, les pouvoirs en matière de développement économique, d'action foncière et d'urbanisme opérationnel dans des périmètres définis par le niveau central. La commission constituée pour siéger au sein de l'UDC était composée de membres nommés et non pas élus, et le secteur privé était bien représenté. Trois places étaient réservées à des élus locaux, mais la présidence était confiée à un industriel de Sheffield et non pas à un conseiller municipal. C'était donc un tout autre modèle de concertation que celui prôné par le conseil municipal qui était imposé. De plus, la logique d'action de l'UDC se révélait très différente de celle de la SERC :

il s'agissait d'augmenter la valeur des terrains et de créer certaines infrastructures afin d'inciter les investisseurs fonciers privés à prendre le relais
dans l'hypothèse où l'aménagement foncier générerait des emplois
(Dabinett et Ramsden, 1999).

La position du conseil municipal de Sheffield par rapport à cette
« innovation institutionnelle » est paradoxale : même s'il regrettait que les
expériences de concertation avec le privé menées au sein de la SERC ne
soient pas valorisées par l'État et qu'il constatait l'importance en superficie de la zone concernée par la création de la *Sheffield Development Corporation* (SDC) qui lui échappait, le conseil municipal ne s'opposa pas à
cette initiative du gouvernement central. Les deux conseillers municipaux
travaillistes ont ainsi occupé les places qui leur étaient réservées au sein
de la SDC et le service d'urbanisme de l'hôtel de ville a continué d'assurer
l'instruction des permis dans la zone de l'UDC pour le compte de la SDC,
ce qui lui a permis de conserver une certaine maîtrise du dispositif.

CARTE 5.1
Le renouvellement urbain dans la vallée du Don

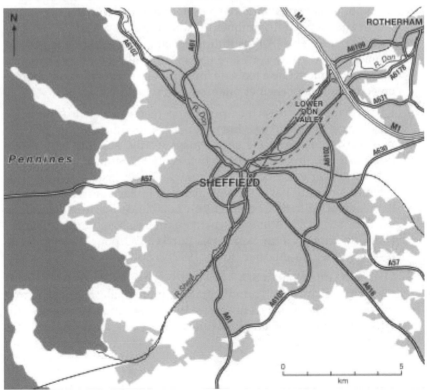

Dans un premier temps, la SDC s'est trouvée confrontée à la chute des valeurs foncières de la fin des années 1980, phénomène national qui avait une incidence locale importante. Le premier plan stratégique s'est ainsi avéré trop ambitieux et a dû être revu. Mais à la fin de ses travaux, en 1997 – la SDC, comme toutes les autres UDC, était conçue comme une agence à terme fixe – la transformation de la vallée basse de la rivière Don était acquise, même si certains des projets, surtout le centre régional commercial de Meadowhall dont les origines remontaient à un accord entre le conseil municipal et un promoteur privé, n'étaient pas à mettre au crédit de la SDC.

Au cours de la dizaine d'années qui s'écoule entre la création de la SERC et la fin de la SDC, la gouvernance locale à Sheffield a connu un changement radical :

- Le conseil municipal est très nettement revenu sur sa position radicale des années 1980 en acceptant le partenariat avec le secteur privé pour assurer le développement économique de la ville. Cette nouvelle division du travail le conduit à ne plus agir seul dans le domaine. Au départ, avec la création de la SERC, l'hôtel de ville a néanmoins tenté de contrôler ce partenariat. La structure dépendait en effet des services techniques de la mairie et la présidence en était assurée par les élus. À l'institutionnalisation par l'État de la SDC, la municipalité a vu au contraire une nette diminution de sa capacité d'action, même si elle a tenté de limiter une perte totale d'autonomie en acceptant de participer à la nouvelle structure.

- La participation du secteur privé à la régénération urbaine a été néanmoins limitée. Aussi bien dans la SERC que dans la SDC, le patronat représenté a été entièrement recruté sur une base locale qui, pour certains analystes (Lawless, 1990 ; Strange, 1996, 1997), explique l'esprit de clocher qui a caractérisé ces instances. Les luttes internes au « patronat » ont également été un facteur limitatif. Ainsi, le président de la SDC, qui était un notable de l'industrie locale, a dû faire face à l'hostilité des petits entrepreneurs de la vallée du Don qui devaient être expropriés par la SDC pour développer le réseau routier du quartier (Raco, 1997).

- Le modèle offert par la SDC, à savoir une agence de gouvernement distincte, séparée de l'administration municipale et dotée d'une mission unique, est devenu après 1997 la solution privilégiée. Ce qui était à son origine une structure ad hoc s'est transformé en cadre institutionnel dominant.

- La concertation au sein de la SDC visait plus les projets d'urbanisme que le développement économique par la création d'emplois. C'est ainsi que la logique du grand projet d'urbanisme s'est peu à peu imposée parmi les décideurs et c'est certainement ce qui explique l'importance qu'ont revêtue l'organisation des Jeux olympiques étudiants et l'inauguration de bâtiments de grande ampleur. Toutefois, l'impact de cet événement majeur et des infrastructures mises en place sous l'autorité de la SDC sur la création d'emplois est difficile à évaluer précisément. Cependant, dans un contexte de crise urbaine et sociale généralisée à Sheffield, il était difficile de ne pas entreprendre de tels projets qui illustraient concrètement si ce n'est la fin de la crise économique, du moins une dynamique urbaine appréciable.

5.3. VERS UNE GOUVERNANCE LOCALE FRAGMENTÉE (1997-2003)

1997 est marquée par la fin du programme national des UDC et par l'accession de Tony Blair au poste de premier ministre. Dans le domaine de la régénération urbaine, le changement de gouvernement a suscité autant de continuité que de transformations. En effet, avant même la fin de la SDC et l'arrivée au pouvoir des travaillistes, la politique nationale avait connu une évolution importante. Dans un premier temps, cette évolution a été caractérisée par une prise de conscience des résultats parfois médiocres des UDC et par les affrontements entre ces organismes dont la légitimité démocratique était très réduite, sinon inexistante, et les municipalités élues au suffrage universel.

Dès 1991, les conservateurs avaient établi le programme *City Challenge* qui a permis d'intégrer des programmes de financement ponctuels pour le renouvellement urbain. Les municipalités étaient « invitées » à déposer auprès du gouvernement central des demandes de subvention comportant un double volet « développement social et économique » et construction de projets. L'allocation des fonds dépendait de la qualité de la demande et de la qualité de la concertation avec le secteur privé et les associations concernées. L'expérience du *City Challenge* était suffisamment encourageante pour inciter le gouvernement à la généraliser sous la forme du *Single Regeneration Budget* à partir de 1995. Sheffield n'a pas bénéficié des deux concours du *City Challenge*, mais sans doute pour récompenser les acteurs locaux, le gouvernement central leur a accordé une tranche importante des fonds disponibles dès le premier concours du *Single Regeneration Budget* pour le secteur nord-ouest de la ville. Le *Single Regeneration Budget* a été renouvelé à quatre reprises sous les conservateurs et deux nouvelles fois sous les gouvernements travaillistes depuis 1997. Sheffield a été bénéficiaire de ces fonds à chaque fois et la plupart des quartiers en difficulté de la ville en ont reçu une partie.

Le *Single Regeneration Budget* a été très bien accueilli par les acteurs locaux, car il semblait rendre aux municipalités l'initiative en matière de régénération urbaine. Cependant, ces dernières ne retrouvaient pas leur autonomie pleine et entière, car la gestion des projets bénéficiant du *Single Regeneration Budget* à continuer à se faire au sein de structures partenariales intégrant des industriels, des associations de quartier et des représentants de la société civile. Sheffield a ainsi créé une agence – *The Regeneration Agency* – dont la mission est de coordonner la réalisation des projets. Cependant, certains quartiers de la ville ont établi leurs propres agences qui agissent comme autant de contre-pouvoirs face au conseil municipal.

À Sheffield, le *Single Regeneration Budget* est ainsi devenu l'occasion pour le conseil municipal de transférer certaines de ses responsabilités vers les quartiers, dans ce qui relève d'un processus de décentralisation. La concertation voulue par le gouvernement central exigeait une mobilisation de la population à travers la création des conseils de quartier. À Sheffield, de tels conseils avait déjà été mis en place à la suite de la pression des leaders locaux qui voulaient combler le retrait du conseil municipal du champ du développement social. Il était donc inévitable que ces conseils soient de plus en plus intégrés dans la préparation des projets de *Single Regeneration Budget*. Pour les aider dans leur tâche, les conseils de certains quartiers, tels Manor, ont créé, en concertation avec le conseil municipal, des agences techniques. Dans les quartiers qui ne disposaient pas d'un tel appui technique et administratif, ces projets se sont révélés particulièrement lourds à gérer. Le *Single Regeneration Budget* a connu des réussites importantes, mais la rédaction de demandes de subvention et le contrôle financier exercé par le gouvernement central l'ont rendu complexe.

5.3.1. LA DÉCENTRALISATION DES POUVOIRS : LA MISE EN PLACE DU *SHEFFIELD FIRST PARTNERSHIP*

Le *Single Regeneration Budget* a conduit à un éclatement de l'administration locale vers les quartiers, alors même que les instances des quartiers ne disposaient pas des moyens à la hauteur de leurs besoins. Cependant, le *Single Regeneration Budget* était loin d'être le seul lieu de concertation dans cette troisième phase de partenariat marqué par un véritable foisonnement de structures consultatives dont certaines ont été créées avant 1997 et d'autres relevaient des politiques nationales. La plus importante de ces structures est le *Sheffield First Partnership*.

La SERC n'avait pas réussi à devenir le lieu d'élaboration de la stratégie d'agglomération. Exclus par le SDC de la régénération urbaine de la vallée du Don, ses membres étaient trop nombreux pour remplir cette fonction d'une manière efficace. En 1992, le conseil municipal a essayé de lancer une nouvelle instance partenariale en créant le *City Liaison Group*. Ce groupe, dont le nombre d'adhérents a été beaucoup plus restreint que ceux de la SERC, était censé représenter cinq acteurs clés : la municipalité, l'enseignement supérieur, le secteur privé, les services de santé et les agences d'aménagement (principalement la SDC). Sa vocation était d'assumer un leadership institutionnel dans le domaine des politiques de développement local. Selon G. Dabinett et P. Ramsden (1999), la réussite de Sheffield dans le *Single Regeneration Budget* est due en partie à l'existence de ce groupe.

Le *City Liaison Group* s'est montré beaucoup plus efficace que la SERC dans l'élaboration d'une politique de régénération pour la ville, mais au prix d'une perte de contrôle de la municipalité sur la structure. Ainsi, comparativement à la SERC, le sommet de l'exécutif municipal en assumait la présidence et le directeur général de l'hôtel de ville y était représenté. Cependant, à la différence de la SERC, il ne s'agissait plus d'une commission du conseil municipal. De plus en plus, cette instance a agi avec une certaine indépendance par rapport au conseil et s'est vu confier des tâches anciennement gérées par l'hôtel de ville.

Cette indépendance devait se confirmer après 1997. À la suite de son élection, Tony Blair a prôné le partenariat public–privé dans le renouvellement urbain et la prestation des services. Il a donc repris un certain nombre d'initiatives des conservateurs, telle le *Private Finance Initiative*, qui a permis la participation du secteur privé dans les services publics. Cependant, dès 1997, le thème de la démocratie locale aussi bien participative que représentative a largement structuré le programme des réformes du *New Labour*. Le *City Liaison Group* correspondait bien à cette vision de la démocratie locale et, à partir de 1998, il allait trouver sa vocation renforcée sous la nouvelle appellation de *Sheffield First Partnership* avec son propre service technique et un directeur qui n'était pas un ancien fonctionnaire municipal mais avait fait sa carrière dans les services de l'État.

L'affirmation du rôle du *City Liaison Group* sous son nouveau label ne résultait pas simplement d'une politique prônée par le gouvernement. L'arrivée à l'hôtel de ville d'un nouveau directeur général en 1997, dont les attributions étaient de rénover l'administration municipale, a permis le renforcement du *Sheffield First Partnership*. Sa légitimité était renforcée par la désignation comme président de la structure du leader du conseil municipal et par le siège détenu par le directeur général des services de la municipalité de Sheffield. De plus, le *Sheffield First Partnership* a organisé plusieurs réunions publiques pour permettre la participation du grand public au débat sur l'avenir de la ville. Dans le même temps, son champ d'action s'est élargi avec la création d'une série de partenariats à vocation spécifique, chacun responsable devant la commission du *Sheffield First Partnership*. On peut voir dans cette affirmation une tentative de l'administration municipale d'imposer à nouveau son contrôle sur la régénération urbaine en innovant par des structures qui sont fondées sur le « partenariat ». En effet, l'innovation que représente *Sheffield First* est un signe aussi bien de l'affaiblissement du conseil municipal que de sa force. L'endettement de la ville à la suite de l'olympiade étudiante a conduit à une telle diminution de l'appui électoral des travaillistes qu'entre 2000 et 2002 ils ont perdu la majorité des voix au conseil municipal. Le *Sheffield First Partnership* a assuré une continuité qui a surmonté la fragmentation de la majorité municipale.

L'évolution de la politique nationale qui visait le renouveau de l'administration locale a abouti au *Local Government Act* de 2000 qui a demandé aux collectivités locales d'édicter des *Community Development Strategies* dont l'élaboration a été à la charge de ce que l'on a dénommé les *Local Strategic Partnerships*. Le *Sheffield First Partnership* a tout « naturellement » rempli cette fonction et a été reconnu par le gouvernement en 2002 (Sheffield First, 2002). L'importance de ce statut est loin d'être uniquement symbolique. Dotées de programmes visant la requalification des quartiers en difficulté, les *Community Development Strategies* succèdent au *Single Regeneration Budget* et bénéficieront donc de subventions de la part du gouvernement central.

5.3.2. L'ACTION CONCERTÉE POUR LE RENOUVELLEMENT URBAIN

Cette refonte de l'administration locale va de pair avec d'autres tendances dans la régénération urbaine provoquée par l'évolution de la politique nationale. Une partie du programme national des travaillistes vise le renouveau de l'administration locale. Une autre partie tient dans une vision urbanistique du renouvellement urbain dont les grandes lignes ont été exposées dans le rapport rédigé sous la direction de l'architecte

Richard Rogers (Department of the Environment, Transport and the Regions, 1999). Une des propositions du rapport reprise aussitôt par le gouvernement a été la création des *Urban Regeneration Companies* (*URC*) dont la mission est de « traiter » le renouvellement urbain des « zones urbaines prioritaires » d'une manière efficace et cohérente.

Le modèle de telles instances est partiellement celui des UDC dans les années 1980. Il s'agit d'organismes légers, à vocation unique, qui feront participer le secteur privé au renouvellement des quartiers en difficulté et qui assumeront un parti pris architectural de qualité. Une nouvelle fois, la régénération urbaine devient une question de projets urbains et d'action foncière à l'instar des UDC. Les URC ne partagent pas pour autant le même statut que les UDC et les partenaires ne seront pas les mêmes. Y participeront les municipalités, les *Regional Development Agencies* (nouvelles instances régionales tenues d'élaborer une stratégie pour le développement économique), l'*English Partnership* (agence nationale d'aménagement foncier) et des représentants du secteur privé local. Enfin, au lieu d'être des agences gouvernementales, les URC ont le statut de sociétés à but non lucratif, ce qui leur assure une comptabilité propre et transforme les partenaires en actionnaires.

Le centre de Sheffield s'est vu doté d'une des trois premières URC mises en place en 2000 qui a pris l'appellation de *Sheffield One*. Elle est présidée par le président de la *Barclay's Bank* et sa mission est de renforcer l'attractivité du cœur commercial de la ville. En moins d'une année, elle a élaboré un plan directeur et est actuellement en train de réaliser une série de projets en concertation avec des aménageurs privés. Si tous ces projets aboutissent, le centre de Sheffield sera de fait transformé d'une façon radicale (Sheffield One, 2002). Il faut souligner que *Sheffield One* n'agit pas seule et s'est nourrie des orientations stratégiques élaborées par *Sheffield First*. De plus, dans la mesure où le conseil municipal en est un d'actionnaires et que les représentants du secteur privé étaient déjà intégrés dans des instances de concertation, l'innovation relève plus de la continuité que de la transformation du système d'action. C'est plus dans les principes de fonctionnement que le changement est à noter. Il s'agit en effet d'une instance qui relève du droit privé et qui ne dépend pas du gouvernement local. Si *Sheffield One* mobilise des acteurs concernés par le renouvellement urbain, elle reste donc relativement éloignée de la population.

CONCLUSION

L'histoire de la concertation et du partenariat à Sheffield au cours des vingt dernières années constitue une sorte de microcosme des changements globaux dans la gouvernance locale au Royaume-Uni, même si cette évolution est partiellement modifiée par certaines spécificités qui tiennent des conditions locales.

L'évolution illustre la métamorphose profonde des collectivités locales, de leur politique urbaine et des registres de légitimation utilisés par ces dernières. On peut considérer qu'à Sheffield cette évolution a été d'autant plus importante du fait de la longue tradition paternaliste poursuivie par le parti travailliste et de l'importance de la crise économique des années 1980. On est bien passé d'une démocratie représentative, légitimée par le suffrage universel, qui prenait en main les services locaux à destination des habitants sans pour autant trop associer ces derniers à la prise de décision, à une démocratie participative où le conseil municipal agit en concertation avec une série d'acteurs qui, eux, se trouvent de plus en plus dotés d'un pouvoir de décision dans l'élaboration des politiques publiques.

Une partie au moins de cette transformation relève de la politique nationale du *New Labour* – le parti travailliste renouvelé sous le leadership de Tony Blair qui a voulu stimuler la démocratie locale en sollicitant la participation des «communautés», même si l'acception de ce terme dans la politique nationale est très floue. En fait, ce regain d'intérêt pour la notion de communauté reprend une tradition séculaire, qui remonte aux mouvements coopératifs du XIXᵉ siècle, régulièrement invoquée par la gauche (Blunkett et Green, 1984) et peut-être mal adaptée dans sa forme simpliste aux exigences d'une société devenue plurielle et multiculturelle.

Le cas de Sheffield démontre à l'envi que la métamorphose est d'une grande complexité. Ainsi, le conseil municipal a nettement changé ses compétences au cours des vingt dernières années. Jusqu'à la fin des années 1970, la municipalité était le prestataire de services privilégié de la population. À partir des années 1980, elle s'est engagée dans la lutte contre le chômage et la création d'emplois et a finalement opté pour la régénération urbaine. De plus, il ne s'agit pas d'une simple évolution, mais d'une superposition de formes divergentes de concertation, d'instances plus ou moins complémentaires, qui ne s'accordent pas forcément l'une avec l'autre. De ces différentes formes de concertation on peut dresser la typologie suivante :

- Le modèle de la municipalité bienveillante, paternaliste, prestataire de services a déjà subi un changement avec l'arrivée au pouvoir d'une gauche radicale intervenant dans le domaine du développement économique. La force des événements a provoqué une prise de conscience que cette intervention ne pouvait réussir sans la participation du secteur privé, en l'occurrence la chambre de commerce et les industries locales. Cependant, dans un premier temps, cette concertation était centrée sur l'institution municipale car, en créant, la SERC, le conseil municipal souhaitait conserver la maîtrise du processus politique tout en tentant de mobiliser le secteur privé dans sa vision d'une ville renouvelée. La SERC était donc beaucoup plus consultative que participative.

– La concertation envisagée par le gouvernement conservateur a été de tout autre nature. Au nom de l'efficacité, les conservateurs ont fait de la participation des acteurs privés l'un des vecteurs essentiels dans la recomposition de la gouvernance municipale en tentant d'exclure les institutions démocratiquement élues. Il s'agissait d'une participation imposée aux acteurs politiques locaux. À Sheffield, la SDC, tout comme les autres *Urban Development Corporations*, a été dirigée par une série d'acteurs nommés par le gouvernement central, non des élus. En principe, c'est le Parlement qui avait le contrôle de la SDC, comme des autres UDC, garantie d'un minimum de contrôle démocratique sur des structures ad hoc dont les pouvoirs étaient très importants. Dans la pratique cependant, ce contrôle s'est avéré très faible.

– La troisième phase de cette histoire de la concertation à Sheffield est certainement la plus complexe. On y voit des formes multiples de partenariat se développer, une fois encore provoquées en partie par l'orientation du gouvernement national. En effet, d'un côté, les travaillistes ont souhaité une véritable mobilisation de la société civile par le biais des *Community Development Strategies* et des *Local Strategic Partnerships*. De l'autre côté, ils ont perpétué les formes de concertation mises en place par les conservateurs, donc des organismes légers à vocation unique, offrant une solution efficace aux problèmes du renouvellement urbain sans trop favoriser la participation du public.

À Sheffield, l'actuelle municipalité tente de lutter contre l'éclatement des instances qui participent à la gouvernance locale en occupant la présidence de certaines d'entre elles, comme *Sheffield First*. Cependant, on peut se demander non seulement si une telle solution assure un minimum d'intégration politique de la part de l'équipe municipale en place, mais également si elle encourage le développement d'une démocratie véritablement participative qui sorte d'une logique notabiliaire.

BIBLIOGRAPHIE

BLUNKETT, D. et G. GREEN (1983). *Building from the Bottom: the Sheffield Experience*, Fabian Society Tract 191, London, Fabian Society.

DABINETT, G. et P. RAMSDEN (1999). « Urban Policy in Sheffield : Regeneration, Partnerships and People », dans R. Imrie et H. Thomas (dir.), *British Urban Policy: An Evaluation of the Urban Development Corporations*, London, Sage, p. 168-185.

DEPARTMENT OF THE ENVIRONMENT, TRANSPORT AND THE REGIONS (1999). *Towards an Urban Renaissance*, Report of the Urban Task Force, London, Spon.

DIGAETANO, A. et P. LAWLESS (1999). « Urban Governance and Industrial Decline : Governing Structures and Political Agendas in Birmingham and Sheffield, England, and Detroit, Michigan, 1980-1997 », *Urban Affairs Review*, vol. 34, p. 546-577.

FOLEY, P. (1991). « The Impact of Major Events : A Case Study of the World Student Games and Sheffield », *Environment and Planning C*, vol. 9, p. 65-78.

LAWLESS, P. (1990). « Regeneration in Sheffield : From Radical Intervention to Partnership », dans M. Parkinson et D. Judd (dir.), *Leadership and Urban Regeneration*, London, Sage, p. 133-151.

RACO, M. (1997). « Business Associations and the Politics of Urban Renewal : The Case of the Lower Don Valley, Sheffield », *Urban Studies*, vol. 34, n° 3, p. 383-402.

SEYD, P. (1990). « Radical Sheffield : From Socialism to Entrepreneurialism », *Political Economy*, vol. 38, p. 335-344.

SEYD, P. (1993). « The Political Management of Decline 1973-1993 », dans C. Binfield *et al.* (dir.), *The History of the City of Sheffield 1843-1993*, vol. 1, *Politics*, p. 151-185.

SHEFFIELD FIRST (2002). *Sheffield City Strategy*, Sheffield, Sheffield First.

SHEFFIELD ONE (2002). *Reshaping Sheffield City Centre*, Sheffield, Sheffield One.

STRANGE, I. (1996). « Participating in Partnership : Business Leaders and Economic Regeneration in Sheffield », *Local Economy*, août, p. 143-157.

STRANGE, I. (1997). « Directing the Show ? Business Leaders, Local Partnership, and Economic Regeneration in Sheffield », *Environment and Planning C*, vol. 15, p. 1-17.

TAYLOR, S. (1993). « The Industrial Structure of the Sheffield Cutlery Trades 1870-1914 », dans C. Binfield *et al.* (dir.), *The History of the City of Sheffield 1843-1993*, vol. 2, *Society*, p. 174-210.

TAYLOR, I., K. EVANS et P. FRASER (1996). *A Tale of Two Cities : A Study in Manchester and Sheffield*, London, Routledge.

TWEEDALE, G. (1993). « The Business and Technology of Sheffield Steelmaking », dans C. Binfield *et al.* (dir.), *The History of the City of Sheffield 1843-1993*, vol. 2, *Society*, p. 142-193.

WRAY, N. *et al.* (2001). *One Great Workshop : The Buildings of the Sheffield Metal Trades*, London, English Heritage.

CHAPITRE

6

LA COALITION URBAINE RÉFORMISTE DE TORONTO ET LA FUSION MUNICIPALE

Julie-Anne Boudreau

Toronto est une ville à la fois très nord-américaine et très particulière par sa culture politique participative. Agglomération de près de cinq millions d'habitants, cœur financier et économique du Canada, centre multiculturel, Toronto a un visage résolument nord-américain. Lorsqu'en 1997 le gouvernement provincial conservateur a imposé la fusion des six municipalités et de l'institution métropolitaine, la culture territoriale participative développée à Toronto depuis l'arrivée au pouvoir des « réformistes » en 1972 a été ébranlée. À partir de 1972, les « réformistes » de Toronto avaient en effet œuvré contre un développement urbain « moderniste » axé sur la construction autoroutière et l'étalement urbain (Allen, 1997 ; Caulfield, 1988a ; Caulfield, 1994 ; Harris, 1987 ; Lorimer, 1970 ; Sewell, 1972 ; Sewell, 1993). Cette coalition politique réformiste s'était prononcée très clairement contre des politiques de développement économique à tout crin, faisant fi des impacts environnementaux, sociaux, culturels ; problématiques très en vogue à l'époque[1].

En effet, entre 1962 et 1973, le centre de Toronto avait vu le nombre d'espaces de bureaux doubler, ce qui avait exercé une énorme pression sur les quartiers résidentiels centraux[2]. Les réformistes ont favorisé à l'inverse une politique d'aménagement urbain à « visage humain », respectant la vie des quartiers centraux, le dynamisme « communautaire », prônant les transports en commun, les espaces publics, la densité et la mixité. Cette résistance à la trajectoire de développement des villes nord-américaines a eu pour effet de préserver des quartiers centraux dynamiques, un peu à l'image du Greenwich Village tant célébré par Jane Jacobs (Jacobs, 1961).

Au-delà de la morphologie urbaine, la ville-centre de Toronto a donc évolué au sein d'une culture politique participative, d'abord appliquée à l'urbanisme, puis dans plusieurs autres secteurs. Ce régime politique réformiste ne se limitait pas aux mécanismes de démocratie locale mis en place par la municipalité de Toronto, faisant de l'aménagement urbain un exercice politique et non strictement technique. Il avait également une traduction sur le comportement politique, faisant de la ville-centre un pôle de gauche ou de centre-gauche. Au niveau strictement local, les réformistes ont créé de nombreuses commissions citoyennes, en plus de décentraliser certains bureaux municipaux vers les quartiers péricentraux. Juste avant la fusion de 1997, la Ville de Toronto avait mis en place plus de 130 conseils d'administration et comités consultatifs bénéficiant directement de l'apport des citoyens, sans compter les diverses réunions publiques, comités spéciaux, groupes de travail, tables de concertation, groupes communautaires, programmes municipaux travaillant directement avec les citoyens (City of Toronto, 1997). De plus, la Ville se distinguait par ses nombreux services et programmes d'aide financière

---

1. Dans le système parlementaire canadien, chaque niveau gouvernemental a ses propres partis politiques qui ne sont pas directement liés entre eux comme c'est le cas en France ou en Grande-Bretagne. Ainsi, le Parti libéral provincial de l'Ontario n'est pas structurellement lié à celui du niveau fédéral. Le niveau municipal a hérité d'une structure non partisane par suite du mouvement de réforme du début du XXe siècle cherchant à éliminer le politique du monde municipal afin d'enrayer la corruption. Les citoyens de chaque circonscription électorale votent pour un candidat indépendant qui n'est pas formellement intégré à un parti politique (quoique celui-ci puisse afficher des affinités avec un parti politique provincial).

2. Entre 1970 et 1980, le parc de bureaux a connu une augmentation de 78 % de sa superficie, et de 71 % entre 1980 et 1993 (Lemon, 1996 ; Filion, 2000).

touchant la prévention contre le sida, la lutte contre la violence, l'aide aux services de garde, la prévention de l'abus de drogues, la lutte contre la pauvreté et l'itinérance, les programmes de loisirs, le conseil des arts de Toronto, etc.

Cette culture participative contrastait avec l'inclinaison politique des banlieues, qui constituaient des alliées politiques du gouvernement provincial conservateur. Au niveau provincial, le comportement électoral des résidents de la ville-centre de Toronto penche historiquement vers le centre-gauche (Nouveau Parti démocratique ou NPD et Parti libéral), alors que dans les banlieues, ce sont les conservateurs qui l'emportent. Ainsi, la ville-centre de Toronto constituait un bastion de centre-gauche dans une province d'Ontario dominée par le Parti conservateur (PC) depuis la fin de la Seconde Guerre mondiale, à l'exception d'un interlude de 1985 à 1995. Lors de son retour au pouvoir en 1995, le PC s'est calé sur une ligne idéologique beaucoup plus à droite que par le passé. Avec M. Harris à sa tête, le parti a pris un tournant néolibéral en se distançant de la tradition plutôt interventionniste du PC de l'après-guerre. Élu sur la base d'un programme prônant une « révolution du bon sens » (*Common Sense Revolution*), le PC s'est immédiatement engagé dans une série de réformes visant à « diminuer la taille de l'État », « réduire le nombre de politiciens », « réduire le gaspillage », « en finir avec la bureaucratie ». Ayant promis de diminuer le fardeau fiscal des contribuables de 30 % tout en ramenant le déficit public à zéro, M. Harris devait réduire substantiellement les dépenses gouvernementales, ce qu'il fit en commençant par les systèmes de sécurité sociale et d'éducation. Ces réformes ont affecté les relations entre la province et les municipalités, qui sont partiellement responsables du financement de l'éducation et de la sécurité sociale. Par ses nombreuses politiques de réalignement fiscal entre la province et les municipalités, le gouvernement Harris en est venu aux fusions municipales.

La réorganisation institutionnelle et territoriale de 1997-1998 a profondément affecté les termes de l'échange sociopolitique à Toronto, en ébranlant le régime réformiste participatif en place. Cette transformation, il faut le préciser, a non seulement permis la montée en puissance d'une élite sociopolitique faisant de la croissance économique et de la compétitivité l'alpha et l'oméga de sa politique, mais également autorisé une critique du régime réformiste de la part des éléments plus à gauche sur le spectre politique. Le statut même de la démocratie locale a considérablement changé, ainsi que le régime réformiste auquel il était attaché.

Nous présenterons tout d'abord le décalage entre les institutions et territoires hérités de la fusion de 1997 et la culture participative réformiste, décalage expliquant la force de la résistance citoyenne de 1997-1998. Par la suite, nous examinerons les transformations du régime réformiste à travers l'analyse de trois projets discursivement associés à la démocratie locale : le nouveau plan d'urbanisme, la désignation d'un élu municipal en charge de la « diversité » et la participation au budget municipal. Enfin, nous évaluerons les nouvelles conditions de la démocratie locale en regard des critiques de gauche et de droite, d'un côté, et du discours encore élogieux de la démocratie locale à Toronto, de l'autre.

6.1. LA COLÈRE CONTRE LA « MÉGACITÉ » : UNE RÉORGANISATION NON ADAPTÉE À LA CULTURE POLITIQUE TERRITORIALE

En décembre 1996, le gouvernement Harris annonce son intention de forcer la fusion des six municipalités locales de Métro Toronto[3]. Le cœur urbanisé de l'agglomération du Grand Toronto sera désormais une seule entité politique de 2,5 millions d'habitants. Le reste du Grand Toronto, les nouvelles banlieues dites « du 905 » en référence à leur code téléphonique régional différent de celui du centre, seront épargnées et maintiendront une structure politique à deux niveaux (les municipalités locales et leur entité régionale). Le centre métropolitain, structuré en deux niveaux depuis 1953 (avec des municipalités locales et le Conseil métropolitain de Toronto), est devenu une unique municipalité gigantesque, la plus grande du Grand Toronto.

Dès l'annonce du projet de fusion, les citoyens de la ville-centre se mobilisent. J. Sewell, ancien maire réformiste des années 1970, organise une réunion avec d'autres résidents, fondant ainsi le mouvement *Citizens for Local Democracy* (C4LD) dont le but initial est de s'opposer à la fusion. Une bataille acharnée s'amorce (Boudreau, 2000). Elle durera jusqu'en avril 1997, lorsque le gouvernement réussira à faire voter par sa majorité à l'Assemblée législative de l'Ontario la loi 103 créant la nouvelle ville de Toronto (qui sera effective le 1er janvier 1998).

---

3. L'agglomération du Grand Toronto est composée de trois échelles géographiques : 1) le Grand Toronto (GTA) composé des nouvelles banlieues en plein essor, totalisant 4,68 millions de population, soit environ 41 % de la population de l'Ontario et 15 % de la population canadienne, et une superficie de 4 400 km² ; 2) la nouvelle Mégacité de Toronto (anciennement organisé en deux niveaux avec six municipalités locales et le Conseil de Métro Toronto) avec 2,48 millions de population et 632 km² de superficie ; et 3) l'ancienne ville-centre de Toronto (désormais fusionnée avec ses banlieues d'après-guerre) avec une population de 654 000 habitants.

La nouvelle ville de Toronto

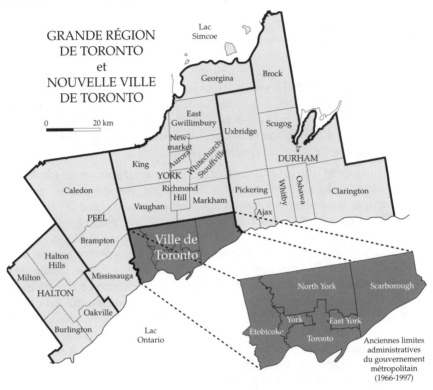

Le C4LD était une coalition non partisane servant de point de ralliement pour les résidents s'opposant à la fusion, la grande majorité provenant des quartiers centraux et ayant longtemps participé à divers comités sous le régime réformiste. De toutes couleurs politiques, ces résidents s'entendaient sur l'importance de deux points centraux de la culture politique participative de la ville-centre : la démocratie locale et une vie de quartier dynamique supportée par une morphologie urbaine dense et mixte. Le mouvement a vite fait d'attirer énormément d'attention médiatique, de mobiliser des milliers de résidents pour des réunions hebdomadaires et diverses actions de pression (manifestations, référendums municipaux, pressions sur les partis d'opposition pour l'organisation de tactiques de report du vote du projet de loi à l'assemblée législative provinciale, campagnes de lettres, participation massive aux audiences publiques sur le projet de loi 103, poursuite légale contre le projet de loi, etc.).

Trois arguments principaux ont été avancés contre la fusion : 1) une ville plus grande diluerait le pouvoir des réformistes de la ville-centre dans un conseil municipal dominé par la culture moins démocratique des banlieues, en plus d'éloigner les élus municipaux des citoyens ; il s'agissait donc d'une menace pour la démocratie locale ; 2) malgré le pouvoir constitutionnel de la province en matière municipale, celle-ci était considérée comme illégitime car elle reposait sur l'imposition aux résidents d'une décision provinciale, sans aucune consultation publique ; et 3) combinée avec des réductions budgétaires affectant les services sociaux et d'éducation, la fusion menaçait la démocratie locale en favorisant le développement d'un régime politique local néolibéral qui appuierait les politiques de droite du gouvernement provincial.

Il est évident que le gouvernement Harris avait sous-estimé la force de la culture politique territoriale réformiste de la ville-centre, culture politique que les résidents entendaient bien préserver. Avec un recul, la nouvelle ville, avec ses quarante-quatre conseillers élus et son maire, affiche un rapport élus/citoyens beaucoup moins avantageux qu'avant (tableau 6.1). Pour ce qui est de la relation entre accessibilité aux élus et démocratie locale, la question reste en suspens. Sans aucun doute, les Torontois doivent maintenant composer avec une structure de prise de décision beaucoup plus centralisée. La nouvelle ville a bien mis en place, après moult débats, des « conseils communautaires » (*Community councils*), mais contrairement aux arrondissements de la nouvelle Ville de Montréal fusionnée le 1er janvier 2002, les conseils communautaires torontois ne sont composés que de conseillers élus au conseil municipal central. Ils ne disposent pas d'un personnel politique propre. De plus, ils n'ont pas de responsabilités directes, seulement un pouvoir de recommandation en ce qui a trait à l'aménagement local, au transport local, aux services récréatifs locaux et aux affaires des quartiers. Ils relèvent directement du conseil municipal et du maire, au même titre que les six autres comités permanents du conseil municipal (Politiques publiques et finances, Administration, Aménagement et transport, Développement économique et parcs, Travaux publics, Services communautaires). Les délimitations territoriales des conseils communautaires ne correspondent plus aux limites des municipalités locales fusionnées et n'engendrent donc pas vraiment de sentiment d'appartenance. De plus, l'accès à l'administration municipale s'est complexifié en raison de la taille et de la hiérarchisation de la nouvelle bureaucratie. Les scandales de corruption dans l'utilisation des ressources financières de la ville ont souvent défrayé les manchettes.

TABLEAU 6.1

Comparaison du rapport élus/citoyens avant et après la fusion, Métro Toronto, 1996, 2001

	Élus au conseil métropolitain	Élus au niveau local	Nombre total d'élus municipaux	Rapport élus/ population
(Président)	1	–	1	–
East York	1	9	10	1 : 10,782
Etobicoke	4	13	17	1 : 19,336
North York	7	15	22	1 : 26,802
Scarborough	6	15	21	1 : 26,617
Toronto	8	17	25	1 : 26,149
York	2	9	11	1 : 13,321
Total en 1996	29	78	107	–
Ville de Toronto après fusion (2001)	–	45	45	1 : 55,144

Source : Milroy, 2002.

Deux questions se posent en ce qui concerne la démocratie locale à Toronto depuis la fusion de 1997-1998 :

1. Le régime réformiste a-t-il été dilué par l'introduction dans la nouvelle machine municipale des intérêts des banlieues, comme l'avait prédit le C4LD ? Toronto peut-elle encore se positionner comme un modèle de démocratie locale, comme cela avait été le cas dans le passé ?

2. Peut-on parler de l'émergence d'un régime néolibéral local à Toronto ?

Nous traiterons la première question sous deux angles : en évaluant d'abord les nouveaux mécanismes de démocratie locale, et ensuite en analysant le discours torontois sur la démocratie locale. Nous répondrons à la deuxième question en faisant la critique du régime réformiste et des pratiques de la nouvelle ville.

6.2. LES NOUVEAUX MÉCANISMES DE DÉMOCRATIE LOCALE

La loi 103 sur la fusion avait laissé ouverte la question de la structure organisationnelle de la nouvelle ville. Dès son entrée en fonction en janvier 1998, le nouveau conseil municipal s'est donc engagé dans un débat sur le niveau adéquat de décentralisation. Comme nous l'avons mentionné, la décision d'établir des conseils communautaires dotés de pouvoir de recommandation a déçu bien des résidents qui espéraient recréer les villes fusionnées par une structure de décision très décentralisée. Toutefois, la nouvelle ville a mis sur pied d'autres mécanismes de démocratie locale.

6.2.1. L'EXERCICE « VISIONNAIRE » DU PLAN D'URBANISME

La Ville a lancé en avril 1999 un forum d'experts en vue de préparer le nouveau plan d'urbanisme. Ce forum a été diffusé à la télévision. En juin de la même année, six consultations publiques ont eu lieu. La Ville a mobilisé des centaines de « visionnaires » : politiciens, leaders communautaires, bureaucrates, promoteurs, commerçants, urbanistes, présidents d'université, rédacteur en chef des principaux quotidiens, directeurs des médias, présidents des syndicats, afin de produire un document visionnaire pour la nouvelle ville. Le nouveau plan d'urbanisme établit les priorités de la Ville (City of Toronto, 1999) :

1. demeurer compétitif sur les marchés internationaux,
2. promouvoir l'embellissement et la densification,
3. réduire la dépendance automobile,
4. respecter l'environnement et
5. réinvestir et préserver les quartiers.

Le plan indique que « la mondialisation et les nouvelles technologies impliquent que les emplois et les investissements peuvent circuler dans notre Ville à la vitesse de la lumière – ou disparaître tout aussi rapidement » (City of Toronto, 2000, p. 2). Ainsi, le plan insiste sur la nécessité de réinvestir, de renouveler et d'établir des partenariats avec le secteur privé. La nouvelle ville tente de saisir l'opportunité ouverte par la réorganisation territoriale et institutionnelle de 1997 pour se créer une nouvelle image : participative et urbaine, mais surtout compétitive. On passe de la « participation » à la « vision » :

> Au cours des cinquante dernières années, Toronto a été un véritable succès en Amérique du Nord. La question se pose : Sommes-nous prêts à franchir la prochaine étape et à nous épanouir comme une des plus grandes villes du monde ? Avons-nous l'énergie, la volonté, la vision et le plan pour capter l'esprit du XXIe siècle ? (City of Toronto, 2000)

Le processus menant au nouveau plan se combine avec la candidature de Toronto pour obtenir les Jeux olympiques de 2008 (organisée par un organisme privé, le TO-Bid)[4]. L'intention était d'utiliser les Olympiques afin de mettre sur pied un projet de revitalisation des espaces longeant le lac Ontario en injectant dix-sept milliards de dollars. La conjugaison de ces trois initiatives visant le renouvellement d'une ville-centre dynamique et agréable, quoique rappelant de prime abord les principes du régime réformiste (démocratie locale et dynamisme de quartiers urbains), a surtout contribué à recentraliser la prise de décision. Comme l'indiquent S. Kipfer et R. Keil, le processus « visionnaire » du nouveau plan d'urbanisme a été contrôlé par quelques urbanistes et consultants privés, la candidature aux Jeux olympiques a été organisée par un organisme privé, et les plans de revitalisation des zones riveraines ont été contrôlés par les financiers de Bay Street (l'équivalent canadien du Wall Street) (Kipfer et Keil, 2002). En effet, même si elles s'abritent derrière un discours participatif, écologique et urbain (plutôt que suburbain), les nouvelles pratiques d'aménagement du territoire sont de fait de moins en moins démocratiques.

6.2.2. PROMOUVOIR LA DIVERSITÉ DANS LA PARTICIPATION LOCALE

En partie en réponse aux pressions des résidents et en partie comme stratégie de légitimation et d'instrumentalisation de la réputation « positive » du régime réformiste, le nouveau conseil municipal a mis sur pied en mars 1998 un groupe d'étude sur l'accès communautaire et l'équité afin d'organiser des consultations publiques et d'émettre des recommandations sur la façon dont le nouveau conseil municipal pourrait assurer « la prise en compte des voix des diverses communautés de la Ville » (Task Force on Community Access and Equity, 1998). Le mandat était de « renforcer la société civique », « contrer les barrières systémiques à la participation », « renforcer la participation communautaire dans la prise de décision », « continuer comme employeur modèle avec une main-d'œuvre reflétant la diversité des résidents » (Task Force on Community Access and Equity, 2000). Les recommandations finales allaient du support financier aux organismes communautaires, à la prise en charge d'un rôle proactif pour convaincre le secteur privé et les autres niveaux gouvernementaux de la nécessité d'agir contre la discrimination et les obstacles à la participation, en passant par des politiques de discrimination positive dans l'embauche et la protection contre le harcèlement sexuel, ou encore la production de documents dans plusieurs langues et l'encouragement de la couverture médiatique des événements à l'hôtel de ville par les médias ethniques.

---

4. Toronto a perdu la course pour les Jeux de 2008.

Le 15 décembre 1999, le conseil municipal a ratifié les recommandations du groupe d'étude en créant cinq comités consultatifs qui traitent des politiques communautaires (*Community advisory committees*, à différencier des conseils communautaires) : affaires autochtones, accès pour les personnes handicapées, statut de la femme, relations ethniques et raciales, affaires homosexuelles, lesbiennes, bisexuelles et transsexuelles. Ces comités constituent un mécanisme formel par lequel le conseil municipal peut obtenir l'avis des communautés sur une politique donnée. Ils reprennent certaines expériences de concertation de l'ancienne ville-centre de Toronto dans lesquelles certaines de ces thématiques étaient abordées (quoique structurées différemment et informellement). Pour plusieurs activistes, ces comités ne constituaient qu'un maigre compromis par rapport à leur revendication d'instaurer un comité permanent du conseil municipal spécifiquement sur les questions d'équité et une commission sur l'équité au sein de la structure bureaucratique (Community Social Planning Council of Toronto, 2000, p. 1).

En décembre 2000, la Ville a nommé un *Diversity Advocate* (élu en charge des questions relatives à la Diversité). Responsable de la coordination des activités reliées à la diversité avec le conseil municipal et les comités consultatifs sur les politiques communautaires, il a également pour fonction de sensibiliser les entreprises et les institutions non municipales au respect des principes d'équité. En nommant ainsi un conseiller municipal, le Conseil de Ville a déclaré officiellement que Toronto « œuvre en faveur de l'élimination de la violence, du racisme, de l'homophobie, de l'éradication de l'itinérance, des crimes haineux, de la faim, de l'analphabétisme et de tous les obstacles aux droits de la personnes », que la ville « est de plus en plus reconnue comme une ville de diversité et que cette diversité à Toronto crée des défis uniques pour Toronto » et que « la Ville de Toronto désire promouvoir la justice sociale et l'équité pour tous les résidents de Toronto » (Toronto City Council Policy and Finance Committee, 2001).

Ainsi, dans le rapport qu'elle a préparé en vue de sa participation au sein de la délégation canadienne à la Conférence mondiale des Nations unies contre le racisme (UN-WCAR) tenue à Durban en Afrique du Sud en août 2001, la Ville de Toronto résume ses initiatives pour contrer le racisme et la discrimination (City of Toronto, 2001) :

1. la nomination d'un Représentant de la diversité ;

2. l'adoption du Plan d'action sur l'accès, l'équité et les droits de la personne, basé sur les recommandations du groupe d'étude sur l'accès communautaire et l'équité ;

3. la création de cinq comités consultatifs sur les politiques communautaires ;

4. la création de groupes de travail sur l'équité linguistique et l'anal-phabétisme, les affaires immigrantes et des réfugiés, l'élimination des crimes haineux, l'équité salariale ;

5. l'adoption d'une politique de non-discrimination ;

6. l'affirmation de la nécessité d'adopter une politique semblable pour tous ceux qui reçoivent des subventions municipales et ceux qui fournissent des services municipaux ;

7. l'adoption d'une politique pour contrer le harcèlement sur les lieux de travail ;

8. l'adoption d'une politique sur l'élimination des activités haineuses ;

9. l'adoption d'une politique d'emploi ;

10. la poursuite du programme de subvention à l'accès à l'équité ;

11. la réponse aux initiatives fédérales proposant une réforme de la loi sur l'immigration ; et

12. le support de divers programmes de sensibilisation et d'éducation contre l'intolérance.

Après sa participation à la conférence des Nations unies, la Ville de Toronto s'est engagée à produire un Plan d'action pour l'élimination du racisme et de la discrimination dont le but premier est de « permettre à tous les résidents de participer pleinement à la vie civique, économique, sociale, culturelle, politique et de loisirs de la ville » (City of Toronto, 2002).

6.2.3. UN BUDGET PARTICIPATIF ?

Depuis plusieurs années, certains groupes activistes comme le Metro Network for Social Justice (MNSJ) cherchent à ouvrir le processus bud-gétaire de la Ville au public. Face à une crise budgétaire importante en 2001, la nouvelle ville doit faire face à un important déficit (plus de 300 millions de dollars) et s'engage dans une série de coupures et une augmentation des tarifs du transport en commun et des taxes foncières. Les citoyens se mobilisent de façon plus intense sous la bannière « Sauvons notre ville » (*Save Our City*). Se joignant aux campagnes syn-dicales, ils forment le *Toronto Civic Action Network* (TorontoCAN) en 2002. TorontoCAN a pour but d'ouvrir le processus budgétaire tout en priori-sant les besoins communautaires. Pendant le processus budgétaire de 2002, TorontoCAN organise un ralliement revendiquant le rétablissement des subventions municipales aux refuges pour sans-abri menacées par la crise budgétaire.

En réponse à ces pressions, la Ville a publié un guide communautaire visant à aider les citoyens à prendre part au processus budgétaire de 2003 (City of Toronto, 2003). Il s'agit d'un document interactif vulgarisant la terminologie budgétaire, avec nombre de feuilles de calculs. Le guide doit être rempli et renvoyé au comité budgétaire de la Ville, qui promet d'en tenir compte. De plus, des consultations publiques ont été organisées. Mais sans aucune obligation institutionnalisée pour la prise en compte des recommandations des citoyens, le processus a vite fait de décevoir les groupes qui ont plutôt comme modèle de référence le budget participatif de Porto Alegre[5].

6.3. LES DÉBOIRES DU RÉGIME RÉFORMISTE : PRATIQUES, DISCOURS ET CRITIQUES

À en croire les documents produits par la Ville de Toronto et le rappel régulier de l'importance de la démocratie locale, le recours à une vulgate «démocratique», tout porte à croire qu'un élément essentiel du régime réformiste, la concertation avec les citoyens, est encore bien vivant à Toronto.

Pourtant, il semble y avoir un écart important entre le discours et la réalité, ce qui nous porte à conclure à la mise en péril du régime réformiste de Toronto au profit d'un régime néolibéral urbain légitimé par de nombreuses références à la démocratie locale. La question se pose donc : les difficultés du régime réformiste de Toronto ont-elles été causées par la réorganisation de 1997-1998 (fusion et coupe budgétaire) ? Le C4LD avait prédit la fin du régime réformiste lorsque la ville-centre serait fusionnée avec les banlieues. Il est vrai que cette fusion a précipité les malaises actuels d'une culture politique en redéfinition. Mais les causes des difficultés du régime réformiste remontent à plus loin, dans l'ancrage de classe des réformistes et dans l'exclusion des éléments les plus radicaux du mouvement.

Dès ses débuts, le mouvement réformiste était déchiré entre une faction plus conservatrice, préoccupée par la préservation des quartiers centraux, des valeurs immobilières, des espaces verts, etc. et une faction plus radicale dont la préoccupation principale était la disponibilité de logements à prix abordable et la justice sociale. Au cours des années 1980, un débat fait rage parmi les intellectuels torontois, plusieurs étant personnellement impliqués dans le mouvement réformiste. Influencés par la distinction proposée par M. Castells entre «mouvements urbains» et

---

5. Le nouveau maire réformiste D. Miller, élu en novembre 2003, a poussé ce processus participatif un peu plus loin en organisant des assemblées citoyennes pour le budget 2004.

« mouvements *sociaux* urbains » (Castells, 1983), ils cherchent à distinguer les réformistes réellement transformateurs (un mouvement social urbain) de ceux cherchant simplement à améliorer la qualité de vie dans les quartiers centraux (un mouvement urbain) (Caulfield, 1988a ; Caulfield, 1988b ; Harris, 1987 ; Harris, 1988). Le débat, en d'autres mots, se résume à décider de l'importance de l'ancrage de classe des réformistes (en grande majorité de classe moyenne).

Avec un recul de deux décennies, ce débat hante toujours les réformistes. En effet, les plus conservateurs d'entre eux ont réussi à marginaliser les éléments plus radicaux qui cherchaient à mobiliser un mouvement non confiné aux classes moyennes en formant une coalition en faveur de la justice sociale. L'ancrage des réformistes dans un mouvement de classe moyenne urbaine a certes fait contrepoids au conservatisme de droite du gouvernement provincial, mais n'a pas réussi à mobiliser un bon nombre de résidents de Toronto pour qui les préoccupations réformistes n'étaient pas congruentes avec leurs luttes pour la justice sociale.

Cette tension était centrale au sein du C4LD également. Le mouvement de résistance aux fusions et autres politiques néolibérales du gouvernement provincial a certes mobilisé plusieurs milliers de militants et dominé l'agenda politique pendant plusieurs mois. La plupart de ces militants étaient résidents des quartiers centraux, issus de la classe moyenne, dotés d'un niveau d'éducation universitaire et travaillaient dans des secteurs qui avaient été durement attaqués par les politiques du gouvernement néolibéral de M. Harris (fonctionnaires, enseignants, employés municipaux, artistes, professionnels des médias) (Boudreau, 1999 ; Boudreau, 2000). L'ancien maire de Toronto J. Sewell n'hésitait pas à lier l'urbanité (définie suivant la centralité et la densité) de la ville-centre à la culture politique héritée des réformistes :

> Les résidents de la ville datant d'avant 1950 tendent à oublier cette leçon à propos de la forme urbaine. Ils pensent qu'il est normal de soutenir des programmes visant à réduire les inégalités sociales, qui nécessitent une grande participation dans l'élaboration des politiques publiques, ce qui en retour permet l'épanouissement d'une sphère publique élargie – mais ce sont là des valeurs inhérentes à, et amplifiées par, une forme urbaine propice à un niveau d'intensité élevé, un dynamisme dans les rues et des rencontres dans les espaces publics avec des amis. Ces valeurs sociales sont générées par la spécificité de l'environnement bâti de la ville, elles ne peuvent émerger dans les villes « bien planifiée » si celles-ci ont une densité faible et des usages caractérisés par la séparation (Sewell, 2000, p. 69).

Cet ancrage de classe lié à un présupposé urbain et à la mise en marge de revendications plus radicales émanant des groupes d'immigrants, des mouvements contre la pauvreté, des mouvements contre le harcèlement des sans-abri et des *squeegee kids*[6] a exposé le C4LD et les réformistes aux critiques de la gauche (provenant tant de la ville-centre que des banlieues qui sont de plus en plus diversifiées). Dans une réflexion sur le C4LD, R. Keil résume bien ce malaise de la gauche envers les réformistes :

> Le discours des classes moyennes sur la citoyenneté et la démocratie locale se caractérise par ses propres points faibles : la justice sociale et les différences identitaires, et, d'une certaine façon, la justice environnementale. Il demeure un mouvement de propriétaires urbains qui n'a pas réussi à se transformer en un mouvement social urbain capable de changer notre compréhension de la ville (Keil, 1998, p. 161).

Cette critique de la gauche s'adresse, au-delà de C4LD, aux nouveaux mécanismes mis en place par la nouvelle ville de Toronto depuis la fusion. Plusieurs activistes se sont rapidement désillusionnés du langage démocratique du nouveau conseil municipal. Ils étaient méfiants depuis le début, mais la fusion aurait pu procurer l'opportunité de repenser les philosophies réformistes. Toutefois, comme l'indique S. Kipfer :

> « Le programme d'équité » dans le nouveau Toronto est en grande partie une affaire symbolique, définie par des déclarations à la mode en faveur de la « diversité » et la position « unique » de Toronto comme ville immigrante. En effet, les notions prédominantes de diversité et de multiculturalisme sont devenues des outils de promotion de la compétitivité de la ville globale entrepreneuriale. Le multiculturalisme se limite aux festivals hauts en couleur et aux choix culinaires exotiques, alors que « diversité » se comprend comme une variété de choix de vie et une stratégie de marketing pour vendre Toronto comme site idéal pour les Jeux olympiques et pour capter le jeune marché du design et de la mode (Kipfer, 1999-2000, p. 17).

Ces critiques ont été formulées en réaction aux fusions municipales et aux politiques de réductions budgétaires. Elles s'inscrivent également dans un contexte de transformations socioéconomiques importantes. L'agglomération du Grand Toronto a vu sa population se diversifier considérablement depuis le recensement de 1996, plusieurs des nouveaux arrivants s'installant dans la ville-centre mais aussi de plus en plus en banlieue. Couplées aux restructurations de l'économie régionale (qui tend à favoriser les banlieues) et à la lente reprise après la récession du début des années 1990, ces transformations ont permis la montée d'un

---

6. Les *squeegee kids* sont un mouvement de jeunes proposant une critique sociale et une culture alternative. La plupart des *squeegee kids* vivent dans la rue, notamment dans des squats. Ils lavent les pare-brise des voitures en échange d'un peu de monnaie (ce qui leur vaut leur qualificatif, le *squeegee* est une éponge servant à laver les pare-brise).

discours sur la compétitivité de la ville sur la scène mondiale. Ces changements ne sont certes pas spécifiques à Toronto. Toutefois, le fait que ce discours sur la compétitivité s'enchâsse dans une culture politique urbaine qui s'est traditionnellement opposée au développement à tout prix mérite d'être souligné. On observe donc à Toronto une intense réappropriation par l'administration municipale des notions et des mots d'ordre véhiculés par les activistes réformistes (diversité, droit à la ville, démocratie locale) dans le but de réaffirmer la position de Toronto comme ville globale et compétitive certes, mais une compétitivité qui s'appuie sur l'image d'une ville dont les relations multiculturelles sont harmonieuses et la qualité de vie excellente.

Cette réappropriation est au cœur des critiques des nouveaux mécanismes mis en place pour promouvoir la démocratie locale. L'adoption par la ville du slogan « La Diversité, notre force » est vue par plusieurs comme une stratégie de marketing, suspicion confirmée selon eux par le nouveau plan d'urbanisme et le discours promotionnel élaboré pour obtenir les Jeux olympiques. Plusieurs remettent en question cette célébration symbolique du multiculturalisme promu par la politique fédérale élaborée sous P. E. Trudeau en 1971. Comme l'indique S. L. Croucher, peut-être serait-il plus adéquat de penser la diversité et la politique urbaine en se demandant :

> Comment et pourquoi une image spécifique ou un ensemble de perceptions – dans le cas présent, l'harmonie ethnique et raciale – en sont venus à dominer les perceptions du public, et par le fait même, à empêcher que d'autres conditions ou revendications soient définies comme un problème ou encore soient absentes de l'agenda politique (Croucher, 1997, p. 328-9).

Des études sur le niveau de pauvreté des non-blancs à Toronto sont alarmantes et les mécanismes mis en place par la nouvelle ville cherchent à y répondre (Ornstein, 2000). Un débat important fait également rage en ce qui concerne la discrimination raciale dans les pratiques policières. Mais plusieurs activistes ne sentent pas une véritable volonté politique. Plusieurs se méfient de ces mécanismes qui cherchent à célébrer la diversité de la ville en imposant un discours sur l'harmonie raciale et en empêchant les débats de fond sur la discrimination et le racisme. Les difficultés de la minorité noire à faire entendre ses griefs face aux conduites policières en font foi. Comme l'indiquait S. L. Croucher en 1997, le Canada est très mal à l'aise lorsqu'il s'agit d'aborder la question raciale, préférant croire que les politiques multiculturelles officielles (à tous les niveaux gouvernementaux) sont suffisantes pour démontrer la volonté de contrer le racisme (Croucher, 1997).

La droite aussi a formulé des critiques à l'endroit du régime réformiste, ce qui a certes joué un rôle central dans la décision du gouvernement provincial d'imposer la fusion. Une des conséquences politiques de cette fusion a été la dilution des forces réformistes dans un conseil municipal dominé par des conseillers proches des conservateurs provinciaux[7]. Mais au-delà de l'appartenance partisane des conseillers municipaux, plusieurs observateurs et activistes dénoncent la (re)consolidation d'une machine élitiste en faveur du développement économique à tout prix, axée sur la création d'un environnement urbain dense, vert, festif, sécuritaire et attractif pour une main-d'œuvre aisée qui vient gonfler les rangs de la nouvelle économie.

Dans ses réflexions sur la fusion, G. Todd rappelle que l'élite entrepreneuriale de Toronto a soutenu l'idée d'une fusion depuis les années 1970, car cela permettait de simplifier les règlements de zonage, de réduire les impôts locaux et surtout de déstabiliser la coalition réformiste de la ville centrale (Todd, 1998). Cette affinité d'intérêts est devenue évidente lors de la nomination de l'équipe de transition chargée de faciliter la fusion, où plusieurs des grands de la scène des affaires à Toronto ont été représentés (Todd, 1998). Depuis la fusion, la croissance économique est redevenue prioritaire sur l'agenda politique, facilitée par une série de politiques provinciales et municipales : le *Safe Street Act* rendant illégal les *squeegee kids* et la mendicité dans les espaces publics, la légalisation de la semaine de travail de soixante heures, l'assouplissement des règlements d'urbanisme, l'élimination des programmes de logements publics, des programmes de contrôle des loyers, l'instauration d'une politique de nettoyage des sols contaminés plus flexible afin d'accélérer le redéveloppement, la priorisation de programmes de redéveloppement donnant à la ville une vitrine mondiale (revitalisation des zones riveraines, Jeux olympiques), l'encouragement de la conversion de logements locatifs ou de sites industriels en copropriétés, etc.

---

7. L'ex-maire de Toronto, M. Lastman, a été élu à deux reprises entre 1998 et 2003. Ancien maire de la banlieue de North York, il a une vision politique conservatrice, pro-développement et populiste. La proportion de conseillers municipaux à tendance conservatrice est plus importante que dans le conseil municipal de l'ancienne ville-centre de Toronto. Certains réformistes demeurent en place dans la nouvelle ville. Toutefois, depuis 1998, les réformistes ont définitivement été noyés par les conservateurs, ce qui montre à quel point l'instrumentalisation du référentiel « démocratie locale » par les conservateurs a été efficace. En novembre 2003, D. Miller est élu maire de Toronto contre J. Tory, conservateur très près de l'ancien maire M. Lastman. L'élection de D. Miller, combinée à la cuisante défaite des conservateurs aux élections provinciales d'octobre 2003, a ravivé les espoirs réformistes de centre-gauche. Pourtant, la gauche demeure inquiète puisque le consensus autour de la nécessité de prioriser la compétitivité internationale n'est pas ébranlé. Reste donc à voir si l'élection de D. Miller permettra de mettre de l'avant les éléments les plus critiques de la gauche torontoise ou si elle ne fera que reproduire le régime réformiste des classes moyennes urbaines.

CONCLUSION

L'héritage urbain et démocratique des réformistes a donc été largement repris par la nouvelle ville, qui a insisté sur la densité, la qualité de vie, l'embellissement, l'harmonie raciale et culturelle, la diversité, la participation, l'environnement, etc. La montée en puissance d'un nouveau régime qu'on pourrait qualifier de néolibéral s'est opérée en s'appuyant sur cette culture politique territoriale et ce discours opposant l'urbain au suburbain. Alors qu'en 1998 il semblait évident, au vu de la mobilisation impressionnante contre la fusion, que le gouvernement provincial conservateur avait mal jugé la force de cette culture politique réformiste urbaine qui se sentait menacée, il serait plus approprié maintenant d'évoquer une nouvelle synthèse, qui relève également de l'instrumentalisation, dans laquelle la nouvelle ville n'a pas suivi la route du développement suburbain à faible densité, tel que le prédisait le C4LD. Au contraire, elle a réussi à incorporer cette culture politique réformiste (dans ses éléments les moins radicaux) dans un régime néolibéral soutenant les ambitions du gouvernement provincial conservateur (compétitivité, réduction de taxes, populisme, individualisation de la responsabilité sociale), tout en redéfinissant la portée de l'urbanité et la diversité tant célébrées par les réformistes s'opposant au développement dans les années 1970.

Alors que dans les années 1970, l'ennemi des réformistes était l'étalement suburbain saisi à travers une vision sociale simplificatrice (diversité urbaine contre homogénéité suburbaine), la lutte des mouvements de gauche aujourd'hui doit s'émanciper de cette dichotomie afin d'intégrer les changements sociodémographiques à l'œuvre à Toronto comme ailleurs. « L'ennemi » n'est plus tant la banlieue qui se diversifie que la vision de l'urbanité proposée par le modèle néolibéral de développement qui repose sur le dynamisme et la densité urbaine. L'importance des villes dans l'économie mondiale a été amplement documentée (Castells, 1989 ; Sassen, 1994). Une ville-centre viable, urbaine, festive, multiculturelle offre un avantage comparatif significatif dans les cercles voués à la promotion d'une ville. Cette vision de l'urbanité débarrassée des imprévus, des terrains vagues, des indésirables et autres manifestations de rue (graffitis, musiques alternatives, etc.) permet, pour reprendre les mots de S. Zukin, de « pacifier par le cappuccino » (Zukin, 1995 ; Smith, 1996).

Le C4LD et les réformistes auraient beaucoup à gagner à abandonner la fausse dichotomie centre/banlieue, dans la mesure où les critiques sociales et la mobilisation contre cette vision néolibérale de l'urbanité doivent passer par une alliance entre la ville et la banlieue. Les mécanismes de démocratie locale mis en place par la nouvelle ville ne touchent pas les banlieues de l'après-guerre du Grand Toronto qui avait été exclues de la fusion. Une perspective régionale serait souhaitable en tant qu'élément de résistance au modèle néolibéral. La question du nouveau régionalisme à Toronto fait l'objet d'un débat ambigu. D'une part, plusieurs acteurs provinciaux et locaux ont adopté au début des années 1990 les principes prônés par les travaux états-uniens (Ledebur et Barnes, 1993). Ce débat a culminé avec la publication du *Golden Report* commandé par le gouvernement du NPD au pouvoir en Ontario avant l'élection des conservateurs. Le *Golden Report* (connu aussi sous le nom de *GTA Task Force Report*) a été le résultat d'un groupe de travail sur l'avenir du Grand Toronto (Greater Toronto Area Task Force, 1996). Alors que le nouveau gouvernement conservateur a décidé en 1996 d'ignorer les recommandations du *Golden Report* en optant pour les fusions à l'échelle de Métro Toronto plutôt que du Grand Toronto (alimentant ainsi la dichotomie urbain/suburbain), certains universitaires et activistes torontois ont également critiqué ce rapport pour son insistance sur un nouveau régionalisme visant le développement compétitif de la région plutôt que le développement social à l'échelle régionale (Todd, 1998 ; Kipfer, 1998). D'autre part, le débat sur la fusion et le malaise de certains activistes face à la dichotomie entre la ville et la banlieue au cœur du discours du C4LD ont encouragé un discours régionaliste plus radical (biorégionalisme, lutte contre la pauvreté, etc.). Après la fusion, le Grand Toronto a vu la montée d'un mouvement revendiquant plus d'autonomie pour les grandes villes au sein de la fédération canadienne. Ce mouvement prend plusieurs formes, allant de la désignation de cités-États, à la création d'une province de Toronto, à l'élaboration de nouveaux pactes municipal-fédéral, à la redéfinition de la loi provinciale ontarienne sur les municipalités, à l'élaboration d'une charte pour la Ville de Toronto qui lui conférerait une certaine marge d'autonomie et des sources de revenus plus diversifiées. À l'exception de quelques acteurs comme J. Sewell (qui maintient une distinction claire entre la ville-centre et les banlieues du Grand Toronto), la plupart des universitaires, activistes, gens d'affaires et bureaucrates qui mettent de l'avant ces propositions pensent sous l'angle du régionalisme, cherchant à doter le Grand Toronto de nouveaux pouvoirs (Rowe, 2000).

Quant aux mécanismes de démocratie locale discutés, on ne peut établir un rapport de causalité entre les transformations socioculturelles de Toronto et une « réponse » de la ville. Même si plusieurs acteurs locaux affirment que les nouveaux outils d'intégration de la diversité et de participation au budget municipal répondent aux études liant la pauvreté et l'ethnicité (Ornstein, 2000), ces mécanismes relèvent surtout d'une volonté d'intégrer la culture politique réformiste au sein de la nouvelle ville. En ce sens, les changements institutionnels et territoriaux de 1997-1998 ont en grande partie précipité cette reformulation du réformisme, tout en permettant sa récupération par une nouvelle élite néolibérale soutenue par le gouvernement provincial. Il ne s'agit donc pas d'une réponse directe à des tensions urbaines causées par des changements sociodémographiques, mais plutôt de la saisie de l'occasion offerte par les changements institutionnels imposés par le gouvernement provincial afin de déstabiliser le régime réformiste et d'asseoir une vision néolibérale de l'urbanité en capitalisant sur les changements sociodémographiques.

Ces nouveaux mécanismes définissent les interlocuteurs légitimes de la société civile dans la mesure où ils ne sont pas trop menaçants. Les manifestations de luttes urbaines liées au mouvement altermondialisation et ayant des sympathies anarchistes (droit au logement par le squat, lutte contre la pauvreté mobilisant les sans-abri, visions alternatives de l'écologisme ou de la culture urbaine, etc.) ont vite fait d'être écartées de cette approche de la démocratie locale (Barlow et Clarke, 2001 ; Klein, 2002).

Le cas de Toronto montre clairement que le maintien d'un discours sur la démocratie locale par les réformistes les moins conservateurs a en partie contribué à leur déradicalisation en les incorporant dans un nouveau régime néolibéral dont la prise de pouvoir a été facilitée par les changements institutionnels imposés par le gouvernement provincial en 1997-1998. Comme l'indiquait R. Keil en 1998, le discours sur la démocratie locale des activistes réformistes préoccupés par la fusion de leur culture politique avec celle des banlieues s'est accompagné d'une baisse de la participation des réformistes dans l'aménagement du territoire urbain (Keil, 1998). Alors même que des manifestations importantes sillonnaient les rues de Toronto pour protester contre les fusions, des décisions étaient prises loin du public sur l'extension de l'aéroport international Pierson, sur la construction du méga-complexe Air Canada pour le club de Hockey des *Maple Leafs* et le club de basketball des *Raptors*, sur la rénovation festive du square Dundas au cœur de la ville, sur la conversion de sites industriels en copropriétés et bien d'autres exemples, décisions ayant un impact important sur la définition de l'espace urbain et sur son accès pour divers groupes désavantagés. Ce discours sur la démocratie locale cache une centralisation du pouvoir qui s'effectue à Toronto depuis la montée du régime néolibéral (Keil, 1998).

Le discours sur la démocratie locale à Toronto n'est certes pas une innovation, mais porte plutôt la marque d'une appropriation caractéristique de la part d'un régime néolibéral misant sur l'urbanité et la diversité. Ce phénomène n'est pas unique à Toronto. En effet, B. Jessop propose une typologie intéressante des différents modèles néolibéraux, dans laquelle le néocommunautarisme figure comme projet néolibéral dans la mesure où le recours à la démocratie locale comme contrepoids aux politiques néolibérales aboutit bien souvent aux mêmes politiques de décentralisation, de partenariat avec les acteurs du privé et de la société civile, de flexibilisation des règles bureaucratiques, de promotion de l'économie de service et de l'économie sociale (Jessop, 2002). Le néocommunautarisme et le discours sur la démocratie locale à Toronto portent un double sens, marqué par la nécessité de repenser le régime réformiste.

BIBLIOGRAPHIE

ALLEN, M. (dir.) (1997). *Ideas That Matter: The Worlds of Jane Jacobs*, Owen Sound, The Ginger Press.

BARLOW, M. et T. CLARKE (dir.) (2001). *Global Showdown: How the New Activists Are Fighting Global Corporate Rule*, Toronto, Stoddart.

BOUDREAU, J.-A. (1999). « Megacity Toronto: Struggles over Differing Aspects of Middle-Class Politics », *International Journal of Urban and Regional Research*, vol. 23, n° 4, p. 771-781.

BOUDREAU, J.-A. (2000). *The Megacity Saga: Democracy and Citizenship in This Global Age*, Montreal, Black Rose Books.

CASTELLS, M. (1983). *The City and the Grass-roots: A Cross-cultural Theory of Urban Social Movements*, London, Edward Arnold.

CASTELLS, M. (1989). *The Informational City*, Oxford, Blackwell.

CAULFIELD, J. (1988a). « Canadian Urban "Reform" and Local Conditions: An Alternative to Harris's "Reinterpretation" », *International Journal of Urban and Regional Research*, vol. 12, n° 3, p. 477-484.

CAULFIELD, J. (1988b). « "Reform" As a Chaotic Concept: The Case of Toronto », *Urban History Review/Revue d'histoire urbaine*, vol. XVII, n° 2, p. 107-111.

CAULFIELD, J. (1994). *City Form and Everyday Life: Toronto's Gentrification and Critical Social Practice*, Toronto, University of Toronto Press.

CITY OF TORONTO (1997). *Community Consultation: Options for Decision Making in the Megacity*, Toronto, City of Toronto, p. 34.

CITY OF TORONTO (1999). *Toronto Plan*, Emerging Views for the New Plan, Toronto, City Planning Division, Urban Development Services, City of Toronto, p. 8.

CITY OF TORONTO (2000). *Toronto Plan: Directions Report*, Toronto at the Crossroads: Shaping Our Future, Toronto, City Planning Division, Urban Development Services, City of Toronto, p. 16.

CITY OF TORONTO (2001). *Development of a City of Toronto Declaration and Plan of Action Regarding the Elimination of Racism in Relation to the United Nations – World Conference Against Racism, Racial Discrimination,*

Xenophobia and Related Intolerance (UN-WCAR), téléchargé de l'internet le 20 février, www.city.toronto.on.ca.

CITY OF TORONTO (2002). *Plan of Action for the Elimination of Racism and Discrimination*, téléchargé de l'internet le 20 février, www.city.toronto.on.ca.

CITY OF TORONTO (2003). *2003 City Budget Community Workbook*, téléchargé de l'internet le 21 février, www.city.toronto.on.ca.

COMMUNITY SOCIAL PLANNING COUNCIL OF TORONTO (2000). *An Act for the New Millenium?*, Sound Bite, Toronto, Community Social Planning Council of Toronto, 15.

CROUCHER, S.L. (1997). «Constructing the Image of Ethnic Harmony in Toronto, Canada: The Politics of Problem Definition and Nondefinition», *Urban Affairs Review*, vol. 32, n° 3, p. 319-347.

FILION, P. (2000). «Balancing Concentration and Dispersion? Public Policy and Urban Structure in Toronto», *Environment and Planning C: Government and Policy*, vol. 18, n° 2, p. 163-189.

GREATER TORONTO AREA TASK FORCE (1996). *Greater Toronto: Report of the GTA Task Force*, Toronto, Publications Ontario.

HARRIS, R. (1987). «A Social Movement in Urban Politics: A Reinterpretation of Urban Reform in Canada», *International Journal of Urban and Regional Research*, vol. 11, n° 3, p. 363-379.

HARRIS, R. (1988). «The Interpretation of Canadian Urban Reform: A Reply to Caulfield», *International Journal of Urban and Regional Research*, vol. 12, n° 3, p. 485-489.

JACOBS, J. (1961). *The Death and Life of Great American Cities*, New York, Vintage Books.

JESSOP, B. (2002). «Liberalism, Neoliberalism, and Urban Governance: A State-Theoretical Perspective», dans N. Brenner et N. Theodore (dir.), *Spaces of Neoliberalism: Urban Restructuring in North America and Western Europe*, Malden, MA, Blackwell, p. 105-125.

KEIL, R. (1998). «Toronto in the 1990s: Dissociated Governance?», *Studies in Political Economy*, vol. 56, p. 151-167.

KIPFER, S. (1998). «Urban Politics in the 1990s: Notes on Toronto», dans I. Zurich (dir.), *Possible Urban Worlds*, Zurich, ETH.

KIPFER, S. (1999-2000). *Whose City Is It? Global Politics in the Mega-City*, Cityscope: Newsletter of the Community Social Planning Council of Toronto, p. 13-17.

KIPFER, S. et R. KEIL (2002). «Toronto Inc.? Planning the Competitive City in the New Toronto», *Antipode*, vol. 34, n° 2, p. 227-264.

KLEIN, N. (2002). *Fences and Windows : Dispatches from the Front Lines of the Globalization Debate*, Toronto, Vintage Canada.

LEDEBUR, L.C. et W.R. BARNES (1993). *All in Together*, Washington, DC, National League of Cities.

LEMON, J.T. (1996). « Toronto, 1975 : The Alternative Future », dans J.T. Lemon (dir.), *Liberal Dreams and Nature's Limits : Great Cities of North America Since 1600*, Toronto, Oxford University Press, p. 242-294.

LORIMER, J. (1970). *The Real World of City Politics*, Toronto, James Lewis et Samuel.

MILROY, B.M. (2002). « Toronto's Legal Challenge to Amalgamation », dans C. Andrew, K.A. Graham et S.D. Phillip (dir.), *Urban Affairs : Back on the Policy Agenda*, Montreal and Kingston, McGill-Queen's University Press, p. 157-178.

ORNSTEIN, M. (2000). *Ethno-Racial Inequality in the City of Toronto : An Analysis of the 1996 Census*, Toronto, Access and Equity Unit, Strategic and Corporate Policy Division, Chief Administrator's Office, p. 133.

ROWE, M.W. (2000). *Toronto Considering Self-government*, Owen Sound, Ont., The Ginger Press Inc.

SASSEN, S. (1994). *Cities in a World Economy*, Thousand Oaks, Pine Forge Press.

SEWELL, J. (1972). *Up Against City Hall*, Toronto, James Lewis and Samuel.

SEWELL, J. (1993). *The Shape of the City : Toronto Struggles with Modern Planning*, Toronto, University of Toronto Press.

SEWELL, J. (2000). « The City Status of Toronto », dans M. W. Rowe (dir.), *Toronto Considering Self-Government*, Owen Sound, The Ginger Press, Inc., p. 67-72.

SMITH, N. (1996). *New Urban Frontier : Gentrification and the Revanchist City*, New York, Routledge.

TASK FORCE ON COMMUNITY ACCESS AND EQUITY (1998). *Consultation Guide*, Toronto, City of Toronto.

TASK FORCE ON COMMUNITY ACCESS AND EQUITY (2000). *Diversity Our Strength, Access and Equity Our Goal*, téléchargé de l'internet le 21 février, www.city.toronto.on.ca.

TODD, G. (1998). « Megacity : Globalization and Governance in Toronto », *Studies in Political Economy*, n° 56, p. 193-216.

TORONTO CITY COUNCIL POLICY AND FINANCE COMMITTEE (2001). *Diversity Advocate*, Toronto, City of Toronto, Report n° 2.

ZUKIN, S. (1995). *The Cultures of Cities*, Cambridge, Blackwell.

CHAPITRE

LA RÉFORME MUNICIPALE ET LA PARTICIPATION PUBLIQUE AUX AFFAIRES URBAINES MONTRÉALAISES
RUPTURE OU CONTINUITÉ ?

Anne Latendresse

Depuis un certain nombre d'années, on assiste à un regain d'intérêt pour la démocratie locale, et par extension pour des problématiques comme l'inclusion, la citoyenneté et la participation dans la ville. La grande ville ou la métropole était encore il n'y a pas si longtemps associée à l'anonymat de G. Simmel, voire au désordre, au chaos, aux problèmes sociaux. Or, dans les travaux plus récents, la ville, dans un contexte de mondialisation économique et culturelle, est de plus en plus considérée comme un espace privilégié où se produisent des innovations importantes en matière de démocratie et de gestion des affaires publiques. En effet, dans les transformations de l'État, la ville favoriserait l'émergence de nouvelles modalités de relation entre les divers types d'acteurs qui impliquent négociation, partenariat et médiation (Le Galès, 1995). D'autres considèrent que la grande ville constitue un espace pour le renouvellement de la démocratie et de la citoyenneté. En se référant à l'expérience de Berlin, J. Friedman soutient ainsi que la métropole peut devenir le lieu de l'expression d'une citoyenneté locale (Friedman, 1998).

Toutefois, tous ne sont pas d'accord. Pour P. Perrineau (2003), les sociétés modernes sont confrontées au paradoxe du désenchantement démocratique. D'une part, nous assistions à un questionnement, voire à une remise en cause de la démocratie représentative (Barber, 1997; Courtemanche, 2003). P. Norris évoque ainsi la montée d'un «cynisme croissant» vis-à-vis des gouvernements démocratiques pour expliquer la détérioration de la participation démocratique (participation électorale, militantisme partisan, engagement civique) (Norris, 1999). À Montréal par exemple, le taux de participation aux dernières élections municipales n'était que de 48 %, un taux plus faible qu'aux élections précédentes. Or, les élections de 2001 comportaient pourtant des enjeux démocratiques majeurs pour les Montréalais. D'autre part, une quête en faveur de nouveaux espaces de participation dans la gestion des affaires publiques se fait jour. L'expression de cette demande d'un renforcement démocratique et d'une plus grande participation citoyenne à la définition de la ville s'inscrit, au Québec, dans un contexte historique qui remonte aux années 1960 (Hamel, 1991).

Montréal, tout comme les principales villes du Québec, a récemment connu une réorganisation municipale sans précédent. Issue de la fusion de l'ancienne ville-centre et des vingt-sept municipalités de banlieue de l'île, la naissance de la nouvelle ville de Montréal a été l'occasion pour les Montréalais de se pencher sur l'avenir de leur ville. À l'initiative d'un organisme communautaire, la Société de développement communautaire de Montréal (SODECM), deux sommets des citoyens de Montréal ont eu lieu en 2001 et 2002 et rassemblé des centaines de personnes en provenance de multiples secteurs et milieux (syndical, communautaire, féministe, écologiste, communautés culturelles de l'île de Montréal). Il s'agissait là d'une première à Montréal. Pour les organisateurs de ces initiatives, la réforme municipale, malgré ses lacunes et en dépit du fait qu'elle ait été imposée par le gouvernement provincial, constitue une opportunité pour renforcer la démocratie locale et de promouvoir la création de nouveaux espaces de participation, notamment à l'échelle des arrondissements. En effet, les Montréalais, et en particulier les militants des organisations communautaires œuvrant sur les enjeux urbains, se plaignaient du grave déficit démocratique qui régnait au sein de la municipalité depuis un certain nombre d'années.

Dans ce chapitre, nous allons nous pencher sur la démocratie locale dans le contexte montréalais depuis la réforme municipale. Les questions de départ sont les suivantes: Dans quelle mesure la création de la nouvelle ville constitue-t-elle une occasion de renforcement démocratique des affaires de la ville? La mise en place de nouvelles structures et institutions s'inscrit-elle en rupture ou en continuité avec la situation antérieure?

Plus spécifiquement, dans quelle mesure les mécanismes et les instances de consultation publique sauront répondre à la demande sociale d'une plus grande participation ? Enfin, quelle sera la réponse des Montréalais à cette reconfiguration institutionnelle ?

7.1. UNE APPROCHE MANAGÉRIALE DE LA RÉFORME MUNICIPALE

Le gouvernement du Québec a imposé une réorganisation municipale sans précédent dont le but affirmé était de redessiner la scène municipale québécoise. À plusieurs reprises depuis les années 1960, le gouvernement provincial avait mandaté diverses commissions sur la question de la réorganisation municipale (Collin, 1999 ; Desrochers, 2003 ; Hamel, 2001). Comme le souligne F. Desrochers, Montréal ne faisait pas exception et « la majorité des projets de réforme esquissés, sont restés lettre morte – le plus célèbre demeurant, sans conteste, le projet incarné par la Commission de développement de la Métropole, organisme mort-né en 1997 » (Desrochers, 2003, p. 30).

Aux yeux du gouvernement du Québec, dirigé de 1994 à 2003 par le Parti québécois (PQ), l'agglomération métropolitaine comprenait des enjeux à la fois semblables et spécifiques par rapport aux autres grandes villes du Québec. En effet, l'agglomération montréalaise est singulière par plusieurs aspects. Elle concentre environ la moitié de la population totale du Québec et 1,7 million d'emplois. Sa production annuelle de quatre-vingt-six milliards de dollars représente près de la moitié des emplois et du PIB du Québec[1]. Sur le plan interculturel, 45 % de la population immigrante se concentre dans la région métropolitaine (Charbonneau et Germain, 2002, p. 316) et cette proportion monte à 70 % pour celle qui réside sur l'île de Montréal (Germain, 2003, p. 79). Sur l'île, l'usage de la langue française est en déclin. Dans le contexte historique du Québec où la majorité de la population francophone vit dans un environnement politico-culturel plus large à majorité anglophone, la composition ethnolinguistique de la population vivant sur le territoire et le découpage politico-administratif ont donc une dimension politique importante (Germain, 2003 ; Serré, 2000). Cette question constituait un enjeu important dans la mesure où, comme le rappelle J.-R. Sansfaçon, rédacteur en chef au quotidien *Le Devoir*, les anglophones montréalais « considéraient leurs municipalités

---

1. Gouvernement du Québec. *La réorganisation municipale : Changer les façons de faire, pour mieux servir les citoyens*, p. 37.

comme leurs premiers remparts pour assurer la protection de leurs intérêts linguistiques et les protéger contre les visées d'un gouvernement
supérieur qui ne respecteraient pas leur vision du pays» (Sansfaçon cité
dans Serré, 2000).

Dans son livre blanc intitulé *La réorganisation municipale : Changer les
façons de faire pour mieux servir les citoyens*, le gouvernement provincial a
identifié plusieurs problèmes qui entravaient, selon lui, le développement de Montréal : l'étalement urbain, la fragmentation municipale, l'ini-
quité fiscale et le décalage entre le territoire couvert par la Communauté
urbaine de Montréal (CUM) (l'instance de gestion et de planification
métropolitaines mise en place en 1970 jusqu'à la réforme) et le territoire
réel d'établissement de la population et des activités qui recouvre une
superficie beaucoup plus grande. La CUM couvre une superficie de
502 km², soit 13 % seulement de territoire de la région métropolitaine de
recensement. La CUM est habitée par une population totale de 1,8 million
de personnes, c'est-à-dire 53,5 % de la population de la Région métropolitaine de recensement estimée à 3,4 millions d'habitants.

L'objectif de la réforme du gouvernement du PQ était de renforcer
les grandes agglomérations urbaines et de réduire le trop grand nombre
de municipalités au Québec[2]. Dans cette logique, le gouvernement a opté
pour le regroupement territorial et administratif de villes d'une même
agglomération. Des grandes villes comme Montréal, Québec, Sherbrooke
ont été fusionnées, d'où la mise en place de nouvelles structures et institutions à l'échelle de l'agglomération métropolitaine, de la ville et des
arrondissements. Les principaux objectifs du gouvernement dans cette
réorganisation municipale étaient les économies d'échelle, une plus
grande rationalisation dans la gestion et la planification urbaines, et la
recherche d'une meilleure performance en matière de gestion des services.

Comme tout projet politique, la réforme proposée par le gouvernement du PQ dans le livre blanc repose sur certaines valeurs. Comme le
fait remarquer L. Quesnel, «la réorganisation municipale n'est pas
qu'une question d'ingénierie administrative sans conséquence pour
l'action publique dans son ensemble. Au contraire, la configuration des
institutions municipales et leurs responsabilités, leur leadership et leur
régime démocratique sont des témoins des orientations générales et des
fondements normatifs sur lesquels repose l'action publique» (Quesnel,

---

2. Le Québec comptait 1306 municipalités en 2000 pour une population totale de 7 098 298
millions de personnes.

2003, p. 3)[3]. Or, bien que le livre blanc précise que « la démocratie municipale ne peut se résumer à une question de facture, sans toucher aux structures de décisions » (p. 71), les principaux objectifs énoncés traduisent en fait une approche managériale de la gestion territoriale municipale visant à rendre les villes du Québec plus efficaces et compétitives dans le contexte de la mondialisation économique, reléguant, du coup, les préoccupations d'ordre démocratique au second plan.

7.2. LA DISSIDENCE DES BANLIEUES

À Toronto, l'opposition au projet de fusion est venue à la fois de citoyens de l'ancienne ville-centre de Toronto et des municipalités de banlieue (voir le chapitre 6). Par contre, à Montréal, la grogne est venue principalement des municipalités de banlieue qui faisaient partie de la Communauté urbaine de Montréal (CUM). Très rapidement, au cours du processus de consultation lancé par le gouvernement, les maires des municipalités de banlieue avaient fait connaître leur opposition à l'option de la fusion (Sancton, 2000). Quinze maires des vingt-sept municipalités de banlieue avaient décliné l'invitation de participer au Conseil des maires mis sur pied par le Comité de transition de Montréal mandaté pour mettre en place la nouvelle Ville de Montréal dès le 1er janvier 2002.

Dix-neuf municipalités de banlieue sur les vingt-sept ont contesté devant les tribunaux la légitimité du gouvernement. Parallèlement, un regroupement de citoyens et de comités de citoyens appelé Démocracité a été mis sur pied pour s'opposer à la fusion. Celui-ci a procédé à de vastes mobilisations populaires pour dénoncer le projet du PQ. Ces opposants craignaient une augmentation fiscale et une détérioration des services. Leur revendication portait également sur la préservation de leur identité (notamment linguistique). Même si la proposition du gouvernement du PQ stipulait que les anciennes municipalités pourraient conserver leur statut bilingue, les opposants des banlieues majoritairement anglophones craignaient que cette disposition ne soit pas suffisante. En effet, la charte de Montréal stipule que la ville de Montréal est de langue française. Enfin, plusieurs opposants à la fusion ont évoqué la petite taille de leur municipalité et la proximité qu'ils avaient avec leurs élus comme des mesures leur garantissant une plus grande démocratie. La création d'une grande ville leur faisait craindre une perte identitaire, la bureaucratisation et une mauvaise gestion des affaires de la ville.

---

3. http://www.vrm.ca/documents/Synthese_demo_parti.pdf consulté le 17 octobre 2003.

À l'exception de la mobilisation des banlieues, le projet de fusion n'a pas soulevé beaucoup d'opposition dans le reste de la population. Le mouvement communautaire par exemple, tels le Front d'action en réaménagement populaire (FRAPRU) ou la Table des regroupements des organismes en éducation populaire, ne s'est pas opposé à la fusion, mais a fait valoir la nécessité qu'elle favorise l'équité en matière de services, d'équipement et de partage des coûts entre les secteurs les plus riches et les moins nantis de l'île. En général toutefois, les habitants se sont peu prononcés dans le débat public qui a été largement dominé par les « anti-fusionnistes ».

Le projet de loi proposé par le PQ a finalement été adopté le 20 décembre 2000. Lors des élections municipales dans les villes fusionnées en 2001, de nouvelles formations politiques ont été créées, amalgamant diverses forces politiques dont les anti-fusionnistes. À Montréal notamment, plusieurs anciens maires de banlieue opposés aux fusions ont été élus comme conseillers municipaux à titre de membres de l'Union des citoyens de l'île de Montréal, créée par Gérald Tremblay. C'est cette formation politique qui a remporté les élections municipales du 4 novembre 2001.

Le 14 mars 2003, le PQ était évincé du pouvoir par le Parti libéral du Québec (PLQ) dont la campagne électorale avait été marquée par son opposition aux fusions. De manière plus ou moins implicite, le PLQ proposait même de défusionner les villes s'il était élu. Quelques mois après son élection, le nouveau gouvernement a déposé un nouveau projet de loi (n° 9), qui propose aux nouvelles villes de déposer des plans de réorganisation. Cette mesure ouvre la porte aux « défusionnistes ». Depuis, le débat est en cours.

7.3. UNE ÎLE, UNE VILLE : UNE DÉMOCRATIE À GÉOMÉTRIE VARIABLE

Il est impossible d'évoquer les enjeux de démocratie liés à la réforme sans parler de la représentation et des pouvoirs. L'option de la fusion retenue pour Montréal reposait sur le regroupement administratif et territorial des vingt-huit municipalités de l'île de Montréal. Deux découpages politico-administratifs différents délimitent depuis les entités territoriales de la nouvelle ville. Tout en regroupant les anciennes municipalités, le gouvernement du Québec a respecté les frontières préexistantes comme principal critère de délimitation territoriale. Les neuf arrondissements de l'ancienne Ville de Montréal ont été conservés et dix-huit nouveaux arrondissements ont été créés à partir des vingt-sept municipalités de banlieue.

CARTE 7.1

La fusion des vingt-huit municipalités sur l'île de Montréal

Les arrondissements varient grandement en population et en territoire. L'arrondissement le plus peuplé, selon les données du recensement de 2001, est celui de Côte-des-Neiges–Notre-Dame-de-Grâce, un arrondissement de l'ancienne ville de Montréal, avec 164 350 personnes, alors que Dorval-L'île-Dorval, constitué de deux anciennes municipalités, représente le plus petit arrondissement avec 17 332 habitants. La moyenne du nombre de personnes dans les arrondissements de l'ancienne ville-centre est de 115 670 habitants, alors que celle pour les anciennes municipalités de banlieue est de 42 567 habitants seulement.

Cette différence ne serait pas si importante si elle n'était pas accompagnée d'une surreprésentation des habitants des banlieues dans les instances décisionnelles. Sur le plan politico-administratif, la réforme distingue deux types de conseillers : les conseillers de la ville (appelés aussi conseillers municipaux) et les conseillers d'arrondissement. Les premiers siègent à la fois au conseil municipal et au conseil d'arrondissement, tandis que les seconds siègent seulement au conseil d'arrondissement.

Les conseillers municipaux sont élus par les électeurs de l'arrondissement. Ils possèdent plus de pouvoir dans la mesure où, malgré une
décentralisation et un partage des pouvoirs, compétences et responsabilités entre la ville-centre et les arrondissements, le conseil municipal conserve un certain nombre de prérogatives et de pouvoirs, et adopte des
décisions pour la ville dans son ensemble. Par exemple, le budget municipal pour la ville, les emprunts et les budgets d'arrondissement notamment sont adoptés par cette instance qui est responsable également de la
révision du plan d'urbanisme.

Un examen du ratio élu/électeurs révèle que les habitants des
anciennes municipalités de banlieue sont mieux représentés que ceux des
arrondissements de l'ancienne ville-centre. La banlieue a, de fait, un poids
politique considérable au conseil municipal avec quarante élus sur un
total de soixante-treize conseillers (excluant le maire), trente-trois conseillers provenant de l'ancienne ville-centre. La disproportion apparaît plus
évidente lorsqu'on considère que ces quarante conseillers représentent
une population de 766 211 personnes contre trente-trois conseillers de
l'ancienne ville pour une population de 1 041 031 habitants (selon les
données statistiques de 1996).

Le tableau 7.1 indique une moyenne de 17 903 électeurs par conseiller
de ville pour les arrondissements de l'ancienne ville-centre et de 17 154
électeurs par élu pour les arrondissements constitués des anciennes
municipalités de banlieue. Certes, la différence n'est pas très grande.
Toutefois, la comparaison du nombre d'électeurs par élu ne reflète pas
fidèlement la représentation faite par les élus. Au vu du nombre de résidents par élu, en incluant cette fois les conseillers de ville et les conseillers
d'arrondissement, la représentation des résidents est deux fois moindre
dans les arrondissements de l'ancienne ville de Montréal (un élu pour
26 026 habitants) que celle qui prévaut dans les anciennes municipalités
(un élu pour 11 972 habitants).

Au comité exécutif, la distorsion de la représentation est encore
plus frappante. Sur un total de onze conseillers en excluant le maire, sept
conseillers proviennent de la banlieue alors qu'on en compte seulement
quatre pour l'ancienne ville-centre. De plus, la présidence du comité exécutif est revenue à un conseiller municipal de l'arrondissement de Saint-
Léonard, une ancienne municipalité de banlieue. Si l'on ventile ces données selon le nombre d'électeurs par élu, on compte 179 029 électeurs
par élu pour l'ancienne ville de Montréal contre 80 871 électeurs par élu
en provenance des anciennes municipalités de banlieue. Encore ici, la
population de l'ancienne ville de Montréal est sous-représentée.

TABLEAU 7.1

**Comparaison de la représentation des habitants
et des électeurs par arrondissement**

	Ancienne ville de Montréal	Anciennes municipalités de banlieue
Nombre total d'habitants	1 041 031	766 211
Nombre total d'électeurs	766 116	566 095
Nombre moyen d'habitants par conseiller de ville	26 026	23 219
Nombre moyen d'habitants par conseiller de ville et d'arrondissement	26 026	11 972
Nombre moyen d'électeurs par conseiller de ville	17 903	17 154
Nombre moyen d'électeurs par conseiller de ville et d'arrondissement	17 903	8 845

Source : http ://www2.ville.montreal.qc.ca/ consultée en août 2003

Cette surreprésentation des banlieues au sein du conseil municipal découle du choix retenu par le précédent gouvernement de respecter les anciennes limites territoriales, comme cela a été fait dans le cas de fusions antérieures, et de préserver ainsi le sentiment identitaire des collectivités concernées. Toutefois, le projet de loi 170 fixait le nombre de conseillers de ville selon la taille de la population pour chacun des arrondissements. Insatisfaits du nombre de conseillers qui leur était attribué par le projet de loi, des élus des anciennes municipalités ont réussi à convaincre le gouvernement d'augmenter ce nombre.

Par ailleurs, la charte de la ville de Montréal (annexe I de la loi 170 adoptée en décembre 2000) prévoyait la division de certains arrondissements en districts électoraux pour l'élection de conseillers de la ville ou de conseillers d'arrondissement. De plus, elle stipulait que les conseils d'arrondissement devaient être gouvernés par un collège d'élus composé de trois à six personnes. Quinze des vingt-sept arrondissements n'ont que trois conseillers. Or, à la suite de la mobilisation de plusieurs municipalités, de groupes et de citoyens, des amendements ont été apportés au printemps 2001 par la loi 29. Les arrondissements de Saint-Laurent, de Saint-Léonard, de Verdun, de Montréal-Nord et de LaSalle ont vu leur nombre de conseillers passer de trois à cinq. Cette mesure d'exception, adoptée pour les premières élections seulement, a augmenté la disproportion de la représentation politique en faveur des municipalités de banlieue. Par exemple, on compte cinq conseillers (deux conseillers de ville et trois conseillers d'arrondissement) pour un arrondissement comme Verdun qui compte 60 598 habitants et six conseillers pour l'arrondissement de Côte-des-Neiges–Notre-Dame de Grâce qui en a 164 350.

Dans le cas du comité exécutif, le poids politique accordé aux banlieues relève d'une décision du maire qui, selon la charte de Montréal, possède le pouvoir de choisir les membres de cette instance. Pour comprendre le choix du maire, il faut tenir compte de la composition de sa formation politique. Créée dans le contexte de la mise en place de la fusion, l'Union des citoyens et des citoyennes de l'île de Montréal (UCIM) est une formation issue d'une alliance entre, d'une part, Gérald Tremblay, ancien ministre du gouvernement libéral au début des années 1990, et, d'autre part, le Rassemblement des citoyens et des citoyennes de Montréal (RCM) et des élus des municipalités de banlieue. Contrairement à Pierre Bourque, maire sortant de Montréal, qui incarnait un leadership politique plus marqué et souhaitait que l'ancienne ville de Montréal reste au centre de l'échiquier politique, Gérald Tremblay a rapidement été considéré comme « le candidat chéri des banlieues » (*Le Devoir*, 5 novembre 2001) dans la mesure où il avait réussi à rallier plusieurs des maires opposés à la fusion dans la région de Montréal, comme Peter B. Yeomans de Dorval, Georges Bossé de Verdun, Luis Miranda d'Anjou, Bill McMurchie de Pointe-Claire et Frank Zampino de Saint-Léonard. La victoire électorale de l'UCIM (quarante et un conseillers élus sur un total de soixante-treize) a été essentiellement celle de la banlieue.

S'il est clair, à la lumière de l'analyse de la représentation politique, qu'il existe un déséquilibre entre la représentation des intérêts de la population des anciennes municipalités de banlieue et celle de l'ancienne ville de Montréal, qu'en est-il de la répartition du pouvoir au sein des nouvelles instances ?

7.4. NOUVEAU MODÈLE, NOUVELLES STRUCTURES ?

À priori, le modèle institutionnel retenu par le gouvernement du Québec pour Montréal semblait innover avec un partage des pouvoirs et de responsabilités dans une structure à trois paliers : la Communauté métropolitaine de Montréal (CMM) pour la grande région métropolitaine, le conseil municipal et le comité exécutif pour l'ensemble de la ville (c'est-à-dire l'île de Montréal) et enfin les conseils d'arrondissement, qui sont, en fait, la principale innovation de cette réforme (Bruneault et Collin, 2001 ; Latendresse, 2002 ; Desrochers, 2003).

7.4.1. À L'ÉCHELLE DE L'AGGLOMÉRATION MÉTROPOLITAINE

À l'échelle régionale, le chapitre 34 de la loi 170 a donné naissance à la CMM qui allait entrer en activité le 1er janvier 2001. Cette instance de gestion et de planification inter-municipale regroupe soixante-trois municipalités réparties sur les couronnes nord et sud ainsi que sur l'île de Montréal. Son territoire d'intervention est considérablement plus étendu que celui couvert auparavant par la CUM. Alors que le territoire de la CUM correspondait à l'île de Montréal, celui de la CMM correspond aux limites de la région métropolitaine de recensement, avec une superficie de 3 818 km² et une population totale de 3,4 millions de personnes.

Cette institution ne peut cependant pas être considérée comme un gouvernement supra-municipal comme l'avait recommandé le Groupe de travail sur la région de Montréal (GTRM) (Hamel, 2001 ; Desrochers, 2003). Cela aurait impliqué qu'elle soit dotée de pouvoirs de taxation et que son personnel politique soit élu directement par la population. Néanmoins, la CMM intègre de nouvelles responsabilités et de nouveaux pouvoirs. Elle doit élaborer un schéma métropolitain d'aménagement et d'urbanisme. Elle a également à « établir une vision stratégique du développement économique, social et environnemental pour la région métropolitaine et voir à ce que le plan de développement urbain corresponde à cette vision[4] ». Outre les quatre compétences liées à l'aménagement du territoire, au développement économique, à la planification de la gestion des déchets et à celle du transport en commun (qui sont des compétences communes au conseil municipal et aux conseils d'arrondissement), la CMM supervise également le développement artistique et culturel, la gestion des équipements et infrastructures, le logement social et la promotion internationale (Desrochers, 2003).

La CMM est composée de vingt-huit représentants provenant de la région métropolitaine de Montréal qui regroupe l'île de Montréal, Laval, Longueuil, la Rive-Nord et la Rive-Sud. On y trouve le maire et treize conseillers municipaux de la Ville de Montréal, le maire et deux conseillers municipaux de la Ville de Laval, le maire et deux conseillers municipaux de la Ville de Longueuil, quatre maires de la Rive-Nord et quatre maires de la Rive-Sud. Cette instance est également dotée d'un comité exécutif de huit membres issus du conseil de la CMM et répartis comme suit : le maire et trois conseillers municipaux de la Ville de Montréal, les maires de Laval et de Longueuil et deux autres provenant l'un de la Rive-Sud et l'autre de la Rive-Nord. La Ville de Montréal s'est vu attribuer la

---

4. Site Internet de la CMM : http://www.cmm.qc.ca consulté le 17 août 2003.

CARTE 7.2

La communauté métropolitaine de Montréal

NOUVELLE VILLE
DE MONTRÉAL
(27 arrondissements)

Anciennes limites administratives
de la Ville de Montréal

1. Dorval, L'Île Dorval
2. Mont-Royal
3. Kirkland
4. Westmount
5. Outremont
6. L'Île-Bizard, Sainte-Geneviève,
   Sainte-Anne-de-Bellevue, parties
   de Senneville et de Pierrefonds
7. Beaconsfield, Baie-d'Urfé
8. Pointe-Claire
9. Anjou
10. Côte-Saint-Luc, Hampstead,
    Montréal-Ouest
11. Dollard-des-Ormeaux, Roxboro
12. Verdun
13. Pierrefonds, parties de Senneville
14. Saint-Léonard

15. Saint-Laurent
16. Montréal-Nord
17. LaSalle
18. Rivière-des-Prairies, Pointe-aux-
    Trembles (Mtl), Montréal-Est
19. Ville-Marie (Mtl)
20. Sud-Ouest (Mtl)
21. Plateau-Mont-Royal (Mtl)
22. Mercier, Hochelaga-
    Maisonneuve (Mtl)
23. Ahuntsic, Cartierville (Mtl)
24. Rosemont, Petite-Patrie (Mtl)
25. Villeray, Saint-Michel,
    Parc-Extension (Mtl)
26. Côte-des-Neiges–
    Notre-Dame-de-Grâce
    (Mtl)
27. Lachine

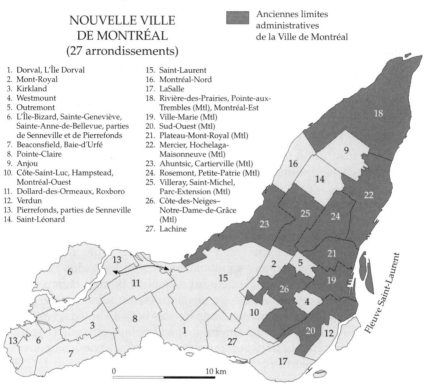

0   10 km

présidence et la représentation la plus importante au sein du conseil de la CMM et de ses commissions, car elle rassemble 53 % de la population totale de la région métropolitaine.

Pour mesurer la portée de la mise en place de la CMM, il est important de noter qu'elle succède à un certain nombre d'organismes métropolitains comme la Commission métropolitaine de Montréal en 1921, la Corporation du Montréal métropolitain en 1959 et la CUM en 1970. Selon M.-O. Trépanier, « ces différents organismes ont difficilement survécu aux querelles entre Montréal et la banlieue. Le bon fonctionnement de la CUM elle-même souffrira toujours du problème de la disproportion entre Montréal et les banlieues de la CUM » (Trépanier, 1998, p. 326). Par ailleurs, la mise en place de la CMM ne semble pas résoudre la question de la fragmentation municipale et du grand nombre d'instances qui interviennent sur ce territoire. Il suffit de rappeler ici que les municipalités régionales de comté (MRC) établies autour de l'île vers 1980 restent en place, ainsi que des institutions comme les commissions scolaires locales et régionales, les régies de la santé et des services sociaux, des conseils régionaux de développement, des sociétés de transport, etc. La présence des multiples institutions intervenant sur ce territoire rend difficile la collaboration et encourage les mécanismes d'isolement, de défense ou de concurrence (Trépanier, 1998).

La mise en place de la CMM s'inscrit en continuité avec la situation antérieure. En fait, le gouvernement du Québec aurait pu profiter de cet événement pour créer une réelle instance de gouvernement métropolitain et lui offrir de véritables moyens d'assurer une meilleure planification à l'échelle de la grande région métropolitaine. Il a cependant opté pour le maintien d'un certain statu quo. La CMM demeure une instance de concertation inter-municipale privée du droit de taxation. Par ailleurs, sur le plan démocratique, la CMM est composée de conseillers des municipalités qui ne sont pas élus directement par les résidents de la région métropolitaine, ce qui maintient une distance avec la population et affaiblit l'imputabilité des élus. Cette situation permet aux municipalités de faire valoir leurs intérêts, de prendre le dessus sur un gouvernement métropolitain reposant sur la coopération et l'intérêt de la grande région. À cette échelle, le seul mécanisme de consultation de la population réside dans les six commissions composées des membres de son conseil (aménagement, développement économique, équipements métropolitains et finances, environnement, logement social, transport). Enfin, les citoyens n'ayant aucune prise sur cette instance, la CMM demeure vague, abstraite et méconnue pour les non-initiés des affaires municipales. F. Desrochers conclut (2003, p. 34) : « La CMM, comme avant elle la CUM, paraît davantage destinée à demeurer la "chose" des municipalités qui la composent, un utile forum de discussions, accessible par la voie commode de la cooptation ; un club sélect, pour maires seulement, assorti d'un rôle de planification. »

7.4.2. À L'ÉCHELLE DE LA VILLE

Pour sa part, la Ville de Montréal est structurée par trois instances politiques : le conseil municipal (ou conseil de ville), le comité exécutif et les conseils d'arrondissement. À l'exception de la création des conseils d'arrondissement qui constituent la principale nouveauté de la réforme, le conseil municipal et le comité exécutif s'inscrivent dans la continuité des structures antérieures. Le conseil municipal, composé du maire et de soixante-treize conseillers municipaux, est compétent en matière d'aménagement et d'urbanisme, de développement communautaire et social, de voirie municipale, de production et de distribution de l'eau potable, d'assainissement des eaux, de récupération et de recyclage des matières résiduelles, de logement social, etc[5]. À la différence du conseil municipal de l'ancienne ville de Montréal où tous les pouvoirs et services étaient centralisés, le nouveau conseil municipal partage une partie de ses pouvoirs et responsabilités avec les conseils d'arrondissement qui sont devenus les entités politico-administratives responsables de l'ensemble des affaires relatives à leur arrondissement respectif. Toutefois, la charte de la ville précise bien que l'élaboration des budgets, l'adoption du plan d'urbanisme et la gestion des ressources humaines notamment (incluant le personnel qui travaille dans les bureaux d'arrondissement) demeurent des prérogatives du conseil municipal qui peut aller à l'encontre de décisions prises par les conseils d'arrondissement. Dans le contexte actuel où le gouvernement du Parti libéral permettra de nouvelles réorganisations municipales qui peuvent aller jusqu'à la défusion, l'administration municipale a adopté, en septembre 2003, un plan de décentralisation qui accorde plus de pouvoirs aux arrondissements. Le maire Gérald Tremblay espère ainsi assurer l'avenir de la grande ville en répondant aux attentes des conseillers des anciennes municipalités de banlieue en quête de plus grands pouvoirs pour leur arrondissement.

Pour sa part, le comité exécutif demeure une instance dotée de pouvoirs considérables. Il prépare et soumet au conseil municipal le budget annuel de la ville, incluant les projets d'emprunts. De plus, le conseil est habilité à signer des contrats de moins de 100 000 dollars. Bien que le comité exécutif siège à huis clos, quelques séances ont été tenues publiquement au cours de l'automne 2002 à la demande d'un conseiller municipal.

En matière de consultation publique à l'échelle de la ville, le conseil municipal recueille l'opinion du public lors des séances du conseil. De plus, la loi permet la création d'un office de consultation publique dont le mandat est de « proposer des règles visant à encadrer la consultation publique faite par toute instance de la ville afin d'assurer la mise en place de mécanismes de consultation crédibles, transparents et efficaces[6] ». Toujours en matière de consultation, le conseil municipal a mis en place dix commissions permanentes, dont celles du conseil de la présidence, des finances, d'urbanisme, d'aménagement du territoire, d'environnement et de développement durable, de développement économique, des relations interculturelles, de l'habitation et du développement social et communautaire. De plus, la Ville s'est dotée d'un ombudsman.

---

5. Site de la Ville de Montréal : http://www2.ville.montreal.qc.ca consulté le 10 juin 2003.

6. http://www2.ville.montreal.qc.ca/vie_democratique/consultation_publique.htm le 10 juin 2003.

Il est bon de rappeler que des instances de consultation publique semblables avaient été instaurées dans les années où la municipalité était dirigée par le RCM, entre 1988 et 1994. L'arrivée au pouvoir de ce parti, grâce à l'appui notamment du mouvement syndical et des mouvements sociaux urbains, avait marqué un tournant majeur dans l'administration de la ville dans la mesure où, durant les trente années précédentes, elle avait été dirigée par un maire autoritaire et populiste. Cette victoire du RCM en 1986 et l'adoption en 1988 d'une politique-cadre de consultation publique constituaient un pas important pour la modernisation de l'appareil politico-administratif (Hamel, 1991). Dans la foulée de cette politique, l'administration avait alors mis en place trois instances : le Bureau de consultation publique de Montréal (BCM), les commissions permanentes du conseil (au nombre de cinq) et les comités-conseils d'arrondissement. À quelques différences près, les commissions permanentes du conseil et l'Office de consultation de Montréal mises en place depuis la réforme leur sont apparentées.

7.4.3. LA PORTÉE ET LES LIMITES DES CONSEILS D'ARRONDISSEMENT

La création de conseils d'arrondissement constitue sans doute la principale innovation de cette réforme. Pour la première fois dans l'histoire de Montréal, les élus (conseillers municipaux et conseillers d'arrondissement) peuvent exercer certains pouvoirs et prendre des décisions concernant la gestion, l'aménagement et les affaires liées au développement communautaire et local sur le territoire de leur arrondissement. Les conseils d'arrondissement assurent la gestion des services de proximité, des équipements et infrastructures ainsi que du développement social, communautaire et local, des parcs et de la voirie de l'arrondissement. Ils sont dotés d'un budget déterminé par l'administration centrale selon une formule de péréquation qui doit, en principe, permettre de rétablir les disparités entre les arrondissements. Selon la charte de Montréal, les arrondissements ne peuvent pas prélever de taxes (cela constitue d'ailleurs une demande d'un certain nombre d'élus dans le débat actuel sur la décentralisation), si ce n'est pour offrir un service spécial. Le plan de décentralisation adopté récemment par l'administration aura comme effet d'accroître le pouvoir des arrondissements, notamment dans le domaine de la tarification.

L'arrondissement est doté d'un directeur d'arrondissement et d'employés responsables des principaux services. Les conseils d'arrondissement ont mis en place des moyens de communication et d'information pour les résidents de leur arrondissement respectif, et ils tiennent des séances mensuelles où le public peut intervenir. Chaque arrondissement est géré par un conseil composé d'un président et de conseillers municipaux ou d'arrondissement selon la taille de la population. Les conseillers sont élus par districts électoraux.

Si la loi prévoit des instances et mécanismes de consultation publique sur des enjeux en matière d'urbanisme, de planification pour la ville, rien de tel n'est prévu à l'échelle des arrondissements, à l'exception des comités-conseils d'urbanisme (CCU). Ces comités-conseils composés d'au moins un élu de l'arrondissement et d'experts ou de citoyens ont comme tâche d'étudier les projets soumis et de faire des recommandations aux élus du conseil d'arrondissement. Leur composition et leur fonctionnement varient d'un arrondissement à l'autre. Dans la majorité des arrondissements, ils siègent à huis clos. Toutefois, dans certains arrondissements, à Saint-Laurent par exemple, le CCU siège en public et les citoyens peuvent intervenir.

En conformité avec la *Loi sur les cités et villes*, les conseils d'arrondissement peuvent mandater toute instance de l'arrondissement, pour mener des consultations en toute matière qui découlent des compétences des arrondissements. Ils sont également autorisés à constituer des commissions permanentes, ce qui a permis la mise en place de commissions ou de comités de travail dans de nombreux arrondissements. Encore ici, on retrouve une diversité de cas. Les commissions œuvrent dans des domaines aussi variés que les loisirs, la culture, les travaux publics, le transport, le développement économique, la sécurité publique, l'environnement et le développement durable. Chaque arrondissement a établi son propre fonctionnement et ses propres normes. Dans la majorité des arrondissements, le recrutement des membres qui composent les commissions se fait par désignation par les élus. Cependant, il arrive, comme à Mont-Royal et à Westmount, que le recrutement se fasse par appel public de candidatures.

La création des conseils d'arrondissement semble avoir été bien accueillie par les citoyens de l'ancienne ville de Montréal qui, pour la première fois dans l'histoire de leur ville, profite d'une gestion de proximité. Toutefois, les anciennes municipalités de banlieue, selon la *Loi sur les cités et villes*, étaient dotées des pleins pouvoirs associés aux municipalités du Québec (autres que celles de Montréal et Québec qui possédaient leur propre charte) : taxation, adoption de budget, allocation de ressources, adoption et révision de leur plan d'urbanisme, etc. Or, l'intégration de ces municipalités de banlieue au sein de la nouvelle ville a entraîné un changement de leur statut juridique. De municipalités dotées de pleins pouvoirs elles ont été transformées en arrondissement aux pouvoirs plus limités. L'imposition de structures uniformisées à l'échelle des arrondissements de l'ensemble de la nouvelle ville a donc entraîné des impacts différents selon le statut juridique antérieur. Encore une fois, il est permis ici de parler de démocratie à géométrie variable pour qualifier la situation dans la mesure où nous sommes en présence d'une indéniable différenciation territoriale dans l'organisation de la vie démocratique. En effet, les élus des arrondissements des anciennes municipalités de banlieue ont dû faire face à une perte d'autonomie et de compétences qui a été compensée, toutefois, par une représentation politique importante au sein du conseil municipal et du comité exécutif. Dans le cas des arrondissements de l'ancienne ville-centre, cette réforme constitue un gain indéniable en matière de pouvoir, mais un affaiblissement de leur représentation au sein des structures institutionnelles que sont le conseil municipal et le comité exécutif.

Le nouvel arrangement institutionnel découlant de l'agencement des différentes structures institutionnelles établies aux échelles métropolitaine, de la ville et des arrondissements s'inscrit donc en continuité avec la situation antérieure. La CMM, malgré l'élargissement de son territoire et l'ajout de certaines responsabilités, s'inscrit en relation directe avec l'ancienne CUM. À l'échelle de la ville, les nouvelles instances mises en place rappellent fortement celles instaurées à l'époque par le RCM : par exemple, l'Office de consultation de Montréal s'apparente beaucoup à l'ancien Bureau de consultation publique. Le seul élément d'innovation réside donc dans la création de conseils d'arrondissement dotés de budget, de pouvoirs liés à la gestion des services de proximité. Il reste à voir dans quelle mesure les élus et les citoyens investiront ces nouveaux espaces.

CONCLUSION

La réforme municipale à Montréal a donc eu des impacts variés selon les différents secteurs de l'île. L'approche néo-institutionnaliste qui prend en considération le legs institutionnel passé (Hall et Taylor, 1997) permet de poser l'hypothèse du maintien de cette différenciation territoriale en matière d'organisation de la démocratie locale. En effet, il est légitime de présumer que les pratiques démocratiques, tant des élus que des citoyens, restent encore imprégnées par l'héritage des structures municipales antérieures.

Cette hypothèse se trouve renforcée par le débat actuel sur la décentralisation et la défusion porté par un grand nombre de conseillers municipaux qui représentent les arrondissements des anciennes municipalités de banlieue. Ces conseillers, dont bon nombre étaient maires de leur municipalité, affirment leur volonté de retrouver les pouvoirs qu'ils avaient antérieurement. Ils sont déterminés à obtenir plus de pouvoirs et de compétences de la part de la ville-centre. Bien qu'il soit trop tôt pour confirmer ces résultats, une enquête en cours indique que, au sein des conseils d'arrondissement, ils tentent de maintenir les instances de consultation et les comités de travail hérités du temps des anciennes municipalités. En d'autres termes, leur option visant le retour à la situation d'avant la réforme les amène à opter pour une stratégie visant la préservation des structures institutionnelles et des pratiques antérieures.

Du côté des arrondissements de l'ancienne ville-centre, la donne est différente. Le contexte institutionnel a changé. Il s'inscrit à la fois en rupture avec la situation antérieure, dans la mesure où les conseillers peuvent maintenant gérer les arrondissements, et en continuité, dans la mesure où les instances de consultation ressemblent considérablement à celles qui avaient été mises en place par le RCM. Pour les conseillers de l'ancienne ville-centre, et en particulier ceux de l'UCIM, la réforme a créé un espace qui permet même à certains conseils d'arrondissement d'innover et peut-être de répondre ainsi aux attentes des citoyens en matière de participation. Par exemple, dès la première année de son existence, le conseil d'arrondissement de Côte-des-Neiges–Notre-Dame-de-Grâce a mené un exercice de présentation publique du budget. Cette année, il a organisé deux séances spéciales sur le budget afin de permettre aux organismes et citoyens de se faire entendre sur l'allocation des ressources budgétaires. De son côté, le conseil du Plateau-Mont-Royal a mandaté un comité de travail pour réfléchir et faire des propositions concrètes en matière de démocratie participative. De fait, la décentralisation ouvre ainsi un espace où il est possible d'innover à l'échelle des arrondissements. Dans le même temps et paradoxalement, elle incite les anciennes municipalités de banlieue à maintenir le statu quo. Cette démocratie à géométrie variable peut mener à une situation où, dans la même ville, certains arrondissements seraient ouverts et participatifs, tandis que d'autres demeureraient des bastions traditionnels détenus par des notables locaux.

BIBLIOGRAPHIE

BARBER, B. (1997). *Démocratie forte*, Paris, Desclée de Brouwer,

BOUDREAU, J.-A. (2000). *The MegaCity. Democracy and Citizenship in this Global Age*, Montréal, Black Rose Books.

BRUNEAULT, F. *et al.* (2001*). Les structures de représentation politique.* Document publié dans le cadre du projet Démocratie municipale à Montréal : Des clefs pour analyser les enjeux de la réforme. Site Internet, Villes, régions, monde. Villes, régions, monde.http ://www.vrm.ca/démocratie_capsule

BRUNEAULT, F. et J.-P. COLLIN (2001). *Le partage des compétences.*. Document publié dans le cadre du projet Démocratie municipale à Montréal : Des clefs pour analyser les enjeux de la réforme. Site Internet, Villes, régions, monde.http ://www.vrm.ca/démocratie_capsule

CHARBONNEAU, J. et A. GERMAIN (2002). « Les banlieues de l'immigration », *Recherches sociographiques*, vol. XLIII, nᵒ 2, p. 311-328.

COLLIN, J.-P. (1998) « La création de la CUM en 1969 : circonstances et antécédents », dans Y. Bélanger *et al.* (dir.), *La CUM et la région métropolitaine. L'avenir d'une communauté*, Sainte-Foy, Presses de l'Université du Québec, p. 5-17.

COLLIN, J.-P. (1999). « Quel modèle de gestion métropolitaine pour les villes-régions canadiennes ? », dans C. Andrew *et al.* (dir.), *Les villes mondiales. Y a-t-il une place pour le Canada ?*, Ottawa, Presses de l'Université d'Ottawa, p. 403-420.

COURTEMANCHE, G. (2003). *La Seconde Révolution tranquille*, Montréal, Boréal.

DESROCHERS, F.G. (2003). « La réforme est un long fleuve tranquille », *Possibles*, vol. 27, nᵒˢ 1-2, p. 28-36.

FRIEDMAN, J. (1998). « The New Political Economy of Planning : The Rise of Civil Society », dans M. Douglass *et al.* (dir.), *Cities for Citizens. Planning and The Rise of Civil Society in a Global Age*, Chichester, John Wiley and Sons.

GERMAIN, A. (2003). « Deux Montréal dans un ? », *Possibles*, vol. 27, nᵒˢ 1-2, p. 78-88.

HALL, P.A. et TAYLOR, R.C.R. (1997) « La science politique et les trois néo-institutionnalismes », *Revue française de science politique*, vol. 47, nᵒˢ 3-4, p. 469-496.

HAMEL, P. (1991). *Action collective et démocratie locale. Les mouvements urbains montréalais*, Montréal, Presses de l'Université de Montréal.

HAMEL, P. (1997). « Démocratie locale et gouvernementalité : portée et limites des innovations institutionnelles en matière de débat public », dans M. Gariépy et M. Marié (dir.), *Ces réseaux qui nous gouvernent ?* Paris, L'Harmattan, p. 403-424.

HAMEL, P. (2001). «Enjeux métropolitains: les nouveaux défis», *International Journal of Canadian Studies*, n° 24, p. 105-127.

LATENDRESSE, A. (2002). «Réorganisation municipale sur l'île de Montréal: une opportunité pour la démocratie montréalaise», *Annales des Ports et Chaussées*, n° 102, p. 23-31.

LE GALÈS, P. (1995). «Du gouvernement des villes à la gouvernance urbaine», *Revue française de science politique*, vol. 45, n° 1, p. 57-95.

MINISTÈRE DES AFFAIRES MUNICIPALES ET DE LA MÉTROPOLE (2000). *La réorganisation municipale: changer les façons de faire pour mieux servir les citoyens*, Québec, Gouvernement du Québec.

NORRIS, P. (dir.) (1999). *Critical Citizens. Global Support for Democratic Governance*, Oxford, Oxford University Press.

PERRINEAU, P. (2003). *Le désenchantement démocratique*, La Tour d'Aigues, L'Aube.

QUESNEL, L. (2003). «Territorialisation de l'action publique. Efficacité et équité. Quelques éléments de réflexion», texte déposé sur le site Internet Villes, régions, monde.

SANCTON, A. (2000). *La frénésie des fusions. Une attaque à la démocratie locale*, Montréal, McGill-Queen's University Press.

SERRÉ, P. (2000). «Fusion des municipalités sur l'île de Montréal. Une réforme technocratique sans dimension démocratique?», site Internet http://www.vigile.net/00-12/fusions-serre.html

TRÉPANIER, M.-O. (1998) «Les défis de l'aménagement et de la gestion d'une grande région métropolitaine», dans C. Manzagol et C. Bryant, *Montréal, 2001. Visages et défis d'une métropole*, Montréal, Presses de l'Université de Montréal, p. 319-340.

CHAPITRE

LA LUTTE POUR L'EMPLOI ET LA GOUVERNANCE ÉCONOMIQUE
LE MODÈLE MONTRÉALAIS[1]

Jean-Marc Fontan
Juan-Luis Klein
Benoît Lévesque

Ce texte vise à analyser l'importance des initiatives volontaires des acteurs sociaux localisés dans ce que nous appelons les « quartiers orphelins ». L'objectif de ces initiatives est de mobiliser un ensemble divers de ressources en vue d'infléchir les effets de la mondialisation, effets perçus comme déstructurants par les collectivités qui résident dans ces quartiers. Ces actions cherchent tantôt à reconvertir des friches urbaines, tantôt à conserver, voire à relancer des entreprises menacées, tantôt à défendre les acquis des milieux de vie locaux. Ces initiatives ont une présence active à Montréal, une des métropoles nord-américaines confrontées depuis plus de deux décennies au défi de la reconversion économique (Coffey et Shearmur, 1998; Polèse et Coffey, 1999; Polèse, 1999; Coffey *et al.*, 2000, Klein *et al.*, 2003).

1. Les recherches dont nous nous inspirons pour la rédaction de ce texte ont reçu un appui financier de l'OCDE, programme « Local Economic and Employment Development » (LEED) et du Conseil de recherche en sciences humaines (CRSH) du Canada.

C'est dans ce contexte de reconversion socioéconomique, qui affecte particulièrement les anciennes métropoles de la côte est de l'Amérique du Nord, qu'il faut comprendre les changements structurels en cours dans la région métropolitaine de Montréal depuis les deux dernières décennies. Bien que Montréal soit la plus ancienne ville industrielle du Canada, et qu'elle ait été sa plus importante métropole jusqu'aux années 1950, dès l'après-guerre, une conjonction de facteurs économiques et politiques défavorables a provoqué un processus intensif de restructuration de son armature productive.

Ce processus a été marqué aussi bien par le redéploiement industriel que par la conversion aux nouvelles technologies. Véritable « tempête de destruction créatrice », ce processus a mis les anciens espaces industriels devant le défi de l'adaptation, défi qui a fortement interpellé les acteurs sociaux (Klein *et al.*, 2003). Ces acteurs se sont impliqués dans le développement et la mise en œuvre de projets économiques en mobilisant divers types de ressources humaines, organisationnelles et financières dans le but de connecter leurs collectivités à la « nouvelle économie ». Aussi, les ressources de l'économie sociale ont été mises au service de la reconversion par des acteurs sociaux et communautaires. Mais, dans la perspective de ceux-ci, il s'agit d'une reconversion différente, mise en œuvre au profit des collectivités locales et non à leurs dépens.

Dans ce chapitre, nous essayerons de démontrer que la présence active à Montréal de « l'acteur civil[2] », c'est-à-dire d'organisations ancrées dans un mouvement social de reconversion socioéconomique, a contribué à l'implantation d'un modèle de développement métropolitain qui se distingue d'autres modèles nord-américains. Par rapport à d'autres métropoles nord-américaines et européennes (Jouve 2003 ; Savitch et Kantor 2002), le régime urbain montréalais qui s'est structuré sur la problématique de la reconversion industrielle présente certaines particularités. La croissance économique et le développement des nouvelles technologies constituent certes des objectifs importants. Néanmoins, la situation à Montréal se caractérise à la fois par la place importante des mouvements sociaux dans le régime urbain et par le référentiel que ceux-ci ont réussi à structurer : ils ont fait de la lutte pour l'emploi l'objectif

---

2. Nous préférons parler d'acteur civil plutôt que de société civile dans ce contexte. Pour nous, l'expression « acteur civil » désigne les organisations de la société civile qui mettent en œuvre des projets et des actions dont les conséquences se font sentir autant sur le bien-être des collectivités auxquelles elles se rattachent que sur leur gouverne. Nous distinguons l'acteur civil (organisations communautaires, syndicats), l'acteur public (différents paliers et dispositifs de l'instance publique) et l'acteur privé (capital privé et entreprises privées). L'intérêt pour nous est de voir comment se relient ces trois types d'acteur dans les projets de reconversion économique.

central de la politique de reconversion industrielle. C'est en cela que le régime montréalais se distingue des coalitions de croissance et des régimes urbains de type entrepreneurial ou corporatiste qui se sont mis en place dans des métropoles comme Boston, Détroit ou encore Atlanta (Elkin, 1987 ; Stone, 1989 ; DiGaetano et Klemanski, 1999). Pour ce faire, les mouvements sociaux ont innové dans leur répertoire d'action et ont réussi à adopter une plate-forme de travail qui s'est imposée comme un des « points de ralliement » de l'ensemble des acteurs, y compris l'acteur public.

Notre analyse sera présentée en quatre parties. D'abord, nous aborderons la question de la reconversion en mettant l'accent sur la place de l'action civile dans la définition d'une sphère territoriale du développement économique. Dans un deuxième temps, nous nous référerons aux acteurs en présence et aux choix précis qu'ont fait des acteurs sociaux de miser sur une reconversion associant des visées sociales à la lutte pour l'emploi. Dans un troisième temps, nous illustrerons ce type d'action de développement par l'étude d'un cas concret. Il s'agit d'un exemple tiré des actions pour contrer des fermetures d'usine dans l'arrondissement du Sud-Ouest de la ville de Montréal. Ce territoire représente l'un des « quartiers orphelins ». Il a été le théâtre d'expériences novatrices de gouvernance locale initiées par l'acteur civil où le milieu associatif et les syndicats ont orienté l'action des acteurs public et privé. Pour terminer, nous insisterons sur l'importance de l'acteur civil dans la mise en place d'une stratégie plurielle de reconversion et, partant, de développement économique.

Notre analyse montrera que la gouvernance de la reconversion montréalaise se rapproche moins des modèles nord-américains en cours que de ce qu'il est convenu d'appeler le « modèle de Barcelone », lequel se caractérise par la concertation et le consensus[3]. Le modèle montréalais se distingue toutefois par la présence active des mouvements sociaux, lesquels ont contribué à façonner un mode de gouvernance où les acteurs sociaux sont incontournables et orientent les choix collectifs. Ce mode de gouvernance vise un développement à partir d'une économie plurielle, où l'économie sociale tantôt cohabite, tantôt se combine avec l'économie privée et l'économie publique.

---

3. Dans le cas de Barcelone, l'élaboration de stratégies de développement a servi de lieu de débat entre les institutions publiques, les organisations sociales et les acteurs économiques. Ce débat a permis de légitimer et de donner une cohérence à des actions publiques et mixtes visant à réduire les inégalités et à augmenter la qualité de vie des citoyens afin de démocratiser le développement économique (Borja, 1998).

8.1. L'ACTION CIVILE DE RECONVERSION DANS LES TERRITOIRES ORPHELINS

Comme résultat de la mondialisation, nombreuses sont les zones économiques de l'Amérique du Nord, de l'Europe, de l'Asie et de l'Amérique latine qui ont plongé dans le maelström de la déqualification et de la dévitalisation. Ce sont souvent des régions qui vivaient jadis de l'exploitation des ressources naturelles, de l'industrie textile, de la transformation du bois, de la construction navale ou de l'industrie militaire. Aujourd'hui, ces régions doivent s'adapter à une économie qui se réoriente vers les nouvelles technologies, ce qui provoque des turbulences économiques ayant un impact social sérieux dans ces régions. Une proportion non négligeable des travailleurs et des populations plus vulnérables qui y résident font les frais du désinvestissement provoqué par la perte d'attractivité économique de leur territoire.

Ces territoires, devenus dans bien des cas des orphelins du développement, sont tout simplement évités par les investisseurs de la nouvelle économie. Certaines zones sont même devenues invisibles aux yeux du marché et dépendent fortement pour leur survie de mesures gouvernementales. D'autres, poussées par l'embourgeoisement ou la spéculation effrénée, se tournent vers des secteurs plus rentables, souvent aux dépens des résidents locaux et de l'intégrité de leur environnement. Or, las de leur dépendance, dans plusieurs pays, des acteurs sociaux locaux ont choisi de prendre en main leur destinée socioéconomique et de lancer des initiatives de développement innovatrices.

Un colloque tenu récemment à Montréal sur la reconversion par la société civile a montré la variété et l'importance de ces initiatives[4]. Nous avons pu constater qu'elles prennent une place cruciale dans le contexte de la restructuration des espaces économiques, même si, souvent, elles résultent de projets qui réagissent aux forces déstructurantes du marché. Par leur intermédiaire, des communautés, des villes et des régions affectées par la crise de l'économie industrielle se connectent ou se reconnectent avec l'économie du savoir. Elles constituent des réponses à travers lesquelles des acteurs locaux – en partenariat avec des institutions publiques et parapubliques, des universités, des organisations syndicales

---

4. L'importance du défi posé aux territoires par la situation de reconversion continue de leurs activités économiques a inspiré la réalisation en mai 2002 d'un important colloque désigné comme « Le rendez-vous de Montréal ». Ce colloque a réuni des participants nord-américains, sud-américains et européens impliqués dans la mise en œuvre de modèles novateurs de développement économique et social (Fontan *et al.*, 2003).

et communautaires, ainsi que des entreprises privées et d'économie sociale – veulent infléchir le cours que les forces du marché impriment au développement de leur territoire et tentent de conférer une dimension sociale à l'économie du savoir.

Pour bien comprendre le rôle et la place des initiatives de reconversion portées par la société civile, leur analyse doit être placée dans le contexte des rapports entre la mondialisation et l'initiative locale. Ceci pose notamment la question des nouvelles modalités de régulation, des nouveaux arrangements institutionnels et des nouvelles formes de gouvernance provoquées par l'adaptation du local au global (OCDE, 2001a), adaptation qu'il ne faut pas voir comme étant à sens unique.

L'ouverture des marchés et les possibilités offertes par les technologies de l'information et des communications ont contribué à modifier les conditions de la concurrence et à remettre en question les politiques industrielles traditionnelles des institutions gouvernementales. Ainsi, de nouvelles stratégies visant le développement de la nouvelle économie et l'adaptation de la production aux nouvelles exigences du marché ont été élaborées et appliquées. Le repositionnement des économies nationales a souvent été réalisé dans le sens d'une spécialisation dans des secteurs performants, localisés dans des «espaces gagnants» (Benko et Lipietz, 1992), ce qui a provoqué un changement important dans les orientations des politiques d'aménagement et de développement territorial (OCDE, 2001b).

La formation de zones économiques continentales met en place un nouveau cadre pour la croissance des entreprises. Celles-ci disposent d'espaces élargis où leur mobilité et leur flexibilité leur permettent de bénéficier de nouvelles économies d'échelle et d'avantages comparatifs divers. L'espace devient ainsi un enjeu majeur de la concurrence. La mobilité des capitaux financiers refaçonne l'offre et la demande d'espace : les capitaux deviennent des demandeurs de lieux de valorisation de leurs investissements et les acteurs locaux, des détenteurs de l'offre d'espace. Dans ce contexte, les métropoles et les espaces régionaux sont en compétition (Klein et Fontan, 2003, Pecqueur, 2003).

Ce nouveau cadre de concurrence incite les gouvernements nationaux à miser sur les entreprises et les régions performantes. Les politiques publiques de développement industriel et de création d'entreprises comptent de plus en plus sur la concentration d'activités à la fois innovatrices sur le plan technologique et rentables sur le plan financier. Enfin, les leaders de la gouvernance urbaine s'affrontent pour que leurs espaces deviennent plus attractifs. Ils suscitent alors le développement d'avantages concurrentiels par l'offre de nouvelles externalités. Cet ensemble de mesures favorise la concentration des capitaux et des services innovateurs dans des zones spécifiques des grandes métropoles (Borja et Castells, 1997).

Dans ces nouvelles zones de croissance, l'environnement immédiat des entreprises et les éléments intangibles ou extra-économiques, comme la qualité des réseaux, la densité institutionnelle, la qualité de vie, sont fortement mobilisés pour créer des avantages comparatifs. Dans une économie de plus en plus ouverte et mondialisée, le local réaffirme sa capacité d'être un lieu propice pour créer des emplois et accroître la compétitivité et la rentabilité des entreprises. Cependant, ceci ne concerne pas l'ensemble des espaces du local, d'où le renouvellement des modalités de reproduction des inégalités socioéconomiques. Une partie du problème des inégalités en matière de croissance économique tient au fait que les territoires qui ont vu décliner les anciens secteurs productifs ne sont pas choisis spontanément par les entreprises les plus performantes de la nouvelle économie. La mondialisation redessine à la pièce et de façon très sélective la carte de la production de la richesse et de la localisation de l'emploi.

Refusant le rôle de témoin passif que les institutions dirigeantes de la mondialisation (Davos, G8, FMI, etc.) voudraient leur attribuer, les acteurs des collectivités négligées par la croissance construisent des organisations faisant la promotion de dynamiques locales de développement. Ces organisations mobilisent les ressources de l'économie sociale et solidaire pour construire des réseaux locaux et mettre en valeur leur « capital socio-territorial » – c'est-à-dire leurs ressources humaines, physiques, organisationnelles, culturelles et identitaires – dans leurs rapports au développement économique, tout en mettant en œuvre de nouvelles formes de collaboration avec les entreprises, les universités, les syndicats et autres groupes du social.

Les initiatives de reconversion issues de la société civile ne suivent pas un modèle unique, bien au contraire. Elles illustrent la richesse des activités de reconversion et de lutte pour l'emploi qui ont lieu actuellement à l'échelle de la planète. Pour les chercheurs et les intervenants, ces initiatives constituent un vaste réservoir de connaissances en matière de développement. Les savoir-faire mis de l'avant par des intervenants de la société civile puisent dans une boîte à outils dont l'origine remonte aux districts industriels de type marshalien. Cette formule du district industriel a été remise à jour entre autres par les travaux de Piore, Bagnasco, Benko et Lipietz, qui présentent la construction sociale des réseaux productifs et des marchés comme une option face aux perspectives néolibérales de transformation du fordisme (Lévesque et *al.*, 1995 ; Benko *et al.*

1996). Cette approche inspire le modèle analytique des lieux dits « aimants » qui, selon la formule de Markusen (2000), sont des lieux dynamiques où les entreprises et les collectivités font système et innovent sur les plans technologique et social. C'est l'objectif des acteurs locaux que de construire socialement les conditions pour créer ces lieux « aimants ».

8.2. L'ACTEUR CIVIL DANS LE CHOIX STRATÉGIQUE : LA LUTTE POUR L'EMPLOI À MONTRÉAL

Du point de vue de la société civile, les territoires orphelins ne sont pas sans ressources, à commencer par la capacité de mobilisation des acteurs collectifs. Si la mobilisation se limitait souvent dans le passé à faire pression sur l'acteur public ou sur le patronat, les expériences de reconversion misent maintenant non seulement sur ces pressions, mais de plus en plus sur l'entrepreneuriat collectif ou social pour alimenter des initiatives innovantes. De telles expériences ont pour source la volonté de résister à la perte d'emplois et à la dévitalisation du milieu. C'est l'effet de ces actions que nous regarderons dans le cas de Montréal.

Nous faisons l'hypothèse que Montréal incarne un modèle spécifique de gouvernance du fait que les organisations traditionnelles d'exercice du pouvoir, telles les structures municipales, ont été confrontées au cours des deux dernières décennies à la pression de nouvelles organisations dont la légitimité provient de leur représentativité sociale. Il est reconnu par tous les acteurs que Montréal traverse depuis plusieurs décennies une crise structurelle. Les effets de cette crise, d'abord camouflés par des opérations de cosmétique urbaine (grands projets de rénovation urbaine de 1960 à 1975, construction du métro de Montréal dans les années 1960, Exposition universelle en 1967, Jeux olympiques en 1976), sautent aux yeux des acteurs lorsque, à la fin des années 1970, les secteurs industriels qui avaient traditionnellement soutenu la croissance montréalaise se déplacent massivement vers des espaces offrant de meilleurs conditions de rentabilité. Ce processus de redéploiement industriel se caractérise par la délocalisation d'entreprises, la perte d'emplois et une montée importante du taux d'assistance sociale et de chômage. Par exemple, entre 1975 et 1992, le taux de chômage passe de 6,7 % à 16,7 %[5].

---

5. Depuis, la situation s'est améliorée. À partir de 1995, le taux de chômage baisse progressivement pour atteindre 8,4 % en 2002. Ce taux demeure cependant plus haut que celui de Toronto (7,4 %) et de la moyenne canadienne (7,7 %) (Voir Statistique Canada, CANSIM, tableau 282-0053 et publication n° 71-001-PIB).

L'évidence de cette crise aux conséquences à la fois économiques et spatiales, dans la mesure où la délocalisation d'entreprises et le chômage affectent davantage les quartiers péricentraux où se localisaient ces secteurs industriels traditionnels, provoque plusieurs réactions chez les acteurs économiques et sociaux (Klein et *al.*, 1998 ; Klein *et al.*, 2001). Au risque de trop simplifier, disons que ces réactions mettent en œuvre trois types de stratégie.

D'une part, à l'instar de stratégies appliquées ailleurs en Amérique du Nord, les représentants du milieu des affaires et des principales institutions privées et gouvernementales s'orientent vers le développement des entreprises de la nouvelle technologie et notamment vers l'adoption d'une stratégie de partenariat entre celles-ci et le milieu de la recherche universitaire. La bougie d'allumage de cette stratégie a été le groupe de travail créé par le gouvernement fédéral en 1985 et présidé par L. Picard, une importante personnalité universitaire. Comme résultat des travaux des seize leaders institutionnels de Montréal qui le formaient, ce comité a produit un rapport, connu comme le « Rapport Picard », qui est devenu une référence pour les intervenants aussi bien publics que privés en ce qui concerne la reconversion montréalaise. Ce rapport a élaboré une stratégie qui privilégiait le leadership privé, l'internationalisation et le développement des secteurs de technologie de pointe (télécommunications, aérospatial, biopharmaceutique, informatique, microélectronique). Ces orientations devaient être mises en œuvre à l'échelle de l'agglomération et devaient donner lieu à des opérations d'aménagement à l'échelle métropolitaine[6].

D'autre part, cette stratégie du milieu des affaires et des élites s'est confrontée aux réactions des mouvements sociaux, à savoir le mouvement associatif, dit communautaire, et le milieu syndical. La stratégie du milieu associatif communautaire a été mise de l'avant par des organisations ancrées dans les quartiers que nous avons appelés orphelins, c'est-à-dire ceux mis en difficulté par le redéploiement industriel, d'abord à Pointe-Saint-Charles, dans le Centre-Sud et à Hochelaga-Maisonneuve et ensuite dans tous les quartiers péricentraux. Autour de leaders communautaires, ces quartiers se sont mobilisés pour défendre les acquis et adopter des stratégies de développement adaptées aux nouvelles conditions économiques et respectueuses des intérêts de la population locale. Les principaux résultats de cette mobilisation résident dans l'élaboration d'une stratégie qualifiée par les acteurs de « développement économique

---

6. Voir le texte « Rapport du comité consultatif au comité ministériel sur le développement de la région de Montréal ».

communautaire», et dans la création d'un type d'organisations voué à l'application de cette stratégie d'intervention, les Corporations de développement économique communautaire montréalaises (CDEC) (Fontan, 1991 ; Hamel, 1991).

L'objectif central des CDEC est de promouvoir la concertation des acteurs présents dans leur quartier. Leur but est d'amener les acteurs à se concerter et à lancer des projets de développement de nature partenariale. La concertation permet aux acteurs de se mettre en relation et de se découvrir des objectifs communs. Le deuxième grand objectif des CDEC est l'appui à l'entrepreneuriat local afin de faciliter la création d'emplois locaux. Quant au troisième objectif, c'est l'employabilité des sans-emploi, c'est-à-dire la qualification des individus pour qu'ils puissent réintégrer un marché de l'emploi en restructuration accélérée. L'espace d'action des CDEC est celui des quartiers, des arrondissements. Leurs actions mettent ainsi en évidence le potentiel des territoires locaux en tant que cadre d'une action collective ancrée dans le mouvement social. Il s'agit là d'un changement important dans l'action communautaire, lequel changement ne s'est pas fait sans débats au sein même du mouvement social montréalais.

Le Regroupement pour la relance économique et sociale du Sud-Ouest de Montréal (RESO) est un exemple de CDEC. Le RESO a répondu au défi de la reconversion par une intervention concrète : là où les fermetures d'usine s'accumulaient, où la pauvreté montait en flèche, où aucune ressource n'invitait les entreprises à s'établir, le RESO a démontré qu'il était possible d'infléchir la tendance, d'améliorer la situation de l'emploi au sein d'entreprises existantes, d'insérer socialement et de former des personnes sans emploi, d'attirer des entreprises, de revaloriser le patrimoine bâti et de créer des emplois et de la richesse. De l'action contestatrice réactive on passe ainsi à l'action entrepreneuriale proactive. Depuis leur création, les CDEC jouent un rôle prioritaire dans la promotion de la concertation à l'échelle locale et du développement local, rôle qui leur a été reconnu par le gouvernement du Québec qui, récemment, leur a attribué le statut de Centre local de développement (CLD).

Le troisième type de stratégie, provenant aussi comme le type précédent des mouvements sociaux, est celui qui résulte de l'action syndicale. Dès le début des années 1980, les organisations syndicales adoptent une stratégie qui réoriente leur action et qui les transforme en acteurs importants du développement. En réaction à la mondialisation et au redéploiement industriel, les organisations syndicales se sont orientées vers la lutte pour l'emploi, en créant des fonds d'investissement et des outils de prévention des fermetures d'usine.

Un bon exemple de cette stratégie est celui de la création de fonds de retraite dont l'objectif est de combattre la fermeture des entreprises et d'investir dans la création d'emplois. Le premiér et le plus important fonds de ce genre est le Fonds de solidarité (Lévesque, 2000), créé en 1983 par la Fédération des travailleurs du Québec (FTQ) avec l'objectif explicite de créer de l'emploi. Ce fonds compte actuellement 500 000 actionnaires et des actifs de près de cinq milliards de dollars canadiens. Le fonds de la FTQ a par ailleurs inspiré la deuxième plus grande centrale syndicale du Québec, la Confédération des syndicats nationaux (CSN). Celle-ci s'est dotée en 1996 d'un fonds de retraite appelé Fond*Action*, avec des objectifs similaires à ceux du fonds de la FTQ, mais plus orientés vers l'investissement de capital de risque dans des entreprises d'économie sociale. Fond*Action* possède un quart de milliard de dollars et compte sur près de 50 000 actionnaires.

Dans la même perspective, celle de la lutte pour l'emploi, les organisations syndicales ont instauré des formes d'action qui cherchent à prévoir les crises dans les entreprises et à suggérer des changements qui pourraient contribuer à les éviter. C'est le cas, entre autres, de l'organisation nommée Urgence-Emploi de la FTQ et du Projet de veille pour l'emploi de la CSN. Ces services appuient l'action des syndicats locaux afin d'éviter les licenciements collectifs. Ils élaborent, conjointement avec le patronat et des organisations gouvernementales, des plans de relance des activités des entreprises en difficulté, ce qui implique une volonté syndicale de participer à la gouvernance entrepreneuriale.

La création des CDEC par le mouvement associatif communautaire et l'implantation d'outils et de services syndicaux voués à soutenir la création ou la consolidation d'emplois et à contrer la fermeture des entreprises sont au nombre des actions menées par le mouvement social montréalais pour faire de la lutte pour l'emploi une des orientations stratégiques de la reconversion montréalaise. Ce faisant, autant les organisations syndicales, avec leurs importants actifs financiers, que les organisations communautaires, avec leur potentiel de mobilisation sociale, sont devenues des acteurs reconnus par l'instance publique et le milieu des affaires. Cette orientation vers l'emploi donne un sens aux actions par ailleurs contrastées de l'ensemble des acteurs montréalais.

8.3. LE CAS DU SUD-OUEST : UN ESPACE DE GOUVERNANCE PARTENARIALE

Le Sud-Ouest de Montréal est un territoire qui inclut les anciennes municipalités de Lachine, de LaSalle et de Verdun, toutes trois devenues des arrondissements de la nouvelle ville de Montréal depuis le 1er janvier 2002. Il comprend aussi l'arrondissement du Sud-Ouest de l'ancienne ville de Montréal, lui-même composé de six quartiers qui font partie des plus anciennes zones de peuplement de l'île de Montréal. « Don du canal de Lachine », le Sud-Ouest fut le bastion de l'industrialisation au Canada quand plusieurs entreprises sidérurgiques et manufacturières s'installèrent sur ses berges dès la première moitié du XIXe siècle. Ces entreprises ont employé des milliers de travailleurs qui résidaient à proximité de leur lieu de travail.

Avec la fermeture du canal de Lachine à la navigation dans les années 1960, le Sud-Ouest de Montréal a vécu une importante phase de décroissance économique. Les usines fermaient les unes après les autres ou licenciaient un nombre très important de travailleurs. La population, sous l'effet d'une baisse de la natalité et de l'exode de la population vers des quartiers mieux nantis, s'est mise à décroître. Les investissements publics ont principalement pris la forme de mesures providentielles de transfert : assistance sociale ou assistance emploi. Les investissements privés ont décliné. Les investisseurs se sentant peu attirés par un territoire moins attractif fuyaient ou contournaient une zone marquée par une image négative.

8.3.1. LES ORIGINES DU DÉVELOPPEMENT ÉCONOMIQUE COMMUNAUTAIRE DANS LE SUD-OUEST

Dès la fin des années 1960, sous l'égide de leaders sociaux, souvent issus du milieu clérical, la population est mobilisée et réagit à la détérioration socioéconomique qui touche le territoire. Un nombre important d'initiatives du milieu communautaire montréalais – comités de citoyens, clinique populaire, pharmacie populaire, clinique d'aide juridique, garderies, comités logement, comptoirs alimentaires, journaux communautaires, table locale de concertation – sont créées entre 1965 et 1980.

En 1984, les groupes communautaires de Pointe-Saint-Charles innovent en se dotant d'un organisme voué au développement économique de leur territoire, le Programme économique de Pointe-Saint-Charles (PEP). Il s'agit de la première CDEC de Montréal (on en compte douze aujourd'hui). En 1988, face à la débâcle économique qui se poursuit, les acteurs locaux se rassemblent pour former le Comité pour la relance de l'économie et de l'emploi du Sud-Ouest de Montréal (CREESOM), lequel élabore un plan d'action au cœur duquel on trouve la proposition d'étendre la mission du PEP à tout l'arrondissement. Le PEP devient en 1989 le Regroupement pour la relance économique et sociale du Sud-Ouest (RÉSO). Moins de trois ans plus tard (1992) naît sur les territoires de LaSalle et de Lachine la CDEC Transaction pour l'emploi dont la mission est semblable à celle du RÉSO : création et rétention d'emplois, formation de base et professionnelle, insertion en emploi et concertation des acteurs du milieu en vue d'une relance locale de l'économie. Ces deux organismes deviennent rapidement des références incontournables dans la région et c'est à leur initiative que naissent les stratégies collectives de relance d'entreprises, notamment par le biais des alliances locales pour l'emploi. Ces stratégies sont suivies en étroite relation avec le milieu syndical.

8.3.2. L'EXEMPLE DE LA RELANCE DE L'USINE DOMINION BRIDGE

Pour illustrer une partie du travail réalisé par les CDEC du Sud-Ouest, nous étudierons le cas de la lutte contre la fermeture d'une importante usine du quartier, la Dominion Bridge. Cette usine, dont l'établissement dans le Sud-Ouest remonte à 1879, représente un des derniers vestiges des industries métallurgiques montréalaises de cette époque. Tout le long de son histoire, l'entreprise a largement contribué au développement de la localité. Elle a fourni du travail à nombre de résidents du Sud-Ouest de Montréal. Au moment de sa fermeture en 1998, l'usine assure quelque 250 emplois.

Le syndicat des Métallos, section locale 2843 (FTQ), est établi dans cette usine depuis le début des années 1950, et plusieurs employés qui travaillent encore à « la Dominion » ont plus de vingt-cinq années de service. Durant toutes ces années, une culture particulière de relations de travail s'est établie. Cette culture s'articulait autour du respect mutuel : respect par l'employeur des compétences, de la responsabilité et de l'expertise des travailleurs, lesquelles constituent le principal avantage comparatif de cette entreprise qui fabrique des pièces sur mesure. De même, pour beaucoup de ces travailleurs baignés dans un monde où chacun se définissait par rapport à son travail et à son employeur, ce dernier en est venu à occuper un statut de « bon père de famille », pour reprendre une expression codifiée dans le droit québécois[7]. Ainsi, plusieurs travailleurs en sont venus à s'identifier presque totalement à leur travail et à leurs conquêtes comme résultats de nombreuses luttes syndicales.

---

7. Un membre du syndicat interrogé en février 2002 a utilisé ces termes en faisant référence au respect et au formalisme.

Au printemps 1994, le groupe étatsunien Cedar achète l'usine Dominion Bridge. Peu après, tant les actionnaires que les syndiqués se rendent compte des maladresses du groupe de direction de l'usine. Des conflits éclatent même entre les actionnaires sur les solutions à apporter. S'affrontent alors les partisans de la « rentabilité par l'amélioration de la capacité productive » et ceux prônant une approche purement spéculative de « gestion d'un avoir financier ». Mis au fait des tensions, le syndicat recourt aux services d'Urgence-emploi de la FTQ pour poser un diagnostic sur la situation financière de l'entreprise. Le résultat révèle la situation dramatique de l'usine. Le syndicat fait appel au Fonds de solidarité de la FTQ pour savoir si l'entreprise peut être relancée.

Les actionnaires partisans de l'approche spéculative prennent provisoirement le contrôle du leadership au sein du groupe Cedar. En avril 1996, la Dominion Bridge Corporation, nouvelle appellation du groupe Cedar, fait l'acquisition du chantier naval MIL-Davie à Lévis, propriété de l'État québécois, pour la somme symbolique d'un dollar, un chantier dont la valeur est évaluée à plus de 100 millions de dollars. À l'automne de la même année, une centaine de mises à pied ont lieu à Lachine. Le syndicat local craint alors que des emplois et des contrats appartenant à l'usine de Lachine ne soient transférés à Lévis. Convaincue de l'imminence d'une mise en faillite, toute la structure de la FTQ est mobilisée et son président fait une sortie publique en décembre 1996 pour tenter d'impliquer les gouvernements provincial et fédéral.

Deux ans plus tard, en avril 1998, une autre tentative est lancée pour alerter la population sur la situation de l'usine. Le syndicat local fait appel à Transaction pour l'emploi afin d'établir une stratégie de sauvetage de l'entreprise. Le Comité de survie et de relance est formé, lequel rassemble les acteurs suivants :

- le syndicat des Métallos, section locale 2843, affilié FTQ,
- le Conseil régional du Montréal métropolitain de la FTQ et son Service Urgence-Emploi,
- la CDEC Transaction pour l'emploi,
- la Société de développement des artères commerciales de Lachine (SIDAC Lachine),
- la chambre de commerce de Lachine et le Regroupement Affaires Lachine Inc. (RALI),

- la commission scolaire Marguerite-Bourgeois et le cégep André-Laurendeau,
- la municipalité de Lachine,
- les députés des paliers fédéral et provincial, et
- l'organisation locale du Parti québécois.

En septembre 1998, la compagnie déclare faillite. La mobilisation pour sauver l'entreprise mise en faillite s'effectue sur plusieurs plans en même temps. Pendant que des syndiqués, des membres de la population et des groupes communautaires – parfois appuyés par des employés municipaux de Lachine – se relaient sur un piquet de grève devant l'usine afin d'empêcher la sortie du livret de commandes et des équipements, des pressions politiques sont exercées afin de trouver une solution à la crise. Parallèlement, le Fonds de solidarité de la FTQ effectue une opération de prospection pour trouver une entreprise qui serait intéressée à racheter l'usine. Les structures syndicales des Métallos et de la FTQ sont mobilisées jusqu'aux plus hauts échelons. Des conférences de presse sont organisées afin de sensibiliser la population québécoise pendant que des manifestations publicisent la situation à l'échelon local. L'alliance locale pour la relance de la Dominion Bridge mise beaucoup sur l'identification des résidents du quartier à cette usine centenaire.

Après plusieurs actions de nature diverse (le refoulement d'un syndic de faillite venu récupérer des contrats, le blocage du pont Mercier, plusieurs manifestations et conférences de presse, etc.), le Fonds de solidarité réussit à intéresser une PME montréalaise, le Groupe Au Dragon Forgé Inc. (Groupe ADF), au rachat de Dominion Bridge. Une entente est conclue entre les deux intervenants financiers : ADF acquiert 51 % des parts de Dominion Bridge et le Fonds de solidarité 49 %, plus une participation de 20 % dans le Groupe ADF. L'usine de Lachine est rebaptisée ADF Industries Lourdes Inc. et le travail reprend en novembre 1998, soit près de trois mois après la mise en faillite de l'entreprise et les débuts de la mobilisation.

Au moment de la réouverture de l'usine, le syndicat local a signé une convention collective avec son nouvel employeur : c'était une des conditions de l'implication de ADF. Les employés ont alors dû faire des concessions, notamment sur le plan de l'organisation du travail (réorganisation des descriptions de tâche). Cependant, les gains sacrifiés ont été largement récupérés au cours des trois ans qu'a duré cette convention et, surtout, une centaine de travailleurs ont retrouvé leur emploi au moment de la réouverture. Le nombre d'emplois a par la suite progressivement augmenté pour atteindre le niveau d'avant la fermeture[8].

CONCLUSION : UNE GOUVERNANCE LOCALE ET PARTICIPATIVE POUR UNE ÉCONOMIE PLURIELLE ?

Comme nous le montre le cas de Montréal, et en particulier celui du sauvetage de Dominion Bridge dans le Sud-Ouest, le fait que l'emploi soit un des points de ralliement des acteurs a des conséquences sur le type de développement qui se met en œuvre. L'acteur public, l'acteur privé et l'acteur civil ont chacun un rôle dans des expériences de nature partenariale. Dans ce contexte, des interventions de l'acteur civil ont la capacité de contribuer à attirer des investissements et à développer l'entrepreneuriat dans des conditions profitables et pour la collectivité locale et pour le capital privé exogène.

Les objectifs de ces expériences diffèrent mais elles sont toutes orientées par la même visée stratégique : l'emploi. Cette visée permet d'ailleurs de mobiliser à la fois des ressources marchandes, des ressources non marchandes provenant de l'État et des ressources non monétaires fournies par des citoyens, ce qui adapte le sens de la participation citoyenne au contexte d'une territorialité fragmentée. La poursuite de ces objectifs – et les difficiles arbitrages que cela suppose – ne peut se réaliser sans un fonctionnement démocratique faisant une place importante à la délibération et à la circulation de l'information. La restructuration des activités économiques prend ainsi un nouveau visage, plus diversifié que celui ne visant que des finalités productives. Elle fait appel à de nouveaux secteurs économiques et à de nouveaux acteurs. Elle exige également de renouveler les modalités et les dispositifs politiques de soutien à de telles initiatives. Nous y voyons l'embryon d'un nouveau modèle de développement présentant une alternative à la « pensée unique » en matière de croissance, qui ne jure que par un marché libre de toute contrainte.

---

8. Cette progression se poursuit jusqu'aux évènements du 11 septembre 2001 aux États-Unis. L'entreprise étant très largement orientée vers la production de grandes structures pour les œuvres de construction en Amérique du Nord, la crise économique qui s'est alors amorcée aux États-Unis a retardé certains contrats, ce qui a fragilisé l'entreprise et motivé des coupures d'emploi.

Les initiatives de reconversion industrielle issues de la société civile relèvent de ce qu'on appelle l'«économie sociale» au Québec ou l'«économie solidaire» en France. Mais insistons sur ce fait: elles renouvellent les modalités d'action utilisées traditionnellement par les organisations qui s'en réclament. Comme elles ne résultent ni de l'ajustement spontané du marché ni de l'intervention des pouvoirs publics, ces initiatives ne peuvent s'inscrire que dans un troisième secteur. Il n'en demeure pas moins que les reconversions réussies ou en voie de réalisation ont encouragé la mise en place non seulement d'entreprises sociales mais également d'entreprises privées, sans pour autant exclure des initiatives relevant du secteur public. En expérimentant des stratégies qui concilient le développement économique et le développement social, ces initiatives de reconversion parviendront-elles à établir des passerelles entre les divers types d'entreprises et d'organisations, ce qui se traduirait par le développement d'une «économie plurielle»?

C'est ce qui nous fait espérer dans le cas de Montréal. L'implication de l'acteur civil y contribue à la redéfinition du concept de «reconversion économique» en élargissant la compréhension que les acteurs publics et privés ont du type d'activités à reconvertir. Cela ouvre d'autres avenues pour l'économie de demain, laquelle sera sans doute de plus en plus relationnelle et axée sur la connaissance (Borja et Castells, 1997). Ainsi revue, la reconversion économique peut aussi bien participer à la mise en place d'activités de technologie de pointe qu'au développement de la culture et des services qui améliorent la qualité de vie des citoyens. De plus, le savoir généré par les initiatives de la société civile a l'intérêt de combiner des stratégies de développement sectoriel déjà éprouvées et des stratégies novatrices de soutien à l'entrepreneuriat. Ces connaissances ont la particularité de se concrétiser dans des secteurs d'intervention novateurs, tout en assurant la reconnection des mailles du local à la grande toile du développement mondial.

Ainsi, si la nouvelle économie nous introduit dans le domaine des innovations technologiques, il faut bien voir que ces dernières sont intimement liées aux innovations sociales. Sur ce plan, les initiatives de reconversion portées par la société civile à Montréal sont particulièrement innovatrices, car elles construisent des interrelations inédites entre les acteurs du développement, soit l'acteur public, l'acteur privé et l'acteur civil. Ces ponts permettent d'envisager une gouvernance et une économie plurielles susceptibles de répondre aux besoins exprimés par les populations, dont celles des territoires en difficulté, tout en étant compatibles avec les aspirations de croissance des élites.

BIBLIOGRAPHIE

BENKO, G. et A. LIPIETZ (dir.) (1992). *Les régions qui gagnent, districts et réseaux : les nouveaux paradigmes de la géographie économique*, Paris, Presses universitaires de France, 1992.

BENKO, G., M. DUNFORD et A. LIPIETZ (1996). « Les districts industriels revisités », dans B. Pecqueur (dir.), *Dynamiques territoriales et mutations économiques*, Paris, L'Harmattan, p. 119-136

BORJA, J. et M. CASTELLS (1997). *Local & Global : Management of Cities in the Information Age*, London, Earthscan Publications.

BORJA, J. (1998). « Ciudadania y espacio publico », *Reforma y democracia*, n°12. Revue électronique du Centro latinoamericano de administración para el desarrollo CLAD. Venezuela. Document téléchargé. 11 p. (www.clad.org.ve/reforma.html)

CANADA (1986). *Rapport du Comité consultatif au Comité ministériel sur le développement de la région de Montréal*, Ottawa, Ministre des Approvisionnements et Services Canada.

CASTELLS, M. (1997). *The Power of Identity*, Cornwall, Blackwell.

COFFEY, W. et R. SHEARMUR (1998). « Employment Growth and Structural Change in the Urban Canada, 1971-1991 », *Review of Urban and Regional Development Studies*, vol. 10, n° 1, p. 60-88.

COFFEY, W., C. MANZAGOL et R. SHEARMUR (2000). « L'évolution spatiale de l'emploi dans la région métropolitaine de Montréal, 1981-1996 », *Cahiers de Géographie du Québec*, vol. 44, n° 123, p. 325-339.

DIGAETANO, A. et J.S. KLEMANSKI (1999). *Power and City Governance*, Minneapolis, University of Minnesota Press.

ELKIN, S.L. (1987). *City and Regime in the American Republic*, Chicago, University of Chicago Press.

FONTAN, J.-M. (1991). *Les corporations de développement économique communautaire montréalaises. Du développement économique communautaire au développement local de l'économie*, thèse de doctorat, département de Sociologie, Université de Montréal, Montréal.

FONTAN, J.-M., J.-L. KLEIN et D.-G. TREMBLAY (2001). « Les mouvements sociaux dans le développement local à Montréal : deux cas de reconversion industrielle », *Géographie Économie Société*, vol. 3, n° 2, p. 247-280.

FONTAN, J.-M., J.-L. KLEIN et B. LÉVESQUE (2003). *Reconversion économique et développement territorial : le rôle de la société civile*, Sainte-Foy, Presses de l'Université du Québec.

FONTAN, J.-M., J.-L. KLEIN et D.-G. TREMBLAY (dir.) (1999). *Entre la métropolisation et le village global*, Sainte-Foy, Presses de l'Université du Québec.

FONTAN, J.-M. et J.-L. KLEIN (2000). « Mouvement syndical et mobilisation pour l'emploi : renouvellement des enjeux et des modalités d'action », *Politique et société*, vol. 19, n° 1, p. 79-102

HAMEL, P. (1991). *Action collective et démocratie locale. Les mouvements urbains montréalais*, Montréal, Presses de l'Université de Montréal.

JOUVE, B. (2003). *La gouvernance urbaine en questions*, Paris, Elsevier.

KLEIN, J.-L., J.-M. FONTAN, D.-G. TREMBLAY et D. BORDELEAU (1998). « Les quartiers péri-centraux : Le milieu communautaire dans la reconversion économique », dans C. Manzagol et C. Bryant (dir.), *Montréal 2001*, Montréal, Presses de l'Université de Montréal, p. 241-254.

KLEIN, J.-L. et J.-M. FONTAN (2003). « Reconversion économique et initiative locale : l'effet structurant des actions collectives », dans J.-M. Fontan, J.-L. Klein et B. Lévesque (dir.), *Reconversion économique et développement territorial : le rôle de la société civile*, Sainte-Foy, Presses de l'Université du Québec.

KLEIN, J.-L., D.-G. TREMBLAY et J.-M. FONTAN (2003). « Systèmes locaux et réseaux productifs dans la reconversion économique : le cas de Montréal », *Géographie Économie Société*, vol. 5, n° 1, p. 59-75.

LÉVESQUE, B. (2000). *Le Fonds de solidarité FTQ : un cas exemplaire de nouvelle gouvernance*, Université du Québec à Montréal, CRISES.

LÉVESQUE, B., J.-M. FONTAN et J.-L. KLEIN (1995). *Systèmes locaux de production : Réflexion-synthèse sur les nouvelles modalités de développement régional/local*, Montréal, Université du Québec à Montréal, Cahiers du CRISES, n° 9601, 90 p.

MARKUSEN, A. (2000). « Des lieux-aimants dans un espace mouvant : une typologie des districts industriels », dans G. Benko et A. Lipietz (dir.), *La richesse des régions*, Paris, Presses universitaires de France, p. 85-119

OCDE (2001a). *Des partenariats locaux pour une meilleure gouvernance*, Paris, OCDE.

OCDE (2001b). *Perspectives territoriales de l'OCDE*, Paris, OCDE.

PECQUEUR, B. (2003). « Construction d'une offre territoriale attractive et durable : vers une mutation des rapports entreprise/territoire », dans J.-M. Fontan, J.-L. Klein et B. Lévesque (dir.), *Reconversion économique et développement territorial : le rôle de la société civile*, Sainte-Foy, Presses de l'Université du Québec.

POLÈSE, M. (1999). « La dynamique spatiale des activités économiques au Québec : Analyse pour la période de 1971-1991 fondée sur un découpage centre-périphérie », *Cahiers de géographie du Québec*, vol. 43, n° 118, p. 1-24.

POLÈSE, M. et W. COFFEY (1999). « A District Metropolis for a District Society ? The Economic Restructuring of Montreal in the Canadian Context », *Canadian Journal of Regional Science*, vol. XXII, n°s 1 et 2, p. 23-40.

SASSEN, S. (dir.) (2002). *Global Networks, Linked Cities*, London, Routledge.

SAVITCH, H. et P. KANTOR (2002). *Cities in the International Marketplace. The Political Economy of Urban Development in North America and Western Europe*, Princeton, Princeton University Press.

STONE, C.S. (1989). *Regime Politics : Governing Atlanta (1946-1988)*, Lawrence, Kansas University Press.

CHAPITRE

LA GESTION DE PROXIMITÉ À L'ÉPREUVE DES POLITIQUES PUBLIQUES EN FRANCE

Philippe Warin

La gestion de proximité est devenue un véritable impératif catégorique d'une action publique efficace et démocratique, un élément de la doctrine de la bonne gouvernance décidé au niveau international. Elle permet de problématiser à la fois les questions à résoudre et les solutions à apporter. Rien ne lui échappe, aucun domaine, qu'il relève de l'État régalien ou bien de l'État social. C'est en résumé l'analyse qui, en général, est faite aujourd'hui du phénomène.

Pourtant, le principe de proximité n'est pas véritablement une nouveauté, loin s'en faut. Au regard de l'histoire, il s'agit même d'une redécouverte permanente, puisque la distance entre gouvernants et gouvernés est ce qui donne fondamentalement l'allure des régimes politiques (le totalitarisme étant l'extrémité d'une proximité écrasante). Néanmoins, les enjeux évoluent et les débats se déplacent. La question principale n'est plus, comme il y a trente ans, celle du besoin de démocratie locale pour changer un système politico-administratif marqué par la restriction des débats sur les enjeux locaux, mais celle du nécessaire recours à d'autres modes de production des politiques publiques plus proches des populations et des territoires concernés, pour accroître à la fois l'efficacité, la transparence et par voie de conséquence la légitimité des politiques publiques. C'est pour cela que le principe de proximité connaît aujourd'hui un succès de grande ampleur. Tout y passe : action sociale, sécurité, santé, transport, projets urbains, consommation, etc., et des thèmes plus neufs et plus emblématiques comme le développement durable ou l'économie sociale et solidaire. Partout le discours dominant est le même : il faut agir en proximité, depuis que la modestie des conduites, le pragmatisme des solutions et la transparence des résultats sont devenus les règles d'or de la bonne gestion publique.

Nous laisserons de côté ici la discussion sur la gestion politique de la proximité comme manière de contrer l'envahissement du monde social par l'économie de marché (Warin, 2002a), pour nous concentrer sur une série d'observations qui ne vont pas dans le sens de la célébration générale du principe de proximité en France. Nous essayons en effet de défendre l'hypothèse que la gestion de proximité apparemment tant souhaitée n'est pas servie au mieux par les processus de transformation des politiques publiques qui, pourtant, à différents niveaux et pour différents objectifs, cherchent plus ou moins directement à la rendre effective. C'est ce paradoxe que nous essayons de présenter, en tenant compte de trois processus qui constituent une partie des pièces d'un puzzle en construction, celui d'un modèle de politiques publiques, dont l'image finale reste encore incertaine. Ce sont les processus de contractualisation des politiques publiques, de partenariat services publics–associations et d'individualisation de l'offre publique. Le caractère paradoxal, contradictoire ou problématique de chacun de ces processus est mis en avant ici ; notre hypothèse étant que si la question de la gestion de proximité peut se laisser attraper par différents côtés, sa mise en œuvre à travers les processus de transformation des politiques publiques pose une multitude de questions qui, à notre avis, s'intercalent dans la réflexion avant même d'entreprendre le débat si tentant sur sa valeur démocratique. Autrement dit, la probabilité que la gestion de proximité soit un levier pour la démocratie dépend, à notre avis, notamment de l'évolution et des conséquences de ces processus de contractualisation, de partenariat et d'individualisation des politiques publiques. Du coup, vue sous cet angle, la question de la proximité peut apparaître d'abord comme une « question macro ».

Cela étant, nous ne voudrions pas paraître excessivement critique ou désabusé, car l'application du principe de proximité est loin d'être achevée. On peut en effet faire l'hypothèse d'un processus en devenir. Déjà parce que la plupart des gouvernements ont bien compris qu'il fallait raccourcir les distances avec les citoyens et développer l'action sur le terrain pour répondre aux besoins concrets des populations. À cet égard, depuis le coup de séisme des élections présidentielles de 2002 où le discours populiste d'extrême droite s'est traduit massivement dans les urnes, l'actuel gouvernement français emprunte une rhétorique aux accents plébéiens pour essayer d'être entendu de « la France du bas ». Mais c'est aussi une solution sur le plan gestionnaire. En effet, la proximité peut, pour commencer, arranger les affaires d'un État soumis aux directives budgétaires et réglementaires européennes. En quelque sorte, *proximiser* l'action publique pour optimiser les ressources de l'État en transférant certaines charges vers les collectivités territoriales[1]. Cela étant, les collectivités territoriales mettent également en avant leur vocation de proximité pour détenir le maximum de clés d'une politique publique (l'exemple des département en matière d'action sociale, des régions en matière de formation et d'insertion professionnelle, etc.[2]). Ainsi la proximité arrangeant tout le monde, on pourrait comprendre les raisons de son succès et notamment pourquoi les décideurs publics en redemandent.

9.1. LA CONTRACTUALISATION DES POLITIQUES PUBLIQUES

Nous voudrions ici nous éloigner assez vite du débat maintenant récurrent sur le règne de la négociation généralisée qui croise de multiples réseaux d'acteurs et de forums professionnalisés, et qui renvoie les décisions stratégiques à des arènes fermées. Ces aspects importants ont été bien analysés (notamment Gaudin 1996, 1999). Leur étude a permis de rendre compte de façon plus précise des systèmes d'acteurs et d'échanges

---

1. C'est en partie l'excédent des comptes des administrations locales (et surtout celui des organismes d'administration centrale, les ODAC : la Caisse d'amortissement de la dette sociale, le Fonds de réserve des retraites, le Fonds de réserve de la Couverture maladie universelle, etc.) qui limite l'ampleur du déficit public creusé par l'État et la Sécurité sociale. Un récent exemple : lors de sa conférence de presse du 2 septembre 2002, le ministre de l'Éducation nationale a souhaité que les collectivités locales participent au financement des tâches d'éducation assurées par les surveillants ou les aides-éducateurs et ainsi au développement de nouveaux « emplois d'encadrement et de surveillance de proximité » ; dans sa lettre plafond, le premier ministre prévoyait d'ailleurs une enveloppe pour « le cofinancement éventuel avec les collectivités locales d'un nouveau dispositif d'encadrement des élèves » (*Le Monde*, 5 septembre 2002, p. 6).

2. Dans le découpage des institutions administratives françaises, le conseil général et le conseil régional représentent les institutions politiques de deux niveaux de collectivité, les départements (au nombre de cent, dont quatre pour l'outre-mer) et les régions (vingt-deux), disposant de leur exécutif et de leur propre administration. En fonction des compétences attribuées à ces niveaux de collectivité et des choix politiques de ces institutions, les départements comme les régions sont des acteurs parfois centraux dans les politiques publiques.

impliqués dans la production des politiques, ainsi que des outils utilisés aux différentes phases des politiques pour coordonner la diversité d'intérêts, de compétences et de ressources. Cela a donné lieu à une approche si l'on peut dire « positiviste » de la notion de gouvernance, suivant l'idée selon laquelle la multiplication des scènes de négociation, la généralisation de la formule des contrats et le développement des agences de régulation sont les trois modalités clés de la « nouvelle action publique ». Malgré l'importance de ces travaux, on en tirerait cependant assez peu pour notre discussion, une fois répété que tout cela ne facilite ni le contrôle des acteurs ni l'implication des citoyens.

En revanche, il convient de tenir compte de cette transformation de l'action publique pour constater que les services publics (services déconcentrés de l'État ou services des collectivités territoriales) concernés par la mise en œuvre des politiques contractuelles sont décontenancés par de multiples aspects relatifs aux contenus et aux processus. Une fois attelés à leur partenariat, ils se heurtent à des incompatibilités de programmes. Bien souvent, ils n'ont pas les mêmes définitions des publics cibles, des territoires concernés, des durées des actions (Fontaine, 1999 ; ce qui n'est pas spécifique à la France : Diamond, 2002), mais aussi – et c'est souvent plus redoutable encore – ils suivent des fonctionnements différents en matière de préparation et de dépense budgétaire, ce qui rend acrobatiques le suivi financier des programmes et la comparaison des résultats (Leroy, 2000). Il faut assister à des réunions de travail entre représentants de l'État et d'un conseil régional, par exemple, pour s'apercevoir qu'avant d'être dans le règne de la négociation généralisée, on est d'abord dans celui du quiproquo, et souvent durablement. Chacun passe beaucoup de temps d'abord à comprendre comment est fait le programme de l'autre, puis à s'efforcer de trouver des équivalences, alors que l'articulation des différents programmes est censée produire la politique contractuelle. Nous avons pu observer, au stade de l'évaluation d'une politique régionale de la Ville (inscrite au contrat de plan État/région), que les recommandations principales portaient sur la nécessité d'homogénéiser les territoires d'intervention, les critères d'attribution des aides et les nomenclatures budgétaires. C'est dire qu'il était impossible de comparer quoi que ce soit de l'action des différents partenaires, que la politique en question était loin d'être une réalité commune facilement évaluable. Par expérience, on peut même dire que c'est souvent le principal résultat des évaluations portant sur des politiques contractuelles[3].

---

3. Nous avons participé pendant sept ans au Comité scientifique régional d'évaluation de la région Rhône-Alpes et réalisé à plusieurs en 1999 une recherche comparative sur l'évaluation en région pour l'Agence Rhône-Alpes pour les sciences humaines et sociales.

Pareille situation fait que les acteurs (publics ou privés) impliqués dans la mise en œuvre d'une même politique suivent des programmes d'action respectifs qui n'ont pas nécessairement les mêmes définitions des contenus. Vu leur complexité, les politiques contractuelles qui visent à répondre à une logique de résolution de problèmes ciblés paraissent insuffisamment préparées en amont de la mise en œuvre, dans leur programmation (suivant la distinction opérée entre ces deux phases du cycle d'une politique ; Knoepfel, Larrue et Varone, 2001). Si bien que l'objectif consistant à vouloir gérer par une série d'actions programmées des problèmes sociaux directement pris dans leurs contextes peut être hypothéqué dès la programmation desdites actions par les différences non résorbées entre les logiques, règles, etc., de chaque institution.

Ces défaillances dans la programmation repérées au moment de la mise en œuvre des politiques contractuelles ont une conséquence négative sur la possibilité d'une gestion de proximité. Il se produit en effet que l'objectif consistant à gérer là où ils se posent les problèmes sociaux reste de l'ordre de l'intention générale vague. Dans ces conditions, les consignes pouvant être données pour impliquer davantage les populations sont assez peu prises en compte. Les contenus des programmes manquant d'homogénéité ou de cohérence, la proximité avec les populations et les territoires dans la mise en œuvre des programmes ne fonctionne pas comme une catégorie d'action opérationnelle. C'est ce qui fait dire aux acteurs, échaudés par les difficultés de la mise en œuvre, que « tout le monde parle de gestion de proximité, de participation, etc., mais que chacun y met ce qu'il veut, sans savoir vraiment comment faire ». Par conséquent, la gestion de proximité, au lieu d'apparaître comme un objectif opérationnel, est perçue comme un principe d'action mal identifié ou un simple mot d'ordre. En tout cas, elle est loin de constituer un système de codes et de règles d'action communs permettant aux acteurs de s'identifier à une stratégie collective. Cela affecte nécessairement les comportements des acteurs (d'où des réactions observées de prudence et d'engagement *a minima* de la part des décideurs et des acteurs de la mise en œuvre dans les processus collectifs de pilotage et d'évaluation des politiques contractuelles ; Fontaine et Warin, 2001). Autrement dit, la gestion de proximité se heurte à un problème d'assentiment dès lors que les politiques contractuelles qui la portent manquent de rigueur dans leur programmation.

Le problème de fond est que les politiques contractuelles territorialisées (comme d'autres) font le pari d'un « pilotage à l'objectif » sinon « au projet[4] » pour éviter les pesanteurs des procédures des différentes institutions partenaires, car il faut dynamiser des partenariats. Dans ces conditions, la gestion de proximité apparaît essentiellement comme un objectif à atteindre ou une ambition à partager, sans plus de définition. Pour les acteurs de la mise en œuvre plus habitués à un « pilotage à la procédure » (notamment les acteurs publics), cela manque en général singulièrement de précision.

Cette contrainte ne pèse pas uniformément partout. Lorsque la programmation des politiques associe les acteurs qui participent également à la mise en œuvre, le travail de diagnostic et de préparation des objectifs se réfère davantage aux enjeux du terrain. La place laissée aux expériences des professionnels et des institutions permet souvent de se rapprocher des problèmes effectifs rencontrés par les populations et des conditions pratiques d'action. On peut, sans angélisme aucun, tirer ce constat de plusieurs programmes de requalification sociale et urbaine de quartiers dits « en difficulté ». L'explication réside dans l'agrégation de circonstances favorables sur le plan local, renvoyant notamment à la qualité des relations entre acteurs et de leur engagement dans les projets[5]. Ces conditions de réussite sont également signalées dans les expériences de management participatif au niveau local (Diamond *et al.*, 1997 ; Rosenberg et Carrel, 2002). Elles peuvent varier selon que les élus locaux sont prêts ou non à jouer la carte du management dans la proximité (Faure, Gerbaux et Muller, 1989) et en fonction de la clarté et de la fermeté des logiques affichées par les politiques. L'asymétrie des situations tient également aux conditions d'éligibilité aux financements publics. Lorsque les subventions sont subordonnées à la mise en place de dispositifs de concertation et de participation associant les acteurs porteurs d'actions et parfois les populations

---

4. On distingue trois types de pilotage des politiques ou des organisations : le « pilotage à la procédure » cherche à traduire des objectifs en règles et procédures, à demander aux acteurs de la mise en œuvre de suivre des règles et procédures et à vérifier que leur comportement est conforme ; le « pilotage à l'objectif » consiste à traduire des ambitions en objectifs, à motiver les acteurs impliqués et à corriger régulièrement l'action pour que les résultats se rapprochent des objectifs ; le « pilotage au projet » vise à faire partager des ambitions à l'ensemble des acteurs concernés par la réalisation de la politique, du programme ou de l'action et à veiller à entretenir la mobilisation de tous dans la mise en œuvre du projet (Bauer, Laval, 2002).

5. Plutôt que de citer des ouvrages sur le sujet, que l'on trouve en grand nombre, nous indiquons une adresse qui pourrait être utile à ceux qui souhaitent trouver une bibliographie complète et en même temps des éléments de bilan des diverses expériences françaises. Il s'agit du Centre de ressources et d'échanges pour le développement social et urbain – Rhône-Alpes, à Lyon : crdsu@crdsu.org – crdsu.secretariat@free.fr

destinataires, comme ce fut largement le cas en France avec les premiers programmes de la politique de la ville, il est vrai que l'on contribue fortement à incorporer des objectifs de proximité.

9.2. LE PARTENARIAT SERVICES PUBLICS–ASSOCIATIONS

Le partenariat associatif s'impose également comme une modalité importante de production des politiques sociales. La liaison entre associations et pouvoirs publics est aujourd'hui reconnue, à la fois officialisée et de plus en plus normalisée. Cette observation confirme le fait souvent commenté ces dernières années que les pouvoirs publics ne peuvent plus produire à eux seuls les politiques publiques. Dans le domaine du social et de la santé, il y a d'ailleurs longtemps que les associations sont devenues des interlocuteurs incontournables. Sur de nombreux dossiers et projets les forces de proposition sont aujourd'hui essentiellement de leur côté. Les exemples récents du Revenu minimum d'insertion, de la Couverture maladie universelle et de la lutte contre les exclusions montrent la place déterminante qu'ont prise de grandes associations nationales. Celles-ci tirent profit d'une présence assidue dans de nombreux réseaux politiques et administratifs, mais aussi de stratégies particulièrement efficaces de recrutement d'experts et d'occupation du champ médiatique (Warin, 2002b). C'est également vrai dans le domaine sanitaire où, par exemple, les relations d'interdépendance entre les pouvoirs publics et les acteurs associatifs ont largement organisé la lutte contre l'épidémie du SIDA (Pinell, 2000).

Sur le plan des réalisations, le partenariat associatif a considérablement progressé. En quinze ans, on est passé dans différents domaines (le sanitaire et le social, la politique de la Ville, l'insertion professionnelle, la culture, etc.) d'une politique de subventionnement de l'action associative à une politique de contractualisation des relations, reposant sur des financements ciblés d'actions ou de projets relevant plus d'une logique d'achat de prestations. Un mode d'action publique fondé sur un partenariat services publics–associations au service d'une gestion de proximité de différents problèmes sociaux se construit ainsi.

Cet essor s'explique en partie par l'importance qu'a prise le partenariat associatif dans la production des politiques publiques. Si la tradition d'articulation entre « assistance publique » et « bienfaisance privée » avait conduit à rendre floues les frontières entre les initiatives solidaires et l'intervention publique (notamment dans le secteur médico-social), la situation actuelle de désengagement de l'État semble renforcer un mouvement d'instrumentalisation et d'interdépendance entre les services publics et les initiatives privées (que celles-ci aient ou non un caractère lucratif). L'importance des moyens humains à mobiliser pour produire les politiques publiques, comme le besoin d'individualiser les réponses, oblige à penser au partenariat à la fois pour répartir les charges, associer des compétences complémentaires et déployer des formes d'action au plus près des populations.

Le succès de certaines thématiques, et notamment celle de la lutte contre les exclusions sociales, libère des espaces pour l'expression des «forces vives» qui veulent se définir hors des lignes de compétence habituelles en matière d'aide et d'action sociale. Cette tendance n'est pas spécifiquement française (Le Galès et Négrier, 2000). Elle se retrouve ailleurs en Europe ou dans de nombreux pays de l'OCDE, souvent même de façon plus prononcée lorsque se développe une conception du *welfare* appréhendée comme relevant à la fois d'une «économie mixte» (*welfare mix*) et d'un «pluralisme de la protection sociale» (*welfare pluralism*) (Evers, 1997). Pour autant, malgré la volonté consensuelle qu'il dégage, le partenariat se révèle être une figure imposée par l'État plutôt que libre, négociée, équilibrée. À ce jeu, semble-t-il, l'État bailleur de fonds et de normes garde la main (Damon, 2001). Pour stimuler et en même temps encadrer le partenariat associatif, les pouvoirs publics ont en effet pris ces dernières années une série d'initiatives politiques importantes, assorties de mesures de normalisation juridique et statistique (Warin, 2002a).

Si le partenariat associatif s'inscrit dans une logique de gestion de proximité, certains de ses aspects montrent néanmoins qu'il peut subsister des zones d'ombre ou que des obstacles sérieux apparaissent.

- *Zones d'ombre*: c'est ce que montre précisément le débat feutré, mais d'une très grande importance, lancé sous le gouvernement Jospin dans les cercles environnant le Secrétariat d'État à l'économie sociale et solidaire, sur la nécessité de reconnaître la valeur économique essentiellement non monétaire de l'activité associative (ou plus largement privée non lucrative). Pour ces acteurs, les richesses produites étant essentiellement humaines et sociales (prévention, resocialisation, implication, solidarité), l'aide publique aux associations et plus globalement au secteur de l'économie sociale et solidaire est perçue comme un investissement nécessaire sur les plans économique, social et démocratique. Mais ce n'est pas la même vision des choses du côté des Finances où l'on se doit notamment de régler, concernant les associations, les questions des subventions publiques et de la fiscalité des activités pour se conformer à des directives européennes très pressantes. Autrement dit, le choix politique a été fait en 1999 (sera-t-il tenu par l'actuel gouvernement?) de favoriser explicitement une gestion publique de proximité en encourageant et en normalisant le partenariat associatif. Mais pour autant, on a évité de trancher la question politique principale qui est de savoir si cette gestion de proximité, en quelque sorte par associations interposées, est perçue d'abord comme un coût financier (auquel cas elle peut être freinée ou stoppée, car jugée trop dépensière) ou comme un investissement (auquel cas elle peut être renforcée comme modalité de l'action publique). La question a été forte au sein de la gauche plurielle au gouvernement. Elle est au cœur du débat actuel sur la croissance et la richesse (Orléan, 1999 ; Généreux, 2001).

D'où une incertitude forte aujourd'hui sur la poursuite du développement d'une gestion publique de proximité à travers la modalité du partenariat associatif. Mais aussi une interrogation pour l'instant restée sans réponse sur l'orientation de cette gestion de proximité partenariale, tant que n'est pas éclaircie la place donnée à la logique associative : cette gestion est-elle simplement curative (et dans ce cas les associations sont de simples relais des services publics), ou bien est-elle plus préventive et impliquante pour les populations (ce qui signifierait l'intégration de la philosophie associative dans les registres d'action des politiques publiques) ? On voit donc que pour se développer l'idée de gestion de proximité dépend du traitement politique réservé aux acteurs des politiques. Pour l'instant, les processus d'institutionnalisation et de normalisation du partenariat associatif nourrissent l'idée d'une gestion publique de proximité, mais sans être clairs sur les buts, ni certains d'être poursuivis. La seule chose dont on soit sûr est que la rhétorique de la proximité permet de justifier le recours à un acteur supplétif, nécessaire à des services publics débordés sur de nombreux plans. L'intérêt budgétaire d'une économie de moyens domine pour l'instant l'intérêt social et économique d'une proximité gagnée avec les populations.

- *Obstacles sérieux* : rien n'est gagné, effectivement, car en même temps la réception de la logique du partenariat associatif par les premiers intéressés, les services publics locaux (d'État ou des collectivités territoriales), se présente mal (ISM-CORUM, 2001). Les services publics locaux utilisent largement les thèmes de la polyvalence et de la proximité pour éviter l'existence de services collectifs impliquant davantage les associations dans leur production. Les raisons ne sont pas nombreuses. C'est ni plus ni moins par crainte d'être dépouillés de prérogatives et de moyens au bénéfice d'un acteur contractuel, dont les donneurs d'ordre publics pourraient ensuite facilement se défaire. On touche au problème central d'une gestion publique de proximité contraire aux intérêts des structures et des agents du service public.

Zones d'ombre et obstacles montrent donc combien la gestion de proximité en tant que modèle d'intervention partenariale reste pour une part largement subordonnée au vaste débat sur l'avenir des services publics. Si bien que l'institutionnalisation même de la gestion de proximité sous cette forme partenariale ne paraît aujourd'hui qu'un horizon lointain. Par rapport au souhait d'une gestion de proximité qui permettrait d'élever de nouveaux rapports sociaux, plus citoyens et plus démocratiques, le chemin sera encore long avant que les associations ne travaillent effectivement dans des relations équilibrées et bien rodées avec les services publics locaux, qui leur laisseraient suffisamment la possibilité d'exprimer leur conception de la proximité fondée sur l'implication et la valorisation des populations.

9.3. L'INDIVIDUALISATION DE L'OFFRE PUBLIQUE

Le processus abordé maintenant se présente sous plusieurs aspects à la fois. Il intègre des transformations en cours dans les administrations et les politiques publiques. Ces diverses transformations visent à rapprocher l'offre publique des destinataires ; elles produisent néanmoins des effets plutôt inattendus qui compliquent ou hypothèquent, sinon contredisent l'objectif de proximité visé. Nous livrons ici quelques observations sur la modernisation administrative puis, pour finir, sur les politiques publiques, sachant que ces remarques mériteraient d'être davantage développées et que d'autres exemples pourraient être pris en compte.

9.3.1. L'ADMINISTRATION PUBLIQUE

Par définition, les politiques dites « de modernisation administrative » sont censées favoriser le passage à des administrations modernes car adaptées aux besoins des usagers (c'est le cœur de la doctrine de la « nouvelle gestion publique » qui domine tous les pays de l'OCDE). Ces administrations modernes seraient donc la modalité par excellence d'une gestion de proximité, parce que proches de leurs publics. Les choses ne paraissent cependant pas si simples lorsqu'on examine ce qui est proposé tant par les agents publics que par les usagers.

9.3.1.1. Premier exemple : le management des structures publiques

Depuis quelques décennies, les structures publiques de l'État sont soumises au régime de politiques successives d'adaptation, plus ou moins douces selon les pays. Au cours des seules années 1990, en France, des dispositifs successifs[6] ont construit un modèle de gestion déconcentrée des objectifs, des moyens et des résultats, dans le but déclaré de responsabiliser les services et les agents. Une logique de proximité est fortement présente dans ce modèle, car en responsabilisant ainsi les services et les agents on cherche en même temps à accroître la performance de l'administration de guichet dans ses rapports aux usagers.

Le paradoxe est que ce modèle subordonne les agents d'exécution à des critères de performance qu'en tout état de cause ils n'appliquent que très partiellement, en même temps qu'il ignore superbement le fait que ces agents ont acquis par la force des choses une pratique de la proximité avec les usagers. Celle-ci leur permet, dans bien des cas, d'accomplir cette performance tout à fait essentielle pour le service public, mais peu prise en compte dans l'évaluation, qui est de traiter avec équité les usagers (Warin, 2002c). Autrement dit, la proximité avec les usagers valorisée par le management aurait peu de chose à voir avec la proximité assurée au quotidien par les agents en rapport direct avec les usagers. Les logiques seraient-elles trop opposées pour que le désintérêt à l'égard des agents soit si grand? Cela paraît d'autant plus curieux que l'approche du *knowledge management* (Prax, 2000) a pris toute sa place parmi les techniques de gestion de l'administration publique. Mais il est probable que la réalité des services et des administrations soit plus prosaïque que les fonctionnements d'école imaginés par les manuels de management.

Le problème n'est pas tant que la performance du management soit difficile à apprécier, même dans les pays très engagés dans cette voie (Boyne, 2001), mais que ce modèle d'administration, construit sur le principe d'un engagement croissant des services et des agents, est indifférent à l'engagement concret des agents confrontés à la fois aux objectifs du management et à la pression des usagers. Pour les agents, la proximité est une réalité quotidienne. La question, pour eux, est de savoir quelle est la logique du service public défendue par ces réformes, ce qu'elle signifie en matière de missions et par rapport à cela quel est son intérêt. Cette remarque indique en tout cas que l'objectif de proximité véhiculé

---

6. On voit d'abord apparaître des dispositifs (les «centres de responsabilité» issus des «projets de service») qui comparent les activités et les dépenses des services suivant la logique alors en vogue des «plans objectifs/moyens», puis des dispositifs («contrats de service», «chartes de qualité», «engagements de service») qui préfèrent à la gestion des moyens devenue obsolète la logique du management par résultats, qui peut servir à faire le tri entre services productifs et improductifs.

cette fois par les politiques de modernisation administrative rencontre de nouveau un problème de mise en œuvre dans la mesure où il paraît trop éloigné des réalités vécues par les agents au contact direct des usagers et à bien des égards trop contraignant.

9.3.1.2. Deuxième exemple : les droits des usagers

Dans beaucoup de domaines, les droits-créances se développent comme une mise à jour permanente (et redondante) des droits de l'homme et du citoyen. Cet élargissement apparemment sans fin des « droits à … », qui octroient des avantages et des prérogatives reconnus aux personnes, contribue à une dilution du « droit moderne » qui ne pense le juridique que par et pour l'individu (Villey, 1983 ; Goyard-Fabre, 1999) ; les droits-créances tendant alors à se substituer aux droits-libertés anciens, reconnus non pas à des individus en particulier mais à la population en général.

En ce qui concerne l'administration publique, on assiste à une inflation semblable de droits-créances (Warin, 2002d). L'élargissement et la consolidation des droits civils octroyés aux usagers ont cependant des conséquences importantes. Sur le plan formel des procédures administratives, les petits fonctionnaires sont de plus en plus redevables d'une multitude d'obligations en ce qui a trait à la qualité de prestation (aux délais respectés, aux explications apportées, aux décisions motivées, etc.). C'est pourquoi, pour éviter un assujettissement à des conventions peu réalistes au regard de leurs conditions réelles de travail, une majorité de petits fonctionnaires choisit de s'intéresser en priorité au contenu, c'est-à-dire aux résultats effectifs dans les services rendus, et donc d'abord à la mise en œuvre des règlements administratifs qui commandent l'accès aux droits sociaux plutôt qu'aux droits civils qui donnent une apparence de citoyenneté.

En ce sens, le développement des droits-créances que la loi accorde aux usagers tend intentionnellement à rapprocher l'administration de son public, mais, concrètement, oblige les agents prestataires à se référer en priorité aux règles impersonnelles, si bien que curieusement le traitement en proximité des demandes des usagers, au lieu de se réduire au respect de conventions nouvelles, renvoie bien davantage à un réexamen beaucoup plus consistant des systèmes réglementaires. Autrement dit, là où la gestion de proximité est conçue comme un allègement des modalités de l'action administrative, elle semble plutôt réactiver des fonctionnements administratifs légalistes. Par conséquent, aujourd'hui on ne sait pas exactement quelle est la logique à suivre, sur ce plan, en matière de proximité administrative.

9.3.2. Les politiques publiques

Ce mouvement de rapprochement avec les usagers s'accompagne également d'une tendance, dans les politiques publiques, à différencier l'offre en fonction d'une approche de plus en plus individualisée des demandes. C'est vrai dans de nombreux domaines. En quelque sorte, on s'aperçoit de la diversité des usagers et des besoins et l'on essaie d'adapter l'offre.

Un traitement individualisé des demandes sociales tous azimuts

Le secteur de la police et de la justice fait depuis longtemps l'expérience du traitement de proximité. On ne rappellera pas dans le détail tous les dispositifs créés depuis vingt ans dans ces secteurs, mais on soulignera qu'ils sont tous « locaux[7] ». Le besoin de proximité dans le traitement des demandes devient même l'élément qui justifie la course au partenariat. Un exemple, toujours dans le domaine : la prise en compte politique des problèmes de violence scolaire s'est réalisée parallèlement à la mise en place de nouvelles politiques de sécurité (Dumoulin, Froment, 2003) plus ou moins liées à la politique de la ville (Donzelot, Wyvekens, 1998). On met en place aujourd'hui des filières pénales qui sont également des filières de recours pour les victimes, à l'intérieur d'établissements scolaires, sur la base de partenariats étroits entre les acteurs locaux de l'Éducation nationale, de la Police et de la Justice ; ce qui signifie que l'attaque de ces problèmes a été l'occasion de présenter comme une nécessité de rajouter des dispositifs transversaux à d'autres dispositifs transversaux. Si bien qu'à force de tisser des réseaux d'acteurs bien en proximité entre eux, on finit par s'embrouiller dans les partenariats et par noyer au cœur de la pelote l'objet même de l'action.

Autre exemple, plus récemment sur les agendas des gouvernements européens : les politiques de lutte contre l'exclusion activent aussi fortement le principe de proximité, avec la mise en place de dispositifs qui non seulement ciblent leurs publics, mais se déplacent aussi sur les territoires pour – prétend-on – être accessibles et réactifs, donc efficaces. De ce point de vue, l'Éducation n'est pas en reste. La lutte contre le problème crucial de l'absentéisme se développe sur le plan national et local, et à l'échelle européenne. Des dispositifs sont créés pour contrer le « décrochage scolaire » (par exemple, le programme national « Nouvelles chances » et le projet pilote européen des « Écoles de la deuxième chance »). La proximité est recherchée à tous les niveaux de gouvernement.

---

7. Les Conseils communaux de prévention de la délinquance (CCPD), les Groupes locaux de traitement de la délinquance (GLTD), les Plans locaux de sécurité (PLS) et, plus récemment, les Contrats locaux de sécurité (CLS), Maisons de la Justice et du Droit, Conciliateurs locaux... Sans oublier les innombrables Observatoires.

Sans entrer ici dans le détail des processus d'adaptation de l'offre publique, on peut relever quelques paradoxes en prenant en compte simplement les cas de la police et de la justice, et de l'école, indiqués ci-dessus à titre d'exemples (voir l'encadré).

9.3.2.1. Le paradoxe des dispositifs de médiation

Les spécialistes des domaines de la police et de la justice ont montré comment le besoin de résultats comme la nécessité d'éviter ou de réduire l'engorgement des services par un nombre impressionnant de dossiers en attente ont conduit à mettre en place des dispositifs de proximité fondés sur des logiques de médiation et de conciliation. C'est donc notamment parce que les administrations en question ont eu besoin de hiérarchiser et de trier les demandes que cette solution a été développée. Le paradoxe est qu'au lieu de faciliter le rapport aux victimes et le traitement de leurs requêtes ces dispositifs détournent une partie du public visé et créent une forme de non-recours à la police et à la justice.

En effet, l'augmentation du nombre de signalements et de plaintes a pour conséquence le renvoi d'un plus grand nombre d'affaires vers des modes alternatifs de traitement des conflits, telle la médiation sociale ou pénale. Mais ces modes négociés sont perçus pour une part comme une justice de seconde classe, qui conduit des justiciables à se taire. Ceux-ci ne comprenant alors plus rien aux campagnes d'information qui visent à persuader les citoyens de porter à la connaissance de la justice certaines infractions dont ils seraient victimes. Les filières de recours mises en place en matière de violences scolaires, par exemple, tendent à augmenter le nombre des recours. Mais là encore pour éviter un débordement des signalements, les partenaires institutionnels s'accordent sur des critères de sélectivité qui, à leur tour, suscitent le non-recours de certains requérants potentiels. Le paradoxe est que les dispositifs introduits pour répondre aux conséquences de fonctionnements administratifs sélectifs produisent à leur tour une sélectivité, au point que la recherche de proximité aboutit à un phénomène de désintérêt pour l'offre publique pouvant conduire à la défection des destinataires.

9.3.2.2. Le paradoxe des dispositifs de lutte contre la relégation

Le domaine de l'éducation, comme d'autres, fait l'objet de politiques de lutte contre les exclusions. Il s'agit clairement de remédier aux problèmes d'abandon scolaire. Le paradoxe est que les dispositifs relais mis en place pour les élèves décrocheurs rendent difficile leur retour dans le système éducatif classique. Les échecs subis par ceux qui réintègrent une scolarité ordinaire conduisent en définitive à une marginalisation encore plus forte des publics concernés. Dans ce cas, la prolongation de la scolarité dans ces dispositifs, demandée par de nombreux professionnels, peut accentuer la ségrégation et l'inégalité des chances.

Cet exemple montre que la gestion de proximité proposée pour réintégrer des élèves en difficulté peut être largement incertaine quant à ses conséquences scolaires et sociales. Il indique aussi les difficultés de traiter certains problèmes en l'absence de politiques de prévention, en amont. En France, cette absence est patente dans la plupart des secteurs. Or c'est bien parce que toute une série de problèmes sociaux n'ont pas été perçus à temps et ne donnent toujours pas lieu à des actions d'anticipation (l'acceptation de leur coût est un problème quasi insurmontable pour les pouvoirs publics) que l'on cherche maintenant à se rattraper par des dispositifs de proximité. Toute la question est de savoir si cela est suffisant et jusqu'où il semblera préférable de dépenser dans une proximité curative plutôt que d'investir dans une proximité préventive. La réussite ou l'échec d'une gestion de proximité dépend en effet des objectifs que l'on se fixe et des moyens que l'on s'accorde au départ. Ce qui montre que la gestion de proximité n'est pas en soi une réponse suffisante, en tout cas certainement pas dans le domaine social où elle est pourtant si recherchée.

9.3.2.3. Les limites de la logique de projet

En dernier lieu, nous voudrions indiquer que la *logique de projet* qui est au cœur de nombreuses politiques publiques aujourd'hui (éducation, formation et insertion professionnelle, lutte contre le chômage, lutte contre la pauvreté et l'exclusion sociale, etc.) ne facilite pas l'objectif de gestion de proximité qu'elle est censée servir. Elle est par excellence une logique de proximité puisqu'elle tend à remettre les individus au cœur des traitements institutionnels. Il s'agit d'impliquer les individus, de libérer les potentialités d'action chez chacun, en appelant à la collaboration ou à l'engagement individuel dans un projet. À cet égard, on ne peut manquer de s'interroger sur de possibles proximités entre le thème de la proximité et celui du « capital social » (Putnam, 2000), plus d'ailleurs qu'avec des notions dans l'air du temps comme celle de la *civic literacy* (Milner, 2002) beaucoup plus axée sur une problématique de la participation, dans la mesure où ces politiques sociales répondent assez peu aux caractéristiques des « politiques réflexives » (Giddens, 1994) visant à faire des individus de véritables acteurs, producteurs d'événements publics et non de simples bénéficiaires. Les trajectoires d'intégration personnalisées qui sont proposées auraient même pour but de remplacer la demande de participation par une stratégie d'implication, dans le but d'éviter des conflits pouvant remettre en cause la distribution du pouvoir (Donzelot, 1991). Avec pour avantage supplémentaire, pourrait-on ajouter, de fournir un formidable argument d'explication en cas d'échec, dans la mesure où le résultat est lié aux efforts des individus. En tout cas, une chose paraît à peu près certaine, à savoir que la logique de projet vise à impliquer et à responsabiliser les individus, mais pas dans le but d'instaurer un régime de rôles et de règles fondé sur une conception de la démocratie participative. Loin s'en faut ; on encourage seulement les individus à maîtriser leur propre destin.

Pris sous l'angle de la logique du projet, l'idée de gestion de proximité substitue à la série « problèmes individuels–responsabilité collective–réponse publique » la série « problèmes individuels–réponse publique–responsabilité individuelle ». La première constituait la grille d'une société qui faisait de la solidarité le principe et l'objectif des politiques publiques ; la seconde exprime la recomposition de l'échange social sur un mode individualiste contre l'abstraction des droits universalistes que les pouvoirs publics sont bien en peine aujourd'hui de garantir (Castel, 1995). Il y a à l'œuvre dans cette recherche de proximité l'illusion selon laquelle le projet serait un palliatif bon à tout. Pourtant, la logique du projet ne modifie en rien les inégalités structurelles bien souvent à l'origine des problèmes sociaux contre lesquels elle s'efforce d'agir. La proximité ainsi recherchée avec des publics cibles – si tant est que ceux-ci soient atteints[8] – apparaît donc plutôt comme un dogme que comme une solution fondée sur une analyse rigoureuse des faits.

CONCLUSION

Additionnant l'ensemble de ces remarques, on s'aperçoit que la gestion de proximité en tant qu'objectif et même en tant que pratique déjà à l'œuvre est largement subordonnée à un ensemble de facteurs liés à la transformation des politiques publiques, dont l'issue est pour une large part encore incertaine. À travers ce rapide tour d'horizon, nous avons vu

---

8. La prise de conscience qui est en train de s'opérer en France, après d'autres pays, relativement à la question du « non-recours » aux aides sociales et aux services publics (*non-take up of public services*) ne rend que plus évidente l'illusion de l'individualisation et de la contractualisation de l'offre publique comme solution efficace, sauf à y mettre les moyens humains suffisants.

que la gestion de proximité était tributaire des objectifs assignés aux politiques, du contenu des programmes et du style de pilotage, de l'adhésion des acteurs de la mise en œuvre, de la capacité à reconnaître et à intégrer des logiques de proximité déjà suivies (avec les cas différents des associations et des agents de guichet). Derrière chaque élément, on s'aperçoit que la gestion de proximité dépend de choix politiques qui, pour l'essentiel, ne sont pas encore tranchés : quelles sont les missions que l'on souhaite assigner aux services publics ? Est-on prêt à développer des politiques préventives ? Peut-on apporter les moyens humains nécessaires pour développer efficacement des politiques individualisées ? A-t-on la capacité et la volonté d'adopter des modes d'implication des populations qui ne soient pas strictement administratifs ? Sait-on éviter les écueils des modalités pré-construites : celle du pilotage à l'objectif, de la contractualisation et du projet ?

Les processus de transformation des politiques publiques pris en compte ici indiquent que la gestion de proximité est peut-être considérée comme un référentiel d'action, mais qu'elle est loin, en revanche, de correspondre à des réalités clairement définies et maîtrisées. C'est pour cela qu'avant de théoriser sur son intérêt démocratique en général, il paraît à la fois prudent et urgent d'examiner en profondeur les processus qui sont en train de définir directement ou indirectement ses conditions d'existence. Car, de toute façon, une proximité qui ne serait pas totalitaire ou liberticide est, a priori, toujours bonne à prendre pour la démocratie, à la condition toutefois de comprendre par quels bouts et comment elle se construit. Sur ce plan, l'examen présenté ici, sous réserve d'approfondissements, rend compte de constats plutôt réservés :

- Les politiques contractuelles qui peuvent être une modalité importante de développement d'une gestion de proximité sont insuffisamment préparées pour agir favorablement sur les comportements des acteurs de la mise en œuvre.

- Le partenariat services publics–associations qui est également une des modalités possibles pour une gestion de proximité est loin de faciliter l'implication dynamique des populations concernées ; il rencontre pour l'instant surtout les craintes de services publics sur la défensive.

- L'individualisation de l'offre publique, que ce soit dans les fonctionnements administratifs ou dans les politiques publiques, tantôt ignore les logiques de proximité déjà existantes (celles des agents publics), tantôt recrée des logiques contraires à la proximité (les dispositifs de médiation qui fabriquent de nouveau une sélection des publics et qui poussent certains à la défection ; les dispositifs de lutte contre la relégation qui produisent à leur tour de l'exclusion ; etc.), ou même parfois défait les solidarités et écarte l'éventualité d'une problématique participative (la logique du projet qui individualise les solutions et les responsabilités).

Saisie à travers ces processus, la gestion de proximité apparaît comme un phénomène multiforme aux effets incertains. Pour savoir dans quelle mesure celle-ci peut servir de levier à une démocratie participative, il conviendrait alors d'examiner en quoi ces processus sont eux-mêmes participatifs. Cela renvoie à d'autres études, mais au vu de ce que l'on sait déjà de ces processus de transformation qui affectent les politiques publiques, hormis les processus d'implication de la société civile qui se développent aujourd'hui également en France dans une série de procédures appliquées aux domaines de l'aménagement et de la santé (Vallemont, 2001 ; Rui, Ollivier-Trigalo, Fourniau, 2001) ou des choix scientifiques et technologiques, et des risques (Callon, Lascoumes, Barthe, 2001), on est, pour le reste (c'est-à-dire essentiellement les politiques contractuelles, les politiques sociales et de réforme de l'administration où référence est faite explicitement au besoin de proximité avec les territoires et les populations), encore largement en attente d'une mise en application du « principe délibératif » (Blondiaux, Sintomer, 2002) ou d'un retour du participatif qui associerait davantage les citoyens et produirait des innovations politiques comparables à celles développées dans de nombreux autres pays (McLaverty, 2002). Dans bien des cas, l'idée d'intégrer des procédures consultatives paraît encore impossible à réaliser, alors que dans d'autres pays (comme les Pays-Bas) le modèle consultatif est déjà dépassé par un modèle délibératif (Klijn, Koppenjan, 2000). En France, administration publique et politiques publiques constituent a priori des lieux privilégiés pour développer des formes de gestion de proximité, mais ils sont, en revanche, encore largement fermés à l'expérimentation de nouveaux régimes de citoyenneté.

On n'ose pas croire que c'est parce que dans ce pays les processus de réforme ne sont pas assez durs (Rouban, 1998). Cela étant, c'est bien dans les pays où des choix politiques parfois draconiens ont été faits (on pense notamment à la Grande-Bretagne), où des réformes structurelles en matière de décentralisation et de privatisation lourdes de conséquences pour les services publics ont été entreprises, que les formes recherchées et appliquées de gestion de proximité ont créé le plus nettement des espaces de participation, mais souvent avec des résultats plutôt mitigés (Diamond, 2002).

BIBLIOGRAPHIE

BAUER, M. et C. LAVAL (2002). « Management public, management privé », *Informations sociales*, n° 101, p. 12-21.

BLONDIAUX, L. et Y. SINTOMER (2002). « L'impératif délibératif », *Politix*, n° 57, p. 7-35.

BOYNE, G. (2001). « Planning, Performance and Public services », *Public Administration*, vol. 79, n° 1, p. 73-88.

CALLON, M., P. LASCOUMES et Y. BARTHE (2001). *Agir dans un monde incertain*, Paris, Seuil.

CASTEL, R. (1995). *Les métamorphoses de la question sociale*, Paris, Fayard.

DAMON, J. (2001). « La dictature du partenariat », *Informations sociales*, n° 95, p. 36-49.

DIAMOND, J. (2002). « Decentralization : New Forms of Public Participation or New Form of Managerialism », dans P. McLaverty (dir.), *Public Participation and Innovations in Community Governance*, Burlington, Ashgate, p. 123-140.

DIAMOND, J. *et al.* (1997). « Lessons from Performance Review », *Local Government Policy Making*, n° 23, p. 27-30.

DONZELOT, J. (1991). *Face à l'exclusion. Le modèle français*, Paris, Éditions Esprit.

DONZELOT, J. et A. WYVEKENS (1998). *La politique judiciaire de la ville : de la « prévention » au « traitement ». Les groupes locaux de traitement de la délinquance*, rapport de recherche, Paris, Mission de recherche Droit et justice / IHESI / DIV.

DUMOULIN, L. et J.-C. FROMENT (2003). « L'école et la sécurité : les politiques de lutte contre la violence scolaire », dans J.-C. Froment, J.-J. Gleizal et M. Kaluszynski (dir.), *L'État à l'épreuve de la sécurité intérieure. Enjeux théoriques et politiques*, Grenoble, Presses universitaires de Grenoble.

EVERS, A. (1997). « Le tiers secteur au regard d'une conception pluraliste de la protection sociale », dans J.-N. Chopart *et al.* (dir.), *Produire les solidarités. La part des associations*, Paris, Imprimerie nationale, p. 51-60.

FAURE, A., F. GERBAUX et P. MULLER (1989). *Les entrepreneurs ruraux*, Paris, L'Harmattan.

FONTAINE, J. (1999). « Quels débats sur l'action publique ? Les usages de l'évaluation des politiques publiques territorialisées », dans F. Bastien et E. Neveu (dir.), *Espaces publics mosaïques*, Rennes, Presses universitaires de Rennes, p. 285-305.

FONTAINE, J. et P. WARIN (2001). «Evaluation in France, a Component of Territorial Public Action», *Public Administration,* vol. 79, n° 2, p. 361-381.

GADREY, J. (2000). *Nouvelle économie, nouveau mythe?*, Paris, Flammarion.

GAUDIN, J.P. (dir.) (1996). *La négociation des politiques contractuelles,* Paris, L'Harmattan.

GAUDIN, J.P. (1999). *Gouverner par contrat. L'action publique en question,* Paris, Presses de Sciences Po.

GOYARD-FABRE, S. (1999). *L'État. Figure moderne de la politique,* Paris, Armand Colin.

GÉNÉREUX, J. (2001). «Manifeste pour l'économie humaine», *Esprit,* n° 7, p. 141-171.

GIDDENS, A. (1994). *Les conséquences de la modernité,* Paris, L'Harmattan.

ISM-CORUM (2001). *La proximité, quels enjeux pour les services publics?,* Villeurbanne, Mario Bella Edition.

KLIJN, E.H. et J.F.M. KOPPENJAN (2000). «Politicians and Interactive Policy Making: Institutional Spoilsports or Playmakers», *Public Administration,* vol. 78, n° 2, p. 365-388.

KNOEPFEL, P., C. LARRUE et F. VARONE (2001). *Analyse et pilotage des politiques publiques,* Bâle/Francfort, Hlebing & Lichtenhahn.

LE GALÈS, P. et E. NÉGRIER (2000). «Partenariats contre l'exclusion: quelles spécificités sud-européennes?, *Pôle Sud,* n° 12, p. 3-12.

LEROY, M. (2000). *La logique financière de l'action publique conventionnelle dans le contrat de plan État-Région,* Paris, L'Harmattan.

MCLAVERTY, P. (dir.) (2002). *Public Participation and Innovations in Community Governance,* Burlington, Ashgate.

MILNER, H. (2002). *Civic Literacy. How Informed Citizens Make Democracy Work,* Plymouth, University Press of New England.

ORLÉAN, A. (1999). *Le Pouvoir de la finance,* Paris, Odile Jacob.

PINELL, P. (2000). *Une épidémie politique: la lutte contre le sida en France de 1981 à 1996,* Paris, Presses universitaires de France.

PRAX, J.Y. (2000). *Le guide du knowledge management. Concepts et principes du management de la connaissance,* Paris, Dunod.

PUTNAM, R. (2000). *Bowling Alone. The Collapse and Revival of American Community,* New-York/London, Simon & Schuster.

ROSENBERG, S. et M. CARREL (2002). *Face à l'insécurité sociale. Désamorcer les conflits entre usagers et agents des services publics,* Paris, La Découverte.

ROUBAN, L. (1998). «Les États occidentaux d'une gouvernementalité à l'autre», *Critique internationale*, n° 1, p. 131-149.

RUI, S., M. OLLIVIER-TRIGALO et J.-M. FOURNIAU (2001). *Évaluer, débattre ou négocier l'utilité publique?*, Paris, Rapport INRETS, n° 240.

VALLEMONT, S. (2001). *Le débat public : une réforme dans l'État*, Paris, LGDJ.

VILLEY, M. (1983). *Le droit et les droits de l'homme*, Paris, Presses universitaires de France.

WARIN, P. (2002a). «Les associations en France : les enjeux politiques d'une reconnaissance juridique et économique», *Pyramides*, n° 6, p. 65-82.

WARIN, P. (2002b). «The Role of Nonprofit Associations in Combatting Social Exclusion in France», *Public Administration and Development*, n° 22, p. 73-82.

WARIN, P. (2002c). *Les dépanneurs de justice. Les « petits fonctionnaires » entre qualité et équité*, Paris, LGDJ.

WARIN, P. (2002d). «Les droits-créances aux usagers : rhapsodie de la réforme administrative», *Droit et Société*, n° 51-52, p. 437-453.

CHAPITRE

10

LA CONCERTATION DANS L'AMÉNAGEMENT
LE CAS D'UN PROJET D'ESPACE PUBLIC À VILLEURBANNE DANS L'AGGLOMÉRATION LYONNAISE

Jean-Yves Toussaint
Sophie Vareilles
Marcus Zepf
Monique Zimmermann

En France, les politiques publiques françaises en matière d'aménagement font l'objet d'une évolution qui concerne notamment la configuration du système d'acteurs et d'agents organisés pour les projets. Les projets de requalification d'espaces publics à Lyon révèlent particulièrement le degré d'ouverture de ces configurations qui passe notamment par un ensemble de dispositifs de communication. Le projet d'aménagement peut aujourd'hui se caractériser par une injonction à la concertation. Dans les faits, de nouvelles pratiques visant à une meilleure mise en œuvre de la démocratie et favorisant l'émergence de nouveaux acteurs – bureaux de communication, médiateurs – apparaissent dans le projet. Ces constats engagent à un certain nombre de questions sur la nature et les effets de cette évolution.

Ces questions sont abordées dans ce chapitre à travers le cas du projet d'espace public de la place Lazare Goujon à Villeurbanne, commune de l'agglomération lyonnaise. Ce projet d'aménagement constitue, après plus de dix années d'expérience dans l'agglomération lyonnaise sur les pratiques démocratiques liées à la conception des espaces publics, le support d'une expérimentation collective en matière de concertation. Il est de ce point de vue une référence tout à fait actuelle à même d'illustrer les pratiques démocratiques des professionnels lyonnais de l'aménagement.

Son étude a fait l'objet d'un contrat de recherche-action établi avec les collectivités locales concernées – commune de Villeurbanne et Communauté urbaine de Lyon – qui nous a donné le droit d'assister, au-delà des réunions publiques, à des séances de travail.

10.1. INTRODUCTION ET ÉLÉMENTS DU CONTEXTE LYONNAIS

L'agglomération lyonnaise, depuis la création de la communauté urbaine le 1er janvier 1969, se caractérise par un emboîtement de territoires institutionnels, à la fois politiques et administratifs.

La communauté urbaine de Lyon, récemment rebaptisée le Grand Lyon, comprend cinquante-cinq communes dont Villeurbanne. Elle s'organise autour de trois institutions : un conseil de communauté, un bureau et un président. Le conseil de communauté, qui compte 155 membres issus de tous les conseils municipaux, détermine et oriente la politique du Grand Lyon dans ses domaines de compétence[1]. Le bureau est constitué des vice-présidents responsables, sous l'autorité du président, d'un domaine spécifique : par exemple, l'urbanisme et la politique d'aménagement de l'agglomération. Le président et les vice-présidents sont élus parmi l'ensemble des maires des communes et des arrondissements de Lyon et des différents élus municipaux.

Ce système de représentation politique au niveau du territoire de l'agglomération donne à certains acteurs un don d'ubiquité. Ainsi, les élus communautaires sont tout à la fois les représentants au Grand Lyon des habitants de l'ensemble du territoire communautaire et les représentants dans leur commune des habitants de la ville. Dans le cas villeurbannais, le maire de Villeurbanne est aussi le troisième vice-président au Grand Lyon.

---

1. Le Grand Lyon a compétence pour l'aménagement, l'urbanisme, l'habitat, le développement économique, la voirie, l'eau, la collecte et le traitement des ordures ménagères, etc. Les espaces verts et l'éclairage restent à la charge des communes.

À partir de 1989, les pratiques du projet urbain à Lyon ont connu une évolution et les paradigmes sous-tendant l'action d'aménager se sont renouvelés. La politique d'aménagement se centre sur l'espace public qui devient un outil à la fois de la recomposition de la ville et de la qualité urbaine. Cette politique se fonde sur trois principes : la restauration du primat du politique dans les modalités d'urbanisation, la considération de l'espace public comme configuration de l'organisation et des pratiques sociales et une démarche de domanialisation de l'espace public[2] (Toussaint et Zimmermann, 2001). Dans la pratique, l'espace public, abordé dans sa complexité en tenant compte des diversités de ses pratiques et de ses publics, est aménagé comme lieu de vie et support d'usages à la disposition de la population. Pour ce faire, les services du Grand Lyon se réorganisent : une maîtrise d'ouvrage transversale des espaces publics est créée sous la forme du service « Espaces Publics », une distinction stricte est réalisée entre la maîtrise d'ouvrage et la maîtrise d'œuvre et une culture des espaces publics se constitue au sein des services techniques. Depuis une dizaine d'années, environ 300 aménagements d'espace public ont été réalisés dans l'agglomération (Azéma, 2001). À ces aménagements s'ajoute souvent une (re-)qualification du sous-sol en parcs de stationnement. C'est le cas de la Place des Célestins, de la Place des Terreaux, de la Place de la bourse et de la Place Antonin Poncet. Le Grand Lyon, compétent en matière de stationnement, concède la construction et la gestion de ces parcs à une société d'économie mixte, Lyon Parc Auto (LPA), qui devient de fait un acteur des projets d'espace public.

Le renouvellement de ces pratiques d'aménagement, vise, au-delà de la requalification de l'espace public, l'ouverture du projet à de nouveaux acteurs : ce sont dans un premier temps des artistes et des designers comme D. Buren, J.-M. Willmotte qui ont été mobilisés et, dans un second temps, les habitants et les usagers par l'intermédiaire de la *concertation* et des dispositifs dits de concertation.

C'est cette seconde entrée, légalement peu formalisée[3], qui pose relativement le plus de questions à la maîtrise d'ouvrage et à la maîtrise d'œuvre. Dans ce sens, la concertation est l'objet d'expérimentations et

---

2. Ainsi, les discours politiques soulignent la supériorité du général sur le particulier, du global sur le local. La politique des espaces publics se propose d'orienter les pratiques sociales en modifiant l'espace et de lutter contre la privatisation fonctionnelle des espaces publics, notamment dans la gestion des réseaux et du stationnement.

3. Parmi la trentaine de dispositifs de concertation mobilisés dans les projets lyonnais d'espaces publics, quatre sont légalement institués : la concertation préalable, les conseils de quartier, les CICA (conseils d'initiative et de consultation par arrondissement) et l'enquête publique. Parmi ceux-ci, seule l'enquête publique fait l'objet d'une formalisation légale.

de discussions au sein de ces collectivités qui sont à la recherche d'une méthode en la matière. Au Grand Lyon, les services « Développement Social Urbain[4] » et « Espaces Publics » mettent en place, petit à petit et de manière systématique, une démarche de concertation dans le cadre de leurs projets ; enquêtes sociologiques, réunions de concertation, réunions publiques, expositions, maisons de quartier en constituent les principaux éléments. À Villeurbanne, les élections de 1995 ont donné à la ville un nouveau maire. Un adjoint à la démocratie locale et à la citoyenneté a été nommé et a mis sur pied les conseils de quartier[5] dès 1996. Ce dispositif est à replacer dans l'histoire de Villeurbanne, ville socialiste[6], à côté des assemblées populaires de la fin des années 1930, des comités et des journaux de quartier du début des années 1970 et du comité consultatif des associations de la fin de cette décennie-là (Meuret, 1982).

À partir des années 2000, la réflexion sur la concertation porte, dans l'agglomération lyonnaise, la constitution d'une culture de la concertation et de la communication et, pour ce faire, mobilise sur un espace public de centre-ville spécialement choisi l'ensemble des collectivités et institutions qui prennent part au projet. Il s'agit de la place Lazare Goujon dont la requalification implique la commune de Villeurbanne, le Grand Lyon et l'Agence d'urbanisme de Lyon. Cette expérimentation en vraie grandeur s'inscrit dans un ensemble plus vaste de projets visant de nouvelles pratiques d'aménagement plus démocratiques comme la charte des espaces extérieurs, la charte de la participation. Ces projets s'insèrent dans l'enchâssement des territoires institutionnels et de fait recouvrent les frontières institutionnelles.

Sur la place Lazare Goujon, il s'agit de mettre à l'épreuve l'ensemble des discours constitués dans le Grand Lyon. C'est ainsi que l'on peut dire que le projet de la place Lazare Goujon n'est pas représentatif de l'ensemble des approches de concertation, mais rend compte d'une évolution des pratiques de concertation, de ses blocages, de ses freins et de ses cercles vertueux. Ce projet constitue donc un test, un essai, en quelque sorte une épreuve de validité des méthodes lyonnaises de concertation.

---

4. Service chargé de la « politique de la ville » mise en œuvre dans les zones de grands ensembles de l'agglomération lyonnaise.

5. Les conseils de quartier, au nombre de sept dans la ville, sont des groupes d'une trentaine de personnes (habitants volontaires et élu municipal, président du groupe) : ils sont chargés *d'élaborer et suivre des projets ; d'animer la vie citoyenne de quartier par le débat et l'information* [Document municipal « Démocratie locale à Villeurbanne »].

6. Ainsi que dans la tradition française de concertation (Ragon, 1977 ; Mollet, 1981 ; Blanc, 1995 ; Callon *et al.*, 2001).

10.2. GÉNÉALOGIE DU PROJET DE LA PLACE LAZARE GOUJON

La place Lazare Goujon à Villeurbanne est située au centre-ville entre l'hôtel de ville et le Théâtre national populaire (TNP) dans un quartier, construit dans les années 1930, faisant l'objet d'une protection patrimoniale du ministère de la Culture, notamment par une zone de protection du patrimoine architectural, urbain et paysager (ZPPAUP) créée en 1993. Ce projet, qui consiste à construire un parking en sous-sol et à réaménager l'espace de surface, se révèle être la conjugaison de trois projets : un projet de parking, un projet de surface et un projet de concertation. C'est dans ce sens que l'on comprend la désignation dans les collectivités locales et institutions concernées d'un chef de projet parking, d'un chef de projet espace public et d'un chef de projet concertation au sein du projet. En conséquence, dans la suite de ce chapitre, nous distinguerons quatre projets :

- le *projet parking*, qui concerne l'aménagement du sous-sol en parc de stationnement et dont le montant s'élève à onze millions d'euros ;

- le *projet surface*, qui a trait à la requalification de la place Lazare Goujon pour un coût total oscillant entre 1,4 et 1,7 million d'euros ;

- le *projet concertation*, qui vise la mise en place de dispositifs expérimentaux de concertation[7] ;

- le *projet Lazare Goujon*, qui est la combinaison des trois projets précédents.

10.2.1. LE PROJET PARKING

Le projet parking mobilise trois organisations : la ville de Villeurbanne (son maire, l'adjoint aux déplacements urbains et à la voirie, l'adjoint chargé des paysages urbains et des espaces publics, le directeur général de la Direction générale technique Environnement) ; le Grand Lyon (le vice-président à la politique de déplacements, la mission Déplacements ; le directeur du service des Espaces publics) et le concessionnaire du parking.

Le Plan de déplacements urbain, adopté par le Grand Lyon en janvier 1997, prévoyait la création d'un parc de stationnement dans le centre-ville de Villeurbanne. En 2000, la place Lazare Goujon est inscrite sur la liste des sites possibles de ce parc. En mars 2001, le projet Lazare

---

7. Le coût de la concertation n'a pas pour l'instant été évalué.

Goujon constitue un élément du programme pour les élections municipales du maire actuel de Villeurbanne. À la suite des élections, le projet
fait l'objet de deux délibérations et les études de faisabilité sont engagées.
Là pourrait s'achever la première phase du projet parking, la phase *stratégique*[8]. Quelques mois plus tard, en novembre, le projet parking est
présenté au cours d'une réunion publique : la capacité, le nombre de
niveaux, la technique de construction, les localisations des accès piétons
et voitures du parking sont précisées. La phase des études préalables se
poursuit. La consultation du concessionnaire est engagée et, en février
2002, le concessionnaire est choisi. Aujourd'hui, la phase de conception
débute : la maîtrise d'œuvre sera désignée au début de l'été 2003. Elle
devrait se terminer à la fin de l'année 2003 et sera suivie de la phase de
réalisation du parking qui devrait s'achever en 2005.

10.2.2. Le projet surface

Le projet surface mobilise un ensemble d'acteurs appartenant à la collectivité de Villeurbanne, à la communauté urbaine de Lyon, à l'Agence
d'urbanisme de Lyon ; à des associations et des syndicats locaux et nationaux d'habitants, d'usagers, de commerçants et de travailleurs ; à des
institutions publiques et des entreprises ; aux professions de l'urbain : un
bureau de sociologues, un employé d'un Mouvement national pour
l'amélioration de l'habitat, une équipe de chercheurs, les Architectes des
bâtiments de France –ABF– et un média local.

Le réaménagement de la surface est décidé dans le même temps
que celui du parc de stationnement : un constat de *place dégradée*[9] et la
mise en œuvre du projet parking déterminent la décision d'une requalification de la place Lazare Goujon (réunion publique du 28.11.01). De fait,
le projet surface est abordé publiquement, en même temps que le projet
parking, lors des élections municipales et d'une réunion publique en
2001. Les premiers partis pris sont annoncés : il s'agit de *libérer cet espace
de la présence des voitures en vue d'augmenter la convivialité du lieu* (réunion
publique du 28.11.01). En 2002, les premières études – sociologique,
études préalables des ABF – sont lancées et le programme élaboré. Ce
programme est rendu public en octobre 2002. L'aménagement de la place
Lazare Goujon, située dans une ZPPAUP, doit respecter le règlement de

---

8. En effet, on peut distinguer dans le projet quatre phases : la phase stratégique, les
   études préalables, la conception et la réalisation (Toussaint, 2003). Le passage d'une
   phase à une autre est marqué par une certaine irréversibilité : des décisions sont prises
   et des choix sont effectués.

9. Notes personnelles des auteurs. En italique dans la suite du chapitre.

cette zone et vise à la fois à *respecter l'identité du lieu et moderniser son image*; pour cela, le mobilier existant est conservé : les bassins, les pergolas, les bancs intégrés ; la fontainerie et les dispositifs de lumière pourront être modifiés, la maîtrise d'œuvre comprendra un concepteur et un artiste (groupe ressource, réunion du 01.10.02). À la suite de cette présentation, la phase de conception du projet débute. Un marché de définition est lancé : après une première sélection, quatre concepteurs élaborent et remettent en mars 2003 un projet surface. La désignation du lauréat aura lieu en juillet 2003, le marché de maîtrise d'œuvre sera passé par la suite. Jusqu'en janvier 2004, le projet retenu évoluera jusqu'à la phase de construction. Les travaux de surface devraient commencer à la fin de l'année 2005.

10.2.3. LE PROJET CONCERTATION

Le projet concertation, dont la finalité est la mise en place des dispositifs expérimentaux de concertation, mobilise aujourd'hui les trois institutions intéressées dans l'agglomération par la réflexion sur la concertation : la ville de Villeurbanne, le Grand Lyon et l'agence d'urbanisme de Lyon. Il engage également des professionnels de l'urbain et de la concertation, des destinataires – membres d'associations d'habitants, d'usagers, de commerçants et de syndicats de travailleurs, d'institutions publiques et d'entreprises – et un média local.

Le projet concertation apparaît au sein des trois collectivités à la fin de l'année 2001. Il s'agit alors à Villeurbanne de constituer un groupe d'habitants et d'usagers qui rédigeront le programme du projet surface. Au même moment, un document de travail de l'agence d'urbanisme évoque l'étude d'un cas villeurbannais par rapport aux modes de concertation dans le cadre d'un réseau de ressources et d'expériences (document de travail Agence d'Urbanisme, 2001).

Au début de l'année 2002, des discussions sont organisées entre les trois principales institutions afin de définir les modalités et les financements de ce dispositif (réunion de travail du 13.02.02). Le projet est entrepris en mai 2002 avec la constitution d'un groupe de travail. Fin mai, à l'issue de cette mise en œuvre, son contenu a évolué : le groupe de travail apparaît sous une nouvelle dénomination, *le groupe ressource*, afin de souligner le rôle qu'on lui attribue, à savoir diffuser son expérience en matière de concertation parmi les habitants de la ville ; le nombre de réunions prévu a diminué (groupe ressource, réunion du 16.05.02). De mai à juillet 2002, le groupe ressource participe à l'élaboration du programme du projet surface, qui est présenté en octobre 2002. Au début de l'année 2003, ce dispositif est évalué lors d'une réunion de travail. En mars 2003, les quatre concepteurs en lice dans le marché de définition du projet surface présentent, dix jours avant la date officielle prévue, leur projet au groupe ressource.

10.2.4. LE PROJET LAZARE GOUJON

Le projet Lazare Goujon est apparu sur la scène publique en 1997 dans sa phase stratégique, avec l'inscription du projet parking dans le Plan de déplacements urbains. La figure 10.1 représente son déroulement et illustre l'articulation des trois projets précédents en distinguant la phase stratégique, les études préalables, la conception et la réalisation et en précisant les acteurs mobilisés dans ces étapes des projets.

10.3. LA CONCERTATION DANS LE PROJET LAZARE GOUJON

La concertation dans le projet Lazare Goujon comprend l'ensemble des dispositifs de concertation mobilisés, à savoir les dispositifs «expérimentaux» constituant ce que nous avons appelé le projet concertation – et concrétisés à cette date par la constitution du groupe ressource et les réunions l'ayant mobilisé – et les dispositifs «traditionnels», en l'occurrence une réunion publique.

10.3.1. LA RÉUNION PUBLIQUE

Cette réunion publique a eu lieu le 28 novembre 2001 à la mairie de Villeurbanne de 20h à 22h. Elle a rassemblé des élus municipaux et communautaires, dont le maire de Villeurbanne, des techniciens de la communauté urbaine, dont le directeur du service Espaces publics, et un public d'environ 150 personnes, composé d'habitants et de membres du personnel politique (membres d'associations, représentants de groupes politiques, etc.).

Ce dispositif est le premier dispositif de concertation mis en œuvre dans le projet Lazare Goujon: il s'agit d'une *réunion d'information et de concertation sur le parc de stationnement construit dans le sous-sol et sur la restauration de la place en surface.*

Cette réunion se divise en trois temps: une présentation politique, une présentation technique et un débat.

FIGURE 10.1
Le déroulement du projet Lazare Goujon

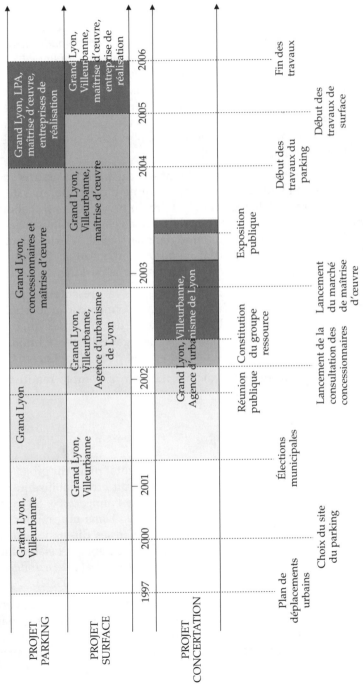

Les différentes phases du projet

Les élus s'attachent dans cette présentation politique à cadrer le débat : le maire rappelle, lors de sa première intervention, que *le projet Lazare Goujon faisait partie de son programme aux élections municipales, qu'il y a eu confrontations au cours des élections et qu'aujourd'hui, il n'est pas question de savoir si on fait le projet mais comment on le fait.* Dans le même temps, les élus posent les premiers éléments du projet et dessinent ainsi un premier cadre de l'aménagement en définissant les espaces libérés de la voiture. En cela, les élus fixent les limites de la discussion et déclarent certains éléments des projets non négociables parce qu'ils sont issus de prises de décision antérieures.

La présentation technique du projet du parking assurée par les fonctionnaires du Grand Lyon prend la forme d'un diaporama de vingt-quatre diapositives. Elle reprend l'histoire du projet parking et aborde les caractéristiques du parc : 400 places, trois niveaux, positions des accès automobiles et de l'entrée piétonne dans le théâtre. Ces éléments sont justifiés comme le résultat d'un sondage qui visait à déterminer les besoins de chacun des groupes concernés par le parking.

Le débat proprement dit démarre après la présentation technique et mobilise les élus et une vingtaine de personnes parmi le public : les techniciens restent silencieux. Presque la moitié des personnes qui prennent la parole sont issues d'associations et d'organisations politiques. Les interventions portent sur l'ensemble du projet de la place Lazare Goujon.

À la fin de la réunion, aucune réunion ni compte rendu ne sont annoncés.

10.3.2. Le groupe ressource

Le groupe ressource est le dispositif expérimental pivot du projet concertation : il a été constitué en mai 2002 et devrait être mobilisé jusqu'à la fin du projet surface prévue pour le début de l'année 2006. Sa mobilisation s'étendra donc sur une période trois ans. Dans un premier temps, ce groupe de travail est chargé *d'alimenter*, par ses discussions, *le cahier des charges du projet surface.* Au-delà de sa participation à l'élaboration de ce programme, il a pour mission de *porter son travail à l'extérieur du groupe, d'en informer le public* (groupe ressource, réunion du 16.05.02).

Le groupe ressource est un groupe de travail réunissant des acteurs et agents du projet Lazare Goujon : des élus municipaux dont le maire et l'adjoint à la démocratie locale ; des fonctionnaires d'institutions locales (Grand Lyon, Villeurbanne et Agence d'urbanisme de Lyon) ; des membres des conseils de quartier, des membres d'associations et de syndicats ; des représentants d'institutions publiques et d'entreprises : le TNP, la poste, la police municipale, trois membres de la télévision locale ; un médiateur ; deux chercheurs ; et de manière ponctuelle, des intervenants extérieurs.

Ce groupe s'insère dans les réseaux professionnels ou politiques des acteurs mobilisés dans le projet : les participants sont cooptés. Au-delà de cette cooptation, la composition de ce groupe a été discutée entre le chef de projet concertation et les élus municipaux. Il s'agissait de trouver une formation qui laisse une large place aux *habitants*. Pour cela *on a fait en sorte que les habitants ne soient pas écrasés par les autres. On a ainsi diminué les personnes qui ne sont pas habitants* (médiateur, réunion de travail du 06.05.02).

L'ensemble des organisations participantes a été l'objet d'arbitrages de la part du maire : une liste d'associations, de syndicats et d'institutions publiques – le TNP, la poste, la police municipale, la mairie, la Bourse du travail, les logements, les commerces – dont l'objet de mobilisation inté-ressait le projet surface lui a été proposée par les organisateurs du groupe. L'ensemble des conseils de quartier de la ville sont également sollicités et sont représentés par plusieurs de leurs membres. Ces repré-sentants sont reconnus comme des usagers de la place Lazare Goujon. D'autres usagers plus particuliers sont également associés par l'intermé-diaire des associations de personnes handicapées et des piétons. Cette liste d'organisations est élaborée de *manière intuitive*[10] (réunion de travail du 05.02.03) et il revient alors aux associations d'envoyer un représentant (réunion de travail du 06.05.02).

Les arbitrages politiques apparaissent de manière explicite dans cer-taines réunions de travail : des associations sont exclues de fait du groupe[11]. Ces arbitrages se révèlent également dans le temps nécessaire pour élaborer cette liste de destinataires, environ quatre mois. Cette repré-sentation a fait l'objet d'une critique lors d'une des réunions : les *jeunes* n'étaient pas assez représentés (groupe ressource, réunion du 05.02.03).

Le groupe ressource s'est réuni sept fois entre mai 2002 et mars 2003 à la mairie de Villeurbanne, dans la salle du conseil municipal, de 18h à 20h. Les horaires de ces séances sont tributaires des emplois du temps

---

10. Dans le sens qu'elle n'a pas recherché la représentation exacte des destinataires du projet surface.

11. Lors d'une réunion de travail, un élu explique ainsi *qu'avec la MJC, on a de mauvaises relations. Elle est bien pour ateliers poteries et [...] Mais il existe d'autres structures* (réunion de travail du 13.02.02). La MJC ne fait pas partie des organisations représentées dans le groupe ressource.

des élus, notamment le maire, qui peuvent assister à une deuxième réunion dans la même soirée[12]. Les six premières réunions ont fait l'objet d'un compte rendu.

Le lieu des réunions a provoqué des discussions parmi les organisateurs. En effet, la salle du conseil municipal dans laquelle ont été organisées la plupart des réunions se caractérise par un haut plafond ornementé et des tables équipées de microphones. Elle présente en cela une certaine solennité, qui reflète l'importance des décisions qui y sont habituellement prises. De fait, la configuration de ce lieu a, semble-t-il, orienté les débats vers une modération de la parole[13].

Les séances du groupe ressource n'ont pas toutes le même caractère : les objets abordés et les objectifs projetés évoluent selon le temps ; et dans le même temps, la composition du groupe varie[14]. En cela, une première typologie de ces séances peut être constituée : la réunion *prise de contact*, les quatre réunions *cahier des charges*, la réunion *évaluation* et la réunion *concepteurs*.

– **La réunion prise de contact** inaugure le dispositif le 16 mai 2002 et vise à présenter les objets et le fonctionnement du groupe ressource.

Les participants sont placés dans la salle selon un ordre défini. Dans la salle du conseil, les tables sont agencées en un rectangle qui constitue le premier cercle et en trois lignes parallèles sur deux côtés du rectangle. Seules les tables formant le rectangle et la ligne située au sud de la salle possèdent des microphones.

La séance se déroule en trois temps : une présentation politique des projets surface et concertation, une présentation technique du projet concertation et un tour de table.

– **Quatre réunions du type cahier des charges** sont organisées en vue d'alimenter la rédaction du cahier des charges du projet surface. Elles se déroulent de mai à octobre 2002. Elles ont lieu de 18h à 20h dans la salle du conseil.

---

12. Entretien avec un chef du projet surface de la ville de Villeurbanne le 17 mars 2003.

13. Parmi les habitants, l'avis est partagé : *Le lieu est solennelle : c'est bien ; là le maire est obligé de répondre ; le cœur de la ville se traite dans l'hôtel de ville. Une échelle pour chaque chose ; d'autres lieux auraient été mieux : le centre social.* Un autre participant, en aparté, exprime le même point de vue (groupe ressource, réunion du 05.02.03).

14. Ces variations concernent les marges : il existe un noyau, important, composé d'une vingtaine de personnes qui assistent à toutes les séances. Mais ces marges ne sont pas négligeables : elles se constituent ici entre autres d'élus comme le maire et son deuxième adjoint.

La place des participants dans la salle est pour ainsi dire libre. Dans certains cas, des écriteaux avec noms sont posés sur une table à l'entrée, les participants sont invités à prendre le leur. Dans d'autre cas, les écriteaux sont placés sur les tables, mais les participants prennent alors le parti de choisir leur place en déplaçant leur nom à la place qu'ils souhaitent prendre dans la salle ou en fonction de la position des participants qu'ils tiennent à avoir pour voisins.

Toutefois, malgré une certaine liberté laissée aux participants, les places varient peu d'une séance à l'autre : les participants se regroupent selon leur statut dans le projet et occupent les mêmes places d'une séance à l'autre : les élus sur le côté ouest de la table, le médiateur sur le côté est, les destinataires sur les cotés nord et sud, les chercheurs en retrait du rectangle, sur une des rangées sans micro. De fait, les élus sont dans une position de président, certains participants s'excluent du débat – en se mettant par exemple sur des tables ne possédant pas de microphone.

Sur le plan formel, les réunions se déroulent en trois temps : un courrier, une présentation et un débat.

Les réunions portent successivement sur une approche historique et sensible de la place réalisée par des étudiants, la présentation d'une enquête sociologique sur les usages de la place réalisée par un cabinet privé, l'exposé du cahier des charges ou le programme du projet surface remis aux équipes de concepteurs en lice dans le marché de définition.

– **La réunion « évaluation »** a lieu le 5 février 2003 de 18h30 à 20h avec pour objectif d'évaluer la mise en œuvre du dispositif groupe ressource au cours des quatre dernières séances.

– **La réunion « concepteurs »** s'est déroulée le 25 mars 2003 dans la salle du conseil municipal de 19h30 à 22h. Elle avait pour objet de présenter les projets en lice dans le marché de définition du projet surface au groupe ressource. Les élus sont très présents lors de cette présentation et expriment fortement leurs points de vue. Les projets seront déposés officiellement dix jours plus tard, le 4 avril 2003 et, de fait, les concepteurs insistent en séance sur le caractère non achevé des projets.

10.4. PREMIERS CONSTATS

L'observation de la mise en œuvre des dispositifs de concertation que nous venons de présenter et la description que nous pouvons en faire visent à rendre compte de la manière dont ces dispositifs de concertation

influent sur la matérialité des dispositifs techniques et spatiaux de l'urbain constituant l'espace public et sur les configurations des acteurs mobilisés dans leur conception-production (Toussaint et Zimmermann, 2001).

10.4.1. Concertation et décision technique ou quelles sont les influences de la concertation sur l'espace public ?

La concertation mise en place a fait ressortir un consensus sur le principe initial annoncé par les élus, les techniciens et les ABF de la reconstruction à l'identique de la place Lazare Goujon. Ce principe sera approuvé par tous les participants et personne n'envisagera l'élimination des voitures comme un élément de nature à modifier l'image et les usages de la place. De fait, les programmes des élus, des techniciens et des habitants pour le projet surface sont très proches.

Les élus l'expriment de cette manière : *le projet est dans une ZPPAUP : il y a des contraintes historiques sur la place* [...] *Le règlement de cette zone date des années 1990 : on ne peut rien changer* (maire, groupe ressource, réunion du 16.05.02) [...] *elle [la place] doit être très peu modifiée et doit rester accueillante et centrale* (élu, groupe ressource, réunion du 03.06.02), *je ne la vois pas s'agrandir* (élu, groupe ressource, réunion du 04.07.02).

Les techniciens reprennent ce principe d'aménagement. Pour le directeur général de la direction générale du Génie urbain, *la place est déclarée très performante par l'ensemble des usages.* [...] *C'est rare. Dans le programme, il faut faire preuve d'humilité : repartir de ce qui existe.* [...] *Il faut maintenir le lieu : l'espace est très harmonieux* (technicien, groupe ressource, réunion du 04.07.02). Pour le représentant des ABF, *il s'agit de retrouver la simplicité* [du dessin initial] *; ne pas muséifier, ne pas faire moderne, pour faire moderne. Il faut garder quelques éléments forts : la symétrie, les proportions des bassins par rapport à la place, les pergolas et les traitement des angles : cette composition est basée sur des éléments essentiels* (technicien, groupe ressource, réunion du 01.10.02).

Les habitants qui s'expriment, confirment ces discours : *les gens que j'ai rencontrés ne voient pas les changements à apporter* [...] *Il faut améliorer, mais pas changer. On s'est posé la question depuis quinze jours...* (destinataire[15], groupe ressource, réunion du 03.06.02). *Le parking va améliorer beaucoup de choses : apporter une modernité des transports. Il faut très peu modifier la place : elle est d'une dimension exacte, comme on parle d'un goût exact.... Qu'elle reste comme cela* (destinataire, groupe ressource, réunion du 03.06.02).

Les deux dispositifs de concertation (réunion publique et réunions du groupe ressource) ont permis aux participants de s'informer sur les différents objets et dispositifs constituant la place. Si les nombreuses questions posées ne donnent pas directement d'éléments susceptibles d'être intégrés dans la reprise ou la conception des dispositifs, leur ensemble constitue toutefois un matériau permettant de définir assez distinctement la nature des dispositifs pour lesquels les participants se sentent concernés.

Quel aménagement va être retenu pour la rue Paul Verlaine ? Est-ce qu'il y aura des places surveillées pour les deux-roues ? Qu'en est-il du problème de l'eau dans le parking – nécessité de pompages compte tenu de la hauteur de la nappe phréatique – ? *Le parking n'a pas assez de places. À combien de places de stationnement correspondent les 48 % réservés aux entreprises ?* (destinataires, réunion publique du 28.11.02). *Vous avez parlé de réduire les bassins. Comment comptez vous les réduire ?* (destinataires, groupe ressource, réunion du 19.06.02). *Le poste de police va s'installer dans le local France Télécom : nous avons besoin d'une sortie. Il serait bien qu'on ait une voirie d'accès* (destinataire représentant la police, groupe ressource, réunion du 04.07.02). *Les pergolas vont-elles être conservées ?* (destinataire, groupe

---

15. Entendu comme destinataire du projet surface.

ressource, réunion du 01.10.02). *Où va être mis le monument aux morts ? Quel est le type d'éclairage prévu ? De quoi est fait le sol ?* (destinataires, groupe ressource, réunion du 25.03.03), etc.

Au-delà des questions visant à une information, les discussions portent peu sur les dispositifs techniques et spatiaux de la place : les bancs, les bassins, les portiques, les jets d'eau, le buste de Lazare Goujon, les arbres, le sol[16]. Une exception est faite pour le monument aux morts de la place dont la localisation et le déplacement font l'objet d'interventions (réunions du 16.05.02, du 03.06.02 et du 19.06.02).

Dès la première réunion, un représentant d'une association des anciens combattants aborde le thème du monument aux morts : *Je veux que le monument aux morts reste sur la place* (réunion du 16.05.02). Il poursuit dans la seconde réunion : *À propos du monument aux morts, on peut peut-être le bouger. Ce déplacement permettrait de résoudre le problème qui se pose lors des commémorations : les porte-drapeaux et le public ne peuvent se tenir à côté : de cette manière le public n'entend pas les porte-drapeaux.* [...] Le chargé de mission intervient : *Attention ! Pour le déplacement, il faut demander l'autorisation aux familles : le monument aux morts contient des urnes* (réunion du 03.06.02). Lors de la présentation des projets en lice dans le marché de définition, cet objet réapparaîtra après chaque intervention des architectes : *où est le monument aux morts ?* (réunion du 25.02.03).

Pour ce qui est des usages, les destinataires présents s'expriment sur leurs attentes ; les élus ou les techniciens expliquent alors leurs points de vue. En fait, il n'y a pas à proprement parler de discussion et les interactions[17] mobilisent peu d'acteurs (un élu et un destinataire) et sont très courtes : un, voire deux échanges. Les habitants maîtrisent souvent la séquence de l'ouverture de ces échanges : c'est eux qui amènent un sujet et les élus assurent la séquence de fermeture : ils ont le mot de la fin.

Ainsi au cours de la réunion, un participant dit : *Le parking était mieux placé là* ; le maire répond : *Chacun peut dire où il va mettre le parking* [...] *aujourd'hui, le parking est bien engagé : il y a des choses à concerter et des choses déjà engagées.*

Toujours du point de vue des usages, une discussion va s'étendre sur plusieurs réunions et mobiliser les élus, les techniciens et les habitants : il s'agit des pratiques liées à l'utilisation de l'entrée sud lors des cérémonies de mariages (groupe ressource, réunions du 16.05.02, du 01.10.02 et du 04.07.02).

---

16. Lors de la réunion concepteurs, certains de ces éléments sont abordés mais ce sera surtout le fait des élus (groupe ressource, réunion du 25.03.03).
17. Considérées comme une *unité communicative* qui présente une « évidente continuité interne (continuité du groupe des participants et des thèmes abordés) et qui rompt avec ce qui la précède et la suit » (Kerbrat-Orecchiani, 1996, p. 36).

Par exemple, lors de la réunion du 01.10.02, les élus estiment qu'à propos de *l'accès du côté mairie pour les mariages, il faut faire preuve de beaucoup de prudence : tous sont témoins des difficultés avec le mariage.* Les habitants reprennent l'idée : *l'entrée nord de la mairie doit être utilisée ; on n'était pas d'accord déjà sur l'entrée nord. L'entrée sud doit pouvoir être utilisée. L'entrée nord n'a pas le même charme que l'entrée sud ; on avait proposé un système automatique...* Le médiateur intervient : *c'est un détail de l'aménagement : c'est aux concepteurs de nous le proposer* (groupe ressource, réunion du 01.10.02).

De fait, les discussions sur les usages sont peu nombreuses. Les élus reportent à plus tard ce débat-là. Par exemple, lorsque le chef du projet surface parle des usages, lors de la dernière réunion avant la rédaction du cahier des charges, les élus présents lui répondent que ce débat-là viendra plus tard : *Je pense que ce débat aura lieu plus tard, il faut voir d'abord comment la place va se recomposer sans les deux axes. Il faut voir comment les usages de centralité se modifient. [...] Comment les usages centraux vont-ils être transformés par la transformation de la place ? [...] Il faut vraiment qu'on y réfléchisse* (groupe ressource, réunion du 04.07.02).

Ainsi, la concertation ne semble pas avoir pour objectif une quelconque anticipation des usages de la place Lazare Goujon.

10.4.2. CONCERTATION ET OUVERTURE DU PROJET OU QUELS LIEUX D'ÉCHANGES LA CONCERTATION AMÉNAGE-T-ELLE DANS LE PROJET ?

La mobilisation des acteurs est importante, mais le projet concertation de la place Lazare Goujon repose sur un certain nombre de règles du jeu.

La composition du groupe ressource a fait l'objet de longues discussions entre les énonciateurs du projet concertation. Ainsi, une proportion devait être respectée entre élus, techniciens et habitants. Les choix des jours et des horaires des réunions excluaient de fait certains élus et également une partie de la population – notamment les gens qui travaillent.

Outre sa composition et son planning, ce dispositif de concertation, qui se veut expérimental, met en place des règles du jeu quant aux tour de parole, à la distribution des objets entre les membres du groupe[18] et aux enjeux de la partie si l'on conserve le parallèle avec le jeu (Goffman,

---

18. Dans un jeu traditionnel, ces objets correspondent aux cartes ou aux pions : dans le cas présent, il faut entendre par objets des plans, des rapports d'étude.

1993). Ces règles sont destinées à encadrer les échanges sur les projets parking et surface. Et elles ont été conçues pour la plupart avant la mise en œuvre du projet concertation par les responsables politiques et techniques. Ainsi, les premiers temps de ce dispositif de concertation consistent en l'exposé de ces règles. Lors de la réunion publique, les élus dans leur allocution d'ouverture se sont attachés à poser ces règles et précisent également les grands principes de l'aménagement. C'est également en ce sens qu'est organisée la première réunion du groupe ressource. Les élus et les techniciens, là encore, fixent l'objectif du groupe – *faire une place publique la plus réussie possible et donc alimenter la réalisation du cahier des charges [...] éclairer le cahier des charges*. Toujours dans l'énonciation des règles du jeu, les élus précisent clairement les dispositifs techniques qui pourront faire l'objet de la concertation – et définissent donc aussi les dispositifs exclus de la concertation[19] –, ainsi que les thèmes des réunions à venir.

Ces règles s'inscrivent également dans un cadre physique, la salle du conseil municipal : ainsi, d'une séance à l'autre, les participants du groupe ressource prennent place selon une disposition similaire et, dans les faits, par leur position, les élus président les réunions.

L'existence de ces règles, non problématiques au début du projet, se révèle lorsque des demandes pour les modifier vont émerger. Par exemple, les représentants des habitants vont solliciter la production d'une maquette et une réunion supplémentaire va être demandée : *la place passe de 5000 m² à 10 000 m². Les arbres ne comptent pas. Il faut les changer. Une réunion avec une maquette est nécessaire pour se rendre compte. Cela me manque. Tout cela fait beaucoup de choses nouvelles : ne serait-il pas nécessaire que nous ayons une séance supplémentaire ?* Le technicien répond : *Ce n'est pas possible. On ne peut pas travailler comme cela. On ne sera jamais d'accord. Il faut laisser travailler les professionnels. On vous laissera réagir après. [...] Il n'est pas possible de travailler tous ensemble* (groupe ressource, réunion du 04.07.02). Les représentants des habitants insistent auprès des organisateurs, mais la même réponse leur est faite : *On ne peut pas faire de maquette.* Dans le même ordre d'idées, un représentant d'association demande *si une réunion publique pour une concertation avec les habitants peut se tenir : il y a une demande. C'est en fait une deuxième relance. Notre association s'est réunie depuis quinze jours.* Il poursuit : *les représentants ici présents ne sont pas la majorité des gens : ils veulent s'exprimer. Peut-être qu'il faudrait qu'il y ait vraiment une démocratie [...].* Le principe de cette réunion est accepté

---

19. Pour le dire autrement et reprendre les propos de H.-P. Jeudy, « [...] ce qui n'est pas négociable reste paradoxalement l'origine même de l'acte de négocier » (Jeudy, 1996, p. 41).

par l'élu présent, mais elle n'aura pas lieu, car la majorité des élus et des techniciens du groupe en ont contesté la pertinence (médiateur, réunions de travail du 23.05.02 et du 10.06.02).

Les contradictions se poursuivent : *À Villeurbanne, l'objectif de la concertation (le groupe ressource), c'est la co-production. Il s'agit de rechercher un consensus. Le groupe ressource, c'est tout petit et cinq réunions, c'est trop court pour organiser des contradictions, puis rechercher des consensus. Les règles du jeu sont strictes en raison des contraintes de temps, de moyens : c'est un petit projet. L'objectif de cette concertation est politique. [...] L'objectif du groupe est d'expérimenter comment faire la concertation en amont du projet et assurer les liens avec les conseils de quartier [...] En fait, ce n'est pas un objectif de concertation. C'est un projet qui ne présente aucun risque. Quant à la concertation, il n'y a pas de concertation idéale. Le maire cherche des voix, veut montrer que les élus et techniciens écoutent. En face il n'y a pas de demande* (technicien, réunion de travail du 05.02.03). À un habitant qui propose : *il faudrait quelque part qu'on participe à la décision même s'il ne s'agit pas de décider,* le technicien répond : *la dernière fois on s'est mis d'accord : vous donnez votre avis.*

Malgré ces règles strictes, sans cesse répétées, les participants du groupe ressource ne contestent ni la mise en œuvre ni les résultats de la concertation. Au contraire, ils sont plutôt satisfaits du programme de la future place et plébiscitent le médiateur.

Ils ont largement exprimé leur satisfaction lors de la présentation du cahier des charges : *le travail du bureau* [de sociologues] : *c'est bien. Dans l'ensemble, les remarques ont été reconnues. Je tiens à remercier l'agence d'urbanisme pour avoir bien travaillé dans ce sens-là* (groupe ressource, réunion du 01.10.02) [...] *Bien, j'ai apprécié les interventions du maire. Bien le médiateur ; Bien à 100 % ; formidable. Les interventions techniques nous recadrent. Elles donnaient un éclairage, donnaient des idées. La concertation est innovante : bien* (groupe ressource, réunion du 05.02.03).

Le médiateur quant à lui est reconnu pour apporter une certaine caution au débat. [...] *je voulais remercier le médiateur. Chacun s'est exprimé librement, a respecté l'autre* (destinataire, groupe ressource, réunion du 01.10.02). *Très, très bien, un homme-orchestre ; un contre-pouvoir dans l'assemblée; il reprend les idées. La médiation permet de se faire entendre* (destinataires, groupe ressource, réunion du 05.02.03).

Dans le même temps, les participants ont conscience qu'ils se concertent pour bien peu de chose.

On se concerte pour le niveau zéro du parking, mais on ne peut rien bouger : se concerter pour la couleur des poubelles : cela n'intéresse pas. Il manque le niveau des tuyaux, le niveau −1 et le niveau de financement. On se concerte sur rien. [...] On joue sur rien. ; le parking était un fait établi mais il restait des problèmes secondaires. Moi, je trouve que nous sommes un peu piégés par la concertation. La concertation porte sur pas grand-chose. Je pensais qu'on pouvait redynamiser la place en apportant des éléments nouveaux. Par exemple, un kiosque. Le maire a opposé un non farouche. Est-ce qu'on peut parler de concertation si le maire donne son avis ? C'était beaucoup d'énergie pour une petite place. Le consensus était normal car tout était préétabli (destinataires, groupe ressource, réunion du 05.02.03).

CONCLUSION

Au premier abord, l'analyse des limites du projet de concertation à Villeurbanne présente un résultat plutôt restreint par rapport à la véracité et à l'authenticité du processus de concertation dans ce projet d'aménagement. Les objectifs ambitieux de création d'un dispositif de démocratie participative aboutissent à un exercice bien contrôlé : absence plutôt évidente d'enjeux de concertation, un cadre assez institutionnel, formel et proche de l'appareil politico-administratif et une assemblée qui semble être sélectionnée pour sa capacité à ne pas dépasser les limites d'un débat modéré et consensuel.

Malgré ces limites, on ne peut pas parler d'une intention hypocrite de la part des organisateurs de la concertation. On constate plutôt une logique d'action proche de la logique d'un démineur qui se voit confronté à des terrains dangereux qui, selon l'expression courante d'un certain nombre de responsables politiques et techniques, « risquent de nous sauter en pleine figure ». Cette logique d'action tente de s'ancrer dans des démarches de concertation modestes pour ne pas provoquer de confrontations violentes parmi les participants susceptibles de mettre un terme à ce genre d'expérience de débat.

On peut alors se demander si l'on ne rencontre pas, à cet endroit, une autre limite qui renvoie aux croyances dans la possibilité de faire (fabriquer) sans pouvoir (sans prendre le risque de choisir et de faire) : entendu par là qu'il serait possible d'établir un monde consensuel qui serait le plus parfait des mondes puisqu'il serait un monde sans conflits et sans confrontations, c'est-à-dire aussi sans choix, puisqu'il n'y aurait plus qu'un dessein juste qui s'imposerait de lui-même. La limite tient aux représentations relatives au fonctionnement des institutions politiques et démocratiques : la démocratie est-elle la fin des conflits dans la recherche perpétuelle des « voies vraies » parce qu'elles se situent en dehors du conflit ? Ou bien la démocratie est-elle l'expression des conflits sur le mode pacifique ? Dans le premier cas, l'existence d'un consensus présuppose les conditions d'un dessein juste et légitime qui s'imposerait comme tel à l'ensemble de la société. Dans l'autre cas, l'existence du conflit ne fait que la preuve de la diversité du monde, des choix toujours ouverts, c'est-à-dire, au sens de Castoriadis, de la possible production de l'altérité, c'est-à-dire aussi de la production de nouveauté.

BIBLIOGRAPHIE

AZÉMA, J.-L. (2001). « L'expérience lyonnaise, la naissance d'une organisation », dans J.-Y. Toussaint et M. Zimmermann (dir.), *User, observer, programmer et fabriquer l'espace public*, Presses polytechniques et universitaires romandes, Lausanne, p. 185-198.

BLANC, M. (1995). « Politique de la ville et démocratie locale. La participation : une transaction le plus souvent différée », *Les Annales de la recherche urbaine*, nos 68-69, p. 98-106.

BLONDIAUX, L. (2001). « La délibération, norme de l'action publique contemporaine ? », *Projet*, no 263, p. 81-90.

CALLON, M., P. LASCOUMES et Y. BARTHE (2001). *Agir dans un monde incertain : essai sur la démocratie technique*, Paris, Seuil.

GOFFMAN, E. (1993). *Les rites d'interaction*, Paris, Éditions de Minuit.

GRAFMEYER, Y. (1994). *Sociologie urbaine*, Paris, Nathan.

JEUDY, H.-P. (dir.) (1996). *Tout négocier. Masques et vertiges des compromis*, Autrement, no 163.

KERBRAT-ORECCHIONI, C. (1996). *La conversation*, Paris, Seuil.

MEURET, B. (1982). *Le socialisme municipal. Villeurbanne 1880-1982*, Lyon, Presses universitaires de Lyon.

MOLLET, A. (dir.) (1981). *Quand les habitants prennent la parole*, Bilan thématique Plan Construction, Paris, Ministère de l'Équipement.

NEVEU, C. (dir.) (1999). *Espace public et engagement politique. Enjeux et logiques de la citoyenneté locale*, Paris, L'Harmattan.

PAOLETTI, M. (1999). « La démocratie locale. Spécificité et alignement », dans L. Blondiaux *et al.* (dir), *La démocratie locale. Représentation, participation, espace public*, Paris, Presses universitaires de France, p. 219-236.

RAGON, M. (1977). *L'Architecte, le Prince et la Démocratie. Vers une démocratisation de l'Architecture*, Paris, Albin Michel.

TOUSSAINT, J.-Y. (2003). « Le projet d'aménagement : mobilisation d'acteurs et institution d'un collectif d'énonciation », *Recherches Transversales*, n° 7, p. 59-77.

TOUSSAINT, J.-Y. et M. ZIMMERMANN (2001). « De quelques difficultés à prendre en compte les usages dans la conception de produits. Le cas des dispositifs techniques et spatiaux de l'urbain », dans J. Perrin (dir.), *Conception, des pratiques et des méthodes*, Lausanne, Presses polytechniques et universitaires romandes, p. 215-238.

TOUSSAINT, J.-Y., S. VAREILLES et M. ZIMMERMANN (2002). *L'aménagement des espaces publics comme mise en œuvre de la démocratie. L'expérience lyonnaise de l'aménagement des espaces publics*, rapport de recherche pour le ministère de l'Équipement, des Transports et du Logement, ronéo, Lyon, Institut National des Sciences Appliquées.

CHAPITRE

11

LA DÉMOCRATIE LOCALE EN QUESTION
L'ACTION DE L'ASSOCIATION AGORA À VAULX-EN-VELIN

Didier Chabanet

Depuis le milieu des années 1970, la « ville a remplacé l'entreprise comme principal théâtre du conflit social » (Chaline, 1997, p. 8). Comme l'ont déjà souligné de nombreuses analyses, le déplacement des enjeux est considérable, sous l'effet conjugué de l'aggravation des inégalités sociales – de plus en plus clairement inscrites dans la géographie des agglomérations – et du rejet croissant des formes traditionnelles d'engagement, qu'il soit partisan ou syndical. Les banlieues défavorisées sont au cœur de ces changements. Les habitants de ces quartiers, pour beaucoup issus de l'immigration, ne se perçoivent généralement pas comme les victimes d'un rapport d'exploitation, mais comme des « laissés pour compte ». Les termes de la question immigrée se sont donc considérablement déplacés. Ils ne sont plus liés au monde industriel et au conflit ouvrier. Les revendications en matière d'épanouissement, de réussite et de participation individuels sont aujourd'hui dominantes et renvoient de plus en plus à la question urbaine. C'est cette évolution qui a amené en France les pouvoirs publics, au premier rang desquels l'État, à prendre l'initiative d'une série de dispositifs constitutifs de ce qu'il est maintenant convenu d'appeler la politique de la ville[1].

Les premières mesures sont concentrées sur des opérations de réhabilitations immobilières[2], rapidement élargies au début des années 1980 par un vaste programme de développement social des quartiers[3] (DSQ). Dès lors, les initiatives se sont multipliées[4], la politique de la ville tendant à se transformer en un système complexe d'allocations réglementées impliquant une multitude de ministères. Pour l'État, il ne s'agit cependant pas de se contenter de distribuer des ressources, mais également de marquer une inflexion sensible dans la culture politico-administrative française. Selon J. Donzelot et P. Estèbe (1994), le développement de l'action publique aurait même évolué, à travers la politique de la ville, du programme national au projet local, de la procédure au contrat, de l'administration de gestion à la dynamisation des acteurs locaux, du périmètre d'intervention à la mobilisation d'un quartier.

L'ampleur et l'ambition politique de ce dispositif expliquent sans doute en grande partie l'ambiguïté des objectifs, si souvent soulignée par les évaluateurs (Bélorgey, 1993). La politique de la ville semble en particulier osciller entre deux orientations qui, sans s'exclure l'une l'autre, ne présentent pas le même degré d'effectivité : un premier axe concerne l'amélioration de l'habitat, du logement, des travaux d'urbanisme et d'infrastructures ; un deuxième, se donnant à voir dans une dimension beaucoup plus incantatoire (Fontaine, 2002), vise à promouvoir les notions de « démocratie », de « citoyenneté » ou encore de « participation », en direction notamment des acteurs associatifs des quartiers en difficulté. L'écart entre ces deux registres résonne presque comme un rappel à l'ordre. « Si l'action en faveur de la réhabilitation et de l'amélioration de l'habitat et de l'aménagement urbain doit être poursuivie et approfondie pour mieux répondre aux besoins, ce ne peut être le centre

---

1. La création, en décembre 1990, d'un ministère de la Ville « visibilise » une action destinée aux périmètres classés par l'État au titre de « quartiers défavorisés », pour la plupart composés de logements sociaux.

2. Avec, en 1977, les conventions « Habitat et vie sociale ».

3. Celui-ci concrétise, pour une large part, les travaux préparatoires des commissions Bonnemaison, Schwartz et Dubedout, respectivement chargées de formuler des propositions en matière de prévention de la délinquance, d'insertion des jeunes dans la vie professionnelle et d'amélioration de l'habitat social.

4. Parmi les principales mesures, soulignons la création de la Délégation interministérielle à la ville et du Conseil national des villes en 1988, le vote de la loi Besson relative au logement des plus démunis en 1990, la procédure des contrats de ville en 1993 et, plus récemment, le Pacte de relance pour la ville en 1996.

de gravité, l'axe majeur de la politique de la ville. L'axe majeur de la politique de la ville doit être l'insertion des habitants par le développement économique et social des quartiers et banlieues défavorisés, la construction de leur citoyenneté, avec une priorité marquée en faveur des jeunes » (Sardais, 1990, p. 93).

C'est cet objectif que nous voudrions soumettre à critique, en sollicitant l'avis de ceux qui, en tant que destinataires de l'action, sont les principaux intéressés. On ne s'étonnera pas outre mesure de ce que le rapport de la population (dans son ensemble) à une politique soit, avant tout, marqué par une grande méconnaissance ou indifférence (Marie *et al.*, 2002). On se demandera en revanche pourquoi les acteurs associatifs, très au fait des dispositifs institutionnels existants, décrient avec autant de force la politique de la ville, ce qui ne les empêche pas, le cas échéant, de chercher à bénéficier des budgets et des moyens éventuellement disponibles. Nos propos s'appuient, plus précisément, sur le quartier du Mas du Taureau, à Vaulx-en-Velin dans la banlieue de Lyon, et les jeunes d'Agora, principale association de ce quartier. Depuis ses débuts, le rôle d'Agora a considérablement évolué. Initialement constituée, quelques jours après les émeutes d'octobre 1990, en « comité Thomas Claudio » – du nom d'un jeune habitant décédé lors d'un accrochage avec la police – pour contribuer au suivi de l'affaire devant les tribunaux, l'association est en tant que telle officiellement fondée en novembre 1991. L'objectif est alors d'élargir l'action entreprise en dénonçant l'incapacité chronique des pouvoirs publics à répondre aux attentes des habitants, en particulier des jeunes. Agora devient peu à peu le principal relais de leur mécontentement en même temps que le lieu où se développent leurs propres initiatives. Son influence ne se mesure donc pas tant au nombre de ses adhérents – cette notion n'indiquant en l'occurrence rien de très précis[5] – qu'au soutien dont elle bénéficie auprès de la population locale, jusqu'à devenir un acteur au rôle social et politique incontournable dans le contexte vaudois.

Nous verrons d'abord comment l'intégration des immigrés s'inscrit dans les mutations globales d'une société marquée par l'épuisement progressif de son cadre industriel. Nous montrerons alors que des problèmes nouveaux, liés à des phénomènes graves de ségrégation urbaine, se développent et se traduisent parfois, comme à Vaulx-en-Velin, par des émeutes. À partir de cet exemple, nous chercherons à comprendre non seulement les motifs d'insatisfaction qui s'expriment, mais également les demandes

---

5. Pour donner un ordre de grandeur, on notera simplement que les assemblées internes de l'association ne rassemblent généralement guère plus d'une vingtaine de personnes.

politiques que formulent un certain nombre de jeunes. À l'issue de ce travail, deux types de légitimité concurrente peuvent ainsi être globalement dégagés : l'un, incarné par les jeunes d'Agora, se fonde sur l'appartenance au quartier – en tant qu'espace de relégation – comme levier de l'action et critère de justification des revendications mises de l'avant, essentiellement en matière de participation et d'autonomie, dans un espace de vie restreint correspondant à la zone d'habitation. L'autre, défendu par la municipalité, repose sur le verdict du suffrage universel – sanctionné par l'ensemble de la population – à l'échelle de la commune. Ce sont ces deux logiques qui s'affrontent localement. Cette confrontation a connu un dénouement provisoire au moment des élections municipales de juin 1995, Agora étant à l'origine de la création d'une liste plurielle, soutenue notamment par d'autres associations de proximité, faisant de l'implication des habitants des quartiers en difficulté et de l'amélioration de leurs conditions de vie ses deux principales revendications. Plus récemment, l'action d'Agora a connu une nouvelle inflexion, marquée par un rapprochement avec des associations culturelles – en particulier l'Union des jeunes musulmans – au sein du Mouvement de l'immigration et des banlieues (MIB).

11.1. DE LA QUESTION SOCIALE AUX PROBLÈMES URBAINS

De la fin du XIXe siècle au début des années 1970, l'immigration a été dominée par la question industrielle, l'arrivée d'étrangers ayant eu, d'abord et surtout, vocation de répondre aux besoins économiques et au déficit chronique de main-d'œuvre du pays. La figure de l'immigré occupant un emploi industriel peu qualifié est très largement répandue. Une caractéristique importante est la durée de présence sur le sol national. En effet, « on supposait que les travailleurs migrants, après quelques années d'épargne, rentreraient spontanément et par le jeu même du marché dans leur pays, laissant la place libre pour d'autres migrants. Le retour constituait l'aboutissement naturel des mouvements migratoires » (Schnapper, 1986, p. 161). Cette idée est entretenue à la fois par la société d'accueil et par les immigrés, quand ce n'est pas par la société d'émigration tout entière. Pour tous, « un immigré, c'est essentiellement une force de travail et une force de travail provisoire, temporaire, en transit. En fin de compte, un immigré n'a sa raison d'être que sur le mode du provisoire et à condition qu'il se conforme à ce qu'on attend de lui : il n'est pas là et n'a sa raison d'être là que par le travail, pour le travail et dans le travail ; parce qu'on a besoin de lui, tant qu'on a besoin de lui, pour ce pourquoi on a besoin de lui et là où on a besoin de lui » (Sayad, 1992, p. 62). Réduite à sa dimension économique, l'immigration est en tant que telle absente des débats politiques.

Aujourd'hui, les traits de l'immigration ont considérablement changé. Il est ainsi banal de constater la substitution d'une immigration de peuplement à une immigration de travail. Paradoxalement, en France, c'est l'arrêt officiel des entrées migratoires, en 1974, qui a accéléré ce mouvement. « La fermeture des frontières [...] a modifié radicalement les anticipations des immigrés, contribuant à réduire l'incitation au retour, à prolonger la durée de séjour et à envisager pour beaucoup – probablement pour la majorité d'entre eux – un établissement définitif » (Tapinos, 1988, p. 433). À compter de cette date, l'éventualité du retour au pays s'efface. En même temps qu'elle se stabilise, l'intégration des populations immigrées change de nature. L'analyse de ces évolutions, appliquée par A. Sayad aux émigrations algériennes successives (1977), met en évidence des constantes sociologiques lourdes. Dans un premier temps, le migrant est fortement lié à sa communauté – rurale le plus souvent – et à son pays d'origine. Il est jeune et célibataire. Son séjour en France vise à procurer au cercle familial les ressources dont ce dernier a besoin. Cette immigration n'est généralement pas durable. Placé sous le contrôle du milieu dont il est issu, l'immigré est régulièrement relayé par d'autres membres de la communauté. Dans un deuxième temps, les migrants se détachent de cette influence, au fur et à mesure qu'ils adoptent les modes de vie et les représentations dominantes en France. En se développant, le processus migratoire échappe peu à peu à l'emprise de la communauté primaire. Plus âgés, séjournant plus longuement en France, les migrants n'en sont plus véritablement les délégués. Leurs liens avec le pays d'origine deviennent également plus fragiles. Le troisième temps constitue le prolongement du processus de distanciation entamé. L'immigration tend alors à devenir définitive. Les migrants viennent beaucoup plus souvent avec leur famille. La perspective diachronique suivie par A. Sayad souligne le passage d'une immigration de main-d'œuvre, temporaire, portée par l'image de l'immigré célibataire et ouvrier, à une immigration de peuplement, définitive, que rendent particulièrement visible les jeunes des deuxième et troisième générations.

L'histoire de Vaulx-en-Velin illustre de façon éloquente ce changement. Dans une première phase, elle témoigne en effet de la marche vers l'industrialisation à partir de laquelle se sont organisés la plupart des rapports sociaux et l'intégration des étrangers. Dans une seconde phase, elle est révélatrice de la montée de problèmes liés à des logiques de paupérisation et de stigmatisation.

Jusqu'au milieu du XIXᵉ siècle, Vaulx-en-Velin est un village pauvre, marqué par une culture maraîchère. L'industrialisation des activités de commerce se développe avec la construction du canal de Jonage entre 1892 et 1898, destiné à subvenir aux besoins en électricité de l'économie lyonnaise. Certains quartiers de la ville commencent à concentrer une grande partie des ouvriers travaillant sur la commune. Vaulx-en-Velin va alors progressivement s'agrandir, au fur et à mesure de l'implantation de nouvelles fabriques. L'impulsion va principalement venir du groupe Gillet qui, tirant les enseignements du déclin des soyeux traditionnels lyonnais, fonde en 1911 le Comptoir des textiles artificiels. Toute une couronne d'usines, à Vaulx-en-Velin et dans les alentours, se consacre à la fabrication de nouvelles fibres. L'adoption de techniques jusqu'alors inédites est à l'origine de ce qui deviendra un empire économique de dimension internationale : Rhône-Poulenc.

L'industrialisation de la ville est indissociable de l'arrivée de populations étrangères, appelées à répondre aux besoins de plus en plus importants en main-d'œuvre. Les premiers immigrants arrivent pour la plupart de Pologne, en particulier de Silésie. Après le génocide arménien, des dizaines de familles trouvent refuge au moment où l'entreprise Gillet s'installe sur le site. Dans la foulée, des Hongrois et des Russes notamment sont embauchés. Dans l'entre-deux-guerres, ce sont des Italiens et des Espagnols qui fuient respectivement le fascisme et la guerre civile. Après la Seconde Guerre mondiale, ce sont des populations kabyles qui quittent l'Algérie pour des raisons économiques ou politiques. Beaucoup de Portugais viennent ensuite, fuyant le régime dictatorial de Salazar. Dans les années 1970, Rhône-Poulenc part de nouveau en quête de main-d'œuvre, dans les pays du Maghreb. La dernière vague d'immigration précède de peu la fermeture des frontières. Elle est essentiellement composée de ressortissants d'Afrique – noire et du Nord – et d'Extrême-Orient. La montée de l'industrialisation et la poussée démographique qu'elle implique – étrangère ou non – seront les moteurs de l'urbanisation accélérée de la ville. Comme dans les « banlieues rouges », les activités sociales et politiques prennent corps à partir de l'association des fonctions de production et de l'habitat, liée au développement de la ville. Aboutissement de cette logique, la gestion de la ville est régulièrement confiée à des membres du Parti communiste. Du 22 décembre 1929, date de l'élection de Victor Pinsard, au 16 décembre 1985, où Maurice Charrier[6] est élu, la municipalité n'a pas changé de couleur politique.

La cohérence de cet ordre social n'existe plus aujourd'hui. Les quartiers populaires et avec eux les relations sociales qui s'y développaient, structurés à partir des ateliers et des usines, n'ont pas résisté aux mutations contemporaines. L'édification des premiers immeubles HLM a grandement participé à la destruction de ces milieux de vie. À Vaulx-en-Velin, la première cité de logements sociaux est construite de 1953 à 1959.

---

6. Maire actuel.

Les personnes à revenus très faibles sont peu représentées dans ce type d'habitations. Les cadres supérieurs et les professions libérales, qui ne devraient pas avoir accès à des logements officiellement destinés aux familles les plus démunies, sont proportionnellement plus nombreux que dans la totalité de la population urbaine (7 % au lieu de 6 %). L'exemple des cadres moyens est encore plus criant (16 % au lieu de 10 %). Même les ouvriers résidant en HLM font partie de la frange la plus qualifiée et, relativement, la plus aisée. Au début des années 1960, les personnes qui viennent habiter les nombreux logements construits dans les ZUP (zones à urbaniser en priorité) ne modifient pas cette distribution sociologique. La population apparaît toujours aussi hétérogène. La perspective d'habiter dans ces lieux n'est alors pas vécue comme une infamie, beaucoup d'arrivants éprouvant la satisfaction d'occuper, à un prix modéré, des logements disposant d'un certain confort.

L'équilibre social des ZUP est de courte durée. Dès le début des années 1970, des zones entières de l'Est lyonnais, à Vaulx-en-Velin notamment, deviennent peu à peu des aires de relégation. Plusieurs mécanismes relatifs à la politique du logement viennent conjuguer leurs effets. Le premier résulte de la hausse des prix de location des loyers privés ; le deuxième provient de la rénovation de certains quartiers insalubres. Ces mesures se traduisent soit par une augmentation très importante des loyers, soit par une disparition de logements dont beaucoup constituaient une offre accessible aux revenus les plus modestes. Le renchérissement des cotes immobilières dans les centres-villes provoque, de fait, un reflux des populations les plus défavorisées vers les logements sociaux vacants. Parce qu'ils se trouvent déjà plus fréquemment en situation de précarité, les immigrés sont particulièrement exposés à ces mouvements.

11.2. L'ÉCLATEMENT DE LA VILLE : LES ÉMEUTES D'OCTOBRE 1990

Les effets de cette logique de ségrégation[7] se répercutent à l'intérieur même de Vaulx-en-Velin. L'accumulation dans certains quartiers de groupes définis par une situation de précarité et cumulant souvent les handicaps

---

7. La notion est entendue dans des acceptions très variées, selon les auteurs et les disciplines. Pour une présentation et une critique d'ensemble, voir Jacques Brun et Catherine Rhein (dir.) (1994). *La ségrégation dans la ville*, Paris, L'Harmattan. Pour notre part, nous utiliserons le terme, assez classiquement, à l'invitation de Yves Grafmeyer comme « à la fois un fait social de mise à distance et une séparation physique » (« Regards sociologiques sur la ségrégation », dans *La ségrégation dans la ville, ibid.*, p. 86).

sociaux rejaillit sur la collectivité. Les difficultés de cohabitation, les incompréhensions mutuelles et la dégradation des lieux de vie ont pu amener un certain nombre de personnes, qui en avaient la possibilité, à quitter leur lieu de résidence pour un cadre plus agréable. D'autres sont parties simplement parce qu'elles désiraient accéder à la propriété, à la faveur d'une amélioration de leur niveau de vie. Surtout, sans que cela corresponde toujours à leur état réel, les grands ensembles deviennent, en tant que tels, un signe de dévalorisation. Pour ceux qui habitent en HLM, la possession d'une maison est alors l'aboutissement du rêve à l'aune duquel s'évalue leur réussite. Quels que soient les motivations et les projets, les ménages les plus fortunés ont disparu des ZUP, beaucoup s'installant dans les quartiers résidentiels de Vaulx-en-Velin. Aujourd'hui, les disparités sociales s'inscrivent très visiblement dans la géographie d'une ville qui apparaît plus que jamais éclatée. Si l'on fait exception du centre, qui comprend la majeure partie des administrations et un pôle commercial important, les zones d'habitation présentent des caractéristiques extrêmement contrastées. Le Village, construit autour du vieux bourg, se distingue aisément tant sont nombreux les petits commerces et les pavillons. Un certain nombre d'indicateurs témoignent d'une situation sociale plutôt équilibrée : le chômage ne touche que 10,7 % de la population active ; le nombre d'indépendants et d'employeurs est plus important que dans n'importe quel autre endroit de la commune (7,3 %) ; les étrangers ne représentent que 15,3 % des habitants ; 46,3 % des ménages sont propriétaires de leur logement ; quant à ceux qui sont locataires, seulement 23 % sont installés en HLM.

La différence est d'abord perceptible dans le paysage urbain. Le décor change en effet complètement de nature, dès lors que l'on passe d'une aire à une autre. Ainsi, le tracé irrégulier des rues du Village, façonné au fil des ans, disparaît, laissant place à un découpage de l'espace quasi géométrique. La ZUP a en effet été édifiée de telle sorte que les quartiers soient auto-centrés. N'importe quel observateur se promenant sur les lieux découvre clairement de très fortes régularités dans l'architecture. Le quartier du Mas du Taureau, comme d'autres avoisinants, se donne ainsi à voir comme une succession de grandes tours, entourées de parkings et de ce qu'il reste de pelouses. La totalité des commerces se concentrent autour de la place du même nom. Aux alentours, les entrées d'immeuble sont ternes, souvent sales et dégradées. Rien ne rompt la monotonie et la tristesse qui se dégagent de l'urbanisme – ni les formes ni les couleurs – jusqu'à ce que de grandes artères de circulation, très rectilignes, indiquent les limites du quartier.

Les divisions visibles dans l'espace urbain correspondent, ici aussi, à une répartition démographie spécifique, qui contraste nettement avec celle du Village. Au Mas du Taureau, le chômage touche 25 % de la population active totale et 33,2 % des personnes de moins de vingt-cinq ans. Le total des agents de maîtrise, techniciens, dessinateurs, VRP, instituteurs, assistants sociaux, infirmières et catégorie B de la fonction publique ; ingénieurs ou cadres ; professeurs et personnes de catégorie A de la fonction publique ; employés de bureau, commerçants et agents de services ne représente que 2,9 % des actifs. Pas moins de 98,7 % des habitants sont locataires, parmi eux 96 % en logements HLM. Le quartier se singularise également par la jeunesse des résidants. Près de 40,4 % d'entre eux ont moins de vingt ans et 38,5 % ont entre vingt et trente-neuf ans. Le nombre d'individus issus de l'immigration – Français ou non – n'est pas précisément quantifiable[8], mais est assurément très élevé. À titre d'indication, notons simplement que 31,6 % des habitants sont de nationalité étrangère.

La présence de cette population – en majorité jeune, socialement défavorisée et issue de l'immigration – s'est manifestée aux yeux de tous lors des émeutes d'octobre 1990. À la suite du décès d'un jeune habitant du quartier du Mas du Taureau lors d'un accrochage avec la police, la France entière redécouvre avec stupeur, à travers les médias, des scènes de violence et de pillage dont elle ne saisit pas le sens. Au-delà de toute analyse, c'est d'abord un sentiment d'incompréhension qui domine très largement. Rien ne semble en effet permettre d'organiser les actes commis. Le sinistre spectacle auquel il est donné d'assister montre des jeunes du quartier œuvrant à la destruction de leur propre environnement. Les affrontements avec la police se multiplient.

L'étonnement voire l'irritation sont d'autant plus forts que depuis le début des années 1980 le quartier a fait l'objet d'un effort très important de réaménagement. L'idée forte qui sous-tend l'ensemble de ces dispositifs est que les réponses aux difficultés que rencontrent les habitants des quartiers les plus défavorisées sont d'ordre social. Autrement dit, il n'est pas question de reconnaître officiellement l'existence d'une (ou de) communauté(s) ethnique(s) ou politique(s) dont les demandes ou les besoins seraient spécifiques. Dans une république laïque, une et indivisible, les problèmes que posent une partie des jeunes issus de l'immigration dans les banlieues – et donc leur visibilité – sont considérés comme la conséquence des inégalités socioéconomiques qui les affectent (Lapeyronnie, 1993). Comme d'autres quartiers prioritaires, le Mas du Taureau a ainsi

---

8. La législation française interdit, en effet, contrairement à ce qui se passe dans d'autres pays, de recenser leur origine.

été la cible d'une multitude de mesures d'aide sociale. Pour les pouvoirs publics, celui-ci était même devenu un exemple de rénovation réussie. La plupart des logements sociaux avaient été réhabilités, ou étaient sur le point de l'être. Tous les observateurs, quels que soient les clivages politiques, louaient les efforts en direction de la jeunesse effectués par une municipalité consacrant chaque année près de 60 % de son budget au sport et à l'éducation : un mur d'escalade avait même été inauguré, de façon très consensuelle, le 29 septembre, soit une semaine avant que n'éclatent les premiers heurts. « Jusqu'à ce premier samedi d'octobre, Vaulx-en-Velin a fait rêver. Pour le député socialiste de la circonscription, Jean-Jack Queyranne, pour le maire communiste Maurice Charrier, comme pour le président de la communauté urbaine, le RPR Michel Noir, la réhabilitation entreprise dans cette banlieue lyonnaise depuis 1985 était tout simplement exemplaire » (July, 1990, p. 2).

11.3. L'ASPIRATION À L'AUTONOMIE DES JEUNES D'AGORA

La situation au Mas du Taureau témoigne parfaitement des acquis mais aussi des incertitudes et, finalement, des limites de la politique de la ville. Fondamentalement, la question qui se pose est la suivante : pourquoi un site ayant bénéficié d'autant de mesures d'aides a-t-il précisément été le cadre d'émeutes ? Ces dernières, dans toute leur brutalité, montrent pourtant que les moyens mis en œuvre – aussi importants soient-ils – sont largement inadaptés, ne correspondant pas aux attentes de nombreux jeunes du quartier. L'erreur a été de croire qu'il suffirait d'équiper plus et mieux l'endroit pour apaiser le sentiment d'injustice, de mépris et, conséquemment, le besoin de « reconnaissance » de cette population[9]. Le malaise et les revendications s'articulent, globalement, suivant deux registres : le rapport constant d'hostilité avec la police – dont les modes d'intervention sont souvent pour les jeunes indissociables de l'expérience du racisme – apparaît comme l'élément déterminant, structurant largement le prisme au travers duquel le contact avec la société globale se

---

9. Comme le souligne C. Taylor, « la nouveauté, à l'époque moderne, n'est pas le besoin de reconnaissance mais la possibilité qu'il puisse ne pas être satisfait. [Auparavant], la reconnaissance ne constituait pas un problème. Elle se fondait sur l'identité sociale dérivée du fait même qu'elle prenait appui sur des catégories sociales que tout le monde tenait pour acquises » (1994, p. 56). On voit, à cet égard, tout ce qui différencie la situation des « banlieues difficiles » de celle autrefois caractéristique des « banlieues rouges », qui étaient suffisamment structurées socialement et politiquement pour produire des effets d'identité et de reconnaissance mêlant étroitement des dimensions individuelles et collectives. Aujourd'hui, dans les banlieues comme dans le reste de la société globale, la reconnaissance tend de plus en plus souvent à être perçue comme une production ou une conquête de l'individu.

noue ; ce sont aussi, évidemment, les multiples formes d'exclusion sociale et économique qui sont ressenties comme autant de stigmates et de manifestations de rejet. Dans ces conditions, « il est illusoire de vouloir changer le statut de cet espace en améliorant les constructions si on ne réalise pas un travail en profondeur pour effacer le déni inaugural, en signifiant symboliquement que ce quartier abandonné à sa naissance est enfin reconnu et adopté par la collectivité » (Bonetti, 1994, p. 43).

Or, ce n'est pas tant la mise à disposition de moyens et de services que les jeunes d'Agora revendiquent, que le droit à faire valoir leur autonomie, entendue comme la démarche par laquelle ils entendent déterminer eux-mêmes la signification de leur action. « En ce sens, l'autonomie est indissociable de l'expérience sociale, notion qui désigne les conduites individuelles et collectives dominées par l'hétérogénéité de leurs principes constitutifs et par l'activité des individus qui doivent construire le sens de leurs pratiques au sein même de cette hétérogénéité » (Dubet, 1994, p. 15). Pour les jeunes d'Agora, ces schèmes de compréhension se confondent largement avec les standards véhiculés par les moyens de communication et d'information modernes, valorisant l'idée d'« épanouissement du moi » (Schudson, 1994)[10]. Cet individualisme de masse se donne à voir dans deux dimensions principales. L'une renvoie à l'idée de liberté, d'authenticité et de réalisation, ce qui traduit un penchant à l'hédonisme. L'autre, à forte connotation morale, en appelle au respect, à la dignité et à la tolérance, en se référant à l'universalité de la personne humaine. Ces valeurs ne sont ni univoques ni homogènes. Elles aboutissent cependant à ce qu'un nombre croissant de jeunes, au Mas du Taureau comme ailleurs, se posent comme êtres singuliers, mettant en avant leur identité propre et revendiquant leur autonomie tant de jugement que d'action. Cette évolution marque un changement complet de rapport au monde. Le modèle culturel dominant tend, en effet, à faire de l'expérience individuelle un univers significatif en soi, qui se manifeste par un progrès de la conscience et de la maîtrise que les acteurs sociaux entendent exercer sur leur vie. L'élargissement des références les amène à vouloir s'émanciper des normes existantes. L'articulation – sur un mode hiérarchique – de l'individu au tout devient ainsi de plus en plus difficile, ce qui affecte l'équilibre traditionnel de l'ensemble des structures de régulation sociale. Ces phénomènes d'individualisation culturelle traduisent la volonté de redéfinir, sinon de refonder, de nouvelles modalités d'engagement reposant sur une dimension humaine, de proximité, une volonté

---

10. Reprenant l'essentiel des thèses de D. Bell (1979), l'auteur montre qu'une « sphère culturelle » relativement homogène – de plus en plus internationalisée et dissociée de la structure sociale – tend à devenir une norme d'intégration commune.

de transparence et de participation véritables. Dans leurs dimensions réflexives – le souci de garder le contrôle de son engagement et de faire aboutir des revendications – comme émotionnelles – le besoin d'affirmer l'authenticité de sa personnalité – ces orientations amènent à une (re)définition de la démocratie, entendue alors comme « la reconnaissance du droit des individus et des collectivités à être les acteurs de leur histoire » (Touraine, 1994, p. 34). Dans les banlieues défavorisées, cette aspiration est d'autant plus vive qu'elle n'est pas assouvie : dans une société où les droits des individus sont sans cesse proclamés et valorisés, toute frustration est perçue avec une extrême acuité.

Face à cette situation, la politique de la ville porte en germe les conditions du désenchantement et de la contestation, l'intervention des pouvoirs publics étant souvent perçue – à l'opposé des discours à dimension performative – comme une entrave à l'émancipation et à la participation des habitants. Si les jugements sont aussi sévères, c'est que l'apathie, le découragement, le repli sur soi ou, plus grave encore, les logiques d'autodestruction prennent des proportions inquiétantes. Pour Agora, il ne s'agit donc pas simplement de dénoncer un dispositif extérieur qui n'apporterait pas satisfaction, mais aussi de lutter contre ce qui est parfois désigné comme un « ennemi de l'intérieur », qui fragilise, voire anéantit, les capacités d'initiative des habitants eux-mêmes[11]. La politique de la ville est ainsi largement contestée au nom même des principes de « démocratie », de « citoyenneté » et de « participation » qu'elle proclame. Par exemple, les budgets de la politique de la ville rendent possible le financement d'associations à qui il est en contrepartie demandé d'employer des travailleurs sociaux et qui perdent alors généralement de leur marge de manœuvre car elles se situent dans une logique de subordination par rapport au pouvoir municipal. *A contrario*, l'exigence d'une implication réelle apparaît comme un élément consubstantiel à la création de l'association.

> Le concept d'Agora est, par essence, l'appropriation de l'espace de vie par réflexion et par construction des idées, puis leur matérialisation à travers l'initiative des habitants. Le contexte difficile dans lequel nous vivons démontre combien il est fondamental d'encourager l'engagement des citoyens, des habitants à la vie de la Cité. Il est plus que jamais nécessaire de prendre des mesures concrètes et effectives de responsabilisation des habitants de ce quartier [...]. Notre citoyenneté à nous consiste à être consultés sur les projets locaux qui affectent directement nos vies au quotidien[12].

---

11. Sur ce thème, voir F. Dubet (1987). « Il existe bien des façons de décrire la galère mais toutes en soulignent le caractère fluide, contradictoire, mal perceptible puisque l'acteur lui-même paraît se perdre dans un temps dilué, dans un flottement des aspirations, dans une ambivalence indéfinie » (p. 9).

12. Document Agora.

Soucieux de ne pas se contenter d'une critique un peu facile, qui pourrait se limiter à un exercice rhétorique, les acteurs associatifs du Mas du Taureau cherchent systématiquement à faire des destinataires de l'action qu'ils entreprennent[13] de véritables partenaires, étroitement associés à la conception et à la réalisation des projets. La régularité avec laquelle cette ambition est affirmée en fait un véritable fil rouge, qui donne sens à l'ensemble du dispositif existant. Le haut degré d'implication des bénéficiaires de l'action apparaît ainsi comme un motif essentiel de satisfaction. C'est pour cette raison que l'extension du champ de l'action au-delà des limites du quartier du Mas du Taureau n'est pas jugée souhaitable par les responsables d'Agora. Pour son président, régulièrement sollicité par des habitants des cités voisines de la ZUP demandant que l'association étende géographiquement ses activités, chacun doit, là où il réside, se prendre en charge et veiller à ne dépendre d'aucune structure extérieure. En ce sens, la légitimité de l'action entreprise par Agora est fondée sur un principe contraire à celui des institutions politiques et administratives, qui interviennent généralement « au nom et à l'intention de communautés plus larges que les personnes physiquement impliquées » (Pharo, 1990, p. 390).

11.4. LA GENÈSE D'UN CONFLIT À L'ÉCHELLE DE LA COMMUNE

Cette sensibilité faisant de l'autonomie des acteurs un impératif aboutit à une localisation des enjeux. Deux phénomènes principaux viennent conjuguer leurs effets. D'une part, le discrédit des idéologies et des structures partisanes, largement organisées en fonction du clivage globalisant de type droite/gauche, est généralisé auprès des jeunes d'Agora. Pour eux, ces repères sont à peu près vides de sens. L'un ou l'autre camp est perçu comme un ensemble homogène, hostile, composé d'individus avides et tenus pour responsables de la détérioration de leur cadre de vie. D'autre part, la décentralisation qui modifie considérablement l'équilibre du paysage politique fait qu'aujourd'hui les maires et les élus locaux deviennent des personnages plus centraux que les députés, représentants parlementaires nationaux. Finalement, la municipalité est perçue comme le responsable principal que les jeunes désignent et accablent. À cet égard, l'échec du « mouvement beur » est patent : la coopération, voire

---

13. Globalement orientée dans trois directions : la lutte contre l'échec scolaire ; le développement des activités culturelles et de l'animation de quartier ; et l'essor des activités économiques.

l'alliance entre acteurs locaux d'une part, organisations syndicales et partisanes d'autre part, qui au début des années 1980 avait pu déboucher sur une mise en réseau et des rassemblements d'ampleur nationale – culminant au moment de la Marche pour l'égalité et contre le racisme de 1983 – est maintenant consommée. Les deux associations, qui, dans des registres différents et souvent de manière concurrente, étaient devenues les fers de lance de cette stratégie – France Plus et SOS Racisme – n'ont plus aucune crédibilité au niveau local. Aujourd'hui à Agora, autant les engagements et les clivages politiques nationaux sont éloignés, souvent complètement coupés, des préoccupations des jeunes, autant la vie à l'échelle de la commune alimente les commentaires et mobilise les énergies. Un effet de déplacements successifs – du niveau national à la sphère communale – amène ainsi à la définition d'un nouvel enjeu social, sur la gestion municipale.

Fondamentalement, deux logiques différentes s'opposent : l'existence d'une implication pleine et entière, posée par les jeunes d'Agora, se heurte à la municipalité, forte de la légitimité politique que lui confère le suffrage universel. Pour cette dernière, l'idée de participation n'est envisagée et comprise que dans l'exercice d'une consultation électorale. En dehors de cette procédure, le mouvement associatif n'a pas vocation à constituer un contre-pouvoir. C'est à l'échelle de la commune que l'objectif prioritaire qu'elle s'est fixé, consistant à se défaire des effets stigmatisants associés au nom même de Vaulx-en-Velin, s'exerce. Cette ambition n'est évidemment pas incompatible avec une action de soutien en direction des quartiers les plus démunis, mais, parallèlement, la municipalité a choisi de faire porter l'essentiel de ses efforts sur la réalisation d'équipements collectifs – en dehors de la ZUP – susceptibles de valoriser la ville et ses habitants.

> La solution au problème d'image négative aujourd'hui attachée à Vaulx-en-Velin ne peut être modifiée par une simple réhabilitation du quartier dans son état d'origine [...] elle exige de nouveaux centres d'intérêt et donc de nouveaux équipements comparables à ceux que l'on trouve dans les quartiers les plus centraux de l'agglomération lyonnaise[14].

La construction d'un centre-ville – comprenant notamment une maternité, un centre régional multiculturel, un planétarium et un lycée – matérialise cette orientation. Il s'agit de créer un pôle d'activité, dans un endroit très peu habité, qui puisse devenir un espace de rassemblement commun à tous les Vaudais, et susciter chez eux un sentiment de fierté. Cet effort, par lequel la municipalité entend répondre aux attentes de l'ensemble de la population et favoriser le rayonnement de la commune,

---

14. Voir approbation de l'avenant n° 1 au contrat DSQ de Vaulx-en-Velin.

est perçu par les jeunes d'Agora comme la manifestation ultime d'une politique d'abandon. Pour eux, c'est à partir de la situation au Mas du Taureau que la gestion de la municipalité prend sens. C'est le quartier qui constitue l'entité territoriale de référence. Dans leur esprit, tout ce qui est entrepris ailleurs par les pouvoirs publics ne leur est pas destiné. Pis, ils estiment que la réalisation des équipements collectifs du centre-ville se fait directement au détriment d'une amélioration de leur cadre de vie[15].

Le centre social – instance névralgique de la vie du quartier – est à la croisée de cet affrontement. Les tensions éclatent en février 1992, à la suite d'un désaccord opposant les salariés du centre au directeur. Ce dernier démissionne en mai, suivi quelques semaines plus tard par le président, la trésorière et d'autres membres du conseil d'administration. Le fonctionnement du centre est alors assuré – de fait – par l'équipe d'animateurs en place, en collaboration avec des représentants d'usagers élus au conseil d'administration – le président d'Agora en tête – et des jeunes du quartier volontaires. Durant l'été, le centre poursuit tant bien que mal ses activités. Pour ces jeunes, cette situation est l'occasion de commencer à mettre en application les principes de participation qu'ils défendent si souvent. Le message du président d'Agora est clair :

> Nous ne voulons plus être otages de structures d'asservissement ou encore consommateurs d'un produit obsolète. Nous dérangeons les gens installés dans le social, mais le temps de la remise en cause est arrivé [...]. Nous souhaitons des structures d'émancipation qui donnent un sens à cette notion de « citoyenneté » tant déclamée par les pouvoirs publics. Participation des habitants, responsabilisation, autonomisation, voilà notre credo[16].

Constatant que le contrôle du centre social lui échappait, la Fédération nationale des centres sociaux a décidé de geler les crédits, ce qui a amené la fermeture de ce dernier. Inquiète de voir disparaître le principal

---

15. Comme l'illustre le mécontentement qui se cristallise sur le planétarium. Ce projet a été financé par une partie des fonds initialement alloués au DSQ, dans une convention signée le 24 janvier 1991 entre le conseil régional et la commune de Vaulx-en-Velin. Cette dernière a ensuite obtenu de la région un avenant consistant en l'abandon ou au report de tous les projets qui n'avaient pas encore reçu un début de concrétisation. Trois maisons de quartier et un itinéraire de liaison, inscrits dans la convention, qui auraient dû être construits en différents endroits de la ZUP, notamment au Mas du Taureau, ont ainsi été annulés. Le montant total des investissements non engagés – 8 600 000 F hors taxes – a fait l'objet d'un transfert de crédit pour subvenir à la réalisation du planétarium. Aux yeux des jeunes, les faits et les symboles sont lourds de sens : des fonds publics, originellement destinés à l'amélioration des conditions de vie des habitants les plus démunis, ont finalement été consacrés à une infrastructure servant à « regarder les étoiles et implantée, qui plus est, sur un site qui leur est largement étranger.

16. Extrait d'un entretien.

foyer d'animation du Mas du Taureau, mais désireuse également de ne pas céder au défi qui lui était lancé, la municipalité a pris acte de l'impossibilité de surmonter les antagonismes. Progressivement dégradé par les jets de pierre, le centre social a été entièrement ravagé en novembre 1994 par un incendie criminel et rasé depuis, ce qui en a fait le symbole d'un dialogue manifestement impossible.

> Nous nous reconnaissons le droit d'être critiques sur la politique de la ville et en particulier du centre social, politique que vous menez depuis de nombreuses années, politique décidée sans consultation des habitants, mais par des gens incapables et ne connaissant pas le terrain. Aucune initiative de la mairie n'a eu lieu jusqu'à ce jour pour mettre en relation structures municipales et associations [...]. Sachez, Monsieur le Maire, que nous serons toujours présents et que nous réaffirmons notre volonté de voir se développer toujours plus une véritable démocratie locale[17].

Le mécontentement est tel qu'il peut parfois se caractériser par une volonté de scission avec le système social environnant. Ne croyant plus à une amélioration de leur situation qui soit socialement et politiquement négociée, certains jeunes développent une thématique de rupture. Beaucoup peuvent succomber à cette orientation, dans un moment particulièrement fort de dépit, notamment parmi ceux qui ont une longue expérience d'engagements collectifs déçus. Aigris par les politiques gouvernementales (de droite comme de gauche) et l'échec du mouvement beur, n'attendent plus grand-chose des pouvoirs publics et, poussés par les désillusions qu'ils accumulent – sans même parler de leur trajectoire personnelle – ils en viennent à radicaliser leur discours. L'analyse à laquelle ils se livrent peut être très précise, argumentée, prendre en compte de façon rigoureuse des éléments de réflexion politique et, en même temps, ne laisser place à aucun véritable espoir : fréquemment, pour les jeunes de banlieues, la violence devient alors l'un des rares moyens possibles et efficaces d'attirer l'attention et, à terme, d'obtenir l'aide des pouvoirs publics.

11.5. LA CAMPAGNE DES ÉLECTIONS MUNICIPALES DE JUIN 1995

À Agora, une majorité de jeunes continue pourtant à défendre un positionnement qui, bien qu'il soit résolument conflictuel, recherche l'ouverture et le partenariat, ce qui rend les conditions d'une collaboration institutionnelle difficiles et exigeantes mais jamais impossibles ni refusées

---

17. Document Agora.

a priori. La prédominance de cette ligne de conduite refusant la fracture trouve sans aucun doute sa concrétisation la plus significative dans la décision de prendre part aux élections municipales de juin 1995. Cet épisode est instructif, au moins à un double titre. Il permet, en effet, d'avoir une idée plus précise de la façon dont ce discours fondé sur l'autonomie des habitants est mis (ou non) en application – tant dans les propositions faites à la population que dans l'organisation interne de la campagne – et d'évaluer la capacité d'Agora à élaborer un véritable projet politique, dans un jeu institutionnel complexe. Agora ne s'est pas présentée en tant que telle aux élections, mais est à l'origine de la création de la liste intitulée « Le choix vaudais ». L'idée est née et a mûri dans les locaux de l'association. Impulsée par Agora, la candidature s'est rapidement étendue à des acteurs d'horizons différents, en vue de l'élaboration d'un programme global, à l'échelle de la ville, qui corresponde au cadre de l'élection. Cette collaboration s'est d'abord effectuée avec des associations de quartier qui, elles aussi, se caractérisent par un ancrage territorial très fort à l'intérieur de la ZUP et par une démarche générale fondée sur l'émancipation des habitants. Par la suite, beaucoup d'autres personnes – écologistes, socialistes, communistes, qu'ils soient sympathisants ou adhérents d'un parti, ou citoyens sans obédience particulière –, constituant un mélange étonnamment hybride, se sont jointes au mouvement, en étant inscrites ou non sur la liste. Au total, le degré de cohésion de l'ensemble est assez ténu, reposant surtout – en creux – sur un rejet global du bilan municipal.

Compte tenu de cette relative hétérogénéité, les modalités d'organisation de la campagne ont été conçues comme un moyen de garantir l'expression et le contrôle de chacune des parties prenantes, y compris les habitants, tout en procédant à une nécessaire répartition des tâches et à une codification des rôles. Pour cela, des commissions de travail ont été créées[18], regroupant en tout trente-trois personnes. Un directeur de campagne est chargé, au quotidien, de la responsabilité et de la coordination des groupes constitués. Aussi souvent qu'il est nécessaire – en moyenne deux fois par semaine –, le comité de campagne examine les propositions des différentes commissions. Composé de vingt et une personnes n'exerçant aucune autre responsabilité dans le déroulement de la campagne, de telle sorte que leur indépendance de jugement soit préservée, il est seul à disposer d'un pouvoir décisionnel. Les votes, à main levée, doivent réunir une majorité des deux tiers des voix. Tous les quinze jours, une assemblée générale est organisée, avec les membres du

---

18. Respectivement en charge de la préparation du programme, de la stratégie de communication et des finances.

comité de campagne et les habitants intéressés, de manière à assurer une interaction directe et régulière avec la population. Pour que le contact puisse s'établir plus facilement avec un maximum de personnes, le lieu de l'assemblée change, couvrant la plus grande partie de la commune. Le soin avec lequel ces forums sont annoncés est un signe supplémentaire de l'importance accordée au dialogue avec les habitants. Des affiches, collées un peu partout, les invitent en effet à se rendre dans ces assemblées ; un minibus circule également dans la ville, (re)diffusant par haut-parleur l'information. Ce dispositif s'est dans l'ensemble avéré satisfaisant, d'une part parce qu'il a fait la preuve de sa viabilité et de sa fonctionnalité, d'autre part parce qu'il a permis de gérer les tensions internes au groupe, en soumettant chacun au regard et à la maîtrise de la collectivité. Pour s'assurer que quiconque ne puisse déroger aux règles établies, on a d'ailleurs instauré un comité de contrôle, comprenant six observateurs, ayant pour rôle de veiller au respect des procédures et des principes énoncés : il n'a jamais eu à intervenir.

La forme définitive du programme soumis à la population vaudaise est le fruit de cette coopération. Elle constitue un socle idéologique commun, acceptable par tous. Certains jeunes, d'Agora ou d'autres associations, ont dû se résoudre, avec peine, à ce que des thèmes vers lesquels ils n'étaient guère portés (par exemple la fiscalité) soient abordés. La nature même de l'élection et l'influence exercée par des partenaires, qui n'étaient pas exclusivement intéressés par des questions touchant aux quartiers en difficulté, se sont traduites par un élargissement, une montée en généralité et un déplacement des enjeux. Dans les discussions préparatoires, il n'a ainsi pas souvent été question – en tant que tels – des quartiers. Les sujets ont été traités globalement par secteurs d'activité. Le programme finalement élaboré illustre un double rejet. Celui, d'abord, d'une lecture et d'un positionnement droite/gauche, l'analyse développée et les mesures préconisées échappant totalement à ce clivage ; celui, ensuite, d'un repli ou même d'un attachement de type communautaire. Pas un mot ne fait référence, directement ou non, à une quelconque origine immigrée ou religieuse. En dehors de ces repères, les thèmes de campagne se concentrent invariablement sur sept visées, abordées de façon très technique : *a*) faire de l'éducation et de l'emploi les priorités absolues ; *b*) établir une véritable démocratie et consulter les Vaudais sur tout grand projet ; *c*) développer la qualité de vie dans les quartiers par une politique de proximité ; *d*) renforcer la sécurité et retrouver un climat de confiance ; *e*) soutenir et promouvoir le mouvement associatif ; *f*) réduire la pression fiscale et mieux gérer le bien public ; et *g*) dépasser les clivages politiciens pour s'unir dans l'intérêt de Vaulx-en-Velin.

Malgré son incontestable volonté de rejoindre l'ensemble de la population, la liste « Le choix vaudais » a obtenu des résultats géographiquement et sociologiquement extrêmement contrastés. Avec près de 18 % des suffrages au Mas du Taureau, la liste est devenue dans le quartier la première force d'opposition à l'équipe municipale sortante, en obtenant des scores inférieurs mais importants (aux alentours de 10 %) dans les quartiers avoisinant la ZUP et presque insignifiants ailleurs (environ 2 %) dans des zones socialement bien mieux nanties. Son score global est de 7,23 % des suffrages. Encourageants pour les uns, décevants pour les autres, ces chiffres peuvent être interprétés diversement. Une chose est sûre : à l'endroit même où ont éclaté les émeutes d'octobre 1990, un certain nombre d'acteurs locaux, soutenus par une partie non négligeable des habitants, ont relevé, ne serait-ce que momentanément, le défi de l'engagement et de la participation politique, dans un contexte où beaucoup sont tentés de succomber au découragement ou à la violence aveugle.

Aujourd'hui, la situation au Mas du Taureau n'incite guère à l'optimisme. L'enthousiasme et l'effervescence de la campagne municipale sont retombés sans que le sort des habitants se soit amélioré. Pis, les indicateurs économiques et sociaux suggèrent tous une tendance à la détérioration. La politique de la ville, sans être à l'origine de cet état de fait (Delarue, 1991, p. 40-44), a montré son incapacité à apporter des réponses adaptées, qui soient à la hauteur des problèmes à résoudre[19]. Deux questions demeurent, les banlieues apparaissant à cet égard comme l'épicentre d'un processus généralisé de recomposition des enjeux sociaux. L'une concerne la faculté des pouvoirs publics à enrayer un mouvement de ségrégation et de paupérisation qui ne cesse de s'accroître, aboutissant en certains endroits à la concentration de phénomènes de « désaffiliation » (Castel, 1995)[20]. L'autre interroge le fonctionnement des institutions françaises, notamment leur aptitude à s'adapter à des attentes visant de plus en plus souvent l'autonomie. C'est, en particulier, la question de l'émergence d'un espace local démocratique et pluraliste qui est posée. Est-il, en effet, satisfaisant pour la démocratie que la légitimité issue des urnes engage non seulement le contrôle de la mairie, mais également, très largement, celui de l'ensemble des activités sociales ? En France, au niveau

---

19. Peut-être faut-il y voir la conséquence d'une « inconstance », d'un « bricolage », d'une forte sensibilité aux « effets d'annonce » et, finalement, d'une insuffisante volonté de l'État (Le Galès, 1995).

20. Cette situation marque un retour à des enjeux apparus aux alentours des années 1830. En ce sens, « il y a homologie de position entre, par exemple, ces "inutiles au monde" que représentaient les vagabonds avant la révolution industrielle et différentes catégories d' "inemployables" d'aujourd'hui » (p. 16).

local, les formes de contre-pouvoir politiques ou associatives restent embryonnaires. Des initiatives comme celles d'Agora sont importantes en ce qu'elles témoignent d'une vitalité et d'un certain renouveau de l'engagement politique, mais les effets qu'elles produisent en matière de changement social sont limités : si la décentralisation a considérablement accru les pouvoirs des maires, ceux des habitants sont restés globalement inchangés, c'est-à-dire faibles (Mabileau, 1997).

11.6. LA CRÉATION DU MOUVEMENT DE L'IMMIGRATION ET DES BANLIEUES

Pour les jeunes d'Agora, non seulement les difficultés de vie liées au contexte social local demeurent, mais la capacité à être entendus politiquement reste très étroite et fragile. La longévité exceptionnelle de l'association – treize ans d'existence ! – et la pérennité de l'engagement de ses membres les plus actifs – à commencer par son président-fondateur – permettent de retracer à grands traits l'évolution de son action, notamment durant les dernières années. Née dans un climat quasi insurrectionnel, Agora s'est peu à peu constituée comme un acteur politique localement important. Historiquement, son développement s'est effectué en marge des appareils traditionnels de participation, à partir d'une dénonciation très sévère des partis ou des forces de droite comme de gauche. Si son ancrage à l'échelle du quartier et de la commune est solide, ses autres relais sont beaucoup plus ténus et incertains. L'une des questions qui se posent aujourd'hui à Agora est précisément celle de l'élargissement de sa sphère et de son registre d'influence. L'enracinement local n'empêche pas des formes d'extension et de globalisation de l'action. Celles-ci sont peu visibles parce qu'elles contournent les structures classiques de la mobilisation et ne sont généralement pas relayées par les grands médias nationaux. Pourtant, depuis les élections de juin 1995, les liens qu'Agora entretient, un peu partout en France, avec d'autres acteurs associatifs de quartier croissent et aboutissent à la formation du Mouvement de l'immigration et des banlieues. Pour exister socialement, politiquement et médiatiquement, les jeunes d'Agora cherchent en effet à sortir de leur relatif isolement en nouant des alliances avec ceux qui, notamment dans les zones déshéritées, partagent plus ou moins les mêmes aspirations qu'eux. Au cours des dernières années, Agora s'est ainsi impliquée dans une multitude d'actions contre le racisme, les discriminations, la double peine, a affiché sa sympathie et son soutien aux sans-papiers et aux sans-logis, et a manifesté plusieurs fois sa solidarité avec le sort des Palestiniens. À ses côtés, ATTAC (Association pour une taxation des transactions financières pour l'aide aux citoyens), le DAL (Droit au logement) et la LCR (Ligue communiste révolutionnaire) sont apparus comme des partenaires réguliers. Si Agora a toujours défendu plus ou moins activement ces causes, la nouveauté réside, en revanche, dans le rapprochement officiel qui s'est opéré entre elle et des associations cultuelles, comme l'Union des jeunes musulmans (UJM). Une note des Renseignements généraux, datée du 23 octobre 2000 (Lyon Mag', 2002, p. 62) s'inquiétait ainsi de la création le 25 septembre 2000 de Divercité-Agora, «structure animée par trois personnalités du monde associatif lyonnais, à savoir Pierre-Didier Tché-Tché Apea, président fondateur d'Agora Vaudaise, Abdelaziz Chaambi, membre fondateur de l'UJM et Abdelmajid Mokeddem, président fondateur d'Interface [qui] confirme le maillage associatif existant sur l'agglomération lyonnaise, Divercité-Agora n'apparaissant que comme le pendant laïque du Collectif des associations musulmanes du Grand Lyon initié par l'Union des jeunes musulmans» (*ibid.*). Si l'on met de côté tout jugement normatif, cette entente peut s'expliquer de deux façons complémentaires. Stratégiquement d'une part, la montée de l'islam dans les banlieues – et les nouvelles formes de mobilisation qu'il suscite – offre à Agora une occasion (rare) d'élargir sa surface d'action. Idéologiquement d'autre part, le renouveau islamique est, au moins dans certains de ses aspects, étroitement articulé à l'individualisme contemporain. Il ne saurait se réduire à l'archaïsme ni au sectarisme de quelques barbus fanatiques à la solde de puissances étrangères. Dans la multitude de ses éléments constitutifs, l'affirmation religieuse comporte aussi une forte dimension moderne, qui met de l'avant l'identité et l'autonomie de l'individu. C'est sur cette sensibilité commune que se retrouvent Agora et l'UJM. Sous cet angle, la conduite d'Agora est conforme à ce qu'elle a toujours voulu entreprendre et aux valeurs qu'elle a toujours cherché à défendre. Que les associations cultuelles tirent profit de cette alliance et accroissent encore leur influence dans les banlieues – à terme éventuellement au détriment d'associations laïques comme Agora – est un autre problème, mais il sera alors temps de s'interroger sérieusement sur les conditions de possibilité de l'implication politique et citoyenne des habitants dès lors que celles-ci se développent en marge des logiques d'appareil et – pire – viennent les contester.

CONCLUSION

En France, les banlieues sont un formidable miroir des mutations sociétales. Elles sont particulièrement exemplaires de deux évolutions concomitantes, à savoir l'aggravation des phénomènes de paupérisation et la généralisation d'un libéralisme culturel qui valorise la participation et l'épanouissement de l'individu. Sous l'effet de ce double changement, les formes d'engagement sociale, politique et civique qui autrefois ont œuvré à l'intégration des immigrés participent au contraire aujourd'hui de leur exclusion. Ainsi, en ne mettant pas suffisamment en œuvre les principes de « démocratie » et de « participation » qu'elle proclame, la politique de la Ville ne permet pas de répondre efficacement aux aspirations de ceux qui souhaitent s'impliquer. L'émeute est l'une des manifestations radicales de ce sentiment de colère et d'abandon que connaissent nombre d'habitants des banlieues. L'expérience d'Agora montre cependant que certains jeunes tentent de sortir de cette spirale destructrice en s'inscrivant dans des logiques participatives locales. Depuis sa création, Agora a ainsi fait de l'autonomie de jugement et d'action son principal cheval de bataille. En une dizaine d'années, l'association a développé une réflexion et un programme politique qui ont trouvé leur formulation la plus avancée lors de la campagne municipale de juin 1995. Ce ne sont pas des demandes communautaristes – fondées par exemple sur la religion ou sur une appartenance ethnique – qui ont motivé l'engagement des jeunes d'Agora, mais bien des insatisfactions et des revendications inscrites dans la modernité. Parce qu'elles n'ont pas été entendues, les affirmations « d'autonomie » sont maintenant redoublées par des « demandes d'islam » qui marquent sans aucun doute une inflexion importante dans la vie de l'association.

BIBLIOGRAPHIE

BELL, D. (1979). *Les contradictions culturelles du capitalisme*, Paris, Presses universitaires de France.

BÉLORGEY, J.-M. (1993). *Évaluer les politiques de la ville*, Paris, Comité d'évaluation de la politique de la ville.

BONETTI, M. (1994). *Le bricolage imaginaire de l'espace*, Paris, Desclée de Brouwer.

BRUN, J. et C. RHEIN (dir.) (1994). *La ségrégation dans la ville*, Paris, L'Harmattan.

CASTEL, R. (1995). *Les métamorphoses de la question sociale. Une chronologie du salariat*, Paris, Fayard.

CHALINE, C. (1997). *Les politiques de la ville*, Paris, Presses universitaires de France.

DELARUE, J.-M. (1991). *Banlieues en difficultés : la relégation*, Paris, Syros.

DONZELOT, J. et P. ESTÈBE (1994). *L'État animateur : essai sur la politique de la ville*, Paris, Esprit.

DUBET, F. (1987). *La galère : jeunes en survie*, Paris, Fayard.

DUBET, F. (1994). *Sociologie de l'expérience*, Paris, Seuil.

FONTAINE, J. (2002). « Évaluer les politiques publiques. Dispositifs d'exception pour la ville et banalisation de l'action publique », dans D. de Béchillon *et al.* (dir.), *L'analyse des politiques publiques aux prises avec le droit*, Paris, Lirairie générale de droit et de jurisprudence, p. 251-284.

GRAFMEYER, Y. (1994). « Regards sociologiques sur la ségrégation », dans J. Brun et C. Rhein (dir.), *La ségrégation dans la ville*, Paris, L'Harmattan, p. 85-118.

JULY, S. (1990). « Le modèle Vaulx-en-Velin », *Lyon-Libération*, 13 et 14 octobre, p. 2.

LAPEYRONNIE, D. (1993). *L'individu et les minorités : la France et la Grande-Bretagne face à leurs immigrés*, Paris, Presses universitaires de France.

LE GALÈS, P. (1995). « Politique de la ville en France et en Grande-Bretagne : volontarisme et ambiguïté de l'État », *Sociologie du travail*, vol. 37, n° 2, p. 249-271.

LYON MAG' (2002). « Islamistes dans les banlieues lyonnaises. Une note inquiétante des R.G. », n° 112, mars, p. 60-62.

MABILEAU, A. (1997). « Les génies invisibles du local. Faux-semblants et dynamiques de la décentralisation », *Revue française de science politique*, vol. 47, n° 3-4, p. 340-376.

MARIE, J.-L., P. DUJARDIN et R. BALME (2002). *L'ordinaire. Mode d'accès et pertinence pour les sciences sociales et humaines*, Paris, L'Harmattan.

PHARO, P. (1990). « Les conditions de légitimité des actions publiques », *Revue française de sociologie*, vol. 31, n° 3, p. 389-420.

SARDAIS, C. (1990). *Rapport sur la mise en œuvre de la politique de la ville*, Paris, ministère de l'Économie, des Finances et de l'Industrie.

SAYAD, A. (1977). « Les trois "âges" de l'émigration algérienne en France », *Actes de la recherche en sciences sociales*, n° 15, juin, p. 59-79.

SAYAD, A. (1992). « Qu'est-ce qu'un immigré ? », dans *L'immigration ou les paradoxes de l'altérité*, Bruxelles, De Boeck, p. 51-77.

SCHNAPPER, D. (1986). « Modernité et acculturations. À propos des travailleurs émigrés », *Communications*, n° 43, p. 141-168.

SCHUDSON, M. (1994). « La culture et l'intégration des sociétés nationales », *Revue internationale des sciences sociales*, n° 139, p. 79-100.

TAPINOS, G. (1988). « Pour une introduction au débat contemporain : une approche démographique », dans Y. Lequin (dir.), *La mosaïque France. Histoire des étrangers et de l'immigration*, Paris, Larousse, p. 429-447.

TAYLOR, C. (1994). *Le malaise de la modernité*, Paris, Le Cerf.

TOURAINE, A. (1994). *Qu'est-ce que la démocratie ?*, Paris, Fayard.

CHAPITRE 12

L'INSTITUTION DE LA PROXIMITÉ
LES ARRONDISSEMENTS DE PARIS, DE MARSEILLE ET DE LYON DEPUIS 1983[1]

Melody Houk

Depuis une vingtaine d'années, la France, comme ses voisins européens, connaît une activité institutionnelle intense en matière de réorganisation administrative et politique des territoires. Accroissement des compétences et du poids de la région, essor sans précédent de l'intercommunalité assorti d'une simplification des formules de coopération intercommunale, développement des structures de participation citoyenne à l'échelon infra-communal, témoignent de la quête incessante d'une organisation territoriale efficace et démocratique qui repose sur une répartition harmonieuse des compétences. De nombreux travaux, en sociologie comme

1. Le matériau sur lequel nous nous appuyons ici est le produit de recherches empiriques (entretiens, recherche documentaire, observations) réalisées à Paris (20e et 15e arrondissements), à Lyon (5e et 8e arrondissements) et à Marseille (1er et 8e secteurs) entre 1998 et 2001. Ces recherches s'inscrivent dans un projet de thèse actuellement mené au Centre de sociologie des organisations (C.N.R.S./F.N.S.P.) sous la direction d'Olivier Borraz. L'auteur remercie vivement ce dernier pour ses lectures avisées et commentées des versions antérieures de ce texte.

en science politique, ont récemment consacré – et alimenté – cette montée en puissance des institutions de gouvernement local[2]. Que le questionnement soit formulé eu égard aux territoires, à l'action publique, à la gouvernance, à la recomposition du politique, etc., il s'agit de mettre en évidence ce qui se construit, à travers le temps, les luttes institutionnelles et politiques, les jeux d'acteurs, dans les efforts de rationalisation de l'organisation politico-administrative à l'échelle nationale et européenne.

C'est dans cet ensemble de réflexions que s'inscrit ce chapitre sur l'émergence de l'échelon infra-municipal dans les trois plus grandes villes de France que sont Paris, Marseille et Lyon. Il s'agit ici de se pencher sur une institution quelque peu hybride, créée par le législateur au début des années 1980 dans les arrondissements de ces trois villes : des conseils élus au suffrage universel – donc dotés de la légitimité électorale – auxquels a été attribuée une compétence essentiellement consultative auprès du conseil municipal – donc dépourvus de capacité de décision et d'intervention dans les affaires de l'arrondissement. Ce type d'institution contraste ainsi avec les structures intercommunales ou l'échelon régional, constructions institutionnelles reposant sur des compétences fortes et une légitimité démocratique fragile, voire inexistante. En cela, il pose des questions différentes et conduit à se demander notamment comment une telle institution et les élus qui s'y investissent parviennent à exister sans les attributs traditionnels du pouvoir que sont, dans nos démocraties occidentales modernes, le pouvoir de décision et la capacité budgétaire. Avant d'aborder cette question, un bref retour s'impose sur le dispositif créé à l'échelon infra-municipal et le contexte qui a présidé à son élaboration.

La loi du 31 décembre 1982, relative à l'organisation administrative de Paris, de Marseille et de Lyon, dite « loi PML », trouve son origine dans un projet ambitieux et politicien s'il en est : le découpage de la capitale en vingt communes de plein exercice, proposé par F. Mitterrand dans le but de déstabiliser l'entreprise partisane de J. Chirac, alors maire de Paris et leader du Rassemblement pour la République (RPR). Après la « bataille de Paris » menée par ce dernier, le gouvernement recule. D'autant plus facilement que le ministre de l'Intérieur et de la Décentralisation chargé de porter le projet n'est alors autre que G. Defferre, maire de Marseille depuis 1953. Or, Marseille étant potentiellement concernée par le projet,

---

2. Voir notamment sur l'affirmation de l'échelon régional : Négrier et Jouve (1998), Nay (1997), Loughlin (2001) et Delcamp et Loughlin (2002) ; sur le renouveau de la coopération intercommunale : Caillosse (1994), Baraize et Négrier (2001) ; sur le gouvernement municipal : Borraz (1996) ; Joana (dir.) (2000) ; sur les métropoles : Bagnasco et Le Galès (1997), Jouve et Lefèvre (2002), Sellers (2002), et Savitch et Kantor (2002).

celui-ci est peu disposé à se départir de son pouvoir. Du projet originel ne reste *in fine*, sous forme de loi, qu'un dispositif hybride et timide, qui n'a de décentralisateur que l'habillage.

La loi adoptée en 1982 par le Parlement a créé des conseils d'arrondissement, élus au suffrage universel et présidés par un maire, à Paris, à Marseille et à Lyon, confiant à cette nouvelle assemblée un rôle consultatif auprès du conseil municipal sur tous les dossiers concernant l'arrondissement. Le pouvoir de décision reste ainsi dans les mains de l'exécutif municipal central ainsi que l'ensemble des ressources communales : la mairie d'arrondissement n'est pas dotée de services propres ni de budget. Elle se voit attribuer la gestion d'un certain nombre d'équipements de proximité dont la liste traduit bien la timidité de la réforme : espaces verts d'une superficie inférieure à un hectare, crèches, haltes-garderies, bains-douches, maisons de jeunes, gymnases, terrains d'éducation physique, et « tout équipement équivalent [...] lorsque ces équipements sont principalement destinés aux habitants de l'arrondissement » (article L2511-16 du *Code général des collectivités territoriales*). D'autant que gérer ces équipements revient à en assurer le fonctionnement quotidien et l'entretien, ce pour quoi la mairie d'arrondissement reçoit une dotation de fonctionnement. La gestion du personnel reste du ressort de la mairie centrale, tout comme la décision et la capacité d'investissement relatives à ces équipements. Maires et conseils d'arrondissement ne peuvent ainsi décider de la création d'équipements sur leur territoire ni mettre en œuvre une ligne politique sur laquelle ils se seraient positionnés durant la campagne municipale. Cette création institutionnelle est alors fortement décriée pour sa faiblesse, et peu d'élus parient sur sa longévité.

Or force est de constater que, vingt ans plus tard, les mairies d'arrondissement sont toujours là, de plus en plus visibles, reposant sur le même socle légal en matière de compétences et de moyens. Comment se sont-elles progressivement imposées dans le paysage et le fonctionnement des trois municipalités ? C'est la question qui constitue le fil conducteur de ce chapitre. Elle nous conduit ici à mettre l'accent sur la dynamique de convergence qui, dans le temps, caractérise l'évolution du dispositif dans les trois villes. Nous aborderons l'émergence de l'échelon infra-municipal à travers les répertoires d'action mis en œuvre par les élus locaux, à l'occasion de l'application de la loi PML. Ces répertoires d'action évoluent dans le temps, suivant deux grandes périodes. Une première période, qui couvre les deux premières mandatures de la loi PML, à savoir entre 1983 et 1995, correspond à la phase de mise en œuvre des textes et d'installation des maires et conseils d'arrondissement dans un contexte relativement hostile. Durant cette période, l'échelon infra-municipal fonctionne essentiellement comme un relais de l'institution municipale, dans une certaine indifférenciation par rapport à la mairie centrale. Les élections municipales de 1995 marquent un tournant dans la vie de la loi PML et le début d'une évolution significative des répertoires d'action et du positionnement de l'échelon infra-municipal. Avec l'arrivée massive de maires d'arrondissement aux couleurs de l'opposition municipale, on assiste à une dynamique de différenciation : les nouveaux élus entreprennent d'organiser, de structurer leur territoire et de créer un rapport de force pour exister et obtenir la reconnaissance, par la mairie centrale, de l'arrondissement comme une institution à part entière au sein du gouvernement municipal.

12.1. LA MISE EN ŒUVRE DE LA LOI PML : LA DIFFICILE ÉMERGENCE DE L'ÉCHELON INFRA-MUNICIPAL

C'est à l'occasion des élections municipales de 1983 que la loi PML est mise en application, sous la houlette de maires centraux plus ou moins ouvertement opposés à la loi et peu convaincus de la pertinence du dispositif. Dans chacune des trois villes, l'exécutif central, qui maîtrise largement la mise en œuvre de la loi, s'efforce de minimiser son impact sur les modes de gouvernement existants, de phagocyter le nouveau dispositif. J. Chirac s'est engagé, dès la préparation du texte, d'une part à supprimer le dispositif dès qu'il en aurait la possibilité et, d'autre part, à interpréter la loi de la façon la plus restrictive qui soit. G. Defferre, de son côté, ne tient pas non plus à ce que l'échelon infra-municipal, dorénavant doté d'une représentation politique propre et d'une existence institutionnelle, émerge comme une entité de gouvernement au même titre que la mairie centrale. Avec l'arrivée de maires d'arrondissement élus, la crainte de voir s'ériger une forme de contre-pouvoir conduit les exécutifs centraux à une interprétation minimaliste du texte. Cette velléité d'absorber la réforme a en outre bénéficié du contexte politique issu des élections municipales à Paris et à Lyon en particulier[3], puisque la droite remporte l'ensemble des arrondissements, configuration qui limite les risques de revendication en matière d'application de la loi. Dans un tel contexte, les élus d'arrondissement s'efforcent d'exister et de construire leur légitimité

---

3. À Marseille, G. Defferre ne parvient pas à contenir la poussée de l'opposition locale. Deux secteurs sur six passent à droite, et il se voit contraint d'accorder un secteur aux communistes, si longtemps combattus et avec lesquels il avait dû cependant former sa coalition. Pour autant, la situation n'est pas inédite pour ce leader rompu à la gestion des fiefs politiques composant le territoire marseillais.

sur deux principaux registres d'action : une dynamique de mimétisme par rapport au conseil municipal d'une part, et un positionnement en tant que relais entre la population et la mairie centrale d'autre part.

12.1.1. JEUX ET ENJEUX DU MIMÉTISME : DES « MAIRIES DE CARTON » ?

Dans la forme, le dispositif créé par le législateur à l'échelon des arrondissements de Paris, de Marseille et de Lyon reprend largement les atours de l'institution municipale : des conseillers élus au suffrage universel par les citoyens de l'arrondissement ; un conseil qui élit un maire en son sein, se prononce par le vote sur des délibérations concernant le territoire ; un maire qui préside le conseil, s'entoure d'une équipe d'adjoints, forme son cabinet... Jusque dans le champ sémantique, le référent municipal est présent, qui se pose d'emblée comme un cadre fort aux acteurs s'investissant dans l'échelon infra-municipal. La construction de l'institution d'arrondissement repose ainsi en grande partie sur un processus de mimétisme prenant pour modèle l'institution municipale républicaine.

Le texte agit comme un vecteur essentiel de mimétisme, modelant partiellement la prise de rôle des acteurs, et notamment des élus d'arrondissement. Déjà lors des travaux parlementaires relatifs à l'élaboration de la loi, le choix des termes de *maire* et d'*adjoints* avait fait l'objet d'interventions de la part des opposants au texte qui voyaient là une source d'ambiguïté et un risque de dérive en matière de comportements politiques. Et de fait, une fois investis de leur mandat, les maires d'arrondissement jouent sur cette ambiguïté initiale entre leur titre et la réalité des compétences que leur attribue le texte. Le comportement des acteurs va ainsi alimenter le processus de mimétisme contenu en germe dans la loi.

Secrétariat général, cabinet du maire, services de l'état civil, permanences des élus, salle du conseil, tout est à l'image d'une mairie de plein exercice pour le citoyen non averti qui pénètre dans une mairie d'arrondissement. En matière d'organisation et de fonctionnement internes, cette dernière reproduit largement le modèle de l'institution municipale traditionnelle. En début de mandature, les élus du conseil d'arrondissement forment des groupes politiques, souvent calqués sur les groupes du conseil municipal et qui désignent un président. Le maire d'arrondissement réunit régulièrement son équipe d'adjoints, en bureau restreint ou élargi selon le fonctionnement de sa majorité, afin d'examiner l'ensemble des projets de délibération prévus à l'ordre du jour du conseil. On trouve aussi parfois à ses côtés un ou deux chargés de mission, dans les domaines de la communication, de l'urbanisme ou autre, tandis que le directeur de cabinet est souvent chargé des relations avec la population, habitants, commerçants, représentants associatifs sollicitant le maire. Diverses commissions thématiques (Vélo, Urbanisme, Cadre de vie, Petite enfance, etc.) ou ad hoc (projet de ZAC, d'aménagement urbain ou de réhabilitation, etc.) témoignent de la volonté politique de la mairie d'arrondissement de se mobiliser sur les dossiers en question et d'y associer les acteurs locaux, suivant le modèle de la commission extra-municipale. Le choix des délégations d'adjoints, enfin, est un révélateur puissant de cette dynamique de mimétisme qui anime les élus d'arrondissement. De l'adjoint au Commerce, PME et artisanat à l'adjointe chargée des Droits des femmes, en passant par des délégations telles que Emploi et Solidarité, Logement, Handicapés dans la ville, la palette est large des domaines qui ne relèvent pas des compétences effectives de l'arrondissement et que l'on retrouve pourtant dans les attributions des adjoints. Ces dernières témoignent en revanche, comme c'est généralement le cas dans les équipes municipales, d'une volonté d'affichage politique (Borraz, 1995). Force est de constater une propension certaine des élus locaux à adopter les formes « prescrites » par le modèle municipal, en l'occurrence celui du niveau central, le statut fondamental des mairies de Paris, de Marseille et de Lyon n'ayant pas été modifié par le législateur.

La dynamique de mimétisme apparaît comme le produit de deux mécanismes. D'une part, le modèle municipal s'est imposé comme une référence évidente à des élus qui devaient donner corps à des fonctions électives nouvelles : mode d'élection, titres, fonction de représentation, etc. sont autant d'éléments qui les rapprochaient fondamentalement de l'institution municipale et qui ont inspiré la prise de rôle. D'autre part, parallèlement à ce processus autonome, que l'on pourrait qualifier de passif, le mimétisme à l'égard de l'institution municipale traditionnelle relève également d'une logique d'action mise en œuvre par des élus en quête de légitimité. Ces derniers voient ainsi le mimétisme comme un moyen de doter, comme par transitivité, l'institution nouvellement créée de la légitimité dont sont porteurs les référents municipaux « maire » et « mairie ». Nous rejoignons ici les analyses néo-institutionnalistes[4] selon lesquelles une organisation tend à adopter les formes institutionnelles qui paraissent légitimes dans le champ dans lequel elle évolue. Ce mécanisme est une source de légitimité pour l'organisation elle-même et accroît ses chances de survie (Meyer et Rowan, 1977). Dans le cas des arrondissements, le maire et son équipe s'efforcent de donner à voir l'institution infra-municipale sous les atours d'une municipalité à part entière. Outre

---

4. Voir notamment les analyses de Meyer et Rowan (1977) relatives aux mythes institutionnels et au mimétisme et celles de Di Maggio et Powell (1983) traitant de l'isomorphisme institutionnel.

les cérémonies officielles, mariages, inaugurations diverses et variées où les élus arborent l'écharpe tricolore, ils cultivent les apparitions et interventions publiques comme autant d'occasions de représenter l'institution d'arrondissement sur les mêmes registres que ceux d'une mairie classique. Ce faisant, ils jouent sur la confusion qui existe, aux yeux du citoyen notamment, entre l'affichage, la façade institutionnelle et l'exercice effectif des compétences. Il s'agit de « faire comme si… » ils étaient à l'origine de tel ou tel investissement, de l'implantation de la crèche tant attendue, de l'extension du collège ou de la réhabilitation de tel îlot insalubre. L'enjeu est tout autant de passer pour un acteur qui a une parcelle du pouvoir de décision municipal, ou qui pèse suffisamment lourd dans le processus décisionnel, que d'avoir effectivement la capacité de le faire.

Plus largement, ce registre de la représentation, au sens de mise en scène, vise à entretenir une façade légitime aux yeux des citoyens. L'institution municipale présente notamment la caractéristique d'être dans le paysage institutionnel français une structure familière, bénéficiant d'un capital de confiance élevé que la population investit dans la personne du maire. Il s'agit là de ressources précieuses dont les élus d'arrondissement cherchent à bénéficier.

Pour autant, la légitimation par le mimétisme atteint rapidement ses limites pour l'institution émergente que constituent maire et conseil d'arrondissement. En effet, l'institution municipale tire sa légitimité, d'une part, de sa capacité à représenter les intérêts d'une majorité de la population (assemblée élue au suffrage universel) et, d'autre part, de sa capacité à produire des décisions, des équipements, des logements, etc. La spécificité de l'institution municipale réside dans sa position, à l'intersection de trois champs aux logiques différentes : le politique, la production de biens et services et le territoire (Lorrain, 1991). Elle trouve ainsi sa légitimité autant dans sa capacité à intégrer ces trois champs que dans sa capacité de « régulation au quotidien ». Or c'est là une dimension essentielle qui manque à l'échelon infra-municipal tel que le définit la loi PML : s'il est en position d'intégrer les dynamiques portées par le champ politique et le territoire, il n'est pas en mesure de produire par lui-même des biens et services urbains, d'assurer cette régulation au quotidien qui procure à l'institution municipale traditionnelle une part essentielle de sa visibilité et de sa légitimité. C'est là une limite forte qui pousse les élus d'arrondissement à rechercher et à cultiver d'autres sources de légitimité.

12.1.2. De nouveaux relais entre la mairie centrale et la population

À compter des élections municipales de 1983, maires et élus d'arrondissement investissent leurs fonctions nouvelles en se positionnant sur le créneau limité qui leur a été octroyé, à la fois par le législateur et par les exécutifs municipaux et la lecture qu'ils font du texte. Dans ce cadre contraignant, la prise de rôle des élus locaux est structurée par deux principaux facteurs : la fonction formelle d'organe consultatif attribuée au conseil d'arrondissement et la présence des élus sur le territoire, au contact des citoyens et des réalités locales. La combinaison de ces facteurs dans un contexte relativement hostile à la réforme conduit à un positionnement de l'échelon infra-municipal, ou plus précisément des élus locaux, en relais, en courroie de transmission entre la mairie centrale et la population.

Consultés pour avis par l'exécutif municipal sur divers projets concernant l'arrondissement, suivant la procédure formelle prévue par la loi ou des rapports plus informels entre représentants de la majorité, les élus locaux sont conduits à développer un tissu de relations avec les « forces vives » de l'arrondissement. Sur la base de contacts privilégiés avec des représentants associatifs, des commerçants, syndics de copropriété, etc., maires et adjoints d'arrondissement cherchent à recueillir les perceptions et réactions du terrain face aux projets de la mairie centrale. À Marseille et à Lyon, ce positionnement ne va pas de soi : les élus d'arrondissement se retrouvent en effet, sur ce terrain, en concurrence avec les instances qui représentent les habitants des quartiers (Comités d'intérêt de quartier ou CIQ à Marseille et Comités d'intérêts locaux ou CIL à Lyon) et qui sont, depuis des décennies, les interlocuteurs privilégiés de la mairie centrale (Mattina, 2001). Entre un « simple » conseiller d'arrondissement, certes doté de la légitimité du suffrage universel, et un président de CIL ou de CIQ qui se targue de « représenter » ou du moins de pouvoir toucher plusieurs dizaines d'habitants-électeurs, la majorité municipale sait où sont ses intérêts. De même pour les comités de quartier et plus largement les associations dans leur ensemble : il n'y a guère d'ambiguïté sur la localisation du pouvoir de décision et des moyens d'action.

Soucieux de répondre aux interrogations de la population locale sur ces mêmes projets, les élus d'arrondissement sont également à la recherche d'informations concernant l'action municipale, informations que le niveau central, adjoints aussi bien que directions techniques, n'est pas toujours prompt à leur transmettre. Il s'agit donc pour eux de se constituer un réseau de personnes-ressources au sein de l'appareil municipal, non seulement du côté de l'exécutif municipal, mais aussi du côté des services techniques. À Paris, du fait de l'organisation territorialisée des services de la ville et de leur présence dans les arrondissements sous forme de sections locales, circonscriptions, etc., les maires d'arrondissement et leurs principaux adjoints tendent d'emblée à s'en rapprocher. Cette collaboration au quotidien avec les services locaux s'ancre progressivement dans les pratiques des élus d'arrondissement et se confirmera après 1995. Il apparaît en effet qu'elle répond à la fois aux intérêts des élus et à ceux des fonctionnaires territoriaux. Les premiers sont à la recherche d'informations, de petites interventions au quotidien, d'une participation à la définition et au traitement des problèmes locaux, tandis que les seconds trouvent auprès des élus des interlocuteurs qui les informent et qui sont susceptibles de monter au créneau, à la mairie centrale, pour l'obtention de moyens supplémentaires dans tel ou tel domaine de l'action municipale. Notons qu'à Lyon, c'est avec les services de la communauté urbaine que ces relations se nouent directement, sans qu'il y ait forcément passage par l'échelon municipal. La proximité, le souci de prendre en compte les réalités locales autant que l'appartenance des maires à la majorité municipale facilitent l'échange d'informations et permettent une adaptation, à la marge (modifications relatives à de petits aménagements de voirie ou d'espaces verts, d'un éclairage public, etc., déjà inscrits au budget), de l'action municipale aux besoins locaux.

Autre facette du métier d'élu dans laquelle les «nouveaux» élus s'investissent largement : le traitement de la demande sociale. En instaurant une représentation permanente au niveau infra-municipal, la loi a accru le nombre d'élus municipaux et créé une nouvelle catégorie d'élus représentant l'arrondissement, plus proches des citoyens que ne l'étaient les conseillers municipaux avant la réforme. L'avancée est toute relative dans la mesure où, d'une part, les conseillers d'arrondissement sont tenus éloignés du conseil municipal et, d'autre part, certains arrondissements/secteurs ont les dimensions (en matière de population et de surface) de grandes villes françaises[5]. Reste que le nombre d'élus potentiellement présents sur le terrain et représentant la population a plus que triplé dans l'ensemble, passant d'une centaine à plus de 500 à Paris, et d'une soixantaine à plus de 200 pour Marseille et Lyon. Si l'on excepte les conseillers d'arrondissement, le nombre de conseillers municipaux a lui-même augmenté dans les trois villes : le Conseil de Paris

---

5. Le 15e arrondissement de Paris compte ainsi près de 225 000 habitants, soit autant qu'une ville comme Bordeaux.

compte dorénavant 163 élus au lieu de 109 (pour 2 200 000 habitants en 1977, soit un élu pour 20 000 habitants!), le conseil municipal de Marseille en compte 101 au lieu de 63 tandis que celui de Lyon n'en gagne qu'une dizaine, passant de 61 à 73 conseillers.

Soulignons également que la loi a créé deux classes d'élus dans les trois villes: celle des conseillers municipaux (parfois appelés «grands élus» lorsqu'ils cumulent leur tâche avec un mandat parlementaire ou une délégation d'adjoint en mairie centrale) et celle des conseillers d'arrondissement dont le champ d'action est limité à l'échelon infra-municipal. La réalité montre que certains conseillers municipaux ne pratiquent guère les locaux de la mairie d'arrondissement, ni les bancs du conseil, tandis que certains conseillers d'arrondissement (notamment ceux qui sont dans l'opposition au niveau de l'arrondissement, ou dans la majorité mais sans délégation particulière) limitent leur investissement aux séances du conseil d'arrondissement. Ainsi, à Marseille, durant le mandat de 1989 à 1995, il n'était pas rare que des conseils d'arrondissement soient reportés faute de quorum (Olive, 1997, p. 212-213). Dans les trois villes, on assiste à une certaine spécialisation des «simples» conseillers d'arrondissement sur des dossiers relevant du quotidien, champ que les «grands élus» et les professionnels de la politique ont tendance à négliger. Notons cependant que ces derniers, en particulier lorsqu'ils cumulent leur mandat municipal avec un mandat parlementaire, s'efforcent d'entretenir des relations régulières et directes avec leurs citoyens-électeurs et d'assurer le traitement des demandes particulières. En la matière, les «grands élus» sont de redoutables concurrents pour les élus d'arrondissement.

Il convient enfin de mentionner le problème des disparités géographiques entre des arrondissements de taille réduite, caractérisés par une proximité physique de la mairie d'arrondissement, et des secteurs vastes, mal desservis, où la mairie reste physiquement éloignée et difficile d'accès pour une grande partie de la population. Nous pensons ici particulièrement aux quartiers Nord de Marseille[6].

---

6. À Marseille, la création de secteurs électoraux inégaux, comportant d'un à quatre arrondissements (soit des secteurs allant de 70 000 à 245 000 habitants) avait été fortement dénoncée par l'opposition nationale et qualifiée de «charcutage électoral» visant à assurer la réélection de G. Defferre. De fait, celui-ci a été réélu en 1983 tout en étant minoritaire en voix pour l'ensemble de la ville. En 1986, avec l'arrivée de la droite au pouvoir, les circonscriptions marseillaises ont fait l'objet d'un redécoupage qui, sans être dénué de toute considération politique, a rééquilibré les secteurs. La ville en compte à ce jour huit, incluant deux arrondissements chacun.

Du fait de leur proximité, les élus d'arrondissement se retrouvent en première ligne pour recueillir les requêtes de la population, sollicitations, doléances et revendications en tous genres, de la demande de logement ou d'aide sociale à la recherche d'emploi, en passant par les problèmes de voisinage, de stationnement, d'inscription scolaire, etc. Autant de requêtes qui mettent en évidence non seulement la confusion des citoyens quant à la répartition des compétences entre les différents niveaux de gouvernement et d'administration (mairie, conseil général ou régional, préfecture de police, rectorat, etc.), mais aussi la nature ambiguë de leur relation au politique. Si cette situation est récurrente pour l'ensemble des institutions politiques en France, les élus d'arrondissement sont particulièrement démunis pour y faire face avec ce seul mandat local, compte tenu de l'absence de moyens et de pouvoir décisionnel qui lui est associée. Il s'agit ainsi pour eux, soit de transmettre la demande ou de réorienter les individus vers les services compétents, soit de traiter directement la demande s'ils sont en position de le faire, notamment par le cumul de mandats/fonctions.

Dans le cas de demandes qui relèvent de l'action municipale et dont il ne peut assurer directement le traitement, l'élu d'arrondissement joue essentiellement le rôle d'une courroie de transmission vers l'appareil municipal. Pour autant, tout élu s'efforce de capitaliser sur le traitement de la demande, afin de montrer au citoyen, à l'association qui l'a sollicité, qu'il est plus qu'une simple courroie de transmission, qu'il peut peser dans le règlement du problème, l'obtention de l'aide demandée, l'arbitrage en faveur de telle ou telle solution, etc. Ainsi, si la capacité d'accès au centre, aux personnes qui sont en position de décider ou d'influer sur la décision, est une ressource majeure pour un élu dénué de compétence décisionnelle et de moyens d'action, la possibilité de se construire une image d'« élu qui a du pouvoir », de communiquer sur son action s'avère tout aussi importante en matière d'entreprise politique et dépend en grande partie de ses aptitudes individuelles (Garraud, 1989, p. 167).

Il est cependant des cas où l'élu dispose de ressources personnelles, directes ou indirectes, qui lui permettent d'assurer le traitement d'une partie des requêtes qu'il reçoit du fait de sa fonction d'élu local. Ces ressources ont un impact non négligeable sur l'orientation, le positionnement de la mairie d'arrondissement dans son environnement et la perception qu'en ont les citoyens. En particulier, les maires d'arrondissement ne sont pas tous « égaux devant leur fonction ». Si l'appartenance à la majorité municipale peut procurer un accès direct au centre, le cumul de fonctions peut se révéler déterminant quant à la capacité, réelle ou affichée, des élus d'arrondissement à intervenir en faveur des « intérêts » locaux. Un maire d'arrondissement président d'office d'habitations à loyers modérés (HLM) peut charger son cabinet de traiter directement une partie des demandes de logement qui arrivent en mairie d'arrondissement. Un autre maire d'arrondissement, président du conseil général, peut faire bénéficier ses administrés des ressources du département et transformer partiellement la mairie en guichet d'aide sociale. L'échelon infra-municipal offre ainsi un terrain propice au développement de relations de type clientélaire entre élus et citoyens. À certains égards, l'activité d'une mairie d'arrondissement est partiellement déconnectée de ses attributions officielles et fonction de ce que les élus y apportent.

Durant cette première phase d'existence des arrondissements, qui couvre pour l'essentiel les deux premières mandatures de la loi PML (1983-1995), l'échelon infra-municipal se caractérise largement par son intégration au sein de l'appareil municipal et la dépendance des élus locaux vis-à-vis de l'action, des moyens, et des ouvertures et temporalités du niveau central. Les élus d'arrondissement s'efforcent de se positionner en relais entre la population et la mairie centrale. Certains s'appuient sur la légitimité électorale que leur procure leur mandat local pour mobiliser des ressources qui sont extérieures à ce mandat mais à travers lesquelles ils se construisent une certaine capacité de traitement de la demande sociale. Nous rejoignons ici l'analyse que fait M. Olive du cas marseillais, en soulignant la diversité des configurations issues de l'application de la loi et des logiques d'action poursuivies par des élus dont les ressources et les intérêts diffèrent (Olive, 1997, p. 215-222). De fait, le fonctionnement de l'échelon d'arrondissement durant cette période repose sur les individus en place, valorisant à l'extrême les ressources individuelles des élus (capacité d'accès à ou d'influence vis-à-vis de l'exécutif municipal, cumul de mandats/fonctions), ce qui participe de l'effort déployé par les maires centraux pour empêcher l'arrondissement d'émerger comme une institution à part entière, ou un contre-pouvoir collectif. Finalement, l'action des élus d'arrondissement vient renforcer la légitimité et la capacité de régulation de la mairie centrale et non celles de l'échelon infra-municipal. Le changement de configuration politique à l'occasion des municipales de 1995 va être à l'origine du repositionnement des arrondissements, résultat de la dynamique de différenciation qui s'affirme dans les arrondissements passés aux mains de l'opposition municipale.

12.2. LE TOURNANT DE 1995 : DYNAMIQUE DE DIFFÉRENCIATION ET INSTITUTIONNALISATION PROGRESSIVE DE L'ÉCHELON INFRA-MUNICIPAL

Les élections municipales de 1995 marquent un tournant dans l'existence de la loi PML. Au-delà des bouleversements politiques que constituent le basculement à gauche d'un nombre significatif d'arrondissements à Paris et à Lyon (respectivement six sur vingt et trois sur neuf), le départ de J. Chirac pour l'Élysée et l'élection d'un maire UDF à Marseille, ces élections vont en effet marquer l'avènement de nouveaux répertoires d'action à l'échelon infra-municipal. Portés en première instance par les maires d'arrondissement se situant dans l'opposition municipale, ces répertoires d'action complètent, plus qu'ils ne s'y substituent, ceux que nous avons évoqués précédemment. Ils se déclinent suivant deux axes majeurs : en premier lieu, la construction d'un rapport institutionnel au territoire ; en second lieu, l'instauration d'un rapport de force avec la mairie centrale. Plus largement, ils traduisent une dynamique de différenciation par rapport à l'appareil municipal central et alimentent un processus d'institutionnalisation de l'échelon infra-municipal.

12.2.1. Des élus qui cherchent à différencier leur action en « jouant » l'institution et le territoire

À l'issue du scrutin municipal de 1995, des maires d'arrondissement se retrouvent, pour la première fois à Paris et à Lyon, en position de devoir exister et construire leur légitimité sans l'accès privilégié à la mairie centrale dont avaient bénéficié leurs prédécesseurs. En réponse à cette situation[7], les élus locaux choisissent de s'appuyer sur leurs bases, de développer l'existence institutionnelle de la mairie d'arrondissement sur le territoire, indépendamment de celle de la mairie centrale, par la création d'outils, d'organes qui soient propres à l'échelon infra-municipal, notamment dans le domaine de la participation citoyenne. Ce faisant,

---

7. Les équipes d'arrondissement qui sont dans l'opposition sont en outre confrontées à la fermeture, brutale dans le cas parisien, des accès à la mairie centrale. À Paris, au lendemain des élections de 1995, les services municipaux ont reçu consigne de ne pas traiter directement avec les mairies d'arrondissement d'opposition, tandis que les directions centrales étaient elles-mêmes incitées à s'en référer au cabinet du maire pour tout contact avec les arrondissements de gauche. Cette situation de blocage, parce qu'elle constituait plus une réaction de l'exécutif municipal à un bouleversement politique qu'une stratégie de *containment*, a progressivement disparu sous l'effet des logiques pragmatiques de coopération à l'œuvre sur le terrain.

c'est tout autant à la construction de l'institution par le territoire qu'à une construction du territoire par l'institution que l'on assiste, dynamique qui relève plus largement de la construction d'une forme de proximité spécifique à l'échelon infra-municipal.

À l'occasion de sa prise de fonction, toute nouvelle équipe entreprend de se rapprocher des habitants, acteurs associatifs et socioprofessionnels présents sur son territoire, de repérer les relais d'opinion et d'information, d'en constituer de nouveaux, etc. Dans le cas des mairies d'arrondissement, il s'agit, comme nous l'avons évoqué, de se positionner en intermédiaires, en point de passage incontournable entre la population et la mairie centrale, d'être en mesure de représenter de façon légitime les intérêts locaux auprès de l'exécutif central. Les équipes nouvellement élues en 1995 ne font pas l'impasse sur cette logique. L'évolution notable réside dans le fait que certains maires de gauche vont prolonger cet investissement en institutionnalisant les rapports qu'ils développent avec leur territoire.

Le cas de M. Charzat, maire socialiste du 20e arrondissement de Paris depuis 1995, est emblématique de cette dynamique de construction de l'institution « mairie d'arrondissement » sur le registre de la participation citoyenne, des nouvelles pratiques politiques reposant sur la concertation et la transparence. Après une campagne municipale axée sur ce thème, l'équipe du nouveau maire travaille à la mise en place d'instances de participation et de commissions de transparence, transposition, dans les limites de l'arrondissement, de dispositions s'appliquant aux communes. Avec la relance du Comité de consultation et d'initiative d'arrondissement (CICA)[8] sur de nouvelles bases impliquant un rôle plus actif des associations, la création de sept conseils de quartier couvrant le territoire de l'arrondissement, d'un conseil municipal d'enfants, l'instauration d'une procédure de saisine du conseil d'arrondissement par référendum local, la mise sur pied de commissions de transparence en matière d'attribution des places en crèche et de propositions d'attribution de logements sociaux, c'est toute une panoplie d'outils nouveaux qui vient étoffer la mairie d'arrondissement. Cette dernière gagne en épaisseur, en visibilité et « descend » sur son territoire. D'autres expériences et dispositifs, non prévus par le législateur, se développent sur le registre, et sous le label, de

---

8. La loi prévoit dans chaque arrondissement la création d'un CICA qui réunit les représentants des associations locales qui en font la demande, le CICA devant participer, au moins une fois par trimestre, aux débats du conseil d'arrondissement. Ses membres ont voix consultative et peuvent exposer toute question et proposer toute initiative intéressant leur domaine d'activité dans l'arrondissement (article L2511-24 du CGCT). Fort limité dans sa définition même et compte tenu de l'absence de ressources et compétences de l'arrondissement, ce dispositif de « participation » des associations aux affaires locales s'est révélé être un échec.

la démocratie participative, portées par des maires de gauche : forum des associations dans le 18ᵉ à Paris, conseils de quartier dans le 19ᵉ, puis dans le 10ᵉ à Paris, dans le 8ᵉ à Lyon. À Marseille, G. Hermier, maire communiste nouvellement élu, met en place des CICA de quartier, déclinaison territoriale du dispositif créé par la loi.

Les maires d'opposition s'efforcent aussi de se doter d'outils de communication propres, les possibilités offertes par le journal municipal étant souvent restreintes. Bulletins d'information relatifs à la vie associative et journaux édités par les mairies d'arrondissement se multiplient : *La Gazette du 20ᵉ*, *Le Journal du 18ᵉ*, *Bastille Nation République*, publications des mairies des 20ᵉ, 18ᵉ et 11ᵉ à Paris, ou encore *Quartiers Nord*, journal de la mairie des 15-16 à Marseille qui s'est aussi dotée de son propre logo… Autant d'espaces où les élus locaux donnent à voir l'action de la mairie mais aussi la vie de l'arrondissement ou du secteur, et cultivent ainsi une certaine identité du territoire, voire participent à sa construction.

Mais ces initiatives ne reçoivent pas l'approbation des mairies centrales, celles-ci se faisant fort de rappeler les maires à l'ordre quant aux possibilités que leur confère la loi PML. Le nouveau maire de Paris, J. Tibéri, s'oppose à la création de conseils de quartier par M. Charzat, arguant du fait que l'arrondissement n'est pas une collectivité locale et

CARTE 12.1
Les vingt arrondissements de Paris

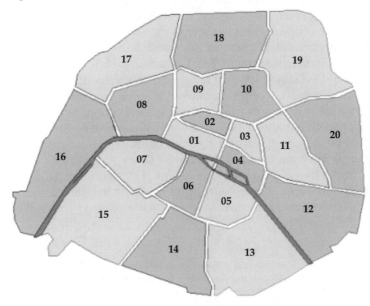

CARTE 12.2

Les huit secteurs de Marseille

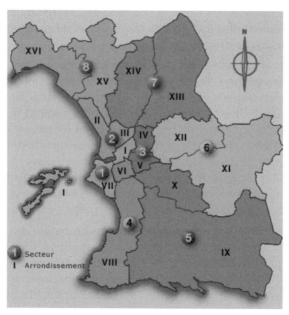

ne peut prétendre pouvoir créer des commissions extra-municipales au même titre que le conseil municipal. Après avoir menacé le maire du 20e d'entamer un recours en justice, il s'est finalement contenté de refuser de reconnaître officiellement l'existence de ces conseils. À Lyon, R. Barre a également contesté la création des conseils de quartier par le maire socialiste du 8e arrondissement, J-L. Touraine. Au-delà des questions juridiques, ce qui est en jeu ici, c'est la capacité des deux niveaux, municipal et infra-municipal, à accéder au citoyen et, plus largement, à construire une proximité qui lui soit propre. Les cas de Lyon et de Marseille sont particulièrement parlants dans la mesure où l'initiative des maires d'arrondissement ou de secteur s'inscrit dans un contexte qui n'est pas vierge, contrairement à Paris où M. Charzat pouvait se positionner en pionnier de la démocratie locale. À Marseille et à Lyon, l'existence ancienne des CIQ et des CIL témoigne d'une conception de la proximité qui remonte à la fin du XIXe siècle[9], fortement ancrée dans le paysage institutionnel et

---

9. Il s'agit alors de regroupements volontaires de citoyens se mobilisant afin de solliciter l'intervention des pouvoirs publics dans l'équipement des quartiers (tout-à-l'égout, voirie communale, éclairage public, électrification, etc.). Pour une histoire détaillée et éclairante des CIL lyonnais, voir Joliveau, 1987.

CARTE 12.3
Les neuf arrondissements de Lyon

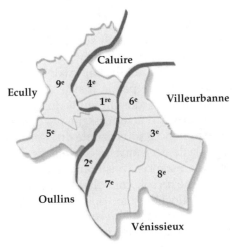

structurant les relations entre la municipalité et la population. La volonté de J-L. Touraine à Lyon ou de G. Hermier à Marseille de créer de nouvelles instances de participation et de représentation des habitants des quartiers traduit bien ce souci d'équiper le territoire avec des relais, des instruments de consultation, de mobilisation qui lui soient propres. En cela, l'échelon infra-municipal vient concurrencer le gouvernement municipal.

Loin de constituer un réel obstacle à l'action des maires de l'opposition, la résistance des mairies centrales, souvent médiatisée, offre à ces derniers une visibilité supplémentaire sur la scène locale. C'est d'ailleurs un des intérêts stratégiques de ce répertoire d'action que d'être difficilement attaquable et fort médiatique. Un maire comme M. Charzat a su capitaliser sur l'intérêt de la presse à l'égard de l'échelon infra-municipal et le susciter, communiquant largement sur sa politique et faisant apparaître le 20e arrondissement comme « le laboratoire de la démocratie locale à Paris[10] ».

---

10. Un an après l'élection de M. Charzat à la tête du 20e, *Libération*, entre autres quotidiens qui ont alors consacré des colonnes aux initiatives menées dans l'arrondissement, titrait « Charzat ou les expériences du labo du 20e » (édition du 05/06/1996). Avec l'arrivée d'édiles de gauche en 1995 à Paris et à Lyon, la figure du maire d'arrondissement devient l'objet régulier de reportages, de séries de portraits individuels qui lui donnent un relief nouveau et entretiennent, tout autant qu'ils reflètent, la visibilité de l'échelon infra-municipal.

Au-delà de cet aspect médiatique, la mise sur pied de dispositifs de participation citoyenne par les maires d'arrondissement de l'opposition présente un double intérêt. Ces dispositifs formels constituent tout d'abord un moyen de recueillir l'avis des acteurs concernés par tel ou tel projet émanant de la mairie centrale et sur lequel le conseil d'arrondissement doit lui-même se prononcer. Ainsi la charte des conseils de quartier du 20ᵉ prévoit-elle que les avis rendus par le conseil d'arrondissement sur les projets qui lui sont soumis par la mairie centrale s'appuient sur la position du conseil de quartier consulté sur le dossier. Notons que, compte tenu du statut des mairies d'arrondissement, il n'est guère pertinent d'appréhender ces expériences sous l'angle de la participation directe des citoyens à un processus de décision : les conseils de quartier, par exemple, sont conçus comme des instances consultatives auprès du conseil d'arrondissement qui a lui-même un rôle consultatif auprès du conseil municipal. La démarche rencontre ainsi des limites fortes (Houk, 1996 ; Blondiaux et Lévêque, 1998). Reste que le travail de commissions ad hoc mises en place au sein des conseils de quartier, ou plus directement auprès du conseil d'arrondissement, permet aux élus locaux non seulement de rendre un avis qui soit éclairé, mais aussi de se poser en force de proposition en améliorant les projets centraux dans un sens qui soit plus conforme à celui des intérêts de l'arrondissement. À cet égard, et d'autant plus du fait de l'absence de services techniques propres à la mairie d'arrondissement, on peut estimer que ces dispositifs contribuent[11] à une meilleure adéquation des projets aux besoins locaux. Les élus d'arrondissement peuvent en effet trouver au sein des conseils de quartier – et y coopter – des expertises locales (associations, professionnels habitant le quartier tels qu'architectes, travailleurs sociaux, etc.), des bonnes volontés aussi, parfois de simples habitants qui, s'investissant ponctuellement dans un dossier, n'en représentent pas moins une aide appréciable (recueil d'information ou d'avis dans le voisinage, comptage de voitures en stationnement, observations *in situ* de comportements d'usagers de l'espace public, etc.).

Par ailleurs, conseils de quartier et autres formes de démocratie participative constituent une source de légitimité pour les maires d'opposition. Au niveau de l'arrondissement tout d'abord, ils renforcent la visibilité et la légitimité de la mairie d'arrondissement dans sa fonction de représentation des habitants et des intérêts locaux. Au sein de l'appareil municipal ensuite, ils donnent aux avis et aux positions du conseil

---

11. Notons que l'avis officiel du conseil d'arrondissement est de plus en plus le résultat d'une activité préalable de consultation informelle et d'échanges menée par les élus d'arrondissement, en relation avec les directions et les adjoints centraux concernés.

d'arrondissement une légitimité que l'on peut qualifier de démocratique, légitimité qui profite directement au maire dans ses relations et négociations avec l'exécutif municipal[12]. Cette légitimité est à rapprocher de celle qui caractérise les appareils locaux, « avant tout fondée sur leur capacité à "savoir" et à satisfaire des besoins [...] vis-à-vis de la population de la commune, c'est la référence à la satisfaction de besoins "légitimes" qui permet de justifier tout projet nouveau et toute augmentation des impôts locaux. Vis-à-vis de l'État central, c'est cette connaissance des besoins qui fonde la légitimité des élus. En d'autres termes, ils sont reconnus parce qu'ils "parlent des besoins sociaux" au nom de leur population » (Lorrain, 1981, p. 16). Si on ne trouve pas, dans le cas des arrondissements, la satisfaction directe des besoins, le parallèle peut être fait entre la légitimité que procure la connaissance des besoins, dont les élus locaux se sentent porteurs vis-à-vis de l'État, et la quête de légitimité des élus d'arrondissement à l'égard de l'exécutif municipal.

L'évolution du positionnement et des répertoires d'action mis en œuvre dans les arrondissements traduit bien, nous semble-t-il, une dynamique de construction institutionnelle. Celle-ci se matérialise dans l'activité de création d'instances, de relais officiels et permanents, par laquelle l'institution émergente occupe, équipe et organise son territoire. Devenant à son tour source de création institutionnelle, l'échelon infra-municipal accède progressivement au rang d'institution à part entière. Ce travail de construction du territoire et de la proximité par la mairie d'arrondissement, qui est avant tout le fait de quelques leaders politiques soucieux d'exister dans l'opposition municipale, participe ainsi d'un processus d'institutionnalisation au sens où l'entend P. Selznick[13] : la proximité « agit », est mobilisée comme une valeur qui donne un sens spécifique à l'action et à l'institution infra-municipales. On assiste de ce fait à une remise en cause de l'existence et du fonctionnement des arrondissements sur le mode de l'indifférenciation par rapport à l'appareil municipal, sur lequel les maires d'arrondissement avaient jusque-là largement construit leurs mandats. C'est à l'aune de cette évolution qu'il convient de considérer à présent le rapport de force que les maires d'opposition vont s'efforcer d'entretenir avec la mairie centrale.

---

12. Sur l'expérience des conseils de quartier du 20e arrondissement, voir Houk (1996), Blondiaux et Levêque (1998), et aussi les rapports 1997, 1998 et 1999 de l'Observatoire de la démocratie locale du 20e.

13. P. Selznick définit l'institutionnalisation comme un processus : « To institutionalize is to infuse with value » (p. 17), dans lequel le leader joue un rôle majeur : « The institutional leader [...] *is primarily an expert in the promotion and protection of values.* » (p. 28).

12.2.2. LA DIFFÉRENCIATION PAR LE RAPPORT DE FORCE AVEC LA MAIRIE CENTRALE

Du fait de leur appartenance à l'opposition municipale, les maires de gauche élus à Paris et à Lyon en 1995 n'ont pas hésité à réclamer une plus grande participation à la gestion des affaires de leur arrondissement, au nom de la légitimité que leur a conférée, sur leur territoire, une majorité d'électeurs. Des actions ponctuelles de « rébellion » avaient émaillé les relations entre les deux échelons au cours de la première mandature en particulier. P. Bas, maire du 6e arrondissement de 1983 à 1995, s'était illustré à ce titre, refusant de voter la dotation attribuée par la mairie centrale ou des projets non conformes aux intérêts de son arrondissement. Mais les actions et réactions des maires d'arrondissement, plus feutrées, faisaient l'objet d'un traitement de couloir, dans les relations bilatérales entre chaque maire et le cabinet de J. Chirac[14]. Un *modus vivendi* s'était alors rapidement instauré, sur la base d'échanges entre les niveaux central et local avant le passage des projets en conseil d'arrondissement, de façon à ce que ce dernier ne soit pas l'occasion d'un règlement de comptes avec la mairie centrale. À partir de 1995, le rapport de force se fait plus visible avec la médiatisation des conflits qui opposent, notamment à Paris, les maires de gauche à la mairie centrale.

Cette évolution se traduit par la construction d'un rapport de force avec la mairie centrale qui se décline sur trois grands axes : la mobilisation des maires d'arrondissement pour une « meilleure application » de la loi ; la résistance aux projets émanant de la mairie centrale ; et la participation des élus d'arrondissement, à titre de représentants du territoire, au sein de dispositifs d'action publique territorialisés.

C'est à Paris que le combat pour une autre lecture de la loi PML prend le plus d'ampleur, porté jusque devant les tribunaux par quelques maires nouvellement élus, au premier rang desquels M. Charzat, R. Madec et G. Sarre, maires des 20e, 19e et 11e arrondissements. Au-delà de la dénonciation de l'inégalité de traitement entre mairies de la majorité et mairies d'opposition, ils vont surtout s'attaquer à l'interprétation du texte, voire à la non-application de certaines de ses dispositions. Cette non-application reposait sur la cohérence politique issue des élections municipales de 1983 et de 1989 et la vassalisation des maires d'arrondissement par le maire de Paris, et avait été orchestrée par J. Chirac avec la complicité des édiles locaux. Par délibération concordante des conseils

---

14. De 1983 à 1995, c'est J. Tibéri, maire du 5e et proche de J. Chirac, qui était chargé des relations avec les maires d'arrondissement.

d'arrondissement et du conseil municipal, les maires élus en 1983 avaient accepté un certain nombre de dérogations concernant le transfert des équipements prévu par la loi ainsi que la péréquation, pour toute la ville, des quotas de logements sociaux (certes maigres) qui leur étaient réservés selon les termes de la loi[15]. Notons que ce « choix » des maires d'arrondissement de ne pas exercer certaines des compétences prévues par la loi n'est pas exempt de toute considération stratégique, au contraire. Pour le logement par exemple, le nombre de logements à attribuer étant alors beaucoup plus restreint que celui sans cesse croissant des demandes, les élus d'arrondissement étaient plus à l'aise de ne pas assumer la gestion des dossiers et surtout de ne pas avoir à répondre par la négative aux familles en attente d'une place.

Trois dispositions de la loi ont ainsi fait l'objet, à Paris, de revendications dans le sens d'une application des textes plus conforme à l'esprit de la loi : l'inventaire des équipements transférés (transfert d'équipements supplémentaires, en particulier dans les domaines de l'animation socioculturelle et du sport), la part des logements sociaux mis à la disposition du maire d'arrondissement pour attribution (transparence sur le nombre de logements disponibles et l'attribution effective du quota réservé aux maires d'arrondissement), et enfin le calcul de la dotation d'arrondissement (meilleure prise en compte des caractéristiques socioprofessionnelles et démographiques de l'arrondissement). Dans tous les cas, le tribunal administratif a tranché dans le sens d'une application de la loi qui soit plus favorable aux arrondissements. Mais l'essentiel n'était pas là : les compétences des arrondissements n'en ont pas été modifiées pour autant, mais les leaders de l'opposition ont pu, en revanche, capitaliser sur ces victoires juridiques pour accroître leur visibilité et leur image politiques.

Les propositions de réforme de la loi qui fleurissent à partir de 1997 relèvent de cette même stratégie. Au-delà de l'objectif affiché d'un accroissement des compétences de l'échelon infra-municipal sur tout ce qui ressort de la vie quotidienne, les projets de réforme déposés par des parlementaires locaux constituent des objets médiatiques de premier plan et, en tant que tels, se suffisent à eux-mêmes. Dans le cas de la loi PML, la multiplication des propositions émanant de tous bords à l'approche

---

15. L'article L2511-20 du CGCT prévoit que la moitié des logements sociaux attribués par le maire de Paris dans l'arrondissement revienne, pour attribution, au maire d'arrondissement. Pour une étude des débuts de la mise en œuvre de la loi PML à Paris, voir Souchon-Zahn (1986), Knapp (1987) et Haddab (1988).

des municipales de 2001 illustre bien ce phénomène. D'autant plus que les projets déposés ne faisaient pas l'objet d'un consensus au sein des différents appareils politiques et avaient peu de chances d'aboutir[16].

Autre forme de différenciation par le rapport de force, la résistance des maires de gauche aux projets émanant de la majorité municipale s'est intensifiée à partir de 1995, en particulier à Paris. Les maires nouvellement élus, membres de l'opposition municipale pour la plupart, s'efforcent dans un premier temps, comme l'ont fait plus discrètement leurs prédécesseurs, de tester les limites de leurs possibilités légales, en jouant sur les procédures prévues par la loi PML. Celles-ci se résument pour l'essentiel à la consultation du conseil d'arrondissement par le conseil municipal sur tout dossier intéressant l'arrondissement. Le conseil municipal n'étant pas lié par l'avis du conseil d'arrondissement, le vote défavorable se révèle vite d'un intérêt limité : celui de signifier publiquement, à l'occasion de la séance du conseil, puis en communiquant aux citoyens et aux associations de l'arrondissement, le désaccord avec la mairie centrale et, surtout, le peu de considération que cette dernière accorde à l'avis de la majorité locale. Le refus ou le report de vote a été mobilisé, dans un premier temps, comme un moyen de protester contre la transmission tardive des projets de délibération à inscrire à l'ordre du jour du conseil d'arrondissement, ou contre l'insuffisance de l'information mise à la disposition des élus locaux à qui l'on demande de se prononcer. L'équipe du 20e arrondissement a, durant les deux premières années de sa mandature, refusé à plusieurs reprises de voter sur des projets de délibération concernant des subventions aux associations. Avec succès, puisqu'elle a obtenu gain de cause sur la communication, aux membres du conseil d'arrondissement, d'un certain nombre de renseignements relatifs à la nature et à l'activité des associations bénéficiaires de subventions municipales. Mais, dans l'ensemble, l'obstruction procédurale n'a été mobilisée qu'occasionnellement et s'est étiolée avec le temps. Aujourd'hui les élus locaux privilégient le vote favorable assorti d'un vœu précisant la position de la majorité de l'arrondissement ou demandant un aménagement du projet en question (réduction du nombre d'étages prévus dans un projet immobilier, modification des programmes de logements sociaux dans les ZAC, programmation d'équipements ou de locaux à usage collectif, demande de rachat par la ville d'une friche industrielle, d'un îlot urbain, etc.).

---

16. La loi de démocratie de proximité du 28/02/2002, qui comporte de menues dispositions concernant la loi PML, ne modifie ni le statut des arrondissements (les projets de réforme déposés précédemment par des élus de gauche proposaient notamment de doter ces derniers de la personnalité morale) ni les compétences qui leur sont attribuées.

En revanche, cherchant à pallier la faiblesse de l'arrondissement face à la mairie centrale, les maires de gauche travaillent à la mobilisation des « forces vives » de leur territoire pour étayer la position officielle du conseil d'arrondissement. Partant du postulat que la majorité municipale peut difficilement ignorer les revendications ou les préférences locales quand elles sont exprimées par un collectif de citoyens-électeurs, les élus de l'opposition cherchent à construire la mobilisation à l'égard d'un projet controversé, soit pour s'en faire les porte-parole et le relais auprès de la mairie centrale, soit pour inciter, de façon « souterraine », la société locale (individus ou associations) à faire pression sur la mairie centrale directement (pétitions, délégations de parents d'élèves à la mairie centrale pour protester contre la fermeture d'une classe par exemple). À cet égard, les conseils de quartier deviennent les instruments qu'utilisent les élus d'arrondissement dans leur rapport de force avec l'exécutif central : le conseil de quartier émet des avis qui viennent légitimer l'opposition de la mairie d'arrondissement à un projet dont les citoyens de l'arrondissement ne veulent pas ; il est en outre un lieu où peuvent s'organiser, sous l'impulsion de la mairie d'arrondissement, des collectifs susceptibles de faire pression sur les autorités centrales.

Un troisième grand répertoire d'action prend de l'ampleur à partir de 1995, qui participe de la dynamique de différenciation de l'échelon infra-municipal. Il s'agit de l'investissement des élus d'arrondissement dans les arènes d'action publique qui s'ouvrent sur leur territoire. Quelle que soit leur couleur politique, les élus locaux se saisissent de cette occasion que représente la territorialisation de l'action publique pour exister dans le paysage municipal. C'est là une caractéristique de l'action publique depuis le début des années 1990 que de reposer sur des politiques publiques conçues pour des territoires ciblés et sur des dispositifs contractuels associant de multiples partenaires (État, région, département, ville, etc.). La politique de la ville est emblématique de cette évolution, dont les différents dispositifs s'appliquent à de nombreux quartiers de Paris, de Marseille et de Lyon[17].

Maires et adjoints d'arrondissement cherchent à s'imposer au sein des instances de pilotage de ces dispositifs comme les représentants légitimes des intérêts des quartiers concernés, au même titre que les adjoints centraux sont les représentants de la municipalité. Compte tenu de leur présence sur le terrain, des relations qu'ils entretiennent au quotidien

---

17. Il s'agit notamment des derniers instruments de la politique de la ville, Développement social urbain (DSU) et Grand projet de ville (GPV), qui consistent à définir des périmètres dans lesquels des actions spécifiques, financées par l'ensemble des partenaires, visent à favoriser le développement et à améliorer le cadre de vie.

avec certaines associations partenaires de l'action publique, de leur connaissance des réalités locales, ils parviennent sans trop de difficultés à travailler avec les comités de pilotage DSU, par exemple. Plus récemment, la politique nationale de contractualisation en matière de sécurité et de prévention a été élaborée sur la base d'une déclinaison des contrats locaux de sécurité à l'échelle des arrondissements, ce qui a permis aux élus d'arrondissement d'être associés, de façon institutionnelle, à l'élaboration et au suivi du contrat local de sécurité de leur territoire.

Mais les élus d'arrondissement qui cherchent à se poser en référents municipaux sur leur territoire, à la fois vis-à-vis de la mairie centrale, des services présents dans l'arrondissement et de la population, se heurtent à une forte résistance de l'appareil municipal. Ainsi, si les autorités municipales reconnaissent formellement que les maires ou les adjoints d'arrondissement ont une place au sein de ces instances, elles tiennent à garder la mainmise sur ce qui s'y passe. À Lyon, la mairie centrale a installé dans le 8e arrondissement, à proximité de la mairie d'arrondissement passée à gauche en 1995, une *Mission 8e*. Chargé de suivre les projets urbains en cours dans l'arrondissement, son responsable se positionne comme l'interlocuteur principal des différents acteurs agissant sur le terrain dans le domaine de l'urbanisme, y compris pour les actions de la politique de la ville. Ce faisant, il entretient une forme de concurrence entre les niveaux central et local sur deux plans : d'une part, il empêche les élus d'arrondissement de se poser en intermédiaires entre la municipalité et les acteurs du terrain ; d'autre part, il préserve l'accès de la mairie centrale aux informations émanant du terrain. Enfin, sa présence dans l'arrondissement lui permet d'exercer une forme de contrôle rapproché sur l'action des élus d'arrondissement. Notons qu'un même dispositif a été prévu dans le 9e arrondissement qui est aussi passé dans l'opposition municipale en 1995.

Les différents répertoires d'action évoqués ici, qui sont mis en œuvre à partir de 1995 par les maires de l'opposition mais dans lesquels les maires de la majorité ne manquent pas de s'engager petit à petit, alimentent une dynamique de différenciation de l'échelon infra-municipal par rapport à la mairie centrale. À travers l'activité de construction de l'institution par le territoire et du territoire par l'institution, on assiste à l'affirmation de l'échelon infra-municipal comme entité à part entière – que l'on ne peut cependant pas qualifier d'autonome dans la mesure où elle reste dépendante de la mairie centrale pour ce qui est de ses ressources financières et des décisions concernant son territoire. Cette affirmation conduit au développement d'une forme de concurrence entre l'échelon infra-municipal et le niveau central, concurrence non pas tant pour le pouvoir de décision – qui reste de la compétence de la mairie centrale –

que pour la présence sur le terrain et l'accès direct au citoyen. La proximité, parce que la mairie d'arrondissement se l'approprie et se construit à travers elle, devient ainsi un enjeu de la différenciation entre les deux échelons territoriaux.

CONCLUSION

Dans notre analyse de la mise en œuvre de la loi PML, nous avons abordé la question de l'émergence d'une institution nouvelle, des formes et répertoires d'action sur lesquels elle se construit progressivement, des dynamiques qui structurent son positionnement, etc. Or, une telle approche ne peut oublier que cette institution s'inscrit, et parfois s'impose, dans un environnement existant, environnement qui façonne l'institution émergente, mais aussi réagit en retour, s'ajuste à l'existence et au comportement de cette institution.

Dans le cas des arrondissements, des formes de reconnaissance institutionnelle sont d'ores et déjà repérables, qui viennent de l'environnement dans lequel s'affirme l'échelon infra-municipal, en réaction à l'évolution récente de son positionnement. Les signes sont particulièrement visibles d'un ajustement des comportements et du fonctionnement de l'échelon central dans le sens d'une prise en compte et d'une reconnaissance de l'existence institutionnelle des mairies d'arrondissement.

Dans les trois villes, les maires d'arrondissement sont associés, plus en amont et de façon plus systématique qu'auparavant, à l'élaboration des projets municipaux qui intéressent leur territoire. Cette association se fait, par exemple, au sein de commissions mises en place par la mairie centrale, ponctuelles ou thématiques, pour des projets d'urbanisme (habitat, tramway, etc.) ou des politiques publiques sectorielles (sécurité, transports urbains, etc.). Certains aménagements formels sont prévus pour améliorer la communication et l'articulation entre les échelons central et local. C'est notamment le cas à Lyon où R. Barre a, dès son accession à la mairie, confié à son premier adjoint une réflexion sur cette question. Le « Rapport Philip », résultat de cette réflexion, a ainsi préconisé une nouvelle procédure d'élaboration des projets de délibération du conseil municipal qui associe le maire d'arrondissement et son équipe en amont, avant la présentation officielle au conseil d'arrondissement pour avis ; autre aménagement issu de ce rapport, la possibilité donnée aux adjoints d'arrondissement (qui sont en général des conseillers d'arrondissement et qui n'ont donc pas d'accès direct à l'exécutif central) de participer, sans droit de vote, aux commissions municipales couvrant le champ de leur délégation. À cet égard, l'affirmation des maires d'arrondissement à partir de 1995 a indéniablement provoqué une ouverture des systèmes de gouvernement municipal en place et les a conduits à intégrer davantage certaines réalités locales et les demandes de la population.

Les services administratifs centraux en charge des mairies d'arrondissement, la Direction des mairies d'arrondissement à Lyon et le Bureau des mairies d'arrondissement au sein de la Direction de la vie locale et régionale à Paris, s'étoffent progressivement, à l'exception du cas marseillais, où c'est une cellule de coordination directement rattachée au cabinet du maire (composée de deux personnes à l'époque de notre enquête) qui assure la coordination des mairies de secteur. Centrés à l'origine sur le fonctionnement administratif des mairies, l'accueil au public et la consultation des conseils d'arrondissement, ils deviennent progressivement des intermédiaires entre les sphères politiques centrale et locale, et jouent parfois le rôle non seulement d'informateurs mais aussi d'amortisseurs dans des dossiers sensibles ou polémiques.

Ainsi que nous l'avons vu précédemment, certaines politiques contractuelles comportent une déclinaison territoriale qui place l'arrondissement et ses représentants en position d'interlocuteur légitime (contrats locaux de sécurité, plans de déplacements urbains par exemple), ce qui témoigne d'une reconnaissance de la part d'acteurs institutionnels autres que la mairie centrale.

Enfin, la reconnaissance institutionnelle de l'échelon infra-municipal se matérialise – tout autant qu'elle est alimentée – par l'émergence de l'arrondissement comme une scène politique à part entière : sans aller jusqu'à dire que celui-ci s'autonomise de la scène politique municipale, certains comportements récents attestent du fait que l'arrondissement est plus qu'un simple point de passage dans des carrières politiques visant des mandats plus importants (Houk, 2001). À Marseille, lors des élections municipales de 2001, quatre maires sortants ont eux-mêmes conduit les listes de la majorité municipale puis retrouvé leur fauteuil en mairie de secteur. À Paris, pour la première fois, des maires d'arrondissement sortants ont présenté des listes dissidentes face aux listes officielles d'union de la droite. Ainsi, le maire du 15e, R. Galy-Dejean, a-t-il refusé de laisser la tête de liste au député E. Balladur, une nouvelle fois désigné par les appareils politiques RPR-UDF pour conduire la liste du 15e, pour jouer enfin sa carte personnelle, avec succès. À Lyon, c'est un maire d'arrondissement, G. Collomb, maire socialiste du 9e arrondissement de 1995 à 2001, qui a été porté à la tête du conseil municipal. Sans sous-estimer les effets de la conjoncture politique locale, et notamment des dissensions et ruptures au sein de la droite lyonnaise ou parisienne, il nous semble que ces évolutions sont également à mettre au compte de l'affirmation de l'échelon infra-municipal au sein du gouvernement municipal des trois villes.

Tous ces éléments témoignent d'un processus d'institutionnalisation qui, s'il n'est pas achevé, est maintenant suffisamment avancé pour
que les mairies d'arrondissement constituent aujourd'hui plus qu'une
simple composante des gouvernements municipaux de Paris, de Marseille
et de Lyon. Ils illustrent en outre les enjeux de la gestion de la proximité,
notamment dans des collectivités de grande taille comme les trois villes
étudiées ici, mais aussi dans les nouvelles formes de coopération intercommunale que sont les communautés d'agglomération et les communautés urbaines. La question se pose de l'articulation des différents
niveaux de représentation politique et de compétences territoriales.
L'élection au suffrage universel des assemblées intercommunales ou
l'attribution de compétences aux mairies d'arrondissement en matière de
gestion de proximité reviennent régulièrement dans le débat public.
Généralement écartées, ces propositions sont toujours l'occasion d'aborder la « nécessaire » mise en cohérence de constructions institutionnelles
qui sont venues s'ajouter successivement les unes aux autres. Plus largement, ce débat s'inscrit dans le renouveau des thématiques relatives à la
démocratie locale et des pratiques de participation citoyenne. Dans les
trois villes étudiées, l'affirmation de l'échelon infra-municipal a indéniablement conduit le gouvernement municipal à reconsidérer sa définition
de la proximité, son mode de relation à la société urbaine. Dans le cas de
Paris, les initiatives prises par les maires de gauche à partir de 1995 en
matière de démocratie participative ont encouragé, si ce n'est à certains
égards provoqué, une ouverture de l'appareil municipal à de nouvelles
pratiques de consultation et de concertation, notamment dans le domaine
de l'urbanisme. Cette évolution s'inscrit certes dans une transformation
plus générale des pratiques politiques et de l'action publique dans le sens
d'une plus grande participation du citoyen, mais elle a été fortement
alimentée par le positionnement des maires de l'opposition. À Marseille
et à Lyon, où la mairie centrale s'appuyait de longue date sur un tissu
de comités de quartier, l'activité des élus d'arrondissement participe d'un
renouvellement certain des cadres aussi bien que des acteurs qui, au sein
des communautés locales, sont considérés comme légitimes dans la pratique de la concertation locale. À cet égard, les élus d'arrondissement ont,
dans ces trois villes, un rôle à jouer dans une possible restauration de la
participation du citoyen en tant que membre d'une communauté politique et non simple usager de services urbains. D'autant que dans le
renforcement du lien entre les entités de gouvernement municipal et la
société civile, c'est aussi le renouvellement de la légitimité politique qui
est en jeu.

BIBLIOGRAPHIE

BAGNASCO, A. et P. LE GALÈS (dir.) (1997). *Villes en Europe*, Paris, La Découverte.

BARAIZE, F. et E. NÉGRIER (dir.) (2001). *L'invention politique de l'agglomération*, Paris, L'Harmattan.

BLONDIAUX, L. (1999). « Représenter, délibérer ou gouverner ? Les assises politiques fragiles de la démocratie participative de quartier », dans L. Blondiaux *et al.*, *La démocratie locale, Représentation, participation et espace public*, Paris, Presses universitaires de France, p. 367-404.

BLONDIAUX, L. et S. LEVÊQUE (1998). « La politique locale à l'épreuve de la démocratie : les formes paradoxales de la démocratie participative dans le 20e arrondissement », dans C. Neveu (dir.), *Citoyenneté et territoire*, Paris, L'Harmattan.

BORRAZ, O. (1995). « Politique, société et administration : les adjoints au maire à Besançon », *Sociologie du travail*, vol. 37, n° 2, p. 221-248.

BORRAZ, O. (1996). *Gouverner une ville. Besançon 1959-1989*, Rennes, Presses universitaires de Rennes.

CAILLOSSE, J. (dir.) (1994). *Intercommunalités*, Rennes, Presses universitaires de Rennes.

DELCAMP, A. et J. LOUGHLIN (dir.) (2002). *La décentralisation dans les États de l'Union européenne*, Paris, La Documentation française.

DI MAGGIO, P.J. et W.W. POWELL (1983). « The Iron Cage Revisited : Institutional Isomorphism and Collective Rationality in Organizational Fields », *American Sociological Review*, n° 47, p. 147-160.

GARRAUD, P. (1989). *Profession : Homme politique – La carrière politique des maires urbains*, Paris, L'Harmattan.

HADDAB, K. (1988). « L'application de la loi PML à Paris ou le centralisme à l'échelon d'arrondissement », *Annuaire des collectivités locales*, Paris, Litec, p. 67-84.

HOUK, M. (1996). *Les conseils de quartier du 20e, une expérience de démocratie locale*, mémoire de DEA de Sociologie, Institut d'études politiques, Paris.

HOUK, M. (2001). « Vers une décentralisation municipale à Paris ? », *Esprit*, n° 6, p. 193-200.

JOANA, J. (dir.) (2000). *Qui gouverne les villes ? Pôle Sud*, n° 13.

JOLIVEAU, T. (1987). *Associations d'habitants et urbanisation – L'exemple lyonnais 1880-1983*, mémoire et documents de géographie, Paris, Éditions du CNRS.

JOUVE, B. et C. LEFÈVRE (dir.) (2002). *Métropoles ingouvernables*, Paris, Elsevier.

KNAPP, A. (1987). « Le système politico-administratif local parisien : 1977-1987 », *Annuaire des collectivités locales*, p. 65-90.

LORRAIN, D. (1981). À *quoi servent les mairies ? La gestion municipale ou la régulation au quotidien*, Paris, rapport de recherche pour la Fondation des villes.

LORRAIN, D. (1991). « De l'administration républicaine au gouvernement urbain », *Sociologie du travail*, vol. XXXI, n° 4, p. 461-483.

LOUGHLIN, J. (dir.) (2001). *Subnational Democracy in the European Union. Challenges and Opportunities*, Oxford, Oxford University Press.

MATTINA, C. (2001). « Des médiateurs locaux : les présidents des CIQ autour de la rue de la République », dans A. Donzel (dir.), *Métropolisation, gouvernance et citoyenneté dans la région urbaine marseillaise*, Paris, Maisonneuve et Larose, p. 269-291.

MEYER, J.W. et B. ROWAN (1977). « Institutionalized Organizations : Formal Structure as Myth and Ceremony », *American Journal of Sociology*, n° 83, p. 340-363.

NAY, O. (1997). *La région, une institution*, Paris, L'Harmattan.

NÉGRIER, E. et B. JOUVE (dir.) (1998). *Que gouvernent les régions d'Europe ?* Paris, L'Harmattan.

OBSERVATOIRE DE LA DÉMOCRATIE LOCALE DU 20ᵉ. Rapports 1997, 1998 et 1999.

OLIVE, M. (1997). « L'organisation administrative de Paris, Lyon et Marseille : mise en œuvre d'une réforme institutionnelle. Le cas de Marseille », dans D. Gaxie (dir.), *Luttes d'institutions – Enjeux et contradictions de l'administration territoriale*, Paris, L'Harmattan, p. 195-232.

SAVITCH, H. et P. KANTOR (2002). *Cities in the International Marketplace. The Political Economy of Urban Development in North America and Western Europe*, Princeton, Princeton University Press.

SELLERS, J.M. (2002). *Governing from below, Urban Regions and the Global Economy*, Cambridge, Cambridge University Press.

SELZNICK, P. (1984). *Leadership in Administration*, Berkeley, University of California Press.

SOUCHON-ZAHN, M.F. (1986). « L'administration de la Ville de Paris depuis 1983 », *Revue française d'administration publique*, n° 40, p. 677-707.

CONCLUSION

DÉMOCRATIES MÉTROPOLITAINES
DE LA GRANDE TRANSFORMATION
À LA GRANDE ILLUSION ?

Bernard Jouve

Le XXe siècle a reposé sur un ensemble de principes essentiels touchant l'organisation politique des sociétés modernes occidentales. En effet, il a longtemps été inconcevable de penser le politique en dehors de l'État, de ses institutions et de son territoire contrôlé par un ensemble de frontières et d'instruments normatifs. Aussi bien les sciences sociales que la sphère du politique retenaient comme unité d'analyse et d'action ce triptyque État–société–territoire. Il ne pouvait y avoir de société que nationale, régulée par l'État sur un territoire borné. Le régime de légitimité dominant dans les États occidentaux posait la primauté de la démocratie représentative sur toute autre pratique démocratique alternative, comme la démocratie participative ou la démocratie délibérative. C'est parce que

1. Je tiens à remercier chaleureusement, outre P. Booth, F. Bardet, O. Borraz, J.-A. Boudreau, A.G. Gagnon, P. Hamel, P. Le Galès, D. Latouche, C. Lefèvre et E. Négrier, H. Savitch et M. Zepf pour leurs commentaires, comme toujours très pertinents, sur la première version de ce texte.

les institutions nationales (en premier lieu, les instances législatives ou exécutives et les administrations censées refléter, sans aucune interférence, les orientations et les choix établis par le politique) bénéficiaient de la légitimité conférée par l'élection au suffrage universel qu'elles pouvaient élaborer et appliquer des politiques publiques répondant aux « besoins » de leurs mandants, au nom de l'intérêt général, y compris en faisant usage de la coercition. Ce modèle politique a semble-t-il vécu, du moins n'est-il plus aussi dominant que dans un passé très proche.

Dès le milieu des années 1970, les premiers signes d'essoufflement de ce mode d'organisation du politique stato-centré ont été identifiés. Dans un rapport passé à la postérité, M. Crozier, S. Huntington et J. Watanuki évoquaient alors une « crise des démocraties » occidentales qui s'exprimait essentiellement dans l'incapacité des États à faire face à l'ensemble des demandes sociales qui leur étaient transmises. La « surcharge » de l'appareil d'État engendrait une incapacité d'action et, de ce fait, une remise en question de sa légitimité fonctionnelle (Crozier *et al.*, 1975). Dans les années 1980, sur fond de « révolution conservatrice » aux États-Unis et en Grande-Bretagne, cette thématique de la « crise » disparaît un temps de l'agenda. Le recours à des recettes libérales reposant sur la déréglementation et la privatisation explique en partie cette évolution.

Ce n'est qu'au milieu des années 1990 que l'on évoque à nouveau une « crise des démocraties modernes » occasionnée par la globalisation, la recomposition des États et des transformations sociologiques majeures. La terminologie change également. La « crise des démocraties modernes » se transforme en « crise de gouvernabilité » nécessitant de nouveaux outils de gouvernance (Kooiman, 1993). Ce changement sémantique permet d'insister sur le fait que la « crise » ne s'exprime pas uniquement comme une « surcharge » de l'appareil d'État, mais plus fondamentalement comme une double remise en cause, d'une part, des conditions mêmes de production des politiques publiques et, d'autre part, de la légitimité de la puissance publique. Dans les faits, les dynamiques alimentant cette double remise en cause se sédimentent depuis les années 1960. On peut notamment évoquer :

– la remise en question d'un mode d'exercice du politique reposant sur la domination (Mayer, 2000) ;

– la primauté des partis politiques en tant qu'instances agrégeant les préférences des individus et la remise en question des affiliations partisanes et des fidélités électorales (Pharr et Putnam, 2000) ;

– la critique d'un mode d'agrégation des préférences basé sur la légitimité légale-rationnelle monopolisée par l'État et ses administrations (Habermas, 1997) ;

- le procès d'une représentation libérale de l'État moderne, ouvert en théorie à l'ensemble des revendications de la société civile. La critique la plus virulente de cette représentation a été portée par des auteurs marxistes liant la crise de l'État aux transformations du capitalisme (Brunhoff et Poulantzas, 1976);

- la confiance même dans la capacité du politique à traiter de l'ensemble des problèmes des sociétés modernes et l'émergence d'une société civile de plus en plus revendicatrice en matière d'organisation du pouvoir (Keane, 1998);

- la fragmentation des systèmes décisionnels à la suite de la modification de la structure interne des États du fait des réformes décentralisatrices, des dynamiques fédéralistes (Loughlin, 2001);

- la contestation d'un mode décisionnel reposant sur la représentation politique (donc sur la centralité du personnel politique élu) et sur la primauté de l'expertise scientifique détenue par des administrations se réfugiant derrière leur monopole de la Raison (Callon *et al.*, 2001);

- l'émergence de nouvelles problématiques (environnement, exclusion, intégration, etc.) qui ne se prêtent plus à un traitement par des politiques sectorielles, mais qui nécessitent une intégration des approches, la recherche de synergies entre institutions dont les logiques d'action, les cultures, les temporalités ne se recoupent pas (Duran et Thoenig, 1996);

- la consolidation de nouveaux territoires de mobilisation collective, notamment les métropoles, au sein desquels des mouvements sociaux avaient, dès les années 1970, fait le procès d'une intégration politique «par le haut» (Hamel *et al.*, 2000);

- enfin, la redéfinition de la citoyenneté, dans sa traduction libérale et universaliste, par des groupes sociaux revendiquant un traitement communautaire permettant, selon eux, de passer outre aux politiques qui, sous couvert de libéralisme politique, reposent sur la discrimination des groupes dominés (en fonction du genre, de la langue, des origines ethniques, des pratiques religieuses, de l'orientation sexuelle, etc.) (Beiner et Norman, 2001).

C'est dans ce contexte général de remise en question d'un modèle stato-centré du politique reposant sur la démocratie représentative, l'expertise scientifique non partagée et une conception universaliste de la citoyenneté que les thèmes de la démocratie locale et de la proximité politique se sont peu à peu imposés à la fois dans le registre du savant et dans celui du politique : le local, saisi dans sa double dimension d'espace physique et politique, (re-)devient le nouveau territoire de référence du politique à partir duquel il serait possible de repenser, d'agir sur la crise de gouvernabilité des sociétés modernes et de résoudre l'ensemble des problématiques évoquées ci-dessus. Cette dynamique n'a pas la même portée selon les contextes politiques nationaux. Aux États-Unis, il s'agit de fait d'un trait majeur de la construction de l'État-nation dans laquelle le «local» est à la fois synonyme de proximité politique, de démocratie efficace et surtout d'institutions alternatives à l'État fédéral. En Europe, par contre, le processus est plus récent. Dans les deux cas, le local est le lieu de dépassement de toutes les contradictions sociales, économiques et politiques. Mythifié, faisant parfois l'objet d'un véritable culte, il a le statut d'instance privilégiée à partir de laquelle il est possible d'assurer la transition entre la «première modernité», qui a consacré la centralité des États dans l'organisation politique et économique des sociétés, et une «seconde modernité» en phase avec la globalisation et solutionnant la crise des institutions (Giddens, 1990 ; Beck, 1992 ; Dubet, 2002).

Plus précisément, les contributions rassemblées ici se sont focalisées sur les métropoles comme nouveaux espaces politiques infra-nationaux. Il ne s'agit pas de nier l'importance que peuvent prendre d'autres territoires comme les régions ou encore le niveau supra-national. Dans le chapitre 1, J. Duchastel et R. Canet ont parfaitement montré l'importance de penser la mutation des démocraties modernes dans un continuum allant du local au global. Le choix de se focaliser sur le niveau métropolitain dans ces trois États s'explique en premier lieu par l'importance démographique qu'a pris le fait urbain à l'échelle planétaire depuis l'après-guerre. Selon l'Organisation des Nations unies, le taux d'urbanisation mondial est passé de 29,8 % en 1950 à 47,2 % en 2000. Ce taux est actuellement de 77,4 % en Amérique du Nord, de 73,4 % en Europe[2]. La poursuite de la transition urbaine dans les pays en développement et les nouvelles formes que revêt l'urbanisation dans les pays développés laissent en effet à penser qu'à moyen terme les problèmes de régulation politique auxquels sont confrontées les autorités publiques se confondront avec ceux des métropoles ou auront pour arènes ces objets territoriaux : exclusion, ségrégation socio-spatiale, immigration, sécurité, environnement, santé, éducation, développement durable, etc.

Pourtant, on éprouve très souvent une gêne à saisir clairement cet objet. Qu'est-ce qui distingue une métropole d'une ville ? Quelle est son unité ? La lecture juridique et institutionnelle est-elle pertinente ? Pas obligatoirement, car les institutions dites métropolitaines sont très généralement en décalage par rapport aux territoires fonctionnels : la Communauté

---

2. http://esa.un.org/unpp consultée le 5 septembre 2003.

métropolitaine de Montréal, la *Greater London Authority*, le Grand Lyon, pour ne citer que ces exemples, sont des institutions qui ne couvrent pas les espaces des flux qui structurent Montréal, Londres ou Lyon. Le Grand Londres, c'est dans la réalité le quart sud-est de la Grande-Bretagne et non l'espace constitué par les trente-deux *boroughs* et la *City* qui composent la *Greater London Authority*. La métropole parisienne se cale sur le territoire de la région Île-de-France. Le territoire fonctionnel de la capitale des Gaules s'étend, non sur les cinquante-cinq communes représentées au sein du Conseil de la communauté urbaine, mais sur 678 municipalités couvrant 8280 km². Le décalage entre la géographie des flux et les institutions métropolitaines est flagrant. L'approche démographique est-elle plus efficace ? Le débat scientifique sur le seuil à partir duquel la ville se transforme en métropole n'est toujours pas tranché, et ne le sera certainement jamais. On peut, avec P. Le Galès, opter pour une approche historique et insister sur le fait que les villes moyennes, en Europe, sont à l'origine de la formation de l'État moderne (Le Galès, 2002), alors que le lien entre les grandes métropoles (Paris, Londres, etc.) et la construction des États-nations est moins avéré. Cependant, cette approche n'est pas adaptée à la situation des « pays neufs » comme le Canada.

Pour délimiter l'objet de recherche, il nous a semblé plus fécond de nous tourner vers une approche économique et sociopolitique. En effet, les métropoles sont les territoires les plus directement affectés par les transformations économiques qui accompagnent la globalisation. C'est en leur sein que le processus de « destruction créatrice » (Schumpeter, 1967) se manifeste avec le plus de force ; remettant en question les équilibres et l'ordre socioéconomique préexistant, occasionnant dans le même temps la création d'opportunités pour certains groupes sociaux et de nouvelles inégalités sociales. De plus, il s'agit des territoires, aux limites géographiques et institutionnelles très floues, où s'opère la redéfinition du politique, la transformation des mécanismes d'agrégation et de différenciation. La « grande ville » a été l'espace privilégié de la modernité sociologique (Simmel, 1989). La « seconde modernité » d'U. Beck (Beck, 1992) se localise actuellement dans les métropoles. Ces dernières représentent les territoires de transformation du contrat social qui lie la sphère du politique à la société civile dans les États modernes. Dans les démocraties occidentales, l'ordre politique a longtemps reposé sur deux grands principes : la centralité des élus, bénéficiant de la légitimité issue de l'élection, et une approche universaliste de la citoyenneté organisée par l'État. Ce sont ces deux grands principes qui sont actuellement remis en question par une double revendication émanant de la société civile : l'ouverture des systèmes décisionnels et la reconnaissance de la différence entre les groupes sociaux, en fonction notamment de leur langue, de leurs origines ethniques, raciales, religieuses, etc. L'objectif de cet ouvrage a été précisément d'analyser cette transformation qui justifie que l'on ne limite pas l'objet empirique à un type de métropole, à une forme institutionnelle ou un niveau territorial particulier. Le processus en cours se développe tout à la fois au sein d'institutions métropolitaines, dans les municipalités et à une échelle infra-municipale, dans les quartiers des métropoles. De ce point de vue, cet ouvrage a reposé sur la double hypothèse que les métropoles ne sont pas des territoires sub-nationaux parmi d'autres, mais que les changements sociopolitiques qui y prennent place touchent aux fondements de l'ordre politique : la primauté des élus politiques et la citoyenneté sur un registre universaliste. Par rapport aux dynamiques qui se développent dans d'autres espaces sub-nationaux (régions, territoires ruraux, etc.), il y a là une différence de nature dans les phénomènes et pas uniquement de degrés dans l'amplitude des processus. Les chapitres de cet ouvrage viennent-ils confirmer globalement ou invalider partiellement cette double hypothèse ? C'est à cette dernière question que répond cette conclusion.

Ainsi, les dynamiques économiques et sociopolitiques peuvent également se situer aux marges, voire en dehors, des institutions métropolitaines, ce qui rend leur traitement plus délicat vu l'absence de prise en charge par des institutions clairement identifiées. Cette inadéquation des territoires institutionnels et de l'espace de « problèmes » n'est d'ailleurs pas synonyme d'incapacité à gouverner. Depuis plusieurs années, les ouvrages relatifs à la gouvernance urbaine ont mis l'accent sur les possibilités de « gouverner autrement » que par des institutions démocratiquement élues, plus précisément à l'intérieur de configurations institutionnelles en réseau, au moyen de partenariats faisant intervenir dans différents territoires des acteurs aux statuts variés (Le Galès, 1998 ; Leresche, 2001). Ce n'est pas tant la gestion politique « à la marge » des institutions qui pose problème, que la question de la participation des « habitants-citoyens » dans ces nouvelles arènes de politiques publiques qui peuvent avoir le mérite de l'efficacité, mais qui doivent faire face à un déficit de légitimité démocratique.

L'objet « métropole » – également saisi par d'autres termes comme « régions urbaines », « villes-régions » (Pumain, 1993) – n'est donc pas appréhendable suivant un ensemble de variables géographiques, institutionnelles ou démographiques prédéfinies. C'est ce qui le distingue en grande partie de « l'urbain ». La construction méthodologique de l'objet fait problème et nécessite un outillage adapté (Moriconi-Ebrard, 1993 ; Jaccoud *et al.*, 1996). Ici, cet « objet métropole » se déduit du rapport particulièrement prégnant de certaines villes à la globalisation et du fait que ces villes sont en même temps les espaces au sein desquels se transforme l'ordre politique par la remise en question de la centralité des élus, l'aspiration à des formes de décision reposant sur la participation politique et la remise en question d'un régime de citoyenneté de type universaliste. Il ne s'agit donc pas uniquement des « villes globales », ou des « villes-régions globales » chères à S. Sassen et A. J. Scott (Sassen, 1996 ; Scott, 2001) qui se focalisent sur les ensembles urbains au sommet de la hiérarchie mondiale en matière de population, de centralisation des fonctions de direction, etc. On défend ici la thèse que cette double dynamique d'intégration des métropoles dans le système-monde et de remise en question des bases de l'ordre politique touche également des espaces moins « centraux » a priori. Ce choix méthodologique explique pourquoi cet ouvrage a été constitué de chapitres traitant d'espaces et d'institutions très différents. Ce sont les processus de transformation du rapport entre la société civile et la sphère du politique qui définissent les métropoles, non des institutions, un niveau territorial, un seuil démographique donnés.

Il ne s'agit pas d'aborder la démocratie au sein de ces espaces dans une perspective enchantée, voire romantique, qui nierait l'existence d'une structuration des sociétés modernes encore et toujours caractérisée par l'asymétrie des ressources et la puissance des mécanismes d'exclusion et de domination entre groupes. Les métropoles sont au contraire les territoires dans lesquels les nouvelles formes de pauvreté se manifestent avec le plus de force (Musterd et Ostendorf, 1998 ; Schnapper, 2001 ; Paugam, 2002). Les mécanismes d'exclusion socioéconomique actuels ne se limitent plus uniquement à la division sociale du travail au sein des rapports de production. Ils se greffent en effet sur une problématique plus vaste qui touche à l'existence même du lien social entre les groupes sociaux faisant partie du système productif et les groupes qui en sont exclus. Plus fondamentalement, la « nouvelle question urbaine » (Donzelot, 1999) voit se combiner l'exclusion du système productif et la désaffiliation par rapport au système politique : les deux processus produisant les effets les plus négatifs lorsqu'ils affectent des groupes raciaux particuliers ou issus de l'immigration (Verba *et al.*, 1995 ; Body-Gendrot et Martiniello, 2000). C'est ici que la question de l'exercice de la démocratie au sein des métropoles prend toute sa valeur. Les pratiques démocratiques au sein de ces territoires permettent-elles une réaffiliation politique des groupes les plus désavantagés ? Alimentent-elles une transformation du rapport à la politique qui cesserait d'être organisé sur le principe de la représentation et la primauté du territoire municipal ? Est-il possible de constituer le niveau métropolitain, et non plus municipal, comme l'espace dans lequel s'opérerait cette transition ? Quelle est la portée de l'ouverture des systèmes décisionnels à de nouveaux acteurs (sociaux, communautaires, économiques)? Dans la pluralisation des « régimes urbains », quel est le sens de la réorganisation des relations entre les acteurs métropolitains et l'État? Une citoyenneté métropolitaine est-elle en train de se construire? Sur la base de quel modèle: universaliste-républicain ou communautarien? C'est à cet ensemble de questions que cet ouvrage entendait apporter des éléments de réponse en insistant sur les dynamiques de convergence et de divergence entre les métropoles britanniques, canadiennes et françaises.

LA DÉMOCRATIE PARTICIPATIVE ET DÉLIBÉRATIVE COMME REMÈDE POLITIQUE ET PRINCIPE GESTIONNAIRE

On aurait tort de considérer que la « crise politique » affecte l'ensemble du politique, entendu comme un système intégrant à la fois des éléments idéologiques, des institutions, des acteurs spécialisés – les élus politiques – et des citoyens (Norris, 1999). Au sein des sociétés occidentales, il y a en effet consensus sur les valeurs que représente la démocratie. Par contre, les institutions et les acteurs censés traduire ces valeurs en actes sont sujets à caution: les partis politiques et les élus cristallisant, à des degrés divers selon les États, le plus de mécontentement (Pharr et Putnam, 2000; Putnam, 2002). C'est dans ce contexte que le recours à la démocratie participative et à la démocratie délibérative dans les villes est largement envisagé comme la solution au problème de défiance par rapport au politique. Pour aller à l'essentiel, ce registre est censé constituer la matrice à partir de laquelle on peut refonder le lien entre la sphère du politique et la société civile sur de nouvelles bases et sur de nouveaux registres démocratiques. Par essence, le local semble tourner le dos à la démocratie représentative pour lui préférer la démocratie participative et délibérative. Dans une perspective inspirée directement des travaux de A. de Tocqueville (de Tocqueville, 1842), la démocratie participative organisée au niveau local, même s'il convient de noter qu'elle véhicule des représentations, des discours très différents selon les États et les métropoles (Boudreau, 2003), est ainsi appelée au chevet des démocraties modernes pour reconstruire un ordre politique en pleine transition.

Il est vrai que la démocratie locale, fondée sur le principe de la participation et non plus uniquement sur celui de la représentation politique, est supposée développer un sentiment d'appartenance à une communauté, l'engagement, la générosité, le sens de la moralité, l'intérêt pour les affaires publiques, le dépassement des intérêts individuels, etc., autant de vertus et de « compétences civiques » qui distinguent la démocratie représentative de la démocratie participative (Elkin et Soltan, 1999). De plus, à l'heure où la place de l'État est de plus en plus contestée dans la régulation des sociétés modernes, on redécouvre la portée des travaux de J.S. Mill sur la démocratie locale aux États-Unis. Dans son ouvrage *Sur la liberté*, J.S. Mill énonce que l'État ne doit pas interférer dans les décisions des citoyens qui sont les plus à même d'établir des choix conformes à leurs attentes et à leurs préférences (Mill, 1859). On sait pourtant que cette vision enchantée de la démocratie locale résiste mal à l'épreuve des faits, y compris aux États-Unis dans les petites villes de la Nouvelle Angleterre (Mansbridge, 1980; Bryan, 1999). Dans ce pays, plusieurs auteurs ont même noté un désengagement civique et politique, considéré comme alarmant du point de vue du fonctionnement général de la société (Skocpol et Fiorina, 1999; Putnam, 2000). Dans de nombreuses démocraties occidentales, c'est justement cette déliquescence du rapport au politique qu'il s'agit d'éviter.

Aussi, avant qu'il ne soit trop tard et que ces démocraties ne soient touchées par le « syndrome du Bowling[3] », le local devient pour beaucoup l'espace à partir duquel on peut renouveler la politique, rebâtir un système politique efficace en mobilisant la société civile pour des problèmes collectifs. Avec la nomination en France de J.-P. Raffarin comme premier ministre en 2002, la proximité est devenue le thème central sur lequel l'État est appelé à se refonder. Dès 1997, l'arrivée au pouvoir du *New Labour* avait également largement été appuyée par un discours mettant de l'avant la nécessité de redéfinir la place des citoyens dans la conduite des politiques publiques, tout en étant méfiant par rapport aux élus locaux. Plus généralement, comme l'a montré G. Dabinett dans le chapitre 3, les procédures retenues pour élaborer et appliquer les politiques urbaines en Grande-Bretagne ont clairement reposé sur ce principe de proximité et de

---

3. On fait référence ici à la fois aux travaux de R. Putnam et à l'œuvre cinématographique de M. Moore. Dans ses écrits sur la diminution de l'engagement civique au sein de la société civile aux États-Unis, R. Putnam se sert du bowling comme d'un prisme d'analyse particulièrement pertinent. Longtemps considéré comme une véritable institution assurant la construction du « capital social », le bowling, selon les enquêtes de cet auteur, a perdu de sa fonction d'intégration sociale, car les individus ne pratiquent plus ce sport en groupe mais seuls. De son côté, M. Moore, dans son film *Bowling for Columbine*, fait référence à l'assassinat de masse perpétré dans une école par deux adolescents en rupture avec le système scolaire et qui, quelques heures avant de commettre l'irréparable et de se suicider, avaient nonchalamment joué ensemble au bowling. C'est ce que nous appellerons ici le « syndrome du Bowling » pour caractériser des sociétés dans lesquelles les liens sociaux s'effritent, les relations communautaires fondées sur des mécanismes de solidarité organique se délitent et la participation politique se désagrège, généralement au détriment en premier lieu des groupes dominés.

participation des habitants. L'élection du Parti libéral au Québec en 2003 est le résultat d'une campagne libérale construite sur une critique de la bureaucratie, du développement d'un appareil gouvernemental jugé pléthorique et sur la nécessité d'opérer une « réingénierie » de l'État québécois en donnant plus de marge de manœuvre à l'entreprise privée.

Ce thème de la participation politique, de la délibération, de la proximité est devenu ainsi un véritable « impératif », notamment dans les politiques urbaines (Blondiaux et Sintomer, 2002). Au-delà du cadre identifié par A. de Tocqueville et J.S. Mill il y a un siècle et demi, deux grandes dynamiques expliquent l'acuité de cette thématique :

- la démocratie participative comme outil d'affranchissement des catégories et groupes sociaux dominés. Mis à part le succès, notamment médiatique, que remporte depuis quelque temps Porto Alegre et son budget participatif (Gret et Sintomer, 2002), c'est une fois de plus aux États-unis que sont posées dès les années 1960 les bases analytiques qui intègrent la démocratie locale participative dans les rapports de force entre groupes sociaux urbains (Kaufman, 1960 ; Pateman, 1970 ; Bachrach et Baratz, 1975). Alimentant la nouvelle gauche aux États-Unis, cette analyse est également déclinée dans un certain nombre de programmes d'action publique (comme l'*Economic Opportunity Act* de 1964, le *Model Cities Program* de 1966 et l'*Urban Renewal Project* de 1968) menés par l'État fédéral à destination de la communauté noire habitant les centres-villes, programmes qui s'inscrivent dans la réalisation de la *Great Society*. Au moyen de mesures ciblant cette communauté spécifique et à travers la thématique du *neighborhood government,* il s'agit de favoriser l'engagement civique dans les quartiers défavorisés et de permettre l'émergence, grâce aux processus d'apprentissage et de socialisation politique rendus possibles par la participation, d'une élite politique issue des groupes défavorisés, tout en contrôlant le processus de sélection pour éviter que cette élite n'adopte des positions jugées trop radicales, voire extrémistes (Hallman, 1974 ; Schoenberg et Rosenbaum, 1982). Appliquée d'abord aux *inner cities* des États-Unis, la « recette » a depuis fait l'objet d'une exportation dans de nombreux États, notamment en Grande-Bretagne et en France (voir les chapitres 3 et 11) ;

- l'importance accordée à l'activité délibérative comme fondement de la légitimité dans les démocraties modernes au sein desquelles la définition du bien commun n'est plus impartie à une institution unique : l'État. C'est initialement à partir de l'approche de l'espace public développée par J. Habermas que s'est structuré un débat

mettant l'accent sur le fait que, dans les démocraties représentatives, la légitimité des élus et des responsables administratifs repose
désormais sur la production d'échanges discursifs sur la définition
du bien commun. Ces échanges, effectués lors d'interactions avec
des citoyens «ordinaires», permettent la confrontation d'une pluralité de points de vue et la remise en question des valeurs dominantes (Habermas, 1997). La délibération impose donc une césure dans
la légitimité de la sphère politique : non plus fondée sur la simple
représentativité générée par l'élection, sur l'agrégation des préférences des individus par le biais de l'élection, elle devient le produit
de la délibération, le résultat de la procédure (Bohman *et al.*, 1997 ;
Macedo, 1999 ; Dryzek, 2002).

Dans ces conditions, les métropoles peuvent-elles être les espaces
de recomposition de l'ordre politique sur un registre plus participatif, à
l'intérieur de nouveaux territoires supra-communaux ? Les conclusions
que l'on peut tirer de la lecture de ce livre laissent pour le moins per-
plexe. Le recours à la participation, à la consultation des «habitants-
citoyens» vient dans les faits renforcer les traits des systèmes politiques,
la centralité des élus. Quels que soient les contextes institutionnels, la
légitimité issue de l'élection reste un des fondements essentiels de l'ordre
politique, ce qui fait écrire à J. Caillosse à propos du cas français : « Aucun
doute n'est permis : des enquêtes publiques au "référendum" communal
en passant par la concertation dans le champ des décisions d'urbanisme,
l'élargissement du public à l'information ou la banalisation de l'action
publique conventionnelle, rien dans l'expression traditionnelle ni dans
les modalités juridiques nouvelles de la démocratie locale ne sort du
registre de la représentation » (Caillosse, 1999, p. 77).

L'affrontement entre les légitimités politiques en présence, celle
issue de la représentation politique et celle portée par les «habitants-
citoyens», tourne bien souvent court, au détriment de ces derniers,
comme l'avaient montré dès le début des années 1980 certains travaux
de chercheurs américains sur la politique fédérale touchant les *inner cities*
(Yates, 1982). Dans le chapitre 9, qui aborde notamment la question des
relations entre les services administratifs et les associations locales,
P. Warin a insisté sur la difficulté de construire un véritable partenariat
du fait de la réticence des agents administratifs en charge de la mise en
œuvre des politiques publiques, réticence qui s'explique par leur crainte
de perdre certaines de leurs prérogatives au profit des acteurs de la
société civile. Le thème de la proximité, de la participation des associations aux politiques publiques apparaît alors pour ce qu'il est, c'est-à-dire

une rhétorique qu'utilisent les agents administratifs locaux et qui cache mal sa finalité « lampédusienne » : tout changer (dans le discours) pour que tout reste inchangé dans la hiérarchie des positions et des rôles.

Surtout, l'institutionnalisation des procédures de concertation conduit immanquablement à l'un des paradoxes largement admis qui limite considérablement la portée réelle de la démocratie participative sur la transformation de l'ordre politique, sa possibilité de remettre en question les valeurs dominantes : l'obligation pour le public invité à la table des délibérations de respecter les règles du jeu imposées et fixées par le politique. De plus, la place de l'expertise dans la médiation rend très délicate toute réelle démocratisation (Blanc, 1999). Le « code génétique » de ces procédures de concertation et de participation visant à renouer le lien entre la société civile et le politique empêche toute expression du conflit. À ce sujet, le chapitre 10, sur le réaménagement d'un espace public à Villeurbanne dans la banlieue de Lyon, a illustré, avec une rare précision, les mécanismes de domination à l'œuvre entre la sphère technico-politique et les « habitants-citoyens ». De plus, la reproduction de l'ordre politique, campé sur la primauté de l'élu et du technicien dans la décision, ne s'opère pas uniquement à l'intérieur de relations de pouvoir plus ou moins raffinées et utilisant des vecteurs plus ou moins sophistiqués comme le respect du droit de l'urbanisme, la production d'études, l'expertise technique, etc. Le cas de Villeurbanne a révélé également le cadre idéologique, au sens gramscien du terme, qui peut structurer les relations entre la population et les élus : même si les enjeux du processus participatif ont été dès le départ très limités et cadrés par ces derniers, même si les moyens d'action de la population ont été des plus minces et même si leurs propositions ont été très généralement jugées irrecevables, les habitants ont considéré positivement l'expérience. L'exemple de Villeurbanne n'épuise bien évidemment pas la réalité, et la mise en œuvre de la politique de la ville à Vaulx-en-Velin, que D. Chabanet a analysée dans le chapitre 11, a démontré également l'importance et la virulence des revendications participatives de certains segments de la société civile. Lorsque la participation politique a pour « cible » des groupes sociaux dominés, le choc des légitimités est des plus violents. Dans ce cas, la démocratie participative censée permettre de renouer le lien entre ce segment précis de la « société civile » et le politique devient contre-productive, car elle alimente la défiance, voire le rejet du politique.

Le thème de la proximité, de la démocratie participative, a fait florès ces dernières années auprès des élus, dans une triple logique managériale, sociale et politique (Baqué et Sintomer, 1999). Néanmoins, l'encadrement du rapport au citoyen par des procédures formelles, des institutions, en limite considérablement « l'impact ». Par rapport aux mouvements sociaux urbains, moins « bornés » par les élus politiques et plus radicaux dans leurs formes et leurs revendications, on est en droit de se demander si la portée de cette démocratie locale « dernière génération » n'est pas avant tout symbolique et ne ressortit pas finalement à un exercice de communication politique. Sans apporter de réponse définitive, on peut cependant poser comme hypothèse que l'institutionnalisation de la démocratie participative ou délibérative dans les politiques urbaines, sous couvert d'un renouveau du rapport au politique et d'une « réingénierie de la gouvernance », conduit finalement à repositionner les élus au centre de la régulation politique et, surtout, à limiter considérablement toute remise en question de l'ordre politique local et des valeurs qui s'y rattachent.

En effet, l'institutionnalisation de la participation démocratique pose comme question fondamentale la délimitation du système d'action. Le rapport de force se construit sur la reconnaissance, par le politique, de certains acteurs dotés du statut fonctionnel de « représentants » de la société civile. Une fois cette question résolue, parce qu'elle conduit ces « représentants » à agir dans le champ du politique et à observer ses normes notamment en matière d'interaction, de hiérarchie des positions (voir le chapitre 10), cette forme de démocratie participative ne laisse que peu de place à la remise en question même, non seulement de cette hiérarchie, mais aussi des valeurs qui structurent les choix collectifs. La démocratie locale, dans sa version institutionnalisée, n'apparaît pas comme la forme d'expression permettant un « procès » des choix collectifs structurés avant tout par le politique. On ne peut à ce titre que souligner le décalage par rapport aux formes d'expression plus radicales des mouvements sociaux urbains qui se traduisent par des résultats plus probants en matière de reformatage du contenu des politiques urbaines. Selon cette hypothèse, convoqués par les élus au banquet de la démocratie métropolitaine institutionnalisée, les acteurs issus de la société civile participeraient ainsi, malgré eux, à la reproduction de l'ordre politique. De là, une contradiction évidente : ce qu'ils gagneraient en légitimité au sein du champ politique n'aurait, semble-t-il, aucune incidence sur la recomposition de la hiérarchie politique, sur leur capacité à peser sur les choix au sein même de ce champ. Le pluralisme politique, à travers l'ouverture formelle des systèmes décisionnels, ne conduirait donc pas nécessairement à une césure dans l'ordre politique et à une évolution d'un gouvernement urbain centré sur les institutions représentatives, et leur personnel élu, vers la gouvernance urbaine dans laquelle la régulation politique s'opérerait à la frontière de ces institutions (Jouve, 2003).

Autre question essentielle qui se trouve posée à la démocratie participative ou délibérative : si les métropoles sont devenues, d'un point de vue fonctionnel, des territoires essentiels dans l'organisation des sociétés modernes, est-il possible d'organiser ces registres démocratiques à cette échelle métropolitaine ? Comment en effet exercer à une échelle métropolitaine une démocratie participative ou délibérative efficace, suivant les principes établis par J. Habermas et ses successeurs, alors qu'elle est déjà si délicate à établir à l'échelle du quartier qui, depuis les années 1970, est considéré comme l'espace le plus adapté, par essence, à la participation, à la délibération (Kotler, 1969) ? Même les plus ardents défenseurs de la thèse de la refondation du lien entre la sphère du politique et la société sur la base de la participation politique en milieu métropolitain ne répondent pas à la question. L'échelle de référence de la démocratie locale, y compris lorsqu'elle se développe en milieu métropolitain, reste le quartier (Berry *et al.*, 1993). Tout changement d'échelle territoriale dans l'organisation de la démocratie locale vers le niveau métropolitain ne semble pouvoir se traduire que par le retour de la représentation politique comme principe d'agrégation des préférences. Y compris à l'heure de la *e*-démocratie, les cénacles restreints de Platon et d'Aristote – qui considéraient que la démocratie ne pouvait se développer efficacement qu'au sein d'instances regroupant au plus 5 040 individus ou dans lesquels la parole d'un individu pouvait être distinctement entendue par l'ensemble des autres participants[4] – constituent les cadres territoriaux et organisationnels indépassables de la démocratie participative. Ce constat ne s'explique pas par une hypothétique logique machiavélique de limitation de la « pratique citoyenne » par des élus locaux agissant en véritables potentats, mais, pour reprendre la démonstration de R.A. Dahl (1998, p. 109), par une simple question d'arithmétique, d'organisation matérielle du débat et d'efficacité : dans une ville de 10 000 habitants à qui l'on donne la possibilité de s'exprimer pendant dix minutes sur une question touchant l'ensemble de la communauté, il faut 200 jours à raison de huit heures par jour d'exposés pour que tous aient pu s'exprimer... cela sans compter la prise de décision.

L'échelon métropolitain est le territoire fonctionnel au sein duquel les enjeux politiques et sociétaux se posent avec le plus d'acuité. Pour autant, les mécanismes de régulation politique qui s'y développent restent centrés sur les principes de la démocratie représentative, c'est-à-dire sur un ordre politique qui s'oppose aux évolutions sociales et politiques les plus actuelles. R.A. Dahl a ainsi établi les bases du paradoxe de la démocratie représentative, qui s'applique parfaitement aux métropoles :

---

4. Cité par Berry *et al.* (1993).

« Plus les unités démocratiques sont petites, plus le potentiel d'expression des citoyens est important et moins le besoin de déléguer la prise de décision est fort. Les capacités de traiter des problèmes importants pour les citoyens augmentent avec la taille des unités démocratiques, de même que le besoin de déléguer la prise de décision à des représentants » (Dahl, 1998, p. 110).

De plus, comme l'a montré A. Latendresse dans le chapitre 7 consacré à Montréal, on aurait tort de considérer que l'exercice de la démocratie participative ou délibérative est un référentiel largement partagé par l'ensemble des habitants d'une métropole. Si Montréal constitue un système territorial fonctionnellement intégré, il ne s'agit pas pour autant d'un territoire politique cohérent. Même après la fusion des vingt-huit municipalités de l'Île de Montréal en 2002, les pratiques démocratiques qui se développent à l'échelle des nouveaux arrondissements sont très différentes dans leur forme et leur contenu. Le poids des « cultures politiques », c'est-à-dire l'ensemble de schèmes affectifs et cognitifs qui affectent « la conduite des individus dans leurs rôles politiques, le contenu de leurs exigences politiques et leurs réponses aux lois » (Almond et Powell, 1967, p. 25), engendre des différences essentielles entre les territoires infra-métropolitains en matière d'exercice de la démocratie locale, y compris après une opération aussi lourde de conséquences sociopolitiques que la fusion des municipalités intervenue à Montréal.

Si ces cultures politiques infra-métropolitaines limitent fortement la possibilité de faire du niveau métropolitain l'espace politique unique de référence, et expliquent largement le mouvement de résistance aux réorganisations politique et administrative (voir les chapitres 6 sur Toronto et 7 sur Montréal), il faut également compter avec les luttes internes entre les élus locaux. La construction du capital politique repose sur ce rapport à la proximité, qui en soi n'est pas un processus nouveau mais qui a pris une plus grande importance ces dernières années au sein des métropoles du fait de la « crise de gouvernabilité » des sociétés modernes. Ces luttes sont d'autant plus visibles lorsqu'elles prennent pour enjeu le contrôle d'institutions infra-métropolitaines. Cela est particulièrement observable dans le chapitre 12 que M. Houk a consacré à la mise en œuvre de la loi de 1982 relative à l'organisation interne de Paris, de Marseille et de Lyon qui a notamment instauré des arrondissements. Si cette loi accordait peu de ressources et de moyens d'action à ces nouvelles institutions, il reste qu'en une vingtaine d'années elles ont attiré vers elles une élite politique qui a construit sa carrière dans une logique d'opposition aux mairies centrales et son entreprise politique sur le renforcement de ces institutions au nom de la proximité. À Montréal, l'opposition à la fusion s'est construite sur le même registre au sein des arrondissements.

Pour autant, les points communs s'arrêtent là. La nature des projets des différents partis et formations politiques portés au pouvoir aux récentes élections municipales explique largement les différences. Les élections municipales de 1995 à Paris et à Lyon ont été marquées par l'élection, dans quelques arrondissements, des partis d'opposition à la majorité occupant la mairie centrale. Les arrondissements détenus par les partis d'opposition se sont alors transformés en contre-pouvoirs par rapport aux mairies centrales, dans une logique de conquête à court terme de ces dernières. À Montréal, c'est une coalition qui a gagné les élections municipales de 2002, dans laquelle les élus de banlieue opposés à la fusion des vingt-huit municipalités de l'Île de Montréal pèsent d'un poids significatif. La logique qui prévaut actuellement au sein du comité exécutif de la nouvelle municipalité repose davantage sur l'autonomisation par rapport à la mairie centrale et à son administration. Chose nouvelle, cette dynamique n'est pas uniquement alimentée par les élus des anciennes municipalités fusionnées du *west island*, comme on le croit souvent. Depuis la fusion, on observe aussi une montée en puissance des revendications autonomistes des élus des arrondissements composant l'ancienne municipalité de Montréal (Léonard et Léveillée, 2003). L'élection du gouvernement libéral de J. Charest au niveau provincial en 2003 et ses engagements à revoir l'organisation territoriale des grandes villes québécoises fusionnées par le Parti québécois renforcent ce processus autonomiste des arrondissements.

Au-delà de ces différences qui tiennent à des éléments de conjoncture politique propre aux métropoles, il existe actuellement un ensemble de limites importantes (cultures politiques infra-métropolitaines, idéologie de la participation, « résistance au changement » des acteurs administratifs, territorialisation des élus locaux prenant appui sur des institutions infra-métropolitaines, décalage entre le principe politique de la démocratie participative et son principe sociologique, etc.) au passage à une démocratie métropolitaine de type participative. Si le politique est appelé à être refondé sur de nouveaux territoires et de nouveaux registres, on voit donc mal comment le niveau métropolitain peut représenter un espace politique surmontant ces contraintes.

LA DÉMOCRATIE MÉTROPOLITAINE COMME INSTRUMENT D'ADAPTATION À LA GLOBALISATION

La possibilité de reconstruire le lien politique – par une transformation des mécanismes de gouvernance dans le sens du pluralisme politique et de la remise en question de la centralité des élus locaux – semble ainsi traversée par un ensemble de contradictions et d'ambiguïtés actuellement indépassables. C'est ce qui rend toute « évaluation » de la démocratie locale et métropolitaine relativement paradoxale : entre les souhaits affichés par les acteurs en présence et leur traduction en actes, le décalage est souvent très marqué (Blondiaux et Lévêque, 1999).

Par contre, il existe une problématique pour laquelle cette double évolution semble, a priori, en passe d'aboutir : celle de l'adaptation des métropoles à la globalisation des échanges et de l'ouverture du champ de la décision en matière de développement économique aux acteurs de la société civile. Les ouvrages relatifs à cette question et à la transformation des lieux centraux sont bien trop abondants pour qu'il soit possible de s'y plonger dans le détail ici (Cox, 1997 ; Johnston *et al.*, 2002 ; Sassen, 2002). À partir des années 1980, il est devenu évident que l'une des transformations majeures du capitalisme après le double choc pétrolier des années 1970 et l'essoufflement du fordisme dans les pays développés concernait le rôle respectif des métropoles et des États. Peu à peu, s'est imposée l'idée que les lieux d'ancrage essentiels du capitalisme ne seraient plus uniquement les États mais également les grandes villes. L'organisation de la puissance publique selon un mode « dual » – aux États les fonctions politiques les plus stratégiques de pilotage de la société, aux villes et aux pouvoirs locaux en général la charge de produire des services collectifs de proximité (Cawson, 1978) – était, à n'en pas douter, dépassée. Depuis une trentaine d'années, cette transformation a conduit à une nouvelle division du travail entre les instances étatiques et les métropoles, la question du développement économique n'étant plus uniquement le monopole de l'État, mais de plus en plus une fonction, une compétence partagée.

Les auteurs se revendiquant d'une lecture marxiste avaient, dès les années 1970, clairement analysé les politiques urbaines sous l'angle de leur fonction dans un régime d'accumulation capitaliste donné : la version la plus orthodoxe de cette analyse conduisit à nier l'existence d'une certaine autonomie du local en subordonnant l'action du politique aux impératifs de la reproduction du capital (Pickvance, 1995). Les tenants d'une lecture libérale ne sont d'ailleurs pas si éloignés d'une telle analyse (Peterson, 1981). Entre ces deux approches qui, malgré leurs divergences idéologiques, partagent un même point de vue sur le degré d'autonomie des villes, beaucoup de travaux insistent davantage sur la spécificité des trajectoires économiques des villes, sur la nature des compromis entre groupes sociaux et élites politiques dans les métropoles ; ces compromis, dans lesquels les rapports de force et la domination ne sont pas absents, ont été formalisés dans la notion de régimes urbains (Lauria, 1997 ; DiGaetano et Klemanski, 1999 ; Savitch et Kantor, 2002).

Ce sont certainement les travaux que l'on range dans l'école de la régulation qui offrent actuellement le cadre analytique le plus étayé quant aux liens entre la transformation du capitalisme et les métropoles. En effet, le capitalisme, identifié à un régime d'accumulation à un moment donné, est continuellement remis en question par ses contradictions, ses tensions et ses antagonismes internes. Il demande, pour se reproduire et se transformer, un ensemble de mécanismes de régulation fondés sur des normes, des lois, des compromis institutionnalisés qui ancrent les conflits sociaux dans des cadres spatio-temporels routinisés, stabilisés (Lipietz, 1996). Les éléments de cette régulation, notamment son ancrage spatial, ne sont cependant pas stables dans le temps : « En raison de son dynamisme, le capitalisme rend continuellement obsolète la base géographique qu'il crée, à partir de laquelle il se reproduit et se développe. Tout particulièrement durant les crises systémiques, les cadres territoriaux hérités peuvent être déstabilisés dans la mesure où le capitalisme transcende les infrastructures socio-spatiales et les systèmes de relations de classe qui ne fournissent plus une base sûre pour une accumulation durable » (Brenner et Theodore, 2002, p. 7). L'État, plus particulièrement l'État-providence de type keynésien, a été durant les Trente Glorieuses l'instance et le territoire central de la régulation. Les transformations récentes du capitalisme ont remis en question cette centralité de l'État dans le processus de régulation. C'est aussi dans ce contexte qu'il faut comprendre la « reterritorialisation du politique ». Les métropoles deviennent les cadres territoriaux dans lesquels s'opère une nouvelle régulation du capitalisme, c'est-à-dire les espaces non seulement vers lesquels les contradictions du capitalisme se déplacent et se territorialisent, mais également au sein desquels de nouveaux compromis doivent être générés. La régulation métropolitaine intègre, enfin, une dimension idéologique – au sens de A. Gramsci – très importante : la vie quotidienne en ville, de même que l'urbanisme et les institutions urbaines deviennent des vecteurs importants dans l'entreprise de légitimation du néolibéralisme (Keil, 2002 ; Kipfer et Keil, 2002).

C'est ce qui ressort très clairement de plusieurs chapitres de cet ouvrage qui ont décrit les mécanismes d'adaptation des politiques et des institutions urbaines à cette nouvelle phase de régulation du capitalisme.

Les réformes qu'ont connues ces dernières années des villes comme Sheffield (voir le chapitre 5), Londres (voir le chapitre 4), Toronto (voir le chapitre 6) et Montréal (voir le chapitre 7) ont eu pour finalité de doter ces métropoles de nouveaux cadres institutionnels en phase avec la transformation du capitalisme. Les formes concrètes de ces dynamiques changent certes d'un État à un autre. En Grande-Bretagne, l'accent a été mis sur la construction de structures partenariales intégrant des acteurs publics et privés. Au Canada, du moins en Ontario et au Québec, on a choisi de fusionner les municipalités. Ces différences s'expliquent par des éléments de contexte politique. À l'heure actuelle, la nature du système institutionnel importe peu finalement. L'objectif est toujours de faire des instances métropolitaines les nouvelles institutions au sein desquelles la légitimation idéologique du néolibéralisme s'opère notamment grâce à l'acceptation par les groupes sociaux des compromis permettant au régime d'accumulation néolibéral de se développer.

De même, l'orientation idéologique des partis de gouvernement représentés au sein des institutions juridiquement compétentes pour conduire ces réformes (l'État britannique et les provinces au Canada) ou au sein des instances métropolitaines n'induit aucune différence. Les élus travaillistes qui dirigent Londres ou Sheffield et qui sont pleinement impliqués dans les multiples quangos (*Quasi-Autonomous Non-Governmental Organisations*) au sein desquelles se construisent les partenariats public–privé, les conservateurs à la tête de l'Ontario qui ont fusionné les municipalités dans la région de Toronto ou encore les sociaux-démocrates du Parti québécois qui ont opté, par la loi 170 de décembre 2000, pour une réforme territoriale de même type dans les principales villes du Québec ont tous le même programme néolibéral. Dans tous les cas, il s'agit d'adapter le cadre institutionnel des métropoles au nouveau régime d'accumulation capitaliste, notamment par la recherche du partenariat avec la société civile, qu'il s'agisse des acteurs économiques, associatifs ou communautaires. Cette conversion des élites locales au néolibéralisme est particulièrement saillante dans le cas britannique : l'actuel maire de Londres, Ken Livingstone, et les élus de Sheffield ont longtemps représenté l'aile la plus orthodoxe et la plus radicale du Parti travailliste avant de se faire les chantres du partenariat avec la « communauté des affaires ». La « troisième voie », chère à A. Giddens et à T. Blair, repose en grande partie sur la conversion de l'élite politique locale du *New Labour* à la nécessité d'instaurer dans les villes une nouvelle stratégie d'accumulation dans laquelle les élus locaux doivent jouer un rôle essentiel, notamment pour sa légitimation.

Cette adaptation des acteurs métropolitains au néolibéralisme n'est d'ailleurs pas uniquement le cas de la sphère du politique *stricto sensu*. En effet, cette conversion est aussi le fait de certains segments de la société civile, comme l'ont montré J.-M. Fontan, J.-L. Klein et B. Lévesque dans le chapitre 8 portant sur l'implication d'acteurs communautaires et syndicaux dans la reconversion de quartiers que ces auteurs qualifient d'« orphelins », c'est-à-dire frappés par la reconversion industrielle et laissés à la marge des processus de transformation de l'économie à la fois par les institutions publiques et par les investisseurs privés à Montréal. Relevant de ce que l'on qualifie d'« économie sociale », cette forme de développement économique est, par de nombreux aspects, innovante (Favreau, 2002 ; Lévesque, 2002). Elle se nourrit d'une critique assez nette des formes d'intervention reposant sur le keynésianisme et l'État-providence, incapables de résoudre les problèmes sociaux et économiques de certains quartiers et de certaines communautés dont l'histoire a été liée à la domination et à la crise du fordisme, envisagé à la fois comme un ensemble de rapports de production internes aux entreprises et, plus généralement, comme un ensemble de rapports sociaux de classes, de genres, ethniques et raciaux. Cette perspective est très largement alimentée, en termes analytiques, par la notion de capital social, défini comme l'ensemble des relations sociales fondées sur la confiance, la réciprocité, l'altruisme qui caractérisent un groupe social donné et qui permettent aux acteurs faisant partie de ce groupe d'agir ensemble plus efficacement dans la poursuite d'objectifs partagés (Putnam *et al.*, 1993 ; Putnam, 2000). Il est alors tentant de considérer que ces mobilisations collectives localisées dans les quartiers en difficulté puissent constituer une forme particulière de développement local qui s'oppose au pilotage par l'État ou les entreprises privées. Les politiques dites d'*empowerment* ou d'habilitation reposent en grande partie sur cette logique qui vise à responsabiliser les acteurs associatifs et communautaires locaux, à les aider dans la formulation et la mise en œuvre de programmes adaptés à la spécificité de leur territoire. Cette logique se trouve également parée de tous les atours que l'on associe à la transformation de l'État-providence et au développement de la démocratie participative : la relativisation du poids des élus, la valorisation des acteurs locaux non issus de la sphère politique, la définition du bien commun par la société civile elle-même et le renversement du rapport de domination entre l'État et la société civile.

En vertu d'un étrange paradoxe, le libéralisme semble pouvoir constituer un terrain d'action collective à part entière pour les mouvements sociaux pourtant généralement enclins à s'opposer à ce dernier, ce qui fait mentir B. Barber pour qui le libéralisme limite toute affirmation d'une communauté et notamment toute participation politique qui renforcerait cette communauté en tant que « force morale » (Barber, 1997, p. 26). Sur fond de crise du politique et de défiance de plus en plus clairement exprimée quant à la capacité qu'il a de résoudre les problèmes sociétaux, cette solution alternative est donc séduisante ; certains vont même jusqu'à en faire un instrument de réforme de l'État lui-même (Courtemanche, 2003)[5].

Pour autant, on peut s'interroger sur la portée des transformations induites par ce modèle local de développement alternatif :

- En premier lieu, comme l'ont montré J.-M. Fontan, J.-L. Klein et B. Lévesque, ce type d'action collective peut produire certaines *success stories*. Il conviendrait néanmoins de mener une évaluation plus systématique de l'efficacité de ce modèle alternatif qui se révèle très dépendant des « effets localité » et, dans le cas de Montréal, de l'existence de puissantes institutions, comme les syndicats, organisant la société civile et pouvant mobiliser des ressources budgétaires très importantes.

- En second lieu, l'habilitation conduit-elle à une réelle transformation du rapport entre la société civile et l'État ? Certes, l'État ne dirige plus directement le développement (ou toute autre politique). Il continue cependant très nettement de le piloter, notamment en octroyant ou non des ressources financières indispensables aux acteurs de la société civile. Il y a là certes une transformation notable du rôle de l'État qui perd de sa centralité apparente, mais qui conserve un rôle essentiel dans la structuration des systèmes d'action. L'habilitation n'est viable que dans les situations où les acteurs représentant la société civile sont largement appuyés par les pouvoirs publics (Savitch et Kantor, 2002). Pour reprendre la distinction de C. Stone, les autorités publiques ont peut-être perdu leur « pouvoir sur » les politiques urbaines, mais elles ont gardé leur « pouvoir de » structurer l'action collective (Stone, 1989 ; Pinson, 2002). Dans le présent ouvrage, les chapitres sur les politiques urbaines en Grande-Bretagne ont illustré très clairement cette transformation tout apparente du rôle de l'État qui conduit nombre d'observateurs à considérer que,

---

5. Ce « modèle » de développement est par ailleurs très largement soutenu par des institutions internationales comme le Programme des Nations unies pour le développement (Programme des Nations unies pour le développement, 2002). Ce référentiel d'action est également très présent au sein de la Banque mondiale et du Fonds monétaire international qui cherchent à intégrer plus d'acteurs de la société civile et les organisations non gouvernementales dans la mise en œuvre de leurs programmes. Cette implication est vue comme un moyen de contourner les « limites des capacités institutionnelles » des États et de promouvoir une « éthique de la responsabilité » au sein des administrations nationales (Fonds monétaire international et Banque mondiale, 2003).

sous prétexte de générer de nouveaux mécanismes de gouvernance en mobilisant la société civile – notamment les groupes les plus défavorisés –, l'État britannique a opéré une centralisation des politiques publiques en prenant appui sur la société civile (Flint, 2002). Au Royaume-Uni, où les vertus du marché ont tant été célébrées depuis M. Thatcher, l'État central a pris soin d'intégrer les associations structurant certaines communautés dans la mise en œuvre de politiques publiques. À cet égard, le cas de la lutte contre la SIDA est révélateur des rapports ambigus entre le gouvernement et les associations de bénévoles. Ces rapports dépassent de très loin l'opposition frontale entre une administration conservatrice et des acteurs locaux luttant contre la privatisation du système de soins. À partir de 1982, à l'époque où le gouvernement refusait d'accepter la gravité de l'épidémie, une « communauté politique » (Le Galès, Thatcher, 1995) s'est constituée. Elle rassemblait un certain nombre de médecins et de professionnels du secteur de la santé publique ainsi que certaines associations, dont le *Terrence Higgins Trust*. L'objectif de cette « communauté politique » était de faire évoluer les politiques en matière de soins aux personnes atteintes du SIDA et de promouvoir les campagnes de prévention. À son origine, le *Terrence Higgins Trust* était une organisation informelle émanant de la communauté gaie de Londres depuis longtemps déjà habituée à l'auto-assistance et qui avait pour vocation le soutien aux recherches médicales nécessaires pour établir les causes du SIDA. Il s'est vite transformé en un organisme qui fournissait des conseils et un soutien aux malades, qui agissait pour collecter les fonds nécessaires aux recherches scientifiques et qui menait une campagne de sensibilisation vis-à-vis des médias. À partir de 1985, le gouvernement, suffisamment sensibilisé aux problèmes du SIDA, a lancé une politique nationale en « recrutant » le secteur associatif dans cette politique et en transformant notamment le *Terrence Higgins Trust* en agence de mise en œuvre (Berridge, 1996). Cette logique d'habilitation de certaines associations issues de la société civile, lancée par le gouvernement conservateur pour faire face notamment à un problème majeur de santé publique, a été poursuivie sous le gouvernement travailliste à partir de 1997 pour ce qui est de la politique urbaine. Ainsi, dans le chapitre 5, P. Booth a décrit l'institutionnalisation du secteur associatif ainsi que la professionnalisation des acteurs bénévoles engagés dans l'application du *Single Regeneration Budget* puis dans les *Local Strategic Partnerships* à Sheffield comme ailleurs.

– Enfin, l'exemple de Montréal ne saurait être considéré comme le test permettant de valider la pertinence des politiques d'habilitation à destination des groupes sociaux défavorisés. On rejoint la critique de B. Jessop pour lequel cette mobilisation de la société civile s'inscrit dans la transformation même du régime d'accumulation et du mode de régulation qui caractérise le capitalisme actuel. Le «néocommunautarisme» qui concerne essentiellement les groupes sociaux dominés constitue pour cet auteur une stratégie d'adaptation des métropoles au néolibéralisme en transformant les registres d'action et les rôles sociaux et politiques des acteurs de la société civile : ces derniers deviennent des agents économiques sur lesquels pèse la responsabilité de leur propre destin, en lieu et place des instances étatiques (Jessop, 2002). Dans le chapitre 6 sur Toronto, J.-A. Boudreau a montré très concrètement comment ce «néocommunautarisme», dont la démocratie participative constitue un ressort-clé, a été instrumentalisé par le gouvernement conservateur de M. Harris en faveur de sa «révolution du bon sens», laquelle s'est traduite par des coupures très importantes dans les politiques sociales et l'imposition d'un programme néolibéral dans les politiques urbaines.

Sur ce registre de la participation de la société civile aux politiques métropolitaines visant à s'adapter à la globalisation de l'économie et à la compétition territoriale, il convient donc d'être prudent. L'ouverture des systèmes décisionnels est réelle ; les politiques de développement économique reposent sur des logiques de mobilisation collective, de création de ressources mutualisées. Ce n'est cependant pas tant l'évolution de la configuration institutionnelle qui constitue la césure réelle, que la transformation du régime d'accumulation et la remise en question de l'État-providence en tant que «projet hégémonique» ayant, pendant plus de trente ans, légitimé et rendu possible le fordisme (Jessop, 1995). Comme le note M. Mayer : «Jamais auparavant, les réseaux internes à la société civile, l'activisme local et l'engagement civique n'avaient été autant intégrés dans les programmes publics ayant pour finalité de soutenir la croissance économique et le développement (urbain). La définition de ces ressources en tant que "capital social" rend possible leur utilisation pour mieux ancrer le projet néolibéral dans la société et pour mieux gérer ses coûts» (Mayer, 2003, p. 126). À n'en pas douter, la participation de la société civile dans les politiques métropolitaines de développement économique, dans une logique d'habilitation, alimente cette remise en cause, mais ses effets sur la réduction des disparités sociales et la disparition de l'*under class* ne sont pas pour autant avérés (DeFilippis, 2001 ; Fraser *et al.*, 2003 ; Perrons et Skyers, 2003).

Malgré tout, les mécanismes de cohésion et de justice sociale qui étaient centrés sur l'État-providence dans le précédent « projet hégémonique » restent encore très flous, car le niveau métropolitain ne se substitue pas vraiment à l'État comme territoire de redistribution. C'est ici que la question de la transformation de la citoyenneté prend tout son sens. L'État keynésien, qui avait rendu possible la généralisation du fordisme, reposait sur la mise en place de mécanismes de redistribution entre les classes sociales. Le « projet hégémonique » qui se construit sur les cendres de cette forme étatique et qui accompagne le néolibéralisme repose, quant à lui, sur des mécanismes de reconnaissance de type communautarien. Il n'est plus uniquement centré sur l'État, mais trouve dans les métropoles et les institutions qui s'y réfèrent des arènes de première importance.

LA CITOYENNETÉ MÉTROPOLITAINE ET LA TRANSITION VERS LA « DEUXIÈME MODERNITÉ »

Le désengagement civique, la désaffiliation partisane, la versatilité de l'électorat, la chute du militantisme, la hausse de l'abstention aux élections générales sont autant de signes de ce qu'il est convenu d'appeler la « crise du politique »; du moins d'une certaine forme de politique centrée sur des institutions publiques et partisanes dont les origines remontent au XIXᵉ siècle. Dans la plupart des États, et selon des degrés très variables, on observe un « désenchantement démocratique » (Perrineau, 2003). La démocratie représentative organisée sur un modèle stato-centré génère à la fois scepticisme, protestation et de plus en plus des comportements politiques radicaux. Dans leurs chapitres respectifs, J. Duchastel et R. Canet (chap. 1), P. Hamel (chap. 2) et D. Chabanet (chap. 11) ont identifié cette nouvelle forme de démocratie contestataire qui s'exprime avec une force particulière dans les métropoles et qui prend pour cible des enjeux touchant la globalisation (Sommet des Amériques, G8, Sommet de l'Organisation mondiale du commerce, Zone de libre-échange des Amériques, etc.), mais aussi des problématiques relatives aux conditions de vie de groupes sociaux dominés.

La contestation de l'ordre politique passe également, et de plus en plus, par la remise en question, par certains groupes, des fondements de la citoyenneté dans sa version universaliste. C'est ici que l'on rejoint la question des mécanismes de cohésion et de justice sociale actuellement en cours de redéfinition. Dans leur déclinaison keynésienne, ce sont les États, sur lesquels était centrée la régulation politique d'ensemble des sociétés modernes, qui établissaient les nomenclatures et identifiaient les groupes sociaux en fonction de leurs « droits-créances » (Schnapper et Bachelier, 2000). Ce qu'il a été convenu d'appeler, après T.H. Marshall (Marshall, 1964), la « citoyenneté sociale » a également été un puissant vecteur d'intégration et de cohésion, surtout dans les États dont l'identité était incertaine, comme le Canada (Bourque et Duchastel, 1996). Même si les États agissaient en partie pour mobiliser la société, ce sont pourtant eux qui, s'appuyant sur une conception universaliste de la citoyenneté, ont progressivement étendu ces droits garantissant la cohésion et la justice sociale entre les citoyens composant une même communauté politique.

Or, l'affaiblissement du « projet hégémonique » keynésien, qui a servi de base à la citoyenneté sociale, s'accompagne de la mobilisation de plus en plus forte de groupes sociaux qui font pression en invoquant leur particularité (de genre, de religion, de langue, etc.) pour bénéficier de politiques publiques particulières. De même, on note la critique d'une forme de citoyenneté passive, fondée sur la définition par les groupes dominants de statuts et de droits garantis par l'État, en faveur d'une citoyenneté active par laquelle les groupes dominés remettent en question ces nomenclatures (Isin, 2003). Dans le chapitre 2, P. Hamel a montré que cette dialectique de l'universalité et du particularisme alimente une nouvelle forme de citoyenneté en émergence. Les métropoles représentent les territoires centraux de pilotage du capitalisme avancé, mais aussi les espaces privilégiés de contestation de l'ordre social et politique par les groupes dominés qui ne disposent pas toujours des droits civiques (liberté de parole, de mouvement, d'association, non discrimination, etc.), politiques (droit de vote et droit de se présenter aux élections) et sociaux (politiques redistributives appliquées par les États) associés à la citoyenneté telle que la définissent les États (Beauregard et Bounds, 2000 ; Sassen, 2000). La citoyenneté métropolitaine renvoie donc à des processus politiques radicaux qui se traduisent sous une forme communautarienne, et s'oppose en cela à la définition universaliste précédente. Elle ne se définit plus par rapport à un ensemble d'institutions qui se confondent avec l'État, car, fondamentalement, ce dernier est confronté au déclin de l'institution qui accompagne la « modernité tardive », pour paraphraser F. Dubet. « Le déclin des institutions participe de la modernité elle-même, et pas seulement d'une mutation ou d'une crise du capitalisme. [...] À travers diverses institutions, le programme institutionnel des sociétés modernes a été la tentative de lier la double nature de la modernité, de combiner la socialisation des individus et la formation d'un sujet autour de valeurs universelles, d'articuler au plus près l'intégration sociale des individus et l'intégration systémique de la société. Mais, dans un monde qui portait en lui la pluralité des valeurs, la promotion de l'esprit critique et le droit des individus à se déterminer, le ver était dans le fruit» (Dubet, 2002, p. 372-373). On retrouve cette analyse dans les travaux d'U. Beck qui évoque un «décalage institutionnel». Pour cet auteur, c'est l'équivalence établie dans la «première modernité» entre «le politique et l'État, entre la politique et le système politique» qui est remise en question : «Le lieu et l'objet de la définition du bien commun, la garantie de la paix sociale et du souvenir historique sont moins à chercher à l'intérieur qu'à l'extérieur du système politique» (Beck, 1998, p. 23)[6].

Cette «deuxième modernité», au fondement de la transformation de la citoyenneté, de la cohésion et de la justice sociales, se développe actuellement dans les métropoles et a pour enjeu la reconnaissance de la dignité des individus et de leur communauté d'appartenance (Tully, 1995). La principale évolution résulte du fait que les États ne sont pas les seules arènes au sein desquelles ces revendications se font entendre. Les villes ont certes toujours été les terrains privilégiés des mouvements protestataires, plus ou moins radicaux. Progressivement, elles se sont transformées en espaces politiques au sein desquels des actions collectives remettant en question les politiques des États ont pu être menées au nom de valeurs «alternatives», «progressistes» (Clavel, 1986 ; Magnusson, 1996). Actuellement, c'est le rapport à la citoyenneté qui est en jeu.

C'est en cela que les dynamiques sociopolitiques à l'œuvre dans les métropoles diffèrent des mouvements identitaires et nationalistes s'exprimant sur une base régionale. La question proprement nationale est très marginale. La revendication de la différence ne s'exprime pas dans un rapport d'identification à un territoire enchâssé dans un État-nation. La production territoriale ne constitue pas la finalité de l'action collective. L'objectif n'est pas de transformer le cadre territorial de l'État, mais bien les mécanismes de régulation interne. C'est ce qui distingue la transformation de la citoyenneté qui s'opère actuellement dans les métropoles du régionalisme et des nationalismes qui se sont développés des années 1970 à nos jours au sein des «petites nations» comme le Québec, la Catalogne, la Corse, la Padanie, etc. Les institutions urbaines et métropolitaines sont visées, en raison de leur porosité par rapport aux évolutions sociétales, de leur capacité à produire des politiques publiques intégrant ces revendications et de leur fonction de légitimation de ces

---

6. Pour mémoire, la «première modernité» identifiée par U. Beck correspond à la phase historique au cours de laquelle s'établit le lien entre, d'une part, la création de marchés nationaux par la disparition des barrières internes limitant le commerce et, d'autre part, la création d'institutions politiques par lesquelles la bourgeoisie industrielle s'est imposée comme le groupe dominant le reste de la société (Beck, 2000).

processus communautariens[7]. C'est en fonction de cette reconnaissance – ou de sa négation – que l'on peut identifier différents régimes de citoyenneté (Jenson et Philipps, 1996). Ces régimes donnent, ou non, la possibilité à des communautés d'être formellement reconnues comme des « partenaires » légitimes, faisant l'objet d'un traitement spécifique de la part des autorités publiques du fait de leur identité reposant notamment sur le genre, les pratiques religieuses, la race, la langue, l'orientation sexuelles, etc.

On ne saurait pour autant déduire de ces tendances une perte de centralité totale des États dans le processus de transformation de la citoyenneté. Ils restent des pièces maîtresses, du fait de leur capacité d'action et de leur idéologie dans la construction des régimes de citoyenneté. En cela, la situation très différente du Canada, de la Grande-Bretagne et de la France quant à la question du multiculturalisme est particulièrement instructive : le Canada et la France occupent en effet deux positions diamétralement opposées. Le régime canadien est clairement communautarien et multiculturaliste : c'est ce qui fonde la personnalité et l'identité politique du Canada (Kymlicka, 2003). D'ailleurs, on ne peut comprendre l'importance fondamentale que revêt au Canada cette question du multiculturalisme institutionnalisé par l'État fédéral sans la relier au processus de construction de l'État canadien lui-même. S'appuyant sur une dynamique politique d'abord confédérale, l'État canadien a progressivement pris une configuration fédérale qui s'est traduite par une centralisation importante des ressources budgétaires et l'élargissement progressif des compétences du fédéral au détriment des provinces. La création le 11 juillet 2003 du Conseil de la fédération, par laquelle les dix provinces se sont dotées d'un organe dont l'objectif est de rééquilibrer l'économie des échanges avec le niveau fédéral, participe d'une « grogne » provinciale qui va en s'accentuant et qui a pour enjeux le déséquilibre fiscal dénoncé par les premiers ministres provinciaux, le contrôle du système de santé publique, la ratification du protocole de Kyoto, etc. Opter pour la solution multiculturelle permet au gouvernement fédéral de s'adresser directement à la société civile, sans passer par le « filtre » des provinces, voire même des élus municipaux, en faisant de la « nation canadienne » le territoire de référence et le creuset au sein desquels les revendications communautariennes peuvent s'exprimer avec le plus de

---

7. Un indice parmi d'autres : dans les métropoles multiculturelles, la composition des formations politiques en compétition à l'occasion des scrutins locaux traduit de plus en plus clairement et explicitement cette « reconnaissance » des minorités par leur représentation politique.

vigueur. C'est en grande raison pour cela que la « question métropolitaine » structure de plus en plus le programme du niveau fédéral, au grand dam des provinces qui souhaitent avant tout que les « affaires municipales » restent de leur compétence.

Le régime britannique intègre de plus en plus certains éléments communautariens, comme l'a très clairement montré G. Dabinett dans le chapitre 3, même si, concrètement, les acteurs locaux cherchent très souvent à mettre en place des règles minimales universalisables. Le régime français reste quant à lui campé sur une conception républicaine et universaliste de la citoyenneté, ne reconnaissant formellement aucun droit particulier à des individus du fait de leur appartenance à des communautés spécifiques, même si on peut faire l'hypothèse d'une inflexion à moyen terme, vers un « républicanisme tempéré » (Jennings, 2000) qui trouvera dans les politiques urbaines un vecteur essentiel de concrétisation. L'évolution a d'ailleurs déjà commencé et s'observe dans certaines dispositions légales visant les « emplois-jeunes » mis en place par le gouvernement de coalition dirigé par L. Jospin en France entre 1997 et 2002, notamment la sélection des individus potentiellement éligibles à ce dispositif d'aide à l'emploi parce qu'ils habitent les banlieues défavorisées. Cette façon de croiser le lieu de résidence avec les processus de ségrégation socio-spatiaux permet de ne pas reconnaître officiellement l'existence d'un traitement de type communautaire tout en s'inspirant très directement de la discrimination positive d'abord pensée et appliquée aux États-Unis (Estèbe, 2001).

Pour résumer à l'extrême le contenu de cet ouvrage, les pratiques participatives et délibératives dans les métropoles ne permettent pas une réelle transformation de l'ordre politique, mais tendent plutôt à renforcer les traits préexistants des différents systèmes politiques en consacrant le rôle central des élus. De même, la possibilité d'instaurer des territoires politiques métropolitains reposant sur la participation et la délibération apparaît bien mince. Si, à n'en pas douter, le niveau métropolitain prend de plus en plus d'ampleur aussi bien au Canada qu'en Grande-Bretagne et en France, l'ordre politique s'y fonde toujours sur le principe de la représentation. Si transformation au niveau métropolitain il y a, elle se limite à des modifications touchant, d'une part, au « métier » politique, notamment en ce qui a trait à l'expertise administrative, technique, juridique, financière, et, d'autre part, aux logiques partisanes. Par contre, ces formes de renouvellement de la politique s'intègrent dans le cadre plus global de la transformation du capitalisme et lui permettent de se reproduire à l'échelle métropolitaine en y associant les groupes sociaux défavorisés à qui elles donnent l'illusion de pouvoir contrôler des processus de domination d'un ordre économique qui s'exprime au niveau global, national, régional et métropolitain. Toutefois, dans leurs manifestations plus radicales, certains de ces instruments participatifs sont porteurs d'une nouvelle conception de la citoyenneté définie par les groupes sociaux dominés et marginalisés du fait même de l'évolution du capitalisme. Cette redéfinition s'opère sur une base non plus universaliste mais communautarienne. La « question urbaine » chère à M. Castells se nourrissait et trouvait des solutions à l'intérieur des rapports de production (Castells, 1972) ; la « question métropolitaine » intègre cette dimension en y ajoutant celle de la redéfinition de la citoyenneté sur un mode catégoriel. Pour autant, ce n'est plus tant la problématique de la recomposition de l'ordre politique, du moins de la place des élus, du primat de la représentation politique qui est au centre de la dynamique. Les groupes sociaux qui alimentent cette dynamique communautarienne (immigrés, minorités linguistiques, religieuses, etc.) s'accommodent fort bien du principe de la représentation politique ; ils veulent précisément que ce principe leur soit appliqué afin d'intégrer le système politique. Les métropoles et les institutions politiques qui y prennent place représentent des vecteurs privilégiés pour ces groupes. Reste à savoir précisément comment ces instances politiques « réagissent » à ces revendications. Sur quelles bases se construit la médiation avec la société civile ? Pourquoi et comment certains groupes accèdent, et d'autres non, à ces instances ? Les politiques redistributives peuvent-elles intégrer, et avec quels effets, cette dynamique communautarienne ? Ces questions ne sont pas neutres, car elles touchent l'égalité de traitement des individus composant la société.

BIBLIOGRAPHIE

ALMOND, G.A. et G.B. POWELL (1967). *Comparative Politics : A Developmental Approach*, Boston, Little, Brown and Co.

BACHRACH, P. et M. BARATZ (1975). « Les deux faces du pouvoir », dans P. Birnbaum (dir.), *Le pouvoir politique*, Paris, Dalloz, p. 61-73.

BAQUÉ, M.-H. et Y. SINTOMER (1999). « L'espace public dans les quartiers populaires d'habitat social », dans C. Neveu (dir.), *Espace public et engagement politique*, Paris, L'Harmattan, p. 115-148.

BARBER, B.R. (1997). *Démocratie forte*, Paris, Desclée de Brouwer.

BEAUREGARD, R.A. et A. BOUNDS (2000). « Urban Citizenship », dans E.I. Isin (dir.), *Democracy, Citizenship and the Global City*, London, Routledge, p. 243-256.

BECK, U. (1992). *Risk Society : Towards a New Modernity*, London, Sage Publications.

BECK, U. (1998). « Le conflit des deux modernités et la question de la disparition des solidarités », *Lien social et politiques*, n° 39, p. 15-25.

BECK, U. (2000). *What Is Globalization ?*, Melden, Polity Press.

BEINER, R. et W. NORMAN (2001). *Canadian Political Philosophy : Contemporary Reflections*, Oxford, Oxford University Press.

BERRIDGE, V. (1996). *AIDS in the UK : The Making of Policy 1981-1994.* Oxford, Oxford University Press.

BERRY, J.M., K.E. PORTNEY et K. THOMSON (1993). *The Rebirth of Urban Democracy*, Washington, The Brookings Institution.

BLANC, M. (1999). « Participation des habitants et politique de la ville », dans L. Blondiaux *et al.* (dir.), *La démocratie locale. Représentation, participation et espace public*, Paris, Presses universitaires de France, p. 177-196.

BLONDIAUX, L. et S. LÉVÊQUE (1999). « La politique locale à l'épreuve de la démocratie », dans C. Neveu (dir.), *Espace public et engagement politique*, Paris, L'Harmattan, p. 17-82.

BLONDIAUX, L. et Y. SINTOMER (2002). « L'impératif délibératif », *Politix*, vol. 15, n° 57, p. 17-36.

BODY-GENDROT, S. et M. MARTINIELLO (2000). *Minorities in European Cities : The Dynamics of Social Integration and Social Exclusion at the Neighborhood Level*, Basingstoke, Palgrave.

BOHMAN, J., J. COHEN et W. REHG (1997). *Deliberative Democracy : Essays on Reason and Politics*, Cambridge, Mass., MIT Press.

BOUDREAU, J.-A. (2003). « Questioning the Use of "Local Democracy" as a Discursive Strategy for Political Mobilization in Los Angeles, Montreal and Toronto », *International Journal of Urban and Regional Research*, vol. 27, n° 4, p. 793-810.

BOURQUE, G. et J. DUCHASTEL (1996). « Les identités, la fragmentation de la société canadienne et la constitutionnalisation des enjeux politiques », *International Journal of Canadian Studies*, n° 14, p. 77-94.

BRENNER, N. et N. THEODORE (2002). « Cities and the Geographies of "Actually Existing Neoliberalism" », dans N. Brenner et N. Theodore (dir.), *Spaces of Neoliberalism*, Oxford, Blackwell, p. 2-32.

BRUNHOFF, S.D. et N. POULANTZAS (1976). *La Crise de l'État*, Paris, Presses universitaires de France.

BRYAN, F.M. (1999). « Direct Democracy and Civic Competence : The Case of Town Meeting », dans S.L. Elkin et K.E. Soltan (dir.), *Citizen Competence and Democratic Institutions*, Philadelphie, The Pennsylvania State University Press, p. 195-223.

CAILLOSSE, J. (1999). « Éléments pour un bilan juridique de la démocratie locale en France », dans L. Blondiaux *et al.* (dir.), *La démocratie locale. Représentation, participation et espace public*, Paris, Presses universitaires de France, p. 63-78.

CALLON, M., P. LASCOUMES et Y. BARTHE (2001). *Agir dans un monde incertain : essai sur la démocratie technique*, Paris, Seuil.

CASTELLS, M. (1972). *La question urbaine*, Paris, François Maspéro.

CAWSON, A. (1978). « Pluralism, Corporatism and the Role of the State », *Government and Opposition*, vol. 13, p. 187-198.

CLAVEL, P. (1986). *The Progressive City : Planning and Participation (1969-1984)*, New Brunswick, Rutgers University Press.

COURTEMANCHE, G. (2003). *La Seconde Révolution tranquille*, Montréal, Boréal.

COX, K.R. (dir.) (1997). *Spaces of Globalization. Reasserting the Power of the Local*, New York, The Guilford Press.

CROZIER, M., S.P. HUNTINGTON et J.O. WATANUKI (1975). *The Crisis of Democracy : Report on the Governability of Democracies to the Trilateral Commission*, New York, New York University Press.

DAHL, R.A. (1998). *On Democracy*, New Haven, Yale University Press.

DEFILIPPIS, J. (2001). « The Myth of Social Capital in Community Development », *Housing Policy Debate*, vol. 12, n° 4, p. 781-806.

DIGAETANO, A. et J.S. KLEMANSKI (1999). *Power and City Governance*, Minneapolis, University of Minnesota Press.

DONZELOT, J. (1999). « La nouvelle question urbaine », *Esprit*, n° 258, p. 87-114.

DRYZEK, J.S. (2002). *Deliberative Democracy and Beyond : Liberals, Critics, Contestations*, Oxford, Oxford University Press.

DUBET, F. (2002). *Le déclin de l'institution*, Paris, Seuil.

DURAN, P. et J.-C. THOENIG (1996). « L'État et la gestion publique territoriale », *Revue française de science politique*, vol. 46, n° 4, p. 580-623.

ELKIN, S.L. et K.E. SOLTAN (dir.) (1999). *Citizen Competence and Democratic Institutions*, Philadelphie, The Pennsylvania State University Press.

ESTÈBE, P. (2001). « Solidarités urbaines : la responsabilisation comme instrument de gouvernement », *Lien social et politiques*, n° 46, p. 151-162.

FAVREAU, L. (2002). « Mouvements sociaux et démocratie locale. Le renouvellement des stratégies de développement des communautés (1990-2000) », dans M. Tremblay, P.-A. Tremblay et S. Tremblay (dir.), *Développement local, économie sociale et démocratie*, Sainte-Foy, Presses de l'Université du Québec, p. 69-84.

FLINT, J. (2002). « Returns of the Governors : Citizenship and the New Governance of the Neighbourhood Disorder in the UK », *Citizenship Studies*, vol. 6, n° 3, p. 245-264.

FONDS MONÉTAIRE INTERNATIONAL ET BANQUE MONDIALE (2003). « Bilan des progrès accomplis et prochaines grandes étapes de l'intensification de l'effort de développement : éducation pour tous, santé, VIH/SIDA, eau, asssainissement », *Comité ministériel conjoint des conseils de gouverneurs de la Banque et du Fonds sur le transfert de ressources réelles aux pays en développement*, consultée le 15 septembre 2003, http://wbln0018.worldbank.org/DCS/DevCom.nsf/0/8cbbcbae9a1d8e4f8 5256d04007db761/ $FILE/DC2003-0004(F)-ScalingUp.pdf.

FRASER, J.C., J. LEPOFSKY, E.L. KICK et J.P. WILLIAMS (2003). « The Construction of the Local and the Limits of Contemporary Community Building in the United States », *Urban Affairs Review*, vol. 38, n° 3, p. 417-445.

GIDDENS, A. (1990). *The Consequences of Modernity*, Stanford, Stanford University Press.

GRET, M. et Y. SINTOMER (2002). *Porto Alegre. L'espoir d'une autre démocratie*, Paris, La Découverte.

HABERMAS, J. (1997). *Droit et démocratie : entre faits et normes*, Paris, Gallimard.

HALLMAN, H.H. (1974). *Neighborhood Government in a Metropolitan Settings*, London, Sage.

HAMEL, P., H. LUSTIGER-THALER et M. MAYER (dir.) (2000). *Urban Movements in a Globalising World*, London, Routledge.

ISIN, E.I. (2003). *Being Political. Genealogies of Citizenship*, Minneapolis, University of Minnesota Press.

JACCOUD, C., M. SCHULER et M. BASSAND (1996). *Raisons et déraisons de la ville : approches du champ urbain*, Lausanne, Presses polytechniques et romandes.

JENNINGS, J. (2000). « Citizenship, Republicanism and Multiculturalism in Contemporary France », *British Journal of Political Science*, vol. 30, n° 4, p. 575-598.

JENSON, J. et S.D. PHILIPPS (1996). « Regime Shift : New Citizenship Practices in Canada », *International Journal of Canadian Studies*, vol. 14, p. 111-136.

JESSOP, B. (1995). « Accumulation Strategies, State Forms, and Hegemonic Projects », *Environment and Planning A*, vol. 27, n° 10, p. 80-111.

JESSOP, B. (2002). « Liberalism, Neoliberalism, and Urban Governance : A State Theoretical Perspective », dans N. Brenner et N. Theodore (dir.), *Spaces of Neoliberalism : Urban Restructuring in North America and Western Europe*, London, Blackwell, p. 105-125.

JOHNSTON, R.J., P.J. TAYLOR et M. WATTS (dir.) (2002). *Geographies of Global Change*, Malden, Blackwell.

JOUVE, B. (2003). *La gouvernance urbaine en questions*, Paris, Elsevier.

KAUFMAN, A.S. (1960). « Human Nature and Participatory Democracy », dans C.J. Friedrich (dir.), *Responsabillity*, New York, Liberal Arts Press, p. 266-289.

KEANE, J. (1998). *Civil Society : Old Images, New Visions*, Stanford, Stanford University Press.

KEIL, R. (2002). « "Common-Sense" Neoliberalism : Progressive Conservative Urbanism in Toronto, Canada », *Antipode*, vol. 34, n° 3, p. 578-601.

KIPFER, S. et R. KEIL (2002). « Toronto Inc ? Planning the Competitive City in the New Toronto », *Antipode*, vol. 34, n° 2, p. 227-264.

KOOIMAN, J. (dir.) (1993). *Modern Governance*, London, Sage.

KOTLER, M. (1969). *Neighborhood Government : The Local Foundations of Political Life*, Indianapolis, Bobbs-Merriel Company.

KYMLICKA, W. (2003). *La voie canadienne*, Montréal, Boréal.

LAURIA, M. (dir.) (1997). *Reconstructing Urban Regime Theory. Regulating Urban Politics in a Global Economy*, London, Sage.

LE GALÈS, P. (1998). « Regulations and Governance in European Cities », *International Journal of Urban and Regional Research*, vol. 22, n° 3, p. 482-506.

LE GALÈS, P. (2002). *European Cities. Social Conflicts and Governance*, Oxford, Oxford University Press.

LE GALÈS, P. et M. THATCHER (dir.) (1995). *Les réseaux de politique publique. Débats autour de la notion de policy networks*, Paris, L'Harmattan.

LÉONARD, J.-F. et J. LÉVEILLÉE (2003). «Impacts de l'implantation des arrondissements sur l'organisation administrative de Montréal», Communication au séminaire «Gestion locale et démocratie participative: les arrondissements dans les grandes villes du Québec», Montréal, Réseau interuniversitaire d'études urbaines et régionales, 23 mai.

LERESCHE, J.-P. (2001). «Gouvernance et coordination des politiques publiques», dans J.-P. Leresche (dir.), *Gouvernance locale, coopération et légitimité*, Paris, Pédone, p. 31-65.

LÉVESQUE, B. (2002). «Développement local et économie sociale», dans M. Tremblay, P.-A. Tremblay et S. Tremblay (dir.), *Développement local, économie sociale et démocratie*, Sainte-Foy, Presses de l'Université du Québec, p. 41-68.

LIPIETZ, A. (1996). «Warp, Woof, and Regulation: A Tool for Social Science», dans G. Benko et A. Strohmayer (dir.), *Space and Social Theory*, Cambridge, Blackwell, p. 250-283.

LOUGHLIN, J. (dir.) (2001). *Subnational Democracy in the European Union. Challenges and Opportunities*, Oxford, Oxford University Press.

MACEDO, S. (1999). *Deliberative Politics: Essays on Democracy and Disagreement*, New York, Oxford University Press.

MAGNUSSON, W. (1996). *The Search for Political Space: Globalization, Social Movements, and the Urban Political Experience*, Toronto, University of Toronto Press.

MANSBRIDGE, J.J. (1980). *Beyond Adversary Democracy*, New York, Basic Books.

MARSHALL, T.H. (1964). *Class, Citizenship, and Social Development*, Garden City, Doubleday.

MAYER, M. (2000). «Urban Social Movements in an Era of Globalisation», dans P. Hamel, H. Lustiger-Thaler et M. Mayer (dir.), *Urban Movements in a Globalising World*, London, Routledge, p. 141-157.

MAYER, M. (2003). «The Onward Sweep of Social Capital: Causes and Consequences for Understanding Cities, Communities and Urban Movements», *International Journal of Urban and Regional Research*, vol. 27, nᵒ 1, p. 110-132.

MILL, J. S. (1859). *On Liberty*, London, John W. Parker and Son.

MORICONI-EBRARD, F. (1993). *L'urbanisation du monde depuis 1950*, Paris, Anthropos, Diffusion Economica.

MUSTERD, S. et W.J.M. OSTENDORF (1998). *Urban Segregation and the Welfare State: Inequality and Exclusion in Western Cities*, London, New York, Routledge.

NORRIS, P. (dir.) (1999). *Critical Citizens. Global Support for Democratic Governance*, Oxford, Oxford University Press.

PATEMAN, C. (1970). *Participation and Democratic Theory*, Cambridge, Cambridge University Press.

PAUGAM, S. (2002). *La disqualification sociale : essai sur la nouvelle pauvreté*, Paris, Quadrige, Presses universitaires de France.

PERRINEAU, P. (2003). *Le désenchantement démocratique*, La Tour d'Aigues, L'Aube.

PERRONS, D. et S. SKYERS (2003). « Empowerment through Participation ? Conceptual Explorations and a Case Study », *International Journal of Urban and Regional Research*, vol. 27, n° 2, p. 265-285.

PETERSON, P. (1981). *City Limits*, Chicago, University of Chicago Press.

PHARR, S.J. et R.D. PUTNAM (dir.) (2000). *Disaffected Democracies : What's Troubling the Trilateral Countries ?*, Princeton, N.J., Princeton University Press.

PICKVANCE, C. (1995). « Marxist Theories of Urban Politics », dans D. Judge, G. Stoker et H. Wolman (dir.), *Theories of Urban Politics*, London, Sage, p. 253-275.

PINSON, G. (2002). « Political Government and Governance : Strategic Planning and the Reshaping of Political Capacity in Turin », *International Journal of Urban and Regional Research*, vol. 26, n° 3, p. 477-493.

PROGRAMME DES NATIONS UNIES POUR LE DÉVELOPPEMENT (2002). *Rapport mondial sur le développement humain. Approfondir la démocratie dans un monde fragmenté*, Bruxelles, De Boeck.

PUMAIN, D. (1993). « Villes, métropoles, régions urbaines. Un essai de clarification des concepts », Communication au colloque « Métropoles et aménagement du territoire », Paris, IAURIF, 12-13 mai.

PUTNAM, R. (dir.) (2002). *Democracies in Flux. The Evolution of Social Capital in Contemporary Society*, Oxford, Oxford University Press.

PUTNAM, R., R. LEONARDI et R. NANETTI (1993). *Making Democracy Work. Civic Traditions in Modern Italy*, Princeton, Princeton University Press.

PUTNAM, R.D. (2000). *Bowling Alone : The Collapse and Revival of American Community*, New York, Simon & Schuster.

SASSEN, S. (1996). *La ville globale. New York, Londres, Tokyo*, Paris, Descartes (1991 pour l'édition américaine, Princeton University Press).

SASSEN, S. (2000). « The Global City : Strategic Site/New Frontier », dans E.I. Isin (dir.), *Democracy, Citizenship and the City*, London, Routledge, p. 48-61.

SASSEN, S. (dir.) (2002). *Global Networks, Linked Cities*, New York, Routledge.

SAVITCH, H. et P. KANTOR (2002). *Cities in the International Marketplace. The Political Economy or Urban Development in North America and Western Europe*, Princeton, Princeton University Press.

SCHNAPPER, D. (2001). *Exclusions au cœur de la Cité*, Paris, Anthropos.

SCHNAPPER, D. et C. BACHELIER (2000). *Qu'est-ce que la citoyenneté ?*, Paris, Gallimard.

SCHOENBERG, S.P. et P.L. ROSENBAUM (1982). *Neighborhoods That Work : Sources of Viability in the Inner City*, New Brunswick, Rutgers University Press.

SCHUMPETER, J. (1967). *Capitalisme, socialisme et démocratie*, Paris, Payot.

SCOTT, A. (dir.) (2001). *Global-City Regions*, Oxford, Oxford University Press.

SIMMEL, G. (1989). *Philosophie de la modernité*, Paris, Payot.

SKOCPOL, T. et M.P. FIORINA (1999). *Civic Engagement in American Democracy*, Washington, D.C., Brookings Institution Press.

STONE, C.S. (1989). *Regime Politics : Governing Atlanta (1946-1988)*, Lawrence, Kansas University Press.

TOCQUEVILLE, A. DE (1842). *De la démocratie en Amérique*, Paris, Gosselin.

TULLY, J. (1995). *Strange Multiplicity : Constitutionalism in an Age of Diversity*, Cambridge, New York, Cambridge University Press.

VERBA, S., K.L. SCHLOZMAN et H.E. BRADY (1995). *Voice and Equality : Civic Voluntarism in American Politics*, Cambridge, Mass., Harvard University Press.

YATES, D. (1982). « Neighborhood Government », dans R.H. Bayor (dir.), *Neighborhoods in Urban America*, Port Washington, National University Publications, p. 131-140.

LES AUTEURS

Philip Booth est Reader in Town & Regional au sein du Department of
Town & Regional Planning de l'Université de Sheffield. Ses travaux
portent sur les formes de partenariat dans les politiques urbaines,
sur la planification en Grande-Bretagne et dans une perspective
comparée. Parmi ses publications les plus récentes : (2002) « From
Property Rights to Public Control : The Quest for Public Interest in
the Control of Development », *Town Planning Review*, vol. 73, n° 2,
p. 153-170 ; (2003) *Planning by Consent : The Origins and Nature of
British Development Control*, London, Routledge ; (2004) « Promoting
Radical Change : The *loi relative à la solidarité et au renouvellement
urbain* in France », *European Planning Studies*, à paraître. Contact :
P.Booth@sheffield.ac.uk

Julie-Anne Boudreau est professeure au Département de science politique de l'Université York à Toronto. Ses recherches l'ont amenée à
travailler sur Los Angeles, Montréal et Toronto, villes dans lesquelles
elle a étudié les mouvements sociaux, la démocratie locale et les

réformes étatiques. Elle a publié *The MegaCity Saga : Democracy and Citizenship in this Global Age,* Black Rose Books, 2000. Elle est membre d'une équipe de recherche sur la fragmentation urbaine dans plusieurs villes du monde, un projet dirigé par S. Jaglin et O. Coutard et financé par le CNRS. De plus, avec R. Keil, P. Hamel et B. Jouve, elle amorce un projet de recherche financé par le CRSH ayant pour titre « Gouvernance métropolitaine et compétitivité internationale : les exemples de Montréal et Toronto ». Contact : jab@yorku.ca

Raphaël Canet est titulaire d'un doctorat en sociologie de l'Université du Québec à Montréal (2002) et coordonnateur de la Chaire de recherche du Canada en mondialisation, citoyenneté et démocratie de l'UQAM depuis novembre 2001. Ses recherches actuelles portent sur les théories de la nation et du nationalisme, la question des identités et de la mobilisation politique, les transformations de la citoyenneté en contexte mondialisé, la société de l'information et la gouvernance. Il a publié aux éditions Athéna (Montréal), en collaboration avec Jules Duchastel, *La nation en débat. Entre modernité et postmodernité* (2003). Contact : canet.raphael@uqam.ca

Didier Chabanet est docteur en science politique, actuellement chargé de recherche à l'Inrets (Institut national de recherche et d'évaluation sur les transports et leur sécurité), chercheur associé au Gapp (Groupe d'analyse des politiques publiques) de l'École normale de Cachan et membre du Ceriep (Centre de politologie de Lyon). Il s'intéresse particulièrement à l'analyse des mobilisations suscitées par la construction de l'Union européenne, à l'action collective des jeunes issus de l'immigration en France et, depuis peu, à l'action publique de sécurité routière. Parmi ses publications récentes : *L'action collective en Europe. Collective Action in Europe* (avec Richard Balme et Vincent Wright (dir.), Paris, Presses de Science Po, 2002. Contact : didierchabanet@hotmail.com

Gordon Dabinett est Reader in Town & Regional au sein du Department of Town & Regional Planning de l'Université de Sheffield. Ses travaux portent sur les politiques de renouvellement urbain. Il a été membre du Groupe de travail « New Deal for Communities programme by the Neighbourhood Renewal Unit ». Parmi ses publications les plus récentes : (2002) « Reflections on Regional Development Policies in the Information Society », *Planning Theory & Practice,* vol. 3, n° 2, p. 232-237 ; (2001) *A Review of the Evidence Base for Regeneration Policy and Practice.* Rapport pour le Department of Environment, Transport & Regions, London (avec P. Lawless, J. Rhodes et P. Tyler) ; (1999) « Urban Policy in Sheffield : Regeneration, Partnerships and

People», dans R. Imrie et H. Thomas (dir.), *British Urban Policy: An Evaluation of the Urban Development Corporations*, Sage, London, p. 168-185. Contact: g.e.dabinett@sheffield.ac.uk

Jules Duchastel est professeur titulaire au Département de sociologie de l'UQAM et titulaire de la Chaire de recherche du Canada en mondialisation, citoyenneté et démocratie. Ses recherches portent essentiellement sur l'analyse des nouvelles formes de régulation politique dans le contexte de l'influence grandissante des organisations internationales et du développement d'un espace délibératif transnational. Ses recherches actuelles s'inscrivent dans le prolongement de ses études antérieures sur les transformations des institutions politiques nationales dans l'histoire du Canada et du Québec depuis les années 1940, à travers l'étude du discours politique. Il a publié aux éditions Athéna (Montréal), *Fédéralismes et mondialisation. L'avenir de la citoyenneté et de la démocratie* (2003). Contact: duchastel.jules@uqam.ca

Jean-Marc Fontan est professeur de sociologie à l'Université du Québec à Montréal et membre du Centre de recherches sur les innovations sociales dans l'économie sociale, les entreprises et les syndicats (CRISES). Il est spécialisé dans le domaine de l'anthropologie économique et de la sociologie du développement. Ses travaux sont principalement liés à l'étude des modalités de développement en milieu métropolitain montréalais. Parmi ses derniers travaux on peut lire: E. Shragge et J.-M. Fontan (dir.) (2000), *Social Economy, International Debates and Perspectives*, Montréal, Black Roses Books; J.-M. Fontan, J.-L. Klein et D.G. Tremblay (dir.) (1999), *Entre la métropolisation et le village global*, Sainte-Foy, Presses de l'Université du Québec. Contact: fontan.jean-marc@uqam.ca

Pierre Hamel est professeur au Département de sociologie de l'Université de Montréal. Ses travaux de recherche portent sur les mouvements sociaux et leur institutionnalisation, de même que sur les questions relatives à la planification et au développement urbains. Parmi ses publications récentes: (2002) «Urban Issues and the New Policy Challenges: The Example of Public Consultation Policy in Montreal», dans C. Andrew, K.A. Graham et S.D. Phillips (dir.), *Urban Affairs Back on the Policy Agenda*, Montréal et Kingston, McGill-Queen's University Press, p. 221-238; Hamel, P. (2001) «Enjeux métropolitains: les nouveaux défis», *International Journal of Canadian Studies*, n° 24, p. 105-127. Contact: pierre.hamel@umontreal.ca

Melody Houk est actuellement étudiante au doctorat en sociologie au Centre de sociologie des organisations (CNRS/FNSP) à Paris. Son projet de thèse est centré sur l'émergence de l'échelon infra-municipal dans le gouvernement municipal des trois plus grandes villes de France, Paris, Marseille et Lyon depuis le début des années 1980. Elle a été membre de l'Observatoire de la démocratie locale du 20ᵉ arrondissement de Paris de 1997 à 2001. Elle a publié en 2001 « Vers une décentralisation municipale à Paris ? », *Esprit*, nº 6, p. 193-200. Contact : m.houk@cso.cnrs.fr

Bernard Jouve est titulaire de la Chaire de recherche du Canada en étude des dynamiques territoriales, professeur adjoint au Département de géographie de l'Université du Québec à Montréal et membre du Centre des recherches sur les innovations sociales dans l'économie sociale, les entreprises et les syndicats (CRISES). Il travaille depuis plusieurs années sur la gouvernance urbaine dans une perspective comparée. Parmi ses travaux les plus récents : (2004) (dir.) *Horizons métropolitains. Politiques et projets urbains en Europe*, Lausanne, PPUR (avec C. Lefèvre) ; (2003) (dir.) *Les politiques de déplacements urbains. L'innovation en question dans cinq villes européennes*, Paris, L'Harmattan ; (2003) *La gouvernance urbaine en questions*, Paris, Elsevier ; « Gouvernance métropolitaine : vers un programme de recherche comparatif », *Politique et sociétés*, vol. 22, nº 1, 2003, p. 119-142. Contact : jouve.bernard@uqam.ca

Juan-Luis Klein est professeur au Département de géographie de l'Université du Québec à Montréal et membre du Centre de recherches sur les innovations sociales dans l'économie sociale, les entreprises et les syndicats (CRISES), dont il est directeur adjoint depuis juin 2003. Ses travaux portent sur le développement régional et local, sur la reconversion économique et sur la territorialité des actions collectives. Il a produit plusieurs ouvrages dont (2003) *Reconversion économique et développement territorial* (avec J.-M. Fontan et B. Lévesque), Sainte-Foy, Presses de l'Université du Québec. Parmi ses articles : (2003) « Reconversión y desarrollo a través de la iniciativa local : el caso de Montreal en Quebec », *Revista latinoamericana de estudios urbanos y regionales EURE*, vol. XXIX, nº 86, p. 69-88 (avec J.-M. Fontan, et D.-G. Tremblay) ; (2003) « Systèmes productifs locaux et réseaux productifs dans la reconversion économique : le cas de Montréal », *Géographie, Économie, Société*, vol. 5, nº 1, p. 59-75 (avec D.-G. Tremblay et J.-M. Fontan). Contact : klein.juan-luis@uqam.ca

Anne Latendresse est professeure adjointe au Département de géographie à l'UQAM et membre du Centre de recherches sur les innovations sociales dans l'économie sociale, les entreprises et les syndicats

(CRISES). Elle mène actuellement des travaux sur la consultation et la participation publiques dans les arrondissements de Montréal depuis la réforme municipale. Elle s'intéresse aux pratiques et aux stratégies des mouvements urbains, aux questions de démocratie participative et de gouvernance territoriale. Parmi ses travaux récents : (2003) « Le local comme nouvelle scène de gouvernance et de développement à Montréal et à Montevideo », *Géographies et cultures*, Paris, n⁰ 45, p. 57-72 (avec J.-L. Klein, J.-M. Fontan et M.-P. Paquin-Boutin) ; (2002) « Réorganisation municipale sur l'île de Montréal : une opportunité pour la démocratie montréalaise ? », *Annales des Ponts et Chaussées*, n⁰ 102, p. 23-31. Contact : latendresse.anne@uqam.ca

Benoît Lévesque est professeur au Département de sociologie de l'Université du Québec à Montréal depuis 1982. Il est également président du conseil scientifique international du Centre interdisciplinaire de recherche et d'information sur les entreprises collectives (CIRIEC). Il a été président du CIRIEC-Canada de 1995 à 2001. Il est aussi membre du Centre de recherches sur les innovations sociales dans l'économie sociale, les entreprises et les syndicats (CRISES) depuis 1990. Parmi ses publications récentes : *La création d'entreprises par les chômeurs et les sans-emploi : le rôle de la microfinance*, Montréal, CRISES-Université de Concordia, 2000 ; *Le Fonds de solidarité des travailleurs du Québec (FTQ), Nouvelle gouvernance et capital de développement*, Montréal, CRISES, 2000 ; « La réingénierie des services financiers : un secteur exemplaire de l'économie des services. Le cas des Caisses populaires et d'économie Desjardins », *Lien social et Politiques*, n⁰ 40, 1999, p. 89-103. Contact : levesque.benoit@uqam.ca

Peter Newman est Senior Lecturer à la School of Architecture and the Built Environment de l'Université de Westminster. Il s'intéresse principalement à la planification et à la gouvernance urbaines en Europe. Parmi ses travaux récents : (2002) *Governance of Europe's City Regions*, London, Routledge ; (2000) « Changing Patterns of Regional Governance in the European Union », *Urban Studies*, vol. 37, n⁰ˢ 5-6. Contact : newmanp@westminster.ac.uk

Andy Thornley est Reader in Urban Planning Studies à la London School of Economics and Political Science. Il s'intéresse au lien entre la planification et les politiques urbaines et notamment aux grands projets urbains dans une perspective comparée. Il a notamment publié : (1993) *Urban Planning Under Thatcherism*, London, Routledge ; (1996) *Urban Planning in Europe : International Competition, National Systems and Planning Projects* (avec P. Newman), London, Routledge ; et (2002) *Metropolitan Governance and Spatial Planning* (avec A. Kreukels), London, Spon. En 2004, il publie avec P. Newman un ouvrage intitulé *Planning World Cities : Globalisation, Urban Governance and Policy Dilemmas*. Contact : a.thornley@lse.ac.uk

Jean-Yves Toussaint est professeur au laboratoire de recherche « Équipe Développement urbain » (UMR 5600 Environnement, Ville, Société) rattachée à l'Institut national des sciences appliquées de Lyon. Ses recherches portent sur la conception des dispositifs techniques en milieu urbain en intégrant les pratiques et usages de ces dispositifs. Parmi ses travaux récents : (dir.) (2003) *Pratiques techniques, Pratiques démocratiques. La mise en œuvre de la démocratie*, Lausanne, Presses polytechniques et universitaires romandes, Coll. des Sciences appliquées (avec Monique Zimmermann) ; (dir.) (2001) *User, Observer, programmer et fabriquer l'espace public. Réflexion autour de l'expérience lyonnaise*, Lausanne, Presses polytechniques et universitaires romandes, Coll. des Sciences appliquées (avec Monique Zimmermann). Contact : toussaint@insa-lyon.fr

Sophie Vareilles est étudiante au doctorat en géographie, aménagement et urbanisme au sein du l'équipe « Développement urbain » (UMR CNRS 5600 Environnement, Ville, Société) rattachée à l'Institut national des sciences appliquées de Lyon. Ses recherches portent sur les effets des dispositifs de concertation dans le projet urbain. Parmi ses travaux récents : (2003), « Le projet urbain : espaces publics et pratiques de concertation : l'exemple de Lyon », dans M. Zepf (dir.) (2004), *Action publique et métropolisation : concerter, gouverner et concevoir les espaces* publics *urbains*, Lausanne, Presses polytechniques et universitaires romandes (avec Jean-Yves Toussaint, Monique Zimmermann). Contact : sophie.vareilles@insa-lyon.fr

Philippe Warin est directeur de recherche au Centre national de la recherche scientifique et enseignant à l'Institut d'études politiques de Grenoble. Il dirige le Centre de recherche sur le politique, l'administration, la ville et le territoire (CERAT). Son programme de recherche porte sur la citoyenneté dans la mise en œuvre des politiques publiques, qu'il aborde par l'analyse des phénomènes de rupture avec l'offre publique, de perméabilité des administrations aux demandes sociales et de participation des citoyens à la production de l'action publique. Parmi ses publications : (2002) « The Role of Nonprofit Associations in Combatting Social Exclusion in France », *Public Administration and Development*, n° 22, p. 73-82 ; (2002) *Les dépanneurs de justice. Les « petits fonctionnaires » entre qualité et équité*, Paris, Librairie générale de droit et de jurisprudence. Contact : philippe.warin@upmf-grenoble.fr

Marcus Zepf est architecte diplômé de la Technische Universität München et docteur ès sciences techniques de l'École polytechnique fédérale de Lausanne. Il est actuellement chercheur associé au laboratoire de recherche « Équipe Développement urbain » (UMR 5600 Environnement, Ville, Société) rattachée à l'Institut national des sciences appliquées de Lyon. Il a notamment publié : (dir) (2004). *Action publique et métropolisation : concerter, gouverner et concevoir les espaces publics urbains*, Lausanne, Presses polytechniques et universitaires romandes ; (dir.) (2001). *Weichenstellungen im Ländlichen Raum für Landwirtschaft und Stadt-Land-Beziehungen : Disput, Akteure, Wege*, München, Bayerische Akademie Ländlicher Raum ; (2000), « Using and Conceiving Public Space Influenced by Urban Transformation », dans J. Benson, M.H. Roe (dir.), *Urban Lifestyles : Spaces, Places, People*, Balkema Publishers, Rotterdam, p. 57-64 (avec M. Bassand). Contact : zepf@insa-lyon.fr

Monique Zimmermann est professeure au laboratoire de recherche « Équipe Développement urbain » (UMR 5600 Environnement, Ville, Société) rattachée à l'Institut national des sciences appliquées de Lyon. Ses recherches portent sur la conception des dispositifs techniques en milieu urbain en intégrant les pratiques et usages de ces dispositifs. Parmi ses travaux récents : (dir.) (2003) *Pratiques techniques, Pratiques démocratiques. La mise en œuvre de la démocratie*, Lausanne, Presses polytechniques et universitaires romandes, Coll. des Sciences appliquées (avec J.-Y. Toussaint) ; (dir.) (2001) *User, Observer, programmer et fabriquer l'espace public. Réflexion autour de l'expérience lyonnaise*, Lausanne, Presses polytechniques et universitaires romandes, Coll. des Sciences appliquées (avec J.-Y. Toussaint). Contact : gcudu@insa-lyon.fr

Collection sous la direction de
Juan-Luis Klein

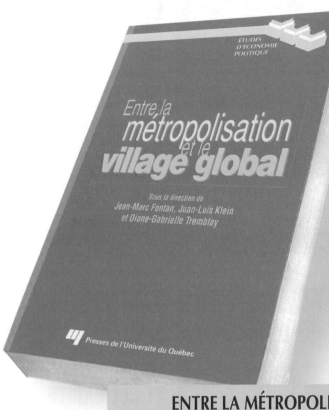